珠江—西江经济带发展报告
(2015)

DEVELOPMENT REPORT OF
PEARL RIVER - WEST RIVER ECONOMIC BELT (2015)

主编/宁常郁　袁珈玲
副主编/杨　鹏　吴　坚

社会科学文献出版社
SOCIAL SCIENCES ACADEMIC PRESS (CHINA)

2015年广西蓝皮书编委会名单

主　　任　吕余生

副 主 任　谢林城　刘建军　黄天贵　黄信章

委　　员　(按姓氏笔画为序)
　　　　　韦朝晖　罗　梅　刘汉富　张永平　杨亚非
　　　　　陈洁莲　林智荣　周可达　冼少华　姚　华
　　　　　赵明龙　袁珈岭　蒋　斌　覃振锋　覃卫军
　　　　　覃黎宁　曾家华

编辑部主任　蒋　斌

编　　辑　杨　鸣　莫朝荣　黄丹娜　马　静　唐　卉

本书编委会名单

主　编 袁珈玲　宁常郁

副主编 杨　鹏　吴　坚

编　辑 凌云志　刘　波　曹剑飞　吴碧波　张　磊
　　　　　吴乙萍　蓝春柳　刘　莉　李晓媛

前　言

珠江源远流长，是我国仅次于长江的第二大内河航运水道，上接云贵、纵贯两广、汇于港澳。2014年7月国务院批复《珠江—西江经济带发展规划》，开启了我国跨行政区域的、大区域的协调发展的历史篇章。为贯彻实施《珠江—西江经济带发展规划》，珠江—西江经济带各省市相继出台了一系列相关政策文件。2014年，沿江各市以珠江—西江经济带上升为国家战略为契机，集中力量加大重大项目建设力度，完善基础设施建设，优化产业布局，加快城乡一体化的建设步伐，创新体制机制，扩大对外开放与合作，掀起了珠江—西江经济带建设热潮。

《珠江—西江经济带发展报告（2015）》是2015年广西蓝皮书的重要组成部分。2010年，广西社会科学院首次出版发行《广西蓝皮书：广西西江经济带发展报告》，之后连续四年每年出版。《珠江—西江经济带发展报告（2015）》，是珠江—西江经济带上升到国家战略后，首次编纂出版的以珠江—西江经济带为研究范围的蓝皮书，是原《广西蓝皮书：广西西江经济带发展报告》的升级和延续，同时也是人文社科研究领域服务国家发展战略、促进学科发展的科研成果。本书内容分为四个部分，包括总报告、专题研究篇、区域发展篇和附录，荟萃了广东、广西政府部门、科研单位众多社会科学工作者的成果，力求从不同视角、全方位对2014年经济带的发展状况进行梳理和展示，总结经济带的发展建设成就，分析当前经济带建设存在的问题，并提出对策建议。

蓝皮书是一个理论研究平台，也是一个实践总结平台。它是专家学者、实践工作者服务国家、服务社会、服务大众的一个很好的载体。我们认为，作为一本反映珠江—西江经济带发展状况和未来需要解决问题的蓝皮书，既要有依据科学分析所形成的判断，也要有指导未来发展的对策性意见和建议。我们努力让每年编纂的《珠江—西江经济带发展报告》都能达到这样的要求。当然，这需要来自各级领导、各界专家学者以及热心读者的关心和指导。

本书在编纂过程中，珠江—西江经济带政府领导、专家学者和社会各界给予了高度重视和大力支持，才使本书得以顺利完成，在此谨致以衷心的感谢！鉴于我们的水平和经验有限，加上成书时间仓促，疏漏和不足之处在所难免，恳请读者谅解并且批评指正。

宁常郁
二〇一五年九月

Preface

Pearl River, contains a long history, also known as the second largest inland shipping waterway after Yangtze River, upper reaches of which connecting Yunnan and Guizhou province, and running through the Guangxi and Guangdong province, finally meeting in Hong Kong SAR and Macao SAR. In July, 2014, the State Council approved the "*Pearl River – West River Economic Belt Development Planning*" that started a chapter of history for development of cross administrative region and large regional coordination. In order to fully implement the "*Pearl River – West River Economic Belt Development Planning*", the related provinces and cities all have published a series of relevant policies. In 2014, Pearl River – West River Economic Belt has been upgraded as a national strategy, cities along the river all focused on this opportunity to increase the intensity of major projects, improve construction of infrastructure, upgrade the industry distribution, accelerated the construction of urbanization, innovate institutional mechanisms, and expand the opening – up development, thus, a development boom in Pearl River West River Economic Belt has been driven up.

"*Development Report of Pearl River – West River Economic Belt* (2015)" is a significant part of Guangxi Blue Books 2015. In 2010, Guangxi Academy of Social Sciences firstly published "*Guangxi Blue Books: Development Report of West River Economic Belt*", after then, it continually published this report in four consecutive years. "*Development Report of Pearl River – West River Economic Belt* (2015)" is the first blue book that focuses on Pearl River – West River Economic Belt after this economic belt has been upgraded to national strategy, it is a upgrade and extension of "*Guangxi Blue Books: Development Report of West River Economic Belt*", and also as a research achievement of humanities and social fields for providing services to national development strategy and promoting academic development. This book contains different study achievements from government departments, academic institutions, and other researchers of social sciences in Guangxi and Guangdong province in order to comprehensively showcase the development situation of Pearl River – West River

Economic Belt from different perspectives. The book has been divided into 4 parts: part one is a general report, focuses on planning range of Pearl River – West River Economic Belt to illustrate economic situation of cities along this economic corridor, summarize achievements of the major economic field, and analyze the issues that exit during the development process with countermeasures and suggestions; part two is subject studies, which including 13 study reports on development strategy, industrial cooperation, role of corn cities, ecological construction, cooperation mechanism, and etc; part three is regional studies, which consists of 11 development reports of cities who have been contributed efforts to promote development of Pearl River – West River Economic Belt; part 4 is appendix, Memorabilia of Pearl River – West River Economic Belt as well as economic and social development data of major 11 cities are covered by this part.

Blue book is not only a theoretical research platform, but also a platform of practical summary. It is a great carrier for experts and scholars to provide service to country, society, and public. We believe that as a blue book to reflect the development situation and provide opinions and suggestions for Pearl River – West River Economic Belt must contain both judgment rely on scientific data and opinions and suggestions are able to guide the future development. We are striving to meet this standard each year, of course, which also need the care and guidance of leaders, experts, scholars, and enthusiastic readers.

We have received high priority and support from leaders, experts and scholars, and friends of all social circles during the compilation process of this book, we would like to express our sincere gratitude for successful publishing of this book, in view of our limited level and experience as well as hasty time, this book may contain omissions and deficiencies, we gratefully welcome corrections and suggestions, and we will continue to improve the work of thinking and methods so as to improve the standard of this blue book.

Ning Changyu

September, 2015

目录

总 报 告

珠江—西江经济带发展总报告 …………………………………… 001

专题研究篇

珠江—西江经济走廊建设的重点与政策建议 ………………………… 055
重视发挥粤港澳在珠江—西江经济带的辐射引领作用 ……………… 068
承接广东自贸区的功能辐射，提升珠西经济带产业竞争力 ………… 080
发挥广州中心城市龙头作用，推进珠江—西江
　经济带发展研究 ……………………………………………………… 091
珠江—西江经济带发展战略研究 ……………………………………… 104
珠江—西江经济带城市群空间经济联系与地缘
　经济关系匹配研究 …………………………………………………… 115
桂粤滇黔的社会发展水平比较及广西对策 …………………………… 133
两广跨省产业合作园区建设新模式研究 ……………………………… 148
珠江—西江经济带生态补偿机制研究 ………………………………… 172
基于经济与生态协同发展的珠江—西江经济带
　府际合作机制研究 …………………………………………………… 184

珠江—西江经济带生态经济模式研究
　　——基于广西西江经济带 ………………………………… 197
粤桂合作特别试验区运行机制研究 ………………………………… 208
建立完善珠江—西江经济带协同联动发展 ………………………… 220

区域发展篇

广州市推进珠江—西江经济带发展情况报告 …………………… 235
佛山市推进珠江—西江经济带发展情况报告 …………………… 239
肇庆市推进珠江—西江经济带发展情况报告 …………………… 247
云浮市推进珠江—西江经济带发展情况报告 …………………… 259
南宁市推进珠江—西江经济带发展情况报告 …………………… 266
柳州市推进珠江—西江经济带发展情况报告 …………………… 279
梧州市推进珠江—西江经济带发展情况报告 …………………… 287
贵港市推进珠江—西江经济带发展情况报告 …………………… 300
百色市推进珠江—西江经济带发展情况报告 …………………… 311
来宾市推进珠江—西江经济带发展情况报告 …………………… 328
崇左市推进珠江—西江经济带发展情况报告 …………………… 342

附　录

附录一　珠江—西江经济带大事记 ………………………………… 352
附录二　珠江—西江经济带经济社会发展数据 …………………… 356

CONTENTS

General Report

General Report on the Development of Pearl River - West River
  Economic Belt
                                                                    / 001

Subject Studies

Focus Point and Policy Suggestions of Pearl River - West River
  Economic Belt   / 055
Attaching Importance to the Radiant Leading Role of Guangzhou,
  Hong Kong SAR, Macao SAR in Pearl River - West River
  Economic Belt   / 068
Undertaking Functional Radiation of Guangdong Free Trade Zone
  to Improve Competitiveness of Pearl River - West River
  Economic Belt   / 080
Playing a Leading Role of Guangzhou as Central City to
  Promote Development Studies on Pearl River - West River
  Economic Belt   / 091
Research on Development Strategy of Pearl River - West River
  Economic Belt   / 104

Research on Matching between Economic Ties among City Spaces
and Geo-economy in Pearl River - West River Economic Belt / 115

Comparative Studies on Development Levels of Guangxi,
Guangdong, Yunnan, and Guizhou and Countermeasures of
Guangxi / 133

Research on New Model of Cross-province Industrial Cooperation
Parks of Guangdong and Guangxi / 148

Research on Ecological Compensation Mechanism of Pearl River -
West River Economic Belt / 172

Research on Cooperation Mechanism of Economic and Ecological
Coordinated Development in Pearl River - West River Economic
Belt / 184

Research on Ecological Economic Model of Pearl River - West
River Economic Belt / 197

Research on Operation Mechanism of Guangdong-Guangxi
Special Cooperation Experimental Zone / 208

Improving Collaboration and cooperation development in Pearl
River - West River Economic Belt / 220

Regional Development

Development Situation of Guangzhou in Promoting Pearl River -
West River Economic Belt / 235

Development Situation of Foshan in Promoting Pearl River - West
River Economic Belt / 239

Development Situation of Zhaoqing in Promoting Pearl River -
West River Economic Belt / 247

Development Situation of Yunfu in Promoting Pearl River - West
River Economic Belt / 259

Development Situation of Nanning in Promoting Pearl River - West
River Economic Belt / 266

CONTENTS

Development Situation of Liuzhou in Promoting Pearl River - West River Economic Belt / 279

Development Situation of Wuzhou in Promoting Pearl River - West River Economic Belt / 287

Development Situation of Guigang in Promoting Pearl River - West River Economic Belt / 300

Development Situation of Baise in Promoting Pearl River - West River Economic Belt / 311

Development Situation of Laibin in Promoting Pearl River - West River Economic Belt / 328

Development Situation of Chongzuo in Promoting Pearl River - West River Economic Belt / 342

Appendix

Appendix 1 Memorabilia of Pearl River - West River Economic Belt / 352

Appendix 2 Economic and Social Development Data of Major 11 Cities of Pearl River - West River Economic Belt / 356

总 报 告

General Report

珠江—西江经济带发展总报告

宁常郁 张 磊[*]

珠江—西江经济带横贯广东、广西，上联云南、贵州，下通香港、澳门，连接我国东部发达地区与西部欠发达地区，是珠江三角洲地区转型发展的战略腹地，是西南地区重要的出海通道，是面向港澳的前沿地带，在全国区域协调发展和面向东盟开发合作中具有重要的战略地位。2014年7月16日，国务院正式批准实施《珠江—西江经济带发展规划》（以下简称《规划》），标志珠江—西江经济带建设正式上升为国家战略。为贯彻实施《规划》，广东、广西两省（区）政府及经济带各市相继出台一系列配套政策文件。2014年10月13日，广东广西推进《规划》实施联席会议第一次会议在广州召开，广西壮族自治区主席陈武与广东省省长朱小丹正式签署《广东广西推进珠江—西江经济带发展规划实施联席会议制度》《两广推进珠江—西江经济带发展规划实施共同行动计划》《粤桂合作特别试验区建设实施方案》，标志着经济带建设进入全新阶段。2014年10月27日，广西壮族自治区人民政府正式印发《珠

---

[*] 宁常郁，广西社会科学院区域发展所高级工程师，主要研究方向为区域经济、土地利用与评价；张磊，广西社会科学院台湾研究中心研究实习员，主要研究方向为区域经济合作。

江—西江经济带发展规划广西实施意见》，为扎实有效推进经济带建设明确了目标和要求，落实了部门职责及分工。

2014年，是珠江—西江经济带上升为国家战略的起始年，经济带各省各市的战略合作进一步密切，经济社会发展取得良好成效。本报告以珠江—西江经济带规划范围（包括广东省的广州、佛山、肇庆、云浮4市和广西的南宁、柳州、梧州、贵港、百色、来宾、崇左7市，暂不涉及贵州和云南相关市州）为研究范围，分析经济带经济发展总体情况，重点领域建设成就，并研究经济带建设中存在的主要问题和困难，探索提出对策建议。

一 2014年珠江—西江经济带发展总体情况

（一）经济运行总体情况

经济增长总体平稳。2014年，珠江—西江经济带实现地区生产总值36165.08亿元，比2013年增长9.12%，增速高于两广的平均速度，占两广地区生产总值总数的43.33%；公共财政预算收入为2626.43亿元，比2013年增长9.69%，占两广公共财政预算总数的27.7%，财政收支平衡，财政质量进一步优化。新常态下，经济带经济运行呈现总体平稳、稳中有进、稳中向好、稳中提质的态势。

产业结构调整优化。2014年，珠江—西江经济带农业稳步发展，实现增加值2055.88亿元，比2013年增长3.36%；二产增加值为16043.19亿元，比2013年增长7.94%，其中，工业增加值为14760.14亿元，同比增长9.13%，增速高于全国平均水平；三产增加值为18093.13亿元，占GDP比重同比提高0.82个百分点，服务业比重持续提高。三次产业结构进一步优化，由2013年的5.99∶44.84∶49.17调整为2014年的5.68∶44.33∶49.99。

固定资产投资稳定增长。2014年，珠江—西江经济带全社会固定资产投资达到17536.40亿元，同比增长14.21%，重大项目拉动投资增长明显；占两广的比重为44.09%，增速与两广的平均增长速度持平。

市场消费持续活跃。2014年，珠江—西江经济带社会消费品零售总额为

14653.39亿元，占两广的比重为42.86%，同比增长12.17%，高于两广的平均增长速度。

对外贸易增势平稳。2014年，珠江—西江经济带外贸进出口持续增长，全年完成外贸进出口总额2332.29亿美元，增长10.17%，占两广的比重为20.79%，增速高于全国平均水平。

内河港口货物吞吐量稳健增长。2014年，珠江—西江经济带（除百色和崇左外）内河港口货物吞吐量为71759.51万吨，比上年增加4350.33万吨，同比增长6.45%，占两广的比重为38.28%（见表1）。

表1　2013~2014年珠江—西江经济带经济社会发展变化情况

	2013年	2014年	变化情况	增长率(%)
地区生产总值(亿元)	33143.77	36165.08	3021.31	9.12
三次产业结构(%)	5.99:44.84:49.17	5.68:44.33:49.99	—	—
公共财政预算收入(亿元)	2394.42	2626.43	232.01	9.69
工业增加值(亿元)	13525.49	14760.14	1234.65	9.13
全社会固定资产投资(亿元)	15354.77	17536.40	2181.63	14.21
社会消费品零售总额(亿元)	13063.26	14653.39	1590.13	12.17
外贸进出口总额(亿美元)	2117.07	2332.29	215.22	10.17
港口货物吞吐量(万吨)	67409.18	71759.51	4350.33	6.45

注：内河港口货物吞吐量不包含百色和崇左的统计数据，相关增长速度为名义增长速度。资料来源：《广西统计年鉴2014》《广东统计年鉴2014》；2014年珠江—西江经济带各市政府报告、2014年珠江—西江经济带各市国民经济和社会发展统计公报。

（二）各市经济发展情况

1. 经济综合实力

2014年，珠江—西江经济带各市经济实力得到不同程度的提升。广州地区生产总值高达16706.87亿元，位居第一，在经济带所占比重为46.20%，远高于其他地市；佛山其次，在经济带所占比重为21.02%；南宁是广西首府和经济带核心城市，地区生产总值为3148.30亿元，位居第三，在经济带所占比重为8.71%；来宾、崇左、云浮三市发展落后，经济体量小，在经济带所占比重均不足2%。

从地区生产总值增长速度来看，百色最快，比上年增长14.23%；南宁其次，增长速度为12.30%；肇庆、崇左和云浮增长速度也比较快，均超过10%；来宾最慢，是增长速度唯一低于7%的地市（见表2）。

表2 2013~2014年珠江—西江经济带各市生产总值和产业结构变化情况

地区	地区生产总值(亿元)		2014年增长速度(%)	2014年占经济带比重(%)	三次产业结构(%)	
	2013年	2014年			2013年	2014年
广州	15420.14	16706.87	8.34	46.20	1.5:33.9:64.6	1.4:33.6:65.0
南宁	2803.54	3148.30	12.30	8.71	12.5:39.6:47.9	11.3:39.7:49.0
佛山	7010.17	7603.28	8.46	21.02	2.0:61.9:36.1	1.9:61.6:36.5
肇庆	1660.07	1845.06	11.14	5.10	15.8:47.7:36.5	14.8:50.0:35.2
云浮	602.30	664.00	10.24	1.84	22.5:43.1:34.4	21.8:44.5:33.7
柳州	2010.05	2208.51	9.87	6.11	7.9:63.4:28.7	7.1:59.4:33.5
梧州	991.71	1064.80	7.37	2.94	11.6:66.0:22.4	11.2:60.7:28.1
贵港	742.01	805.40	8.54	2.23	21.7:40.9:37.4	20.0:40.4:39.6
百色	803.58	917.90	14.23	2.54	18.5:53.8:27.7	17.3:53.4:29.3
来宾	515.57	551.24	6.92	1.52	26.1:42.6:31.3	24.2:41.4:34.4
崇左	584.63	649.72	11.13	1.80	25.6:42.5:31.9	22.7:42.7:34.6

资料来源：《广西统计年鉴2014》、《广东统计年鉴2014》和2014年珠江—西江经济带各市国民经济和社会发展统计公报。

2. 三次产业结构

2014年，珠江—西江经济带各市产业结构调整取得实效。广州和南宁的经济结构进一步优化，服务业所占比重较高并持续上升，高技术产业、战略性新兴产业和新业态不断壮大，成为服务业发展最为突出的城市。佛山、柳州、梧州、百色和肇庆的二产比重均超过50%，属于以工业发展为主导的地市。云浮、贵港、来宾和崇左四市工业和服务业发展相对滞后，农业在产业结构中所占比重比较高，均超过20%。

3. 公共财政预算收入

2014年，珠江—西江经济带各市经济发展质量效益得到提升。广州的公共财政预算收入为1241.53亿元，在经济带所占比重为47.27%，稳居第一；其次是佛山和南宁，在经济带所占比重分别为19.07%和10.46%；贵港、来宾和崇左三市最低，在经济带所占比重均不足2%。

从公共财政预算收入增长速度来看，贵港增长速度最快，为16.75%；其次是云浮、肇庆和佛山，增长速度位于14%～16%；再次为广州、百色、南宁、柳州和梧州，增长速度位于5%～9%；来宾和崇左的增长速度最慢，均低于5%（见表3）。

表3 2013～2014年珠江—西江经济带各市公共财政预算收入情况

地区	公共财政预算收入（亿元）		2014年增长速度（%）	2014年占经济带比重（%）
	2013年	2014年		
广州	1141.79	1241.53	8.74	47.27
南宁	256.25	274.85	7.26	10.46
佛山	438.21	500.73	14.27	19.07
肇庆	120.77	139.10	15.18	5.30
云浮	45.76	52.85	15.49	2.01
柳州	125.12	133.16	6.43	5.07
梧州	85.74	90.50	5.55	3.45
贵港	31.22	36.45	16.75	1.39
百色	65.70	70.91	7.93	2.70
来宾	36.37	37.95	4.34	1.44
崇左	47.49	48.40	1.91	1.84

资料来源：《广西统计年鉴2014》、《广东统计年鉴2014》和2014年珠江—西江经济带各市国民经济和社会发展统计公报。

4. 工业增加值

2014年，珠江—西江经济带各市工业增加值中，广州和佛山分别高达5075.41亿元、4561.13亿元，在经济带所占比重分别为34.39%、30.90%，遥遥领先其他地市；广西工业强市柳州的工业增加值为1191.11亿元，位居第三，在经济带所占比重为8.07%，其汽车工业发展势头强劲，汽车产业产值已经突破2000亿元；南宁工业增加值为923.49亿元，略低于肇庆，在经济带位居第五。

从工业增加值增长速度看，肇庆和云浮增长最快，分别达到36.61%、31.39%，与经济带的平均增速相比分别高出27.48和22.26个百分点，远高于其他地市；南宁、百色和崇左保持较高增速，增长速度均超过10%；梧州和柳州增长最慢，增长速度低于5%，梧州出现负增长（见表4）。

表4　2013~2014年珠江—西江经济带各市工业增加值情况

地区	工业增加值(亿元)		2014年增长速度（%）	2014年占经济带比重（%）
	2013年	2014年		
广州	4754.85	5075.41	6.74	34.39
南宁	820.6	923.49	12.54	6.26
佛山	4201.8	4561.13	8.55	30.90
肇庆	737.87	1007.98	36.61	6.83
云浮	231.88	304.66	31.39	2.06
柳州	1166.65	1191.11	2.10	8.07
梧州	605.03	595.3	-1.61	4.03
贵港	253.11	270.65	6.93	1.83
百色	373.87	417.9	11.78	2.83
来宾	169.21	179.87	6.30	1.22
崇左	210.62	232.64	10.45	1.58

资料来源：《广西统计年鉴2014》、《广东统计年鉴2014》和2014年珠江—西江经济带各市国民经济和社会发展统计公报。

5. 全社会固定资产投资

2014年，珠江—西江经济带全社会固定资产投资达17536.40亿元，比上年增长14.21%，广州投资总额最大，达到4889.5亿元，在经济带所占比重为27.88%；南宁和佛山次之，分别为2933.87亿元、2612.45亿元，在经济带所占比重分别为16.73%、14.90%；来宾固定资产投资总额最小，为431.18亿元，仅占经济带的2.46%，比2013年减少了22.04亿元，增长率为-4.86%。

从全社会固定资产投资增长速度来看，除来宾外，其余各市均有不同程度的增长，贵港和南宁增长速度最高，分别为23.20%、20.60%；其次是云浮和柳州，增长速度分别为18.40%、15.59%；来宾最低，是唯一出现负增长的地市。全社会固定资产的增长主要得益于经济带基础设施、产业等一批重大项目（如大藤峡水利枢纽工程、贵港二线船闸工程、龙滩坝上坝下码头建设工程、柳州柳东物流中心工程等）的稳步推进。

珠江—西江经济带发展总报告

表5　2013~2014年珠江—西江经济带各市全社会固定资产投资情况

地区	全社会固定资产投资(亿元)		2014年增长速度(%)	2014年占经济带比重(%)
	2013年	2014年		
广州	4454.55	4889.5	9.76	27.88
南宁	2432.69	2933.87	20.60	16.73
佛山	2375.6	2612.45	9.97	14.90
肇庆	1007.78	1138.73	12.99	6.49
云浮	623.38	738.09	18.40	4.21
柳州	1566.71	1810.94	15.59	10.33
梧州	850.29	926.4	8.95	5.28
贵港	496.26	611.4	23.20	3.49
百色	845.44	895.2	5.89	5.10
来宾	453.22	431.18	-4.86	2.46
崇左	482.38	548.64	13.74	3.13

资料来源：《广西统计年鉴2014》、《广东统计年鉴2014》和2014年珠江—西江经济带各市国民经济和社会发展统计公报。

6. 社会消费品零售总额

2014年，珠江—西江经济带社会消费品零售总额中，广州高达7697.85亿元，在经济带所占比重为52.53%，稳居第一；其次是佛山和南宁，在经济带所占比重分别为17.47%和11.03%；崇左、来宾、百色和云浮最低，在经济带所占比重均不足2%。

表6　2013~2014年珠江—西江经济带各市社会消费品零售总额情况

地区	社会消费品零售总额(亿元)		2014年增长速度(%)	2014年占经济带比重(%)
	2013年	2014年		
广州	6882.85	7697.85	11.84	52.53
南宁	1450.84	1616.9	11.45	11.03
佛山	2264.1	2560.58	13.09	17.47
肇庆	493.12	559.9	13.54	3.82
云浮	204.02	228.49	11.99	1.56
柳州	758.42	858.2	13.16	5.86
梧州	292.34	328.3	12.30	2.24

续表

地区	社会消费品零售总额(亿元)		2014年增长速度（%）	2014年占经济带比重(%)
	2013年	2014年		
贵港	321.72	359.56	11.76	2.45
百色	178.6	201	12.54	1.37
来宾	120.87	134.17	11.00	0.92
崇左	96.38	108.44	12.51	0.74

资料来源：《广西统计年鉴2014》、《广东统计年鉴2014》和2014年珠江—西江经济带各市国民经济和社会发展统计公报。

从社会消费品零售总额的增长速度看，各市之间的差距很小，增长速度均位于11%~14%。肇庆、柳州和佛山增速相对较高，来宾、南宁和贵港相对较低。

7. 外贸进出口总额

2014年，珠江—西江经济带外贸进出口总额为2332.29亿美元。其中，广西7市总额为241.7亿美元，占经济带外贸进出口总额的10.4%；广东4市总额为2090.54亿美元，占经济带外贸进出口总额的89.6%。

2014年各市外贸进出口总额中，广州和佛山分别为1306亿美元和688.18亿美元，远高于其他地市，在经济带所占比重分别为56%和29.51%；崇左为146.94亿美元，在经济带所占比重为6.30%，在广西7市中稳居首位、在经济带位居第三，崇左边境小额贸易进出口总额跃居全国首位，成为全国边境贸易第一大市；南宁为48.14亿美元，在经济带所占比重为2.06%，位居第五；来宾、贵港、百色外贸进出口总额非常小，在经济带所占比重均低于0.5%。

表7　2013~2014年珠江—西江经济带各市外贸进出口总额情况

地区	外贸进出口总额(亿美元)		2014年增长速度（%）	2014年占经济带比重(%)
	2013年	2014年		
广州	1188.88	1306	9.85	56.00
南宁	44.21	48.14	8.89	2.06
佛山	639.35	688.18	7.64	29.51
肇庆	70.17	78.42	11.76	3.36
云浮	15.81	17.99	13.79	0.77
柳州	28.84	22.7	-21.29	0.97

续表

地区	外贸进出口总额(亿美元)		2014年增长速度(%)	2014年占经济带比重(%)
	2013年	2014年		
梧州	17.65	12.49	-29.24	0.54
贵港	2.21	3.06	38.46	0.13
百色	5.98	7.3	22.07	0.31
来宾	1.2	1.07	-10.83	0.05
崇左	102.77	146.94	42.98	6.30

资料来源：《广西统计年鉴2014》、《广东统计年鉴2014》和2014年珠江—西江经济带各市国民经济和社会发展统计公报（见表7）。

从外贸进出口总额增长速度看，各市情况差距非常大。崇左因对东盟开放程度提高增长速度最快，同比增长42.98%；贵港次之，同比增长38.46%；广州和南宁分别比上年增长9.85%和8.89%，增速平稳；柳州、梧州和来宾呈负增长。崇左、贵港、百色、云浮和肇庆5市外贸进出口总额增速高于经济带平均水平。

8. 内河港口吞吐量

2014年，珠江—西江经济带各市内河港口吞吐量中，广州港口吞吐量高达50036.3万吨，远高于其他地市，居经济带首位，在经济带所占比重高达69.73%；其次为佛山和贵港，在经济带所占比重分别为8.23%、7.31%，分别位居第二和第三；再次为梧州和肇庆，在经济带所占比重分别为4.38%、4.28%。

从内河港口吞吐量增长速度看，佛山和云浮增长速度最快，分别达到19.02%和16.77%；贵港、广州、柳州、肇庆和梧州增速平稳，增长速度在4%~7%；南宁和来宾出现负增长，增长速度分别为-11%、-9.25%。

表8 2013~2014年珠江—西江经济带各市内河港口吞吐量情况

地区	港口吞吐量(万吨)		2014年增长速度(%)	2014年占经济带比重(%)
	2013年	2014年		
广州	47266.86	50036.30	5.86	69.73
南宁	1292.00	1149.94	-11.00	1.60
佛山	4963.06	5907.01	19.02	8.23
肇庆	2941.00	3071.00	4.42	4.28

续表

地区	港口吞吐量(万吨)		2014 年增长速度(%)	2014 年占经济带比重(%)
	2013 年	2014 年		
云浮	1635.00	1909.20	16.77	2.66
柳州	238.70	252.31	5.70	0.35
梧州	3015.00	3141.53	4.20	4.38
贵港	4900.56	5242.25	6.97	7.31
百色	—	—	—	—
来宾	1157.00	1049.97	-9.25	1.46
崇左	—	—	—	—

资料来源：《广西统计年鉴2014》、《广东统计年鉴2014》和2014年珠江—西江经济带各市国民经济和社会发展统计公报。

9. 居民生活水平

2014 年，珠江—西江经济带民生改善切实加强，人民生活水平进一步提高。从人均地区生产总值看，广州为127724元，远高于其他地市；佛山和柳州其次，分别为103438元和56821元；肇庆和南宁分别位居第四和第五，百色、南宁、崇左和肇庆的增长速度相对较快。从城镇居民可支配收入看，广州和佛山水平最高，分别达到42955元和36555元；南宁、柳州分别位居第三和第四，但两市的增长速度最高；其他各市水平相差不大，云浮最低。从农民人均纯收入看，广东的佛山、广州、肇庆和云浮位居前四位；广西的7市中，贵港水平最高，其次是柳州、南宁和梧州；百色、来宾和崇左最低。

表9 2014 年珠江—西江经济带各市居民生活水平情况

地区	人均地区生产总值(元)			城镇居民可支配收入(元)			农民人均纯收入(元)		
	2013 年	2014 年	增速(%)	2013 年	2014 年	增速(%)	2013 年	2014 年	增速(%)
广州	120516	127724	5.98	42049	42955	2.15	18887	17663	-6.48
南宁	38994	43303	11.05	24817	27075	9.10	7685	8576	11.59
佛山	96535	103438	7.15	38038	36555	-3.90	17503	20094	14.80
肇庆	41479	45795	10.41	23929	21726	-9.21	11661	12642	8.41
云浮	24924	27252	9.34	20440	18679	-8.62	10283	11067	7.62
柳州	52342	56821	8.56	24355	26693	9.60	7663	8606	12.31
梧州	33710	35786	6.16	22537	24272	7.70	7475	8342	11.60

续表

地区	人均地区生产总值（元）			城镇居民可支配收入（元）			农民人均纯收入（元）		
	2013年	2014年	增速(%)	2013年	2014年	增速(%)	2013年	2014年	增速(%)
贵港	17650	19004	7.67	21361	23262	8.90	8189	9131	11.50
百色	22762	25806	13.37	21458	23282	8.50	5409	6145	13.61
来宾	24069	25477	5.85	23563	25401	7.80	7085	7751	9.40
崇左	28886	31944	10.59	21289	23184	8.90	7077	7707	8.90

资料来源：《广西统计年鉴2014》、《广东统计年鉴2014》和2014年珠江—西江经济带各市国民经济和社会发展统计公报。

二 2014年珠江—西江经济带重点领域建设成就

《规划》提出："坚持基础设施先行，着力打造综合交通大通道；坚持绿色发展，着力建设珠江—西江生态廊道；坚持优化升级，着力构建现代产业体系；坚持统筹协调，着力推进新型城镇化发展；坚持民生优先，着力提高公共服务水平；坚持开放引领，着力构筑开放合作新高地。"2014年，珠江—西江经济带沿江各市在新机遇、新形势下，重点围绕交通、产业、生态、城镇化、开发合作、公共服务六大领域，大力推进《规划》实施，取得良好成效。

（一）基础设施

基础设施建设是实现珠江—西江经济带全方位发展的根本保障。2014年，经济带各市坚持基础设施建设先行，通过多渠道、多举措增加资金投入，推进交通、水利、能源类多项重大项目竣工或动工，促进了区域基础设施综合水平的提高，增强了经济带发展的支撑能力。

1. 水运通航能力大幅提升

2014年，珠江—西江经济带各市水运建设以干线航道建设为重点，积极开展航道扩能和升级改造，打造沿江港口群，并重视相应配套码头等的建设，珠江、西江水道的通航能力得到大幅提升，取得了良好成效（见表10）。在珠江—西江多项在建水利重大工程中，大藤峡水利枢纽工程尤其突出。2014年11月，大藤峡水利枢纽工程进入全面建设阶段，该工程位于广西桂平市境内的西江黔江河段,工程动态总投资339亿元,总工期9年,建设任务为防洪、航运、发电、补水压咸、灌溉等综合利用,是珠江流域的防洪控制性枢纽工程,也是珠江—西江经济带和"西江亿吨黄金水道"基础设施建设的标志性工程。

表10 2014年珠江—西江经济带各市水运建设项目统计

城市	主要水运项目
广州	加快建设珠江口出海航道和公共锚地工程,加强建设广州—梧州段Ⅰ级航道,形成西江3000吨级江海直通国家水运主通道
肇庆	西江(界首—肇庆段)2000吨级航道整治工程及肇庆新港、三榕港等港口码头扩能升级改造工程基本完成;阅江大桥新建工程开工
云浮	西江航道扩能改造项目启动
南宁	郁江老口航运枢纽船闸项目开始试运营;西江航运干线南宁至贵港Ⅱ级航道工程基本完工;邕宁梯级枢纽工程正在建设;西津枢纽二线船闸、南宁港牛湾作业区二期工程、南宁港隆安港区宝塔作业区一期工程和浪湾农场作业区一期工程等项目前期工作正在积极推进
柳州	柳州港阳和作业区一期工程建设5个1000吨级货物泊位和2个工作船泊位已竣工投入运营;柳州港鹧鸪江作业区1~4#泊位工程完成施工,6~9#泊位工程正在建设中;柳江航道疏浚和官塘作业区(一期)等港口码头建设如期推进
梧州	长洲水利枢纽三线船闸建成通航,四线船闸加紧收尾工作;大利口码头开工建设,一批重点港口码头项目顺利推进
贵港	南宁至贵港二级航道、贵港专用码头等一批项目建成;大藤峡水利枢纽、贵港航运枢纽二线船闸、桂平棉宠作业区一期、武林港二期等项目开工
百色	右江航道提级改造,百色水利枢纽过船设施开工建设,百色港大旺、田阳、田东、平果等作业区建设扎实推进,鱼梁航运枢纽一期工程已建成投入使用
来宾	桂中治旱乐滩灌溉一期工程、兴宾港区莆田作业区、象州港区钓鱼公和猛山作业区、忻城北巷码头等港口项目开工
崇左	左江Ⅲ级航道疏浚工程主体完工

资料来源:各市2015年政府工作报告。

2.公路铁路建设成效显著

2014年,珠江—西江经济带各市积极推进国家高速公路、国省干线公路的建设和改扩建,并大力推进农村公路升级改造,完善的高速公路、干线公路和农村公路网络逐步形成。各市公路建设成效明显,多条线路竣工通车并新动工了一批重大公路建设项目（见表11），这些公路的建设成为经济带互联互通的重要纽带，并成为经济带各市加强经济合作、提升城镇建设水平的重要基础。

表11　2014年珠江—西江经济带各市公路建设项目统计

城市	在建公路项目	竣工公路项目
广州	广明高速广州段一期工程（化龙至吴家围路段）	广乐高速、肇花高速花都段、新化快速南段
佛山	广明高速西延线剩余工程（接江罗高速）、广明高速广州段（接广州南站）、江罗高速、广中江高速、佛清从高速公路南段一期工程、佛江高速公路佛山段	广明高速陈村至西樵段（一期工程）、肇花高速三水段
肇庆	广佛肇高速公路、汕昆高速公路、汕湛高速公路	二广高速公路连州至怀集段（肇庆段）、珠三角外环高速公路黄岗至花山段（肇庆段）
云浮	江罗、罗阳高速；汕湛高速清远至云浮段和云浮至湛江段；南广铁路交通枢纽、新城快线、东部快线	—
南宁	吴圩至大塘、桂林经柳州至南宁、贵港至隆安、南宁经钦州至防城港段改扩建等项目；来宾至马山、马山至平果高速公路	南宁外环高速公路、机场高速延长线
柳州	柳州至梧州、三江至柳州、柳州至武宣、阳朔至鹿寨、桂林至三江等高速公路建设；柳南高速改扩建；西鹅铁路货运中心站—东站还建项目	全市农村公路完成103个建制村道路硬化，通畅率达到80.9%
梧州	梧州至贵港、梧州至柳州、岑溪至水汶、市环城等高速公路	岑溪至罗定高速公路；龙圩至藤县潭东一级公路
贵港	梧州至贵港、梧州至柳州、贵港至合浦高速公路	桂平石龙至来宾高速公路
百色	河池至百色、靖西至龙邦高速	百色至靖西、靖西至那坡高速
来宾	柳州至武宣、来宾至马山、梧州至柳州、柳州至南宁高速公路改扩建及来宾绕城高速公路项目；寺山至贵港、象州（石龙）至来宾二级公路、正龙至大湾三级公路	桂平至来宾高速公路武宣至来宾段
崇左	崇左—靖西高速公路	钦州—崇左高速公路；农村公路通达率提高到87.4%

资料来源：各市2015年政府工作报告。

2014年，珠江—西江经济带内铁路运力和网络结构不断优化。贵广、南广高速铁路相继竣工运营，经济带内多个市均分布在铁路沿线，极大促进了人们出行的交通快捷性。南昆高铁南宁至百色段增建二线工程于2014年12月23日开工建设，预计2015年12月11日开通。南广高铁的竣工运营成为构建两广铁路运输大通道的最重要支撑之一，贵广及南昆高铁将成为构建西南地区与珠三角区域快速铁路网的主力。此外，合浦至湛江铁路、柳州至肇庆、黎塘至湛江铁路电气化改造、广佛肇城际轨道肇庆段等重点项目加快推进。

3. 机场建设项目顺利推进

2014年，珠江—西江经济带实施多项机场扩建、迁建工程。广州积极推进白云机场扩建工程；云浮罗定机场加紧盘活；南宁吴圩国际机场T2航站楼竣工投入使用，伶俐通用机场开工建设；百色机场增设百色—上海航线；梧州机场迁建项目完成立项前期工作；柳州白莲机场改扩建工程开工建设，复航航线11条[1]。经济带内航空产业的发展，有利于更好地利用民航，形成民航业与区域经济社会发展相互促进的局面；同时有利于经济带各市依托机场，加快推进综合交通枢纽的建设。

4. 综合交通枢纽功能增强

根据《规划》要求，要完善提升广州、南宁全国性综合交通枢纽功能，加快柳州、梧州等沿江区域性综合交通枢纽及贵港区域性航运枢纽建设。2014年，广州着力推进交通枢纽建设，加快白云机场扩建、国铁、城轨、地铁、高快速路、南沙港三期和市政路桥等一批重大项目建设，枢纽功能进一步提升。南宁市吴圩机场新航站楼建成启用，南宁火车东站建成运营，南宁外环高速公路、机场高速公路延长线建成通车，完成机场路路面改造，轨道交通1号、2号线提速建设，极大地提升了南宁交通枢纽城市的地位。柳州市开展城市综合交通规划修编，着力构建综合交通新体系；贵广铁路全线贯通，柳州火车站站前广场和湘桂铁路柳州至南宁段电气化改造工程加快推进，西鹅铁路货运中心站——东站还建项目开工建设。梧州市全力打造沿江交通枢纽，铁路、公路、水运均有一批项目竣工和开工。贵港市为打造航运枢纽，组织实施多个港口建设项目，其中，竣工7个，新动工7个，累计完成投资达12.4亿元，贵港航

---

[1]《2015年柳州市政府工作报告》，《柳州日报》2015年2月9日第3版。

运枢纽二线船闸、武林作业区二期等重大项目开工建设，南宁至贵港二级航道、贵钢专用码头等一批项目建成投入使用，水运基础设施条件得到进一步改善。

5. 能源保障能力不断提高

《规划》提出优化发展火电，重点推进一批"上大压小"火电、热电新建和扩建工程。2014年，多项重点推进的火电项目建设取得实效。华润云浮西江"上大压小"新建项目环境影响评价文件已经获国家环境保护部批准，并已经通过广东发改委核准前的公示。国电肇庆大旺 2×300MW 级"上大压小"热电联产项目获得国家发展和改革委员会的批复。煤炭储运设施建设方面，贵港市已开通贵州方向的煤炭运输等大宗业务，上游原料以万吨计发往下游，贵港煤炭物流基地建设迎来新的机遇；百色市瓦村电站建设顺利，新动工开发了一批煤炭项目，百色煤炭物流基地建设顺利推进。同时，经济带各市积极开发风力、天然气等新能源项目和垃圾发电项目，积极改善能源结构。南宁、柳州和百色等市大力推进风电项目前期工作，贵港市垃圾焚烧发电厂正式运行。

（二）产业经济

产业是经济带发展的根本基础，关系经济带的总体发展水平。2014年，珠江—西江经济带各市以市场为导向，着力优化产业结构，推动产业转型升级，促进产业集聚发展，产业经济取得实效。

1. 工业不断发展壮大

传统优势产业加快转型升级。珠江—西江经济带着力传统优势产业的升级改造，优化产业结构，提高了工业经济运行质量。2014年，广州市规模以上工业增加值和总产值分别达到 4859.55 亿元和 18184.92 亿元，同比分别增长 8.1% 和 7.9%；佛山市积极落实广东省技术改造扶持政策，开展传统产业的"互联网＋"实践，已吸引全市近两万家企业上线，完成工业技术改造投资 278.56 亿元，规模以上工业总产值达 18810 亿元，在全国大中城市中排名第五；肇庆市被纳入珠江西岸先进装备制造产业带，九大主导产业增加值占比提高到 65.6%；云浮市传统优势产业增加值增长 15.0%，其中家具制造业增长 20.0%，建筑材料增长 19.1%，家用电力器具制造业增长 135.1%；南宁市生物医药产业群初步形成、电子信息产业初步聚集，六大重点产业平均增长

14.1%；柳州市汽车产业引领作用突出，产值突破2000亿元，产量超过200万辆，占全国比重达9%，成为全国第五个汽车年产量过200万辆的城市；来宾市经过多年努力，基本形成了制糖及综合利用、冶金、电力、铝精深加工等四大支柱工业产业；贵港市以造船业为主的现代制造业实现了跨越式发展，47家现代制造企业实现产值共140.86亿元；梧州市规模以上工业增加值576亿元，增长9.6%，规模以上工业企业实现利润增长34.8%；百色市铝工业总产值突破600亿元大关，铝材加工量增长33.5%；崇左市完成规模以上工业总产值584.21亿元，增长11.7%，其中制糖业贡献尤为突出，占全市规模以上工业总产值的44.6%，比上年增长9.3%，拉动工业增长7.4个百分点，贡献率达64.5%。各市的主要传统优势产业如表12所示。

表12 珠江—西江经济带各市重点工业产业

城市	传统优势产业
广州	汽车制造、船舶制造、石油化工、电子产品
佛山	陶瓷卫浴、针织服装、不锈钢、家用电器、家具、机械装备
云浮	纺织服装、食品加工、家具、建筑材料、不锈钢制品、家用电器
肇庆	建筑建材、食品加工、化工、纺织、造纸
南宁	电子信息、农产品加工、建筑建材、化工、造纸
柳州	信息技术与汽车、钢铁、工程机械、化工、制糖、制药
来宾	农产品加工、制糖、冶金、电力
贵港	制糖、造纸、造船、建筑建材
梧州	医药食品、机械制造、再生资源、宝石、日用品
百色	有色金属、生态型铝
崇左	制糖、锰业、红木加工

资料来源：各市政府工作报告。

战略性新兴产业快速发展。2014年，珠江—西江经济带积极培育战略性新兴产业，一系列重点项目建设取得实效。大力发展生物科技，云浮依托大华农、远大药业吸引生物医药产业集聚发展，肇庆市加快推进海王、康芝等生物医药项目；大力发展信息产业，广州市顺利推进北斗卫星导航应用示范工程，云浮市加快与华为公司合作建设云计算数据中心，柳州市签约了中电集团电子信息产业园，梧州市着力支持微软创新中心、阿里巴巴梧州产业带、中兴IT基地等建设；大力发展新能源，佛山、崇左、南宁等市重点推进光伏发电项目、风电场项目建设；大力发展新材料产业，佛山市阿格蕾雅光电材料等项目投产，肇庆市加快推进高要金鼎、怀集铁矿、德庆稀土等矿业项目，风华高科新材料等项目扩大发展，崇左重点推进南国铜业铜冶炼、稀土金属项目；大力发展新能源汽车，佛山市实施全产业链招商模式，新引进北汽福田项目，肇庆市加快建设广汽集团汽车零配件等项目，柳州市推进青年汽车集团电动客车制造、上海斯可洛压缩机公司压缩机制造等项目，来宾市凤凰园汽配产业现雏形。

园区集聚产业能力持续提高。珠江—西江经济带加快推进重点产业园区基础设施建设，园区配套功能不断完善。截至2014年底，云浮市园区共投入基础设施建设资金94.5亿元，其中2014年新增投入8.5亿元，与佛山市合作共建的佛山（云浮）产业转移工业园思劳片区启动建设。贵港市2014年共建成标准厂房180万平方米，粤桂（贵港）热电循环经济产业园等一批新项目建成投产。崇左工业大道实现竣工通车，城市工业区中铝稀土项目排水管道、青年产业园污水处理厂等一批项目竣工投入使用。积极引导优质项目向园区集聚，培育和壮大优势产业。佛山国家高新区引进阿里巴巴·佛山产业带等项目，中德工业服务区引进及洽谈德国安联财险、库卡机器人集团等项目。云浮市成功引进华为云计算数据中心等一批高端产业项目。崇左市夏果种植公司澳洲坚果加工、龙赞林业循环经济产业园等项目落户城市工业区，一指科技公司无线远程监控设备厂等项目落户青年产业园，28家红木企业抱团进驻凭祥边境经济合作区。梧州市区域产业逐步向"五园八区"聚集，沿西江两岸的产业集聚化发展格局初步形成。

2. 现代服务业加快发展

2014年，珠江—西江经济带现代服务业快速发展，在经济中的比重持续提高。现代服务业发展态势良好，金融、物流、商贸、旅游、会展、科技服务等行业对经济发展贡献日益突出。

现代物流业发展态势良好。珠江—西江经济带积极推进物流园区、物流通道、储运设施和信息化平台建设，拓展保税物流体系。2014年，柳州市钢铁物流园销售收入突破100亿元，宁铁柳州汽车工业物流中心投入运营，柳州医药现代物流配送中心（一期）、新柳邕农产品批发市场（一期）基本建成，桂中海迅柳北物流基地电子商务示范园区挂牌成立；百色围绕建成大西南地区重要现代物流中心目标,强化服务贵州、云南的桂西商贸物流集配送中心建设,以田阳为中心的农产品产地集配项目和以靖西为中心的边贸物流基地建设取得新进展,百色—北京绿色果蔬专列平稳运营;梧州市重点推进赤水港综合服务物流园区、中恒国际医药商贸物流城、红岭商贸物流园区、建材商贸物流城等项目建设;贵港市稳步推进西江综合保税区申报和规划建设,获批设立四个保税仓,其中两个已投入运营。珠江—西江经济带大力提升航运和港口交易服务功能。2014年,广州港港口货物吞吐量、集装箱吞吐量分别达到4.82亿吨和1662万标箱,分别排在全国第四位和第五位、世界的第五位和第八位;贵港港口货物吞吐量达5242万吨,同比增长7%;肇庆港口货物吞吐量突破3000万吨,同比增长3%。

金融服务经济发展能力增强。全年金融业增加值和存、贷款余额均保持较快增长,各市银行、证券、保险、融资性担保公司等金融机构数量均有新突破,新增一批社区及农村金融服务站、小额贷款公司、村镇银行和资金互助合作社等普惠金融机构。广州、佛山实施金融科技产业融合创新发展重点行动,依托高新区、专业镇建成一批金融科技综合服务中心、中小科技企业征信中心。广州南沙新区金融改革创新15条政策获批,新增上市企业6家、新三板企业36家,股权交易中心挂牌企业突破1000家。佛山争创全国金融科技产业融合发展试验区,组建金融投资控股公司和科技金融综合服务中心,设立科技型中小企业信贷风险补偿基金、产业金融引导基金、金融科技产业创新融合基金等。柳州医药成为该市首家在A股市场上市的民营企业,天涌科技、爱格富食品科技、升禾环保在"新三板"挂牌,成功发行西部第一支增信集合债券10亿元。广州、佛山民间金融街有效运作。

旅游业发展成效显著。旅游景区景点建设不断推进,旅游基础设施不断完善,特色旅游名县名镇名村创建工作有序推进,旅游品牌效应进一步增强,旅游区域合作不断加强。崇左市发挥沿边区位优势,加快完善口岸的跨境旅游功能,拓展与东盟的旅游合作;梧州市突出"休闲度假、保健养生"主题,与广州、肇庆、云浮等城市的旅行社签订发展旅游业框架协议,拓展区域旅游合作;柳州市通过推介会、组织大型自驾游活动等形式,有重点地开展面向广东的旅游合作(见表13)。

表13 2014年珠江—西江经济带各市旅游产业建设成效

城市	旅游产业建设成效
广州	广州市旅游综合竞争力列全国副省级城市第一
佛山	长鹿旅游休博园获评国家5A级旅游景区,佛山(国际)家居博览城、桂城平洲玉器街、乐从国际会展中心、高明盈香生态园成为国家4A级旅游景区
云浮	以休闲度假和健康养生为主题的旅游业加快发展,推动广东禅文化创意产业园、石艺文化旅游产业园和南江文化旅游产业园加快发展,年接待游客1851万人次、增长37.31%,实现旅游总收入185亿元、增长23.39%
肇庆	旅游综合改革示范市启动建设,主要景区接待游客人数2835.54万人次,同比增长3.1%;旅游收入221.17亿元,同比增长7.4%
南宁	全年旅游接待总人数6948.5万人次、总收入597亿元,分别增长18.3%、24.9%,新增5家国家4A级旅游景区,青秀山升级为国家5A级旅游景区
柳州	推进特色民族文化旅游业发展,打造"秀美融水·风情苗乡"和"千年侗寨·梦萦三江"旅游品牌;融水、三江创建特色旅游名县,融水雨卜村、三江丹洲村、马安屯成为"广西特色旅游名村";知青城、都乐岩、龙女沟景区被评为国家4A级旅游景区,全市国家4A级景区达19家
来宾	抓好特色旅游名县、名镇、名村建设,推进"广西特色旅游名县"创建工作。全市旅游总收入75.9亿元,增长37%
贵港	接待游客人数增长15.5%,旅游总收入增长25%。金田起义博物馆、西山泉旅游文化综合区等重大旅游项目开工建设
梧州	长坪乡平桐瑶寨获首批"中国少数民族特色村寨"称号、归义镇、南渡镇吉太三江口村、象棋镇道家村获得"广西特色名镇名村"称号。园博园游客中心建设项目顺利建成并投入使用,高铁南站游客集散中心建设项目、旅游应急指挥监控系统建设项目正在加紧推进
百色	全市接待游客数量、旅游综合收入同比分别增长18.9%和27.9%。百色起义纪念园、乐业天坑群、靖西大峡谷景区创5A工程、特色旅游名县创建工作扎实推进
崇左	左江花山岩画文化景观申报世界文化遗产工作取得重大突破;大新县、凭祥市积极开展广西特色旅游名县创建工作;"中国白头叶猴之乡"、"三月三"民俗活动等文化旅游品牌全面打响,凭祥红木文博城被评为4A级景区。全年接待游客和旅游收入分别增长15%和22.3%

资料来源:各市政府工作报告。

3. 现代农业稳定发展

2014年,珠江—西江经济带农业经济稳定发展,在稳定粮食生产的基础上,着力发展特色农业,农业结构进一步优化,现代农业产业化体系建设成效明显,农业国内国际合作进一步加强。

特色优势农业加快发展。珠江—西江经济带加快推进现代农业发展，形成优质稻、甘蔗、蔬菜、水果、茶叶、桑蚕、禽畜养殖、水产品、中药材、花卉等现代特色农业产业体系，2014年，经济带各市加快推进农业标准化、规模化、集约化发展，扎实推进"南菜北运"基地、现代特色农业（核心）示范区、农业科技园区、"双高"糖料蔗基地、规模化畜禽牧渔特色养殖基地建设。推进名特优农产品品牌建设，打造优势农业产业，"百色芒果""百色番茄"获国家农业部农产品地理标志保护登记认证，"乐业雅长铁皮石斛"成为国家地理标志保护产品。

表14　2014年珠江—西江经济带各市农业产业化经营体系建设成效

城市	农业产业化经营体系建设成效
广州	—
佛山	新增农民专业合作社44个、现代农业园区18个、市级农业龙头企业20家
云浮	罗定市苹塘镇稻田景观和泗纶镇分别被农业部认定为中国美丽田园和第四批全国一村一品示范村镇。农业产业化组织达2425个,新增452个,其中县级以上农业龙头企业新增21家,农业产业化经营销售收入达562.8亿元,增长8.1%
肇庆	广东省(高要)粤台农业合作试验区获批设立。农业产业化组织达2406家,数量居广东省第三,农业龙头企业增至178家
南宁	新增"双高"糖料蔗示范基地47个、"菜篮子"基地44个、农产品标准化示范基地9个,自治区级林下经济示范项目9个。新增市级以上农业产业化重点龙头企业21家、农民专业合作社403家、家庭农场226家
柳州	全市共有农业产业化重点龙头企业73家,其中国家级1家、自治区级7家
来宾	每个县(市、区)创建1个自治区级现代农业(核心)示范区,建设11万亩糖料蔗"双高"基地
贵港	新增市级以上农业龙头企业30家,总数达107家;新增农民专业合作社232家,总数达1392家
梧州	新增各类农民专业合作社145个,新发展家庭农场98个,新增农业产业化重点龙头企业20家
百色	"南菜北运"基地、现代特色农业(核心)示范区、"双高"糖料蔗基地、"百万亩芒果产业"工程、"田七回家"工程大力推进。新认定市级农业产业化重点龙头企业18家,新增农民专业合作社454家,家庭农场90个
崇左	—

资料来源：各市政府工作报告。

与国内国外的农业合作不断拓展。2014年8月，中国—东盟农产品交易中心在百色开工，将该地建设成为联通国内和东盟的现代大物流体系及农产品集散中心。2014年11月，百色市成功举办第七届中国—东盟现代农业展示交易会，老挝、缅甸、柬埔寨、泰国、越南、印度尼西亚、新加坡等东盟国家及韩国、埃塞俄比亚9个政府代表团受邀前来参加。

（三）生态环境

根据《规划》提出"坚持绿色发展，着力建设珠江—西江生态廊道"的要求，2014年珠江—西江经济带各市高度重视生态建设和环境保护，大力推进生态基础设施建设，深入推进节能减排工作，促进区域绿色发展、低碳发展，生态文明建设取得实效。

1. 沿岸生态保护得到加强

2014年，珠江—西江经济带各市植树造林面积不断增长，城市森林覆盖率不断提高，生态景观林带不断延长，湿地公园数量持续增加。

根据经济带各市统计公报数据，2014年，广西森林覆盖率达62%，广东省森林覆盖率达58.69%；经济带11市共完成植树造林237.04万亩，其中广西7市完成植树造林187.67万亩，广东省4市完成植树造林49.37万亩（见表15）。

表15 2014年珠江—西江经济带各市植树造林面积和森林覆盖率

城市	广州	佛山	肇庆	云浮	南宁	柳州	梧州	贵港	百色	来宾	崇左
森林覆盖率(%)	42.0	21.87	69.8	68.9	47.5	64.9	75.8	46.3	67.12	51.25	54.6
面积(万亩)	2.73	2.26	29.64	14.74	12.7	33.4	20	16.64	57.38	27.93	19.62

资料来源：各市2015年政府工作报告以及各市2014年统计公报。

2014年，广东省建设生态景观林带2750公里，其中，广州市建设129公里、佛山市建设106公里、肇庆市建设160.8公里、云浮市建设60公里；崇左市、肇庆市分别新增2个湿地公园，广州市新增4个湿地公园。

2. 节能减排工作有效推进

2014年，珠江—西江经济带各市深入推进节能减排工作，成效明显，各项指标值均有所下降。柳州市制定了全市年度工业行业淘汰落后产能目标、大气污染防治年度实施计划，实行严格的目标责任制管理，并出台《柳州市重点能耗工业企业2014年节能目标及节能工作实施意见》；百色市万元GDP能耗同比下降6%，GDP二氧化碳排放目标同比下降13.4%，规模以上工业万元增加值能耗同比下降4%；来宾市万元GDP能耗同比下降1.84%。广东省四市为推进节能减排，淘汰了大批小锅炉以及老旧车、黄标车，在中心城区建有"无燃煤区"，单位GDP能耗均有所下降。

珠江—西江经济带各市积极落实《大气污染防治行动计划》，大力发展循环经济，鼓励产业集聚发展，实施园区循环化改造，推进能源梯级利用、水资源循环利用、废物交换利用、土地节约集约利用，促进企业循环式生产、园区循环式发展、产业循环式组合，构建循环型工业体系。柳州市组织实施氯碱化工行业循环经济推进行动，并推进鹿寨县经济开发区循环化改造示范试点、国家资源综合利用"双百工程"示范基地等循环经济重点工程建设。百色生态型铝产业基地和田东石化园区被列入广西循环经济发展规划，15家企业开展循环经济试点，建设高标准农田和"旱改水"工程实现新增耕地1400公顷。肇庆市广宁县被认定为广东省循环经济示范县，肇庆高新区、肇庆新区积极创建国家生态工业示范园区和国家低碳绿色发展示范区，打造低碳经济、节能环保产业示范区。

3. 生态设施水平不断提高

（1）生态基础设施建设

2014年来，珠江—西江经济带各市生态基础设施不断建设，广西以"美丽广西·清洁乡村"活动为契机大力开展农村环境综合整治工作，广东省以实施农村环境保护行动计划来推进农村环境保护工作，不断完善生态基础设施建设。各项基础设施主要围绕农村垃圾处理、城镇农村污水处理、禽畜养殖场清理、水库除险加固、小流域治理等来展开。

垃圾处理。广州市启动创建全国生活垃圾分类示范城市工作，推广垃圾定时定点分类投放，完善垃圾分类收运体系，改造垃圾压缩站56座，开工建设资源热力电厂3个。佛山市强化固体废弃物、危险废物管理，推进南海垃圾焚烧发电一厂等项目改扩建，大力开展城镇生活垃圾无害化处理。肇庆市市垃圾场扩容二期工程和县级垃圾无害化处理场建成使用。柳州市立冲沟生活垃圾填埋场渗滤液处理项目投入运行。梧州市建成乡镇生活垃圾中转站19个、乡村垃圾处理设施824个。贵港市建成58座乡镇垃圾转运站、7100多个村屯垃圾池。

城镇农村污水处理。柳州市建成28.9公里城镇污水处理管网；贵港市建立42个清洁田园示范片（点），建成农村生活污水处理设施35座；崇左市供水管网、城镇污水生活垃圾处理设施等日趋完善；广州市（十区）建成污水处理厂36座，城镇生活垃圾无害化处理率为91.50%；佛山市新建污水配套管网217.84公里，城镇污水处理率达96.7%；肇庆市城镇污水处理率达83.6%。

水库除险加固、小流域治理。百色市病险水库除险加固、中小河流治理、农田水利等工程建设全面提速。左江崇左城区河段防洪综合治理工程前期工作积极开展；水口湖整治工程等项目加快建设。云浮市中小河流治理、病险水库除险加固、村村通自来水工程、省级小型农田水利重点县、中小型灌区续建配套与节水改造等民生水利工程建设加快，累计完成投资4.66亿元。

生态村镇创建活动。柳州市建成自治区"村收镇运县处理"试点乡镇18个、垃圾综合处理示范村屯120个、生态村84个。佛山市新增国家级生态乡镇7个，总数达19个，乡村绿化美化示范村建设70个。云浮市乡村绿化美化建设村庄136个，累计投入建设资金7.8亿元，创建生态文明村2745个；21个示范镇的总体规划和控制性规划基本完成，5个宜居城镇、77条宜居村庄、5个宜居社区建设有序推进；建成广东名镇5个、广东名村13个，省立绿道90公里。肇庆市绿化美化乡村141个，新创建生态文明示范村29个。

4. 大气、水环境治理得到加强

2014年，珠江—西江经济带各市加强大气污染防治工作，为此做了多项工作，环境空气质量优良率明显提高。柳州市市区空气二氧化硫、二氧化氮均值达到国家二级标准要求。梧州市、贵港市、来宾市环境空气质量优良率均在95%及以上。百色市城区空气质量优良天数达349天。广州市全年空气优良天数282天，占77.3%，PM2.5年均浓度下降7.5%。佛山市全年空气环境质量达到或优于二级天数的为271天。肇庆市全年空气质量优良率上升2.5个百分点，PM2.5浓度年均值逐步下降。云浮市空气质量保持在国家二级标准以上，全年空气优良天数340天，全年空气质量优良率达93.1%。

2014年，广西39条主要河流72个断面水质达标率为93.1%，城市集中式饮用水水源地水质达标率为98.4%。经济带广西7市除南宁市外，其余6市集中式饮用水水源地水质达标率均为100%；柳州市通过加强水环境监控，划定乡镇集中式饮用水水源地保护区，强化水污染防治设施监管等举措，柳江河饮用水保护河段继续保持国家地表水Ⅲ类以上水质标准。广东省深入实施南粤水更清行动计划、重点流域污染治理，城市集中式饮用水源水质保持100%达标。广州市开展水环境治理，整治市内河涌和广佛跨界河涌，新（扩）建一批污水处理设施，基本完成城乡自来水改造工程，珠江广州河段平均水质为Ⅳ类；佛山市全力推进水环境整治，开展重点河涌"一河一策"治理，已有19条重点整治河涌水质主要指标基本达到国家地表水Ⅴ类标准；肇庆市划定乡镇以上饮用水源保护区，完成重点流域水环境综合整治和星湖水质整治首期工程；云浮市集中式饮用水源水质达标率和省控断面水质达标率为100%，主要江河水质状况良好，西江云浮段水质保持在Ⅱ类以上。

（四）城镇体系

《规划》提出："坚持走新型城镇化发展道路，以推动沿江城乡发展一体化为目标，建设特色多元沿江城镇体系。"围绕产城融合、绿色低碳、生态宜居的新型城镇化目标，2014年经济带各市加快城镇基础设施建设，规范城市新区建设，提高城市综合治理水平，完善城市功能，推进城乡统筹协调发展，提升新农村建设水平，新型城镇化建设取得明显成效。

1. 城镇化水平持续提高

2014年，珠江—西江经济带各市的城镇化水平都有所提高。如表16所示，广州城镇人口比重最高，达到85.43%，比上年提高0.16个百分点；其次是柳州、南宁、梧州、贵港、肇庆，这些地市城镇人口比重都超过40%，云浮、百色、来宾、崇左的城镇人口比重低于40%，但较2013年城镇人口比重有较大提升。

表16　2014年珠江—西江经济带各市城镇人口比重

单位：%

年份＼城市	广州	佛山	肇庆	云浮	南宁	柳州	梧州	贵港	百色	来宾	崇左
2013年	85.27	94.88	43.82	39.34	57.7	59.5	48.0	44.8	31.1	37.47	34.0
2014年	85.43	—	44.01	39.47	58.39	61.06	48.92	45.63	32.74	39.5	35.35
变化情况	0.16	—	0.19	0.13	0.69	1.56	0.92	0.83	1.64	2.03	1.35

资料来源：各市政府工作报告及国民经济统计公报。

2. 核心城市辐射带动作用增强

2014年，珠江—西江经济带核心城市的辐射带动作用进一步提升。广州作为经济带的核心城市，是我国重要中心城市和综合性门户城市，致力于建设成为我国南方国际商贸中心、对外交往中心、科教文化创新基地和综合交通枢纽城市，在经济带发展中发挥龙头带动作用。2014年，广州经济继续保持较快增长，地区生产总值、工业增加值、公共财政预算收入、全社会固定资产投资额、社会消费品零售总额、外贸进出口总额等各项经济指标在经济带各市中稳居首位，其中，地区生产总值达16706.87亿元，占经济带地区生产总值的42.60%；工业增加值达5075.41亿元，占经济带比重为34.69%；公共财政预算收入达1241.53亿元，占经济带比重为47.27%；全社会固定资产投资额达17536.40亿元，占经济带比重27.88%；社会消费品零售总额、外贸进出口总额占经济带比重分别为52.53%、56%，均位列经济带首位。

南宁作为经济带核心城市之一，发挥着面向中国与东盟合作的区域性国际城市、综合交通枢纽的作用，加快建设成为面向东盟的区域性现代商贸物流基地、先进制造业基地和区域性金融中心、信息中心，建设成为我国内陆开放型经济战略高地。2014年，南宁经济保持良好发展，其中，地区生产总值、公共财政预算收入、社会消费品零售总额均居于经济带第三位，分别占珠江—西江经济带比重为8.71%、10.46%、11.03%；全社会固定资产投资额达2933.87亿元，占经济带比重为16.73%，居于第二位；外贸进出口总额达48.14亿元，占经济带比重2.06%，居于第四位；公共财政预算收入达923.49亿元，占经济带比重6.26%，居于第五位。同时，南宁市积极参与"一带一路"、中国—东盟自贸区升级版建设，继续服务好中国—东盟博览会和中国—东盟商务与投资峰会，提升贸易便利化水平，加大产业招商引资力度，全年直接利用外资6.9亿美元，增长8%，充分发挥了南宁面向中国与东盟合作的综合枢纽作用。

3. 中心城市功能品质不断提升

按照节约集约、产城融合、集聚人口的要求，珠江—西江经济带各市大力推进城市新区建设，稳步实施老城区改造，增强城市基础设施建设，完善城市管理机制和综合治理水平，城市功能品质不断上升。2014年，经济带各市积极推进城市新区建设和老城区改造，城区道路、公园、广场、体育馆、博物馆、学校、车站、大楼、服务大厅等各种市政设施建设顺利推进，建成区面积不断扩大，城市功能进一步完善，如表17所示。

表17　2014年珠江—西江经济带各市城市建设主要项目

城市	城市建设主要项目
广州	完成历史文化名城保护规划和867个行政村规划，查处闲置土地93宗、434公顷，查处违法用地1228宗、涉及耕地5458亩。开展"三旧"改造，盘活"烂尾楼"35宗，整治37个城中村安全隐患和448个专业市场管线
佛山	大祖庙商圈、岭南天地三期、梁园周边环境改造、仁寿寺改造、汾江河"一河两岸"景观、禅西新城绿岛湖行政服务大厅、欧洲工业园A区启用、桂城千灯湖片区、金融公园、灯湖广场、佛山新城中欧（中德）服务中心、中德高技术实验园研发楼、人才公寓、北江新区"三旧"综合改造等项目建设顺利推进
云浮	市中心蟠龙天湖改造、英东体育馆地下人防工程等加快建设，河滨西路、金丰路、牧羊路、金山路北段、永丰路南段等12条市政道路的建设，云浮新区核心区—西江新城建设有序推进，建成市政道路14条21.1公里，同步配套完善供水、排水、供电等市政设施。全市完成"三旧"改造项目62个，改造面积1415.35亩
肇庆	肇庆新区城市总体规划获准省批准实施，起步区建设全面启动，累计收储土地2.7万亩，已建或在建道路11条，北师大附属学校、肇庆东站等重点项目建成，中心城区一体化发展加快，阅江大桥、西江北岸江滨西路示范段、鼎湖大道等项目进展顺利，新动工及续建"三旧"改造项目15个。各智慧城市建设加快，城市互联网普及率达62.4%，光纤覆盖95%以上城市小区、通全部行政村
南宁	民族影城、广西体育中心综合训练馆、市民族艺术基地、南宁博物馆主体工程竣工；市群众艺术馆重项目开工建设；南宁市图书馆、广西文化艺术中心、顶蛳山遗址保护设施等项目正在加快推进。南宁吴圩机场新航站楼、火车东站建设启用，南广高铁开通运营，外环高速公路、机场高速公路延长线建成通车
柳州	新区发展框架进一步拉大，建成区面积24.57平方公里，花岭片、核心区、滨江区路网建设全面铺开，官塘污水处理工程厂区建设竣工验收，柳东大厦投入使用，华美达酒店开业运营，华侨城等一批项目开工建设。实施旧城区道路、排水和照明改造，围绕"智慧城市"建设，重点实施公共信息平台、公共数据库、地下管网及"一卡多用，一卡通用"市民卡等工程
梧州	加快城市新区开发建设，红岭新区中央商务区、玫瑰湖景观提升工程、太和新城等项目加快实施，苍海新区环湖道路、跨湖大桥、岸线景观、环城水系等项目稳步推进，实施棚户区改造，已启动14000多户改造工作
百色	2014年城市建成区面积扩大到146平方公里，城建领域完成投资290亿元，百东新区建设、右江—田阳一体化进程加快。平果县和靖西县撤县设市顺利推进。右江河谷城镇带建设步伐加快

续表

城市	城市建设主要项目
来宾	加大旧城改造力度，重点对柳来路、北四路、新兴北路、南一路、中南路、北二路、大桥路等9条道路，进行橡胶沥青路面铺设、人行道街砖铺装、雨污管网建设等方面改造，对北四路休闲广场、人民公园景观进行提升改造。继续推进老汽车站、老火车站等5个片区旧城改造
贵港	完成了中心城区8个片区的控制性详规和7个乡镇、272个村屯的总体规划或控制性详规。东环郁江大桥、同济大道下穿铁路工程、解放路下穿铁路工程等一批续建项目加快推进，打通了仙衣路、迎宾大道东侧支路等9条城区路，市体育中心、市文化艺术中心、市中心医院等一批重大项目实现开工并顺利推进，建成市图书馆、博物馆、民族文化公园等一批重大城市配套设施
崇左	中心城市建设步伐加快，左江崇左城区河段防洪综合治理工程、园博园基础设施项目、棚户区改造工程、崇左大桥、市体育中心、城市规划建设展示馆、水口湖整治工程等项目进展顺利

资料来源：各市珠江—西江经济带发展情况报告。

2014年，经济带各市积极加强城管综合执法，集中整治乱摆卖和占道经营，严厉查处城乡接合部、背街小巷等重点区域的违法占地和建设行为，开展安全生产隐患专项整治，完善立体化社会治安防控体系。广州市完成314个幸福社区创建工作，拆除违法建设110万平方米、违法户外广告3.1万平方米，查处违法施工2720宗，整治"群租房"2.2万套，群众治安满意度持续提高。柳州、贵港等市严厉打击"两违"行为，全年分别依法拆除"两违"建筑面积147万平方米、67万平方米。南宁、梧州等市进一步完善立体化社会治安防控体系，开展社会治安环境大整治专项行动，严密防范和依法严厉打击各类违法犯罪活动。

4. 特色城镇建设进一步加强

2014年，经济带各市积极推进重点县城和重点城镇建设，工贸型城镇及旅游名镇建设成效显著。柳江县、鹿寨县、融安县依托产业优势，积极推进工贸型城镇建设，柳江县力抓穿山工业园特色化建设，食品工业发展初见规模，鹿寨县加快推进热电联产项目、电镀工业园（一期）等重大项目建设，融安县建设广西香杉生态工业园（一期）工程，促进竹木深加工产业转型升级。回龙镇、大新县、凭祥市、宁明县、龙州县、长坪乡、归义镇、象棋镇、融水县、三江县、安德镇、西林县等城镇、乡村依托特色旅游资源，积极推进特色旅游城镇建设，其中，高要市回龙镇创建成为广东省第一批名镇，获广东省授予"岭南名镇"称号，长坪乡平垌瑶寨获首批"中国少数民族特色村寨"称号，归义镇、象棋镇道家村获得"广西特色名镇名村"称号，融水雨卜村、三江丹洲村、马安屯获"广西特色旅游名村"称号。部分地区依托环境优势积极建设园林城市，推进美丽宜居乡镇、生态乡镇、绿色乡镇和特色名镇建设，平南县、蒙山县、靖西县、德保县、田东县、乐业县获得"广西园林城市"称号。

5. 城乡一体化发展成效良好

2014年，经济带各市城乡一体化发展不断深入，主要围绕农村综合改革、新农村建设及社会扶贫、对口帮扶工作展开。

农村综合改革和新农村建设扎实推进。佛山市扎实推进农村综合改革，完成农村集体经济组织证书颁发和农村集体土地所有权确权登记发证，禅城区完成农村"股权固化"，南海区稳妥推进确权确股式股权改革；肇庆市新农村建设进一步加强，乡镇总体规划实现全覆盖，编制完成100个行政村规划，村庄规划率提升到80%，累计建成名村82个，示范村123个，创建进度和质量均走在广东前列；来宾市启动新型城镇化综合试点工作，积极探索建立农业转移人口市民化成本分担机制，丰富城镇建设内涵，建设重点是由规模扩张到质量的提升转变。广西各市新农村建设以深入推进"美丽广西·清洁乡村"活动为主，建设乡镇垃圾转运站、垃圾池及垃圾综合处理设施，加强水源清洁，建设城镇污水管理网及农村污水处理设施，划定饮用水源保护区，保证饮水安全，逐步改善人居环境。

扶贫攻坚力度加大。2014年，百色市减贫人口数量达16.5万人，精准扶贫建档立卡102.4万贫困人口，扶贫移民生态工程安置3700户、1.6万人；百色市推进农民工返乡创业园，入园企业达167家，提供岗位3.25万个。肇庆市累计帮扶1936户贫困户完成住房改造，搬迁安置43个"两不具备"贫困村庄，共701户农户。累计帮扶各村建设基础设施类和民生类项目1636个。

（五）公共服务

《规划》提出："以改善民生为重点，推进教育文化、科技创新、医疗卫生、食品药品安全、就业社保、社会治理等领域一体化建设，让广大人民更多更公平享受改革发展成果。"2014年，珠江—西江经济带各市落实规划要求，在教育、文化、卫生、就业、社保等领域加大投资力度，民生支出占各市公共财政支出比重不断提高，公共服务一体化建设取得积极成效（见表18）。

表18　2014年珠江—西江经济带各市部分城镇民生支出占比情况

城市	南宁	柳州	梧州	贵港	百色	来宾	崇左	广州	佛山	云浮	肇庆
民生支出占全市公共财政支出比重(%)	71.3	78.9	79	82.5	81.5	—	75.4	76.3	64.3	69.5	69.5

资料来源：各市2015年政府工作报告。

1. 教育事业均衡发展

2014年，珠江—西江经济带各市大力发展现代职业教育，对其基本办学条件进行改善，对中等职业学校、技工院校和职业培训机构进行重点建设，建成适应需求、有机衔接、多元立交、就业导向的现代职业教育体系。同时对进城务工人员随迁子女就学政策进行完善，确保平等接受学前教育、义务教育，符合条件的随迁子女能够在流入地参加中高考。对教师资源进行合理分配，扩大优质教育资源覆盖面，全面实现县域义务教育均衡发展。

职业教育加快发展。南宁市大力推进县级中等职业学校综合改革，目前积极探索校企合作、联合办学等模式，按照现代企业制度要求推进职业教育集团化办学，已建成两所国家中等职业教育改革发展示范学校，以推进中高职衔接、职教普教融通，构建现代职业教育体系；柳州市优化职业院校办学资源，组建广西汽车产业职教集团，柳州铁道职院和城市职院迁入职教园区，办学条件进一步改善；贵港市贵港职业学院并入广西工业职业技术学院，2014年实现招生规模超过5000人；来宾市重点支持市职教中心学校转型升级，推进县级中等专业学校综合改革；云浮市市技工学校通过高级技工学校评审。

进城务工人员随迁子女就学政策不断改善。南宁市探索进城务工人员随迁子女凭积分入读义务教育公办学校办法；梧州市1.7万名进城务工人员随迁子女全部安排就近入学，11.4万名义务教育阶段留守儿童全部正常就学；肇庆市在公办学校接受义务教育的进城务工人员随迁子女占比高出全省平均水平

27.3个百分点。

义务教育均衡发展水平提高。为了合理配置优质教育资源，促进教育均衡发展，广西柳州市在鹿寨、三江两县开展"县属轮教"试点；贵港市实行了教师轮岗交流制和校长任期交流制，提高了偏远艰苦地区学校教师待遇；佛山市、肇庆市率先通过全国义务教育发展基本均衡区国家督导评估。

2. 公共文化体系不断完善

根据《规划》要求，2014年珠江—西江经济带各市在构建现代公共文化服务体系、深化文化遗产保护合作、建立健全现代文化市场体系、各城市之间文化交流合作方面取得了良好成效。各市积极推进公共文化设施进行规范化、标准化建设，不断完善公共文化服务体系，特别是农村文化基础设施条件有了明显改善（见表19）。

表19　2014年珠江—西江经济带各市公共文化基础设施建设情况

城市	公共文化基础设施建设项目
广州	改造升级农村敬老院和413个老年人活动站点
佛山	市图书馆新馆投入使用，市文化馆新馆封顶，佛山大剧院加快建设。祖庙、仁寿寺、梁园等改造提升工程加快推进
云浮	建成镇（街）综合文化站和行政村（社区）文化公共电子阅览室110间、村落历史文化展示馆10个
肇庆	建成100个村级文化站电子阅览室，开展文化管理体制试点改革；启动奥体中心和50个社区体育公园建设，提前实现乡镇农民体育健身工程全覆盖
南宁	推进村级公共服务中心建设，完善全民健身场地设施
柳州	"村村通"广播电视乡镇无线覆盖工程提前完成
梧州	建成村级公共服务中心68个、村村通乡镇无线发射台站6个，超额完成自治区下达的1万多场农村公益电影放映任务
贵港	建成村级公共服务中心99个、农村体育健身工程16个
百色	建成223个村级公共服务中心
来宾	启动市体育公园建设，深入实施"农民体育健身工程"和"雪炭工程"
崇左	108个村级公共服务中心全面建成

资料来源：各市2015年政府工作报告。

经济带各市依托各地区民族文化特色，增强区域文化软实力，着力推进文化产业体系建设。南宁市制定了文化产业发展专项规划，发展文化创意、文化旅游等新型文化业态，促进文化与科技、旅游、体育等多种业态融合发展，同时加快"大地飞歌"品牌产业化经营；柳州市"鱼峰歌圩"被文化部授予"中国民间文化艺术之乡"，柳州艺术馆成为陈列展览名家书画、摄影等各类艺术精品的重要平台；贵港市举办了首届"美丽贵港·我爱荷城"荷花展系列活动，贵港荷文化、"和为贵"等文化品牌影响力进一步扩大；广州市基本完成《广州大典》的编纂出版，音乐剧《西关小姐》荣获中宣部"五个一工程"奖。

经济带各市重视文化遗产保护工作，重点加强对民族文化遗址、名人故居等的保护利用，加强对海上丝绸之路始发港和重要节点、沿海水下考古调查以及大型文化遗址的考古研究。广州开展文化遗产普查，启动文物保护专项资金，扶持非国有文物保护；云浮开展可移动文物普查和海上丝绸之路南江古道调查工作，对磨刀山遗址进行了考古发掘；南宁深入挖掘骆越文化、那文化等民族文化，保护非物质文化遗产；柳州历史文化名城保护整改工作通过国家有关部门验收；贵港《贵港客家山歌》等4个项目入选自治区级非物质文化遗产名录；来宾推进忻城县莫土司衙署申报世界文化遗产工作；崇左壮族霜降节列入国家级非物质文化遗产名录。

3. 医疗卫生事业稳步发展

2014年，珠江—西江经济带各市全力深化公立医院改革制度，在政事分开、管办分开、医药分开、营利和非营利分开等重点难点问题上进行积极探索。在基本医疗保障方面，巩固完善"新农合"制度，进一步提高"新农合"参合率和政府补助水平，提高"新农合"筹资和保障水平，经济带各市基本上实现了农村居民人人享有基本医疗保障制度。经济带各市强化对艾滋病等重点传染病和重大传染病疫情的防控，广州、佛山、云浮、肇庆启动应急机制，有效防控登革热、埃博拉、禽流感等传染病，各市无重大传染病疫情暴发流行和突发公共卫生事件发生。来宾、百色等市发挥中医药和壮瑶医药在卫生应急和重大疾病防治中的作用，推进瑶医药发展。

4. 就业服务体系愈加完善

2014年，珠江—西江经济带各市不断完善创业扶持政策，以创业带动就业，完善公共就业创业服务体系，同时对劳动者进行有针对性的技能培训，提高劳动者素质，促进劳动人员充分就业，各市新增城镇就业人数不断提高

(见表20)。南宁推进示范性大学生创业孵化基地、人才一站式服务中心建设，推动大学生、返乡人员等中青年群体创业；启动了"绿城南宁产业工人培训三年行动计划"，每年提升培训1万人以上，保障重点劳动密集型企业用工需求。佛山发放创业小额担保贷款5616万元，带动就业3.6万多人，"零就业"家庭持续动态"清零"；实施技能晋升培训补贴，5.1万人参加技能培训。广州组织职业培训，应届广州生源高校毕业生就业率达到93.3%。

表20　2014年珠江—西江经济带各市就业情况

城市	南宁	柳州	梧州	贵港	百色	来宾	崇左	广州	佛山	云浮	肇庆
新增城镇就业人员（万人）	—	5.91	3.2	1.8	2.27	1.85	1.8	27.1	8.24	3.56	4.81
农村劳动力转移就业人数（万人）	—	5.97	5.4	4.08	5.5	—	—	7.42	—	3.63	4.94

资料来源：各市2015年政府工作报告及2014年各市国民经济和社会发展统计公报。

5. 社会保障进一步加强

2014年，珠江—西江经济带各市社会保险覆盖范围不断扩大，社会保障体系不断完善，企业退休人员基本养老金、城乡居民医保等社会保险待遇水平提高，社会救助制度进一步健全。南宁建立健全了医疗救助与基本医疗保险、大病保险相衔接的医疗费用结算机制，加快推进市第二社会福利院建设。柳州完善"三无人员"居民医保政策，解决失地农民参保缴费难问题；云浮对全市所有低保、五保、"三无人员"等困难群体参加城乡居民基本医疗保险进行全额补助，并为全市低保对象和70岁以上老人购买了人身意外伤害保险；肇庆把家庭年人均收入低于3600元的农村居民、低于5640元的城镇居民和城镇"三无人员"全部纳入低保范围。

（六）开放合作

《规划》提出："坚持开放引领，着力构筑开放合作新高地。"2014年，珠江—西江经济带各市贯彻《规划》要求，实施更加积极主动的开放合作战略，在经济带内部、国内和国际层面上，开展了一系列的合作，取得了显著的成果。

1. 经济带内部合作日益紧密

经济带内部积极推进经济一体化，树立整体观，促进了区域内生产要素的自由流动，使经济带内部的资源得到共享，实现"1+1>2"的合作效应。

（1）粤桂合作特别试验区

两广设立粤桂合作特别试验区，开启了我国东西部合作、跨省（区）合作发展的新模式、新机制的探索与尝试，具有重大的现实意义和深远的战略意义。两广高度重视试验区的建设与发展，广西更将试验区作为两广经济一体化的先行区和经济带建设的核心平台重点建设①，试验区在2014年获得了长足的发展。

2014年，粤桂合作特别试验区招商引资成果丰硕，签约项目25个，总投资459.6亿元，成功引进了广西微软创新中心、国光西部产业基地、中节能环保产业园、新加坡产业园等一批电子信息、节能环保、新材料产业重大项目和国际知名企业，爱能森节能环保储热生产基地、美国A123公司新能源项目等一批项目也有意向落户试验区。截至2014年底，该试验区入区企业共有68家，实现工业总产值119亿元，其中规模以上工业总产值113.05亿元，实现工业增加值42.6亿元，完成投资38.46亿元，招商引资实际到位资金33.2亿元②。

（2）区域一体化合作

区域一体化合作发展是经济带内部城市发展的一个趋势，通过城市间的产业分工、功能互补、整体优化和资源共享，使各城市效益最大化。

以梧州为节点，经济带多个区域一体化合作正稳步推进。一是推进梧玉贵一体化。梧玉贵区域处于珠江—西江经济带核心枢纽区段，梧玉贵一体化发展，促进了桂东承接产业转移示范区和桂东南城镇群建设。2014年4月，《梧玉贵一体化发展规划》已经广西人民政府同意，并印发实施。二是梧州和广州战略合作。2015年6月11日，梧州市与广州市签署《广州市—梧州市战略

---

① 《广西壮族自治区主席陈武在召开全区实施"双核驱动"战略工作会议中的讲话》，广西壮族自治区人民政府网站，http://www.gxzf.gov.cn/zwgk/zyjh/201411/t20141101_435091.htm，2014年10月30日。

② 吴丽萍：《粤桂合作特别试验区获广西重点支持》，《广西日报》2015年3月18日第3版。

合作框架协议》，成为广西首个与广州建立战略合作关系的地级市，与中山大学附属第二医院探索建立区域性市院合作模式。三是梧州和肇庆战略合作。在梧州市与肇庆市签署《梧州—肇庆战略合作框架协议》的基础上，2012年9月，召开梧肇战略合作第一次市长联席会，提出合作事项24项。2013年4月，召开了梧肇战略合作第二次市长联席会，合作事项增加到27项。2014年4月、9月和2015年4月先后召开梧肇战略合作第三、四、五次市长联席会议，合作事项达到了38项，实现了与肇庆的多领域、全方位合作。四是梧州和云浮战略合作。2013年11月梧州与云浮签署《梧州—云浮战略合作框架协议》，2014年10月成立梧州市梧云战略合作领导小组，2015年4月，召开梧云战略合作第一次市长联席会议，商议落实《梧州—云浮战略合作框架协议》有关事宜。五是梧州和佛山战略合作，2014年4月，与佛山共同签署《梧州—佛山战略合作框架协议》，不断推进广佛肇梧一体化。

广东省推动广佛肇经济圈建设。在广佛肇签订《广佛肇经济圈合作框架协议》的基础上，广州、佛山和肇庆致力打造区域优势、产业集群，进一步提升了整体经济产业综合竞争力。2014年1月，广东省发改委通过《广佛肇（怀集）经济合作区发展总体规划》，"广佛肇（怀集）经济合作区"上升为省级发展战略。2009~2014年，广佛肇经济圈生产总值从1.48万亿元跃升到2.6万亿元，占广东全省的38.6%[1]。

广西有序推进南崇经济带、柳来河一体化多项区域合作。2012年，广西壮族自治区人民政府发布实施《南宁—新加坡经济走廊南宁—崇左经济带发展规划》，开启了"陆路东盟"开放新格局。2014年9月，南崇经济带布局的9个工业园区累计引进南国铜业冶炼、中铝等重点项目590个，总投资达756.02亿元[2]。广西发改委在2013年1月印发《柳州、来宾、河池市区域一体化发展规划》，提出着力推进三市资源整合、优势互补、组团发展，2014年柳来河区域财政收入达429.33亿元，各市平均增长7.8%，完成固定资产投资达3641.77亿元，各市平均增长11.7%[3]。

---

[1] 张建军：《"广佛肇"经济圈扩容》，《经济日报》2015年2月12日第10版。
[2] 黄艳梅：《"南崇经济带"成产业投资新高地》，《中国新闻周刊》2014年9月23日。
[3] 数据由2014年柳州市、来宾市和河池市年度国民经济和社会发展统计公报整理得来。

(3) 对口帮扶机制

为推进珠江—西江经济带区域统筹发展，经济带内部各市之间积极建立帮扶机制，探索共建产业园区，努力建设多方面的合作平台，其中取得较为突出成果的是两对城市，"广州—百色"和"佛山—云浮"。

广州与百色签订扶贫协作协议，2014年财政年投入扶贫资金1000多万元，引导广州企业与百色在工农业、招商引资等方面开展多层次合作，推动产业适度转移。百色市与广州市的扶贫开发以及上海交通大学、中山大学的产学研合作取得新进展。2014年9月，在广州—百色对口帮扶工作座谈会上，百色市副市长罗试坚表示在广州的帮扶下，百色的农业、教育、文化、产业等扶贫开发项目得到了快速发展，也让群众得到实惠。

佛山对口云浮帮扶向纵深推进，以佛山（云浮）产业转移工业园（思劳片区）作为主要载体，加快规划建设"佛山云浮生态环保产业国际合作区"。两地在农业、金融、科技、人才、文化、旅游、体制改革等方面的合作得到深化，启动和实施两市教育、卫生千人互派和名校、名医院交流合作计划，实现优质资源共建共享。2014年，佛山投入对口帮扶云浮财政资金4.1亿元，云浮—佛山城市可经营项目投资推介洽谈会现场签约项目22个，投资总额达197.57亿元。

2. 与国内区域合作不断深化

珠江—西江经济带建设作为国家发展重点战略，在国内有举足轻重的地位。经济带正推进与港澳台的合作，加大与泛珠三角区域经济合作的力度，加强与西南中南地区的互动。

(1) 与港澳台合作正在加强

珠江—西江经济带与港澳台的合作重点在建立更紧密经贸关系、强化内陆和沿海港口物流合作、鼓励企业和产品以港澳为拓展平台、承接产业转移和共同开拓东盟市场。

2014年，广东对港澳开放服务业门类153个，率先基本实现粤港澳服务贸易自由化；联合港澳成功承办第十届泛珠大会，在大会上签署涵盖产业升级、工业投资、基础设施、园区开发、商贸物流等多个领域的合作项目共780个，总金额达5493亿元，泛珠合作进一步推进。2014年6月，肇庆与香港投资推广署在西班牙联合举办了"2014年香港、肇庆—西班牙经济技术合作和贸易交流会"。肇庆在 2014 年对港澳地区的进出口额为 28.3 亿美元，同比增长 66.3%，来自港澳地区的实际吸收外资金额为 10.2 亿美元，同比增长 18.6%。

海峡两岸（南宁）投资合作中心于 2014 年 1 月在广西南宁揭牌成立，具有鼓励和支持两岸企业界的交流与合作，促进两岸优势企业的合作与互补，打造有效的合作新机制，创造新的经贸与文化的交流合作等重要意义。大藤峡水利枢纽工程于 2014 年 11 月进入了正式建设阶段，这是两广合作、桂澳合作的重大工程，对于保障澳门、西江中下游及珠江三角洲地区供水安全，带动沿江经济社会发展都具有重大意义。柳州市为确保全市服务业及外贸工作稳定发展，进一步加强与港澳台的合作，取到了良好的成果。2014 年柳州出口香港 129.9 万美元，出口澳门 98.4 万美元，出口台湾 615.2 万美元。

（2）与国内其他区域合作逐步推进

珠江—西江经济带正加大与周边区域经济合作力度，加强与西南中南地区的互动，增强区域的龙头带动作用。

2014 年 1 月，百色市与云南文山州人民政府签署《关于建设百色—文山跨省经济合作园区协议》，双方商定，按照优势互补、长期合作、互惠互利和利益共享等基本原则，共同建设、运营管理跨省经济合作园区。2014 年 9 月，在第十一届中国—东盟博览会期间，百色市在南宁举行投资环境推介会暨项目签约仪式，来自上海等地的客商纷纷与百色市携手，共有 56 个项目签约，总投资额达 267 亿元，签约的合作项目涵盖了旅游文化产业、商贸物流、生态铝业等十多个产业。2014 年 9 月，柳州与贵州省黔东南州签订《柳州市人民政府黔东南州人民政府战略合作框架协议书》，加快两市州共同融入珠江—西江经济带和贵广高铁经济带的战略合作，促进两市经济、社会、文化、生活等方面融合和发展。贵港通过与广东省国资委合作共建粤桂（贵港）热电联产循环经济产业园，于 2014 年 12 月开始动工，计划构建华电、贵糖等行业产业集成、耦合、资源共享及静脉工程的循环经济发展模式。2014 年 12 月，肇庆举办"肇庆金秋—先进装备制造业招商洽谈会"，国内多个中小企业出席，共签约项目 93 宗，投资总额达 496 亿元。

3. 与国际区域合作不断拓展

珠江—西江经济带积极参与"中国—东盟"合作、泛北部湾合作、大湄公河次区域经济合作、中越"两廊一圈"合作、海上丝绸之路合作和参与欧美日韩、拉美等国家和地区的经贸合作，进一步拓展国际合作的宽度和深度，提升了经济带在国际上的地位。

（1）积极开拓与东盟合作领域

南宁—崇左—凭祥对外开放经济带于2014年2月列入国务院下发的《关于加快沿边地区开发开放的若干意见》，积极打造中越边境经济合作新高地。凭祥综合保税区保税业务值居全国同类边境保税区前列，崇左市宁明爱店口岸获批升格为国家一类口岸。2014年5月，肇庆市成功举办"珠三角—东盟·大西南经贸合作交流会"，引进投资685亿元；2014年9月，南宁举行第11届中国—东盟博览会和中国—东盟商务与投资峰会，会期举办了投资合作圆桌会，达成了港口合作、产业合作等一批"海上丝绸之路"建设的重点合作项目；2014年9月，柳州市成功举办第四届中国—东盟（柳州）汽车、工程机械及零部件博览会，展会规模与专业化水平有新提升，深化了与国内外汽车及零部件企业的交流合作。2014年10月，广东省成功举办首届广东21世纪海上丝绸之路国际博览会，吸引了多个国家和地区的企业参展，促成一批广东与海上丝绸之路沿线国家和地区之间的经贸和旅游文化合作项目。

（2）努力拓宽与欧美日韩等国家和地区的经贸合作层面

2014年，珠江—西江经济带的国际经贸合作量持续增长，经济带广西7市实际利用外资4.58亿美元，占全广西总量的45.8%，同比增长59.6%[1]；广东4市实际利用外资92.00亿美元，占广东总量的34.24%，各市平均增长3.8%[2]。2007年，韩国忠清北道与广西缔结友好城市，经过多年发展，2014年广西对韩国进出口总额为4.49亿美元，同比增长16.2%；截至2014年底，广西累计批准韩国投资项目99个，合同金额达2.1亿美元[3]。

2014年10月，柳州开展中欧产业合作（柳州）投资洽谈会，积极推进与欧洲各国企业的开放合作，支持有条件的企业"走出去"，对外投资快速增

---

[1] 周红梅：《广西实际利用外资：增长43%高于全国平均水平》，《广西日报》2015年1月22日第4版。
[2] 由广州市、肇庆市、佛山市、云浮市和广东省的2014年国民经济和社会发展统计公报整理得来。
[3] 潘强：《广西加强与韩国商务合作分享中韩自贸区红利》，《凤凰资讯》2015年3月5日。

长,全年完成对外投资1.69亿美元,同比增长3.6倍。广东与澳大利亚有着独特的地缘、人缘优势,经贸合作基础扎实,经济互补性强。2009～2014年,双方进出口额从94.5亿美元增长至151.5亿美元,年均增长9.9%。2014年6月,南宁市代表团赴俄罗斯访问,代表团与伊尔库茨克州政府、市政府以及大诺夫哥罗德市政府举行了会谈,表示愿共同搭建南宁市与俄罗斯城市的友好交往平台,挖掘合作潜力,加强相互间在经贸、旅游、文化等领域的合作。2014年8月,广州与美国波士顿市签订了《广州市与波士顿市加强友好合作交流备忘录》,两地将在科技、医疗、教育、经贸等方面加深交流与合作,实现双赢。

三 珠江—西江经济带建设存在的问题

自《珠江—西江经济带发展规划》实施以来,沿线各省区凭借区位优势和自身发展,依托西江黄金水道建设加快推进经济转型升级,取得了初步成效,但也存在一些不容回避的问题,主要表现在如下几方面:

(一)水运优势尚未发挥,基础设施水平有待提高

1. 水运建设相对滞后,制约航道优势发挥

珠江—西江水运基础设施薄弱,结构性矛盾突出。西江流域航运基础设施薄弱,航道等级偏低、通过能力差,缺乏千吨级以上泊位,不能适应内河水运发展的趋势,水运运价低、运量大的优势没有得到充分发挥。且各种运输方式间的衔接效率不高,导致高运输成本和低运输效率,影响了经济带要素流通及统一大市场的形成。目前,西江段多数内河港口码头仍然是自然坡岸和靠人力装卸,装卸工艺落后,技术装备不足,配套设施跟不上;船舶总量少,能耗低的先进船舶更少,许多运输船队船舶老旧,船舶吨位小,船舶技术含量低,运输时效差,同时,水资源综合利用率低,碍航因素较多。这些问题都直接影响着西江经济带以水为带接受粤港经济圈的辐射,致使该区域难以快速借力驱动。水运建设是打造互联互通大通道的最重要的支撑,但由于水运优势的弱化,经济带各市交通基础设施建设多以公路、铁路,尤其是高速铁路为重点,综合交通枢纽的建设以铁路、公路和航空为重要支撑,水运则被放在相对次要

的位置。同时，与公路发展相比，水运方面投入相差甚远，内河航道没有得到本质改善，严重制约了内河运力，迫使许多货物运输由走水路变走公路，资金投入不协调，也制约了水运发展。

2. 各地基础设施建设不平衡，互联互通水平有待提高

首先，经济带各地对推进基础设施建设的态度不一是基础设施建设不平衡的原因之一。在《珠江—西江经济带发展规划》获得国家批复后，广西积极落实规划要求，并已经制定出台了《西江经济带基础设施建设大会战实施方案》等，以重点推进基础设施建设，广西梧州市人民政府办公厅下发了《珠江—西江经济带发展规划梧州实施方案》，方案中重点突出了基础设施的建设。经济带各地对基础设施建设的态度不一成为影响各地对提升经济带互联互通水平态度的重要影响因素。

其次，资金筹措困难，是基础设施建设不平衡的重要影响因素。基础设施建设是一项长期工程，且需要大量的资金投入。由于经济带内广东和广西经济发展水平差距较大，基础设施水平存在明显差异，广东明显优于广西，因此，广西需要大力提升基础设施水平，而相对有限的财政资金很难满足基础设施建设的巨大需求。如广西启动的总投资达6300亿元的西江经济带基础设施建设大会战由于区内资金筹措难度大，一些工作进展受到严重影响。另外，经济带内各市经济发展水平不一，对交通基础设施建设的投入能力存在较大差异，如崇左、梧州等市经济水平明显弱于佛山等，经济水平的高低直接决定了各市基础设施建设资金供给能力，因此，各市很难实现基础设施建设的平衡发展。

（二）现代产业体系未形成规模，辐射带动能力弱

1. 产业空间分布不合理，产业聚群程度低

产业园区存在产业布局雷同现象，严重影响了整个珠江—西江经济带产业的协同发展。农产品加工、建材、化工、铝业、冶炼、制糖等不同程度被列为经济带尤其是广西七市的主导产业，产业用地缺乏融合，重复投资建设状况较为严重，造成沿江产业园区产业定位趋同。另外，多数产业零散分布在各市的产业园区，没有形成具有多层次结构的产业聚群和明确合理协同合作的分工体系。

2. 产业结构矛盾突出，多层次深加工没有形成规模

珠江—西江经济带内尤其是广西七市产业结构突出表现为：矿产资源开发和农产品初级加工产业比重较高，工业中以采掘业、初级原料工业为主，装备制造业、电子医药和新材料等先进制造业投资比重不高。另外，多数产业的生产集中度不高，产业链短，企业往往是各自为战，难以形成较大规模的精深加工产业体系，高能耗低附加值产品比重较高，不利于产业的可持续发展。例如，2014年百色市只有10%左右的氧化铝能够就地深加工，90%的氧化铝以原料的形式外销。

3. 产业配套设施和协作能力弱，制约产业发展

一方面表现在产业基础功能配置水平不高。如产业开发区、产业集中区内居住用地比例偏高，房地产开发成为园区的主要经济活动；一些产业园区没有安排为产业生产服务的金融、管理等公共设施，交通、通信、物流、能源和环保等设施较弱，影响产业生产的顺利进行。另一方面是产业协作能力较差，珠江—西江经济带广西段表现尤为突出。珠江—西江经济带除少数大城市外，在原有计划体制下发展起来的地方国有企业大部分已倒闭或消失，而新的企业还处于起步阶段，其中大部分是以矿产开发和农产品初级加工为主的产业，技术水平较低，吸引外来投资企业发展所需的协作能力较弱，制约产业的健康发展。

（三）生态建设步伐迟缓，资源环境的约束加剧

1. 节能减排任务艰巨，大气和水污染问题突出

生态环境保护政策机制不够完善，企业节能改造积极性不高，节能减排任务越来越艰巨，环境污染、安全生产风险依然突出，尤其是大气、水环境治理以及垃圾分类处理任重道远。环境资源约束压力越来越大，发展环境有待不断优化。

2. 生态屏障建设势单力薄，跨省生态补偿机制有待建立

各类自然保护区、重点生态功能区、风景名胜区和生态公益林等重要生态屏障投入不足，生态屏障建设势单力薄。当前，跨省生态补偿特别是粤桂西江流域生态补偿机制建立没有实质进展，珠江—西江经济带上游河段各市无力从根本上保护和改善流域环境，对广西的生态环境造成一定的压力。环境问题是

区域性问题，环境保护和发展的责任需共同承担，亟待建立起跨省生态补偿机制，共同维护珠江—西江经济带的生态安全。

（四）城镇化质量不高，核心城市辐射带动作用不强

珠江—西江经济带城镇化发展取得了明显成效，呈现出城镇规模不断扩张、城市综合承载力不断提升、城乡一体化发展有序推进等良好态势，但总体来看，经济带城镇化质量不高的问题依然突出，南宁、广州对中上游地区的辐射带动作用需进一步强化。

1. 城镇化水平偏低，区域发展不平衡

2014年经济带各市的城镇化水平较上一年均有所提高，但总体水平较低。百色、来宾、崇左、贵港城镇化水平低于广西平均水平，云浮、肇庆城镇化水平低于广东省平均水平。肇庆、云浮、梧州、贵港、百色、来宾、崇左7市城镇化水平均低于全国城镇化水平。经济带各市之间城镇化发展不平衡，百色、来宾、崇左城镇化水平与南宁、柳州之间差距较大，肇庆、云浮城镇化水平与广州、佛山差距大，如表21所示，百色比南宁低25.65个百分点，云浮比广州低45.96个百分点。

表21 2014年珠江—西江经济带各市与全国城镇化水平比较

单位：%

广州	佛山	肇庆	云浮	南宁	柳州	梧州
85.43	—	44.01	39.47	58.39	61.06	48.92
贵港	百色	来宾	崇左	广西	广东	全国
45.63	32.74	39.5	35.35	46.01	68.0	54.77

资料来源：各市2015年国民经济和社会发展统计公报。

2. 城镇基础设施落后，城镇公共设施不足

完善城镇基础设施，扩大城镇公共服务，有利于促进城镇化发展，增强城镇集聚能力。由于地理、历史和经济社会发展等因素的制约，西江中上游城市的城镇化水平较低，各城镇存在基础设施发展落后、交通不发达、文化设施建设水平低、就业岗位不足、人口素质低等问题，文化教育、娱乐健身、医疗和其他公共服务设施覆盖率不够。

3. 城镇化进程中的体制机制障碍，城镇化进程受到影响

受长期以来的城乡二元结构体制的影响，进城农民工公共服务均等化和定居落户存在问题，土地管理制度、就业制度、社会保障制度、户籍管理制度等方面的改革滞后，影响了农业转移人口市民化的进程。

（五）全方位开发合作不够充分，经济带整体竞争力不强

由于地方政府间复杂而且深刻的利益冲突和利益博弈、发展基础和结构存在一定的差距等问题，导致经济带在合作问题上仍存在一定的问题，制约了经济带的升级发展。

1. 经济发展水平差距较大，合作目标与价值观念存在差异

珠江—西江经济带一头连着人均 GDP 已超过 1 万美元的广东，另一头连着仍处于西部欠发达地区的广西[①]，是我国东部发达地区与西部落后地区共存的一个典型区域，该典型条件为珠江—西江经济带创造了广阔的拓展空间。但两广的经济发展水平和结构存在明显的差异性，这种较大的经济差异会造成一定的区域合作障碍。

表22 2014 年两广主要经济指标*

省份\指标	GDP（万亿元）	人均收入（元）	财政收入（亿元）	三次产业结构
广西	1.6	32967	2162.4	16∶48∶36
广东	6.8	63452	8060.1	5∶46∶49

资料来源：魏乾梅：《基于经济与生态协同发展的珠江—西江经济带府际合作研究报告》，《梧州学院学报》2015 年第 2 期，第 14~21 页。

经济带的合作规划及战略主线涉及经济发展与环境保护、近期与长远目标的关系。由于两广政府的区域发展水平差异，其发展战略规划与目标途径存在差距，将会给经济带跨区域合作的资源和生产要素流动带来障碍。

2. 竞争环境过于复杂激烈，开放合作正面临着多重压力

国际国内竞争更趋激烈，开放合作面临的挑战和压力更大。从国际上看，

---

① 李杨：《珠西合作：流域治理新思路》，《中国经济导报》2015 年 3 月 14 日第 A03 版。

在"21世纪海上丝绸之路"沿线上涉及42个境外经贸合作区①,"一带一路"的建设会增强中国与周边新兴经济体之间的经济贸易往来,也会带来更强烈的竞争博弈。同时,随着我国低成本优势逐步丧失,印度、越南等新兴经济体大力发展开放型经济,与我国争夺国际市场的竞争更加激烈。从国内看,例如广东深圳福田口岸、内蒙古策克口岸和福建泉州港口岸等,开放较早,并且沿海、沿边和内陆各省纷纷加大对外开放力度,经济带的开放合作面临着多重压力。外部环境更加复杂,开拓国际市场难度加大。全球经济增长缓慢,《新兴经济体发展2015年度报告》认为,2014年,面对错综复杂的国内外形势,包括中国在内新兴11国经济增速放缓,在新常态下经济出现结构性减速。国内外市场生产过剩、需求低迷的状态短时期内难以改观,各类贸易摩擦此起彼伏,以及发展中国家同质化商品生产,加剧了国际市场竞争。

3. 大量跨界合作问题积累,成为区域整体发展的主要阻力

行政区经济与政府调控职能的缺位导致城际协调发展困难②。尽管广西在2014年印发了《南宁北海钦州防城港玉林崇左百色市区域一体化发展规划》,提出将七市打造成为全国有重要影响的城市群,但多年"诸侯经济"积累的大量问题仍有待更大力度的突破。第一,基础设施建设受到行政边界的限制,依然以自我发展为中心,忽视区域间的共建共享。第二,行政边界地区深入的跨界合作薄弱。目前,政府层面在边界地区合作的主要内容是以项目形式展开的环境整治。第三,珠江—西江经济带尚未实现资源的充分流动和统一整合,城际竞争多于合作,带动经济带整体发展的合力较弱。

4. 协同发展机制尚未形善,各自为政、恶性竞争现象存在

由于现行行政体制分割,没有形成一个行之有效的统一合作机制,经济带内不同市域之间的分工协作和共同发展没有得到切实的落实。各市出于地方经济利益诉求,恶性竞争现象普遍存在,严重影响了经济带内各市协调、合力和整体升级发展。

---

① 李天国:《"一带一路"创造新兴经济体合作新模式》,《上海证券报》2015年3月20日第A01版。
② 马学广:《经济圈战略下的区域跨界整合研究—以珠西地区为例》,《地理与地理信息科学》2012年第6期,第62~67、80页。

四 珠江—西江经济带发展对策建议

当前,国家实施"一带一路"战略及自贸区建设正在引领新一轮对外开放,主动融入珠江—西江经济带联动开发,深化与西南、中南地区合作交流,是珠江—西江经济带沿线各省区面临的经济新常态。以问题为导向,充分发挥沿线各省区政府的作用,以发展大流域经济的视野,加强政府间协调合作,探索建立共同利益诉求合作机制,进一步强化跨省区沟通协作,在形成共识、平等和共赢的基础上开展多元化合作,积极推动粤桂合作特别试验区等平台的作用,承接广东自贸区的功能辐射,提升珠西经济带产业竞争力,进一步扩大与东盟合作,全面提升对外开放水平,释放更大的改革开放红利,是时代赋予沿线各省区的重任。

(一)以水运建设为引领,构建更加完善的综合交通网络

1. 大力发展水运建设,充分发挥水运优势

水运是珠江—西江经济带建设的核心,经济带交通基础设施建设应以水运为优先主题,大力开展水运建设,以干线航道为重点,加强干支流航道建设,完善和扩大高等级航道网络,拓展港口规模和功能,构建现代内河港口体系,提高船舶标准化和现代化水平和道通航等级;全力推进重点内河泊位建设,进一步提高港口吞吐能力。

(1)打造"一干线三通道"的黄金航道

加快珠江—西江航运干线南宁—广州高等级航道扩能改造,推进柳黔江、左江、右江、红水河、桂江、绣江、贺江等重要支流航道和支持保障系统建设,提高珠江—西江出海航道通过能力和通达范围,构建干支结合、江海直达、通达顺畅的航道网络。重点推进西江航运干线、右江南线通道、红水河中线通道、柳江和黔江北线通道的"一干线三通道建设",进而提升西江的航道通航水平,加快广州出海航道扩宽工程和珠江口公共锚地工程建设,把珠江—西江航道打造成为我国西部地区通边达海的重要水上通道。

(2)构建现代内河港口体系

充分发挥水运成本低、能耗低的竞争优势,按照规模化、专业化要求,加

快建设珠江—西江港口群，增强港口功能及其能力。加强经济带各港口合作，以规模化、专业化的标准统一推进港口建设，以广州、佛山、肇庆、梧州、贵港、南宁六大港口为核心港口，以云浮、柳州、来宾、百色、崇左五个港口为重要港口，通过合作，合理分工，实现有序竞争，错位发展，最终形成优势互补、利益共享、共同发展的局面。鼓励发展公用码头，有序建设专用码头，适度建设旅游码头，提升港口功能，完善集疏运体系，形成分工合理、功能完善的现代内河港口体系。

（3）完善航道枢纽过船设施

按照梯级开发、扩能改造与新建过船设施并举原则，加快建设枢纽过船设施，重点加快建设龙滩水电站、百色水利枢纽通航设施，扩建长洲、贵港、西津、红花等船闸，改善流域过船设施建设与管理，提升通过能力和效率。

2. 加强重大基础设施建设合作，提升经济带互联互通水平

首先，广东和广西两省区应共同加快建设珠江—西江黄金水运大通道，加强合作，共同争取一批新的连通泛珠各方的重大交通项目列入国家"十三五"规划，全面构建江海陆空联运综合交通运输体系。

其次，经济带内各市要加强合作，引导基础建设。重点推进各市互联互通的重大基础设施建设，加强经济带各市铁路、公路、水路、机场等各种运输方式的有效和无缝衔接，有针对性地推进路网缺口建设，将断头路等打通，提升互联互通水平。重点加快建设柳州—肇庆扩能改造等铁路建设；加快建设柳州—梧州、贵港—梧州等高速公路；完善云桂高速通道，加快建设云桂铁路、南昆铁路增建二线等。

最后，完善和提升广州、南宁全国性综合交通枢纽功能，充分发挥广州、南宁作为经济带核心城市和综合交通枢纽的优势，围绕民航、铁路、内河航运、公路等将其打造成经济带立体综合交通中心。加快柳州、梧州等沿江区域性综合交通枢纽建设，支持贵港建设区域性航运枢纽建设，不断提升经济带互联互通水平。

3. 多渠道筹措建设资金，加大基础建设资本投入

筹措建设配套资金是经济带基础设施建设的关键所在。一是努力将经济带内跨区域省际交通建设项目纳入国家层面统筹规划实施；二是争取广东、广西省级财政每年安排经济带基础设施建设专项预算资金；三是设立经济带发展投资基金;四是引进战略投资者参与建设;五是鼓励社会资本进入综合交通枢纽的建设和运营。

(二)加快现代产业体系建设,提升经济带产业集聚和辐射能力

根据珠江—西江经济带各市资源禀赋和产业基础,进一步明确各市产业发展方向和重点,加快形成产业集聚和辐射能力,实现产业结构的优化升级,促进经济带产业协同联动发展,加快构建富有特色的现代产业体系。

1. 优化产业空间布局,促进产业集群发展

按照产业集聚、项目集中、土地集约、生态环保的原则,积极推进经济带产业分工和协同发展,引导企业向园区集中,在空间上促使园区集中分布。对于空间上已初步具有产业集群雏形的产业园区,重点增强园区的技术创新能力,积极跟踪同行业先进技术,提升信息化水平,鼓励园区重点产业加强新产品研发,形成有自主知识产权的核心产品,增强产业核心竞争力。同时,推动企业之间的技术交流与合作,构建园区公用技术开发平台和产业技术转让的交易平台,增强技术创新在产业集群内的整体效应,提高产业技术水平。

2. 调整优化产业结构,推动工业转型升级

加快改造提升经济带的食品、汽车、机械、有色金属、石化、冶金、建材、造纸与木材加工等传统产业,大力发展装备制造、轨道交通、航空制造、卫星及应用等先进制造业,重点抓好经济带西段先进装备制造产业带建设。积极培育发展战略性新兴产业,在高端新型电子信息、节能与新能源汽车、LED、生物医药等领域,引进一批重大产业集聚项目。进一步延伸以铝、有色金属、甘蔗综合利用为主的生态型、循环型经济产业链,提高资源综合利用和精密加工水平。

3. 转变农业发展方式,加快农业现代化步伐

引导农村土地经营权有序流转,改变传统一家一户式分散生产经营的格局,发展多种形式规模经营。鼓励跨区域的工商资本到农村发展农业产业化龙头企业,引导农业企业跨区域联合重组。发展农民专业合作社,创建家庭农场,实施新型职业农民培育工程。强化农业科技支撑,推进山地丘陵地区农机化和特色农机研发推广,完善基层农技服务新机制。加快农产品流通建设,加强建设农产品交易平台,引导扶持更多特色农产品在网上交易,拓宽农产品销

售渠道，建设面向珠三角和港澳地区的优质农副产品供应基地。

4. 立足产业区位优势，大力发展现代服务业

依托珠江—西江经济带沿江优势，拓展面向大西南、东盟和港澳的现代物流业合作，着力打造经济带物流中心枢纽和物流节点城市。从贸工农一体化发展出发，大力发展现代仓储、冷链冷藏、多式联运物流体系，扶持装备制造业、建材、有色金属产品等大宗货物专业物流中心，推进一批物流园区建设。积极引进国内外银行、信托、保险、证券、期货等金融机构到经济带设立分支机构开展业务，引导更多的民间资本支持实体经济发展，加快各市本地金融机构的组建培育，进一步完善金融市场体系。建设跨市域电商服务平台，加快互联网金融健康发展，为大宗商品交易中心提供良好配套服务。依托民族风情、红色历史、边关特色、自然风光等旅游资源，合理布局经济带各市间的旅游线路和旅游圈，组建经济带旅游联盟，积极与港澳台地区培育共同旅游市场。加强旅游信息交流共享，扩大旅游规模，联手打造一批有影响力的风景名胜、特色景点和精品旅游线路，建设一批经济带旅游集散地。

（三）大力发展生态经济，构建和谐友好的现代生态文明体系

1. 加强生态环境保护，构建生态安全格局

加强珠江—西江生态建设和环境保护，深入实施"绿满八桂"造林绿化工程和生态修复工程，大力实施山区生态林、珠江防护林、沿海防护林、自然保护区、湿地生态系统建设，巩固天然林保护、退耕还林和石漠化综合治理等成果，提高森林覆盖率。划定林地和森林、湿地、物种等生态保护红线；划定自然保护区、江河湖库周边地区、城镇饮用水水源地等重要生态区；划定生态公益林和经济林界限，严格保护生态公益林，实施严格的林地用途管制；开展河道和水利工程确权划界工作，推进水域岸线确权登记。

打造以重点生态功能区为主体，山区生态林为支撑，沿江绿化防护林为廊道，自然保护区、森林公园、湿地公园等禁止开发区域为重要组成的生态屏障；构建以桂西生态屏障、北部湾沿海生态屏障、桂西南生态功能区、桂中生态功能区、十万大山生态保护区、西江千里绿色走廊等"两屏三区一走廊"为主骨架，以点状分布的自然保护区为重要组成的生态安全格局。

2. 全面推进节能降耗，加快发展循环经济

积极推进工业、建筑、交通、商业、民用等重点领域节能改造；推进电机能效提升及注塑机节能改造；推进大中型燃煤工业锅炉脱硫脱硝和现役燃煤电厂降氮脱硝改造。严格实施污染物排放总量控制，加强机动车减排，加大"黄标车"及老旧车淘汰力度；严格落实节能减排目标责任考核，全力推进粉尘综合治理、污水处理、垃圾处理、工业污染治理等节能减排工程建设，确保完成污染物减排目标任务。严控高耗能、高污染项目，严格节能评估，坚决淘汰落后产能，加快推进清洁生产。

着力推动珠江—西江经济带各城市国家循环经济示范城市建设，大力发展绿色低碳循环经济，促进产业发展生态化、生态经济产业化。完善再生资源回收体系，推进大宗工业废物、建筑和道路废弃物综合利用，提高生活垃圾资源化利用率；发展农业循环经济模式，推广"养殖—沼气—种植"三位一体的能源生态发展模式，提高农业废弃物资源化利用水平。支持园区循环化改造工程，推进各市国家生态工业园区与循环经济示范基地建设。

3. 加强环境监管能力建设，强化大气、水污染防治工作

完善地方环保法规和标准，健全重大环境事件部门应急联动机制，加强环境监管能力建设。开展大气污染区域联防联控，推进实施大气污染防治行动计划，完善区域空气质量评价体系，推进有毒有害气体预警防控体系建设。加大有色冶炼、钢铁、石化、陶瓷等行业的二氧化硫治理工作力度，强化陶瓷行业和工业锅炉综合治理，加快黄标车和老旧车淘汰，严控PM10、PM2.5和臭氧等二次污染物，落实扬尘源防控措施。

实施严格的水环境监管和水资源管理制度，建立水功能区达标评价和考核体系，加强江河源头区、水源涵养区、重要江河湖区、城市饮用水水源地等重要水功能区达标建设。加大饮用水源保护和备用水源建设力度，完成乡镇集中式饮用水源保护区划定工作。推进农村饮水安全、污水垃圾处理等环境综合整治工作；进一步扩大污水管网覆盖率，开展雨水收集利用建设试点，提高生活废水及垃圾的回收、集中处理水平；加快污水处理厂新（扩）建运行，提高污水处理达标率；规范禽畜牧业养殖，严厉打击偷排放、乱排放污水污物行为，切实保护地下水资源安全。继续深入实施"美丽广西·生态乡村"活动与南粤水更清行动计划，推进西江跨界流域水污染联防联治。

4. 加强环境保护联动，建立健全生态补偿机制

珠江水域横跨滇黔桂粤四省（区），建立健全区域联防联控机制是生态安全体系的重要措施，建立健全滇黔桂粤四省（区）环保协调工作机制和流域突发环境事件应急协调处理机制，制定实施流域联防联控管理办法。建议四省（区）制定流域的环境功能分区和产业准入目录，明确整个流域的产业准入环保门槛，加强区域产业发展规划环境影响评价，强化环境监测监管，建立资源环境承载能力监测预警机制，对水土资源、外来物种入侵、环境容量超载区域实行限制性措施。同时，积极联合各省（区）加强区域生态环境联合建设和流域综合治理，建立稳定的区域生态网络，共同推进跨区域重大生态环保工程建设，维护区域生态安全。

建立生态补偿机制是解决经济发展和节能环保矛盾以及促进区域社会协调发展的有效途径。探索建立珠江—西江生态屏障补偿机制，争取协调珠三角地区向广西等上游地区转移水资源保护补偿费用，加大生态补偿资金投入力度，大幅提高现有补偿标准，促进珠江—西江源头地区可持续发展。探索建立碳排放交易、排污权有偿使用和交易等机制，建立吸引社会资本投入生态环境保护的市场化机制，推行环境污染第三方治理。

（四）积极推进新型城镇化发展，全面提高城镇化质量和水平

积极推进以人为核心的新型城镇化，着力推进农业转移人口市民化和城镇基本公共服务均等化，优化城镇化布局和形态，推进大中小城市和小城镇协调发展。加强资源节约和环境保护，推进城乡一体化发展，促进要素平等交换和资源均衡配置。全面深化改革，建立健全有利于新型城镇化发展的制度环境，走以人为本、集约高效、绿色发展、城乡一体、多元特色的新型城镇化道路。

1. 以人口城镇化为核心，有序推进农业转移人口市民化

以农业转移人口为重点，健全农业转移人口落户制度，实施差别化落户政策，逐步使符合条件的农业人口落户城镇。建立由政府、企业、个人共同参与的农业转移人口市民化成本分担机制，推进农业转移人口享有城镇基本公共服务，提升公共就业服务水平和社会保障水平，加强农业转移人口医疗卫生服务，重点推进长期在城市居住、有相对固定工作的农民工有序融入城市。

2. 优化城镇化空间布局，促进各类城镇协调发展

优化城镇化布局和形态，着力推进大中小城市和小城镇协调发展，培育发展特色多元沿江城镇带，推进集约高效城镇化。

（1）强化重点城市辐射带动能力

充分发挥南宁市作为中国—东盟合作区域性国际城市、区域性综合交通枢纽的地位和优势，加快完善枢纽型基础设施体系，强化城市综合服务功能，构建开放型现代产业体系，提高城市综合承载力和首位度。突出广州作为我国重要中心城市和综合性门户城市的地位，加快建设我国南方国际商贸中心、对外交往中心、科教文化创新基地和综合交通枢纽，加快先进制造业基地、服务外包基地、高技术产业基地的发展，在经济带发展中发挥龙头带动作用。

（2）深化珠江—西江经济带的组团发展

以区域内中心城市为核心，按照流域特点和区域联系，重点建设广州、佛山都市区，肇庆、云浮、梧州、贵港产业承接区，柳州、来宾转型发展区，南宁、崇左、百色开放门户区，不断完善城市功能，有序承接国际国内产业转移，创新对外开放体制机制，强化城市分工合作，引导产业和人口集聚，提升城市发展集聚和辐射带动能力。

（3）培育壮大特色沿江城镇带

围绕开发建设珠江—西江经济带，完善城市间综合交通网络，加快沿江区域性中心城市基础设施和公共服务设施建设，增强产业支撑和服务功能，优化城市环境，打造亲水宜居、富有活力的滨江特色城镇带。壮大以柳州为中心、来宾为副中心的桂中城镇群，打造以梧州为中心的珠江—西江中游城镇带，培育以百色为中心、平果为副中心的右江走廊城镇带，发展以崇左为中心、宁明、凭祥为副中心的南崇边境口岸城镇带。

（4）加快发展中小城市和特色小城镇

实施大县城战略，加快培育一批经济强县，促进经济发展和人口集聚，提高县域城镇化水平。实施中小城市培育工程，将一批基础条件好、发展潜力大的县城培育成为小城市。以地方资源优势为依托，选择农产品加工型、旅游开发型、矿产资源型、物流商贸型等不同产业发展模式，打造一批特色小城镇，把小城镇建设成为服务"三农"、促进农民就地城镇化的重要载体。

3. 提高城市规划和管理，推动新型城镇建设

提高城市规划建设和管理水平，提升城市基本公共服务供给能力和水平，加强和创新城市社会治理，规划城市新区建设，加强旧城、城乡接合部及城中村改造，提高城市空间利用效率，强化城市产业就业支撑，全面提升城市内在品质和形象，推动绿色城镇、智慧城镇、人文城镇和特色城镇建设。

4. 统筹城乡发展力度，促进城乡一体化发展

统筹规划珠江—西江经济带区域市政设施和公共服务设施建设，稳妥有序推进城镇基础设施和公共服务设施项目建设，加快建设城乡统一要素市场，建立健全城乡发展一体化体制机制，推进城乡规划、基础设施和公共服务一体化，促进城乡互动融合发展。重点加强来宾、崇左、百色、云浮、肇庆等市及小城镇公共设施建设的支持力度，如集贸市场、交易市场、卫生站、学校等，完善基础设施建设，保障区域全面平衡发展。加强新农村建设，推进美丽乡村、名镇名村、幸福社区创建工作，开展农村土地和环境卫生综合整治，建设新型城镇化示范镇，改善农村人居环境。

5. 改革完善城镇化发展体制机制，增强城镇化发展活力

统筹推进人口管理、土地管理、投融资、城镇住房、行政管理、生态环境等重点领域和关键环节体制机制改革，建立城乡统一的户籍制度，全面推行流动人口居住证制度，推进农村管理制度改革，健全节约、集约用地制度，加快财税体制和投融资机制改革，建立市场配置和政府保障相结合的住房制度，优化行政层级和行政区划设置，创新城镇管理体制，形成有利于城镇化发展的制度环境，增强经济带城镇化发展的活力动力。

（五）加大引进来走出去力度，深化全方位开放合作

为解决珠江—西江经济带在开放合作上所遇到的困难，经济带往后的发展重点是提升区域开放合作平台层次和与时俱进构筑区域发展新载体，辅之有效地开放合作保障机制，从而形成全方位、宽领域、多层次的区域开放合作新高地。

1. 探索经济生态协调发展合作模式，加快建设粤桂合作特别试验区

粤桂合作特别试验区建设是一项国家级的重大战略，是加快珠江—西江经济带建设的核心平台和重要载体。两广政府在实施粤桂合作特别试验区建设

时，全力推进体制机制创新，加强梧州市与肇庆市的协同合作，尽快建立统筹协调、务实高效的管理运行机构；全力推进政策措施落实，建立健全符合珠江—西江经济带实际的政策支撑体系，推动试验区尽快形成政策"洼地效应"；制定试验区人力资源开发计划和相关优惠政策，加大人才培养和高层次人才引进力度，为试验区开发建设提供人力保障和智力支撑，建设为珠江—西江经济带更深层次协同发展的粤桂合作特别试验区。

2. 不断拓展扩大区域经济投资来源，坚持深化与港澳台的合作

建立健全与港澳台常态化合作机制，深化在金融投资、信息科技、旅游贸易、科教文卫、食品药品等领域的合作，联手打造新的合作平台。提升桂台经贸文化合作论坛、落实 CEPA 关于广东与澳门实现贸易自由化协议等平台功能，进一步吸引港澳资金投资，拓展与台湾经贸合作与文化交流。鼓励企业以港澳为平台"走出去"，重点培育经济带的龙头企业成长为跨国公司，带动更多中小企业走出去。加大招商引资力度，承接港澳台产业转移，积极引进香港的金融、物流、会展，澳门的旅游和台湾的高新技术企业，提高对港澳台企业服务水平，加快建设龙港新城（龙潭香港产业园）、贵港台湾产业园、贺州粤港澳果蔬生产基地、海峡两岸广西玉林示范园区、粤澳中医药合作产业园、粤澳名优商品展销会等一系列的合作项目。

3. 充分发挥经济带地理区位优势，积极加强与西南联动发展

充分发挥经济带地理区位优势，加强与云南、贵州等西南地区的合作，促进珠江—西江经济带加快发展。第一，开展煤炭、电力、旅游等方面合作，发挥各自优势，促进各自产业发展壮大；第二，开展工程承包、劳务合作，带动商品、劳务、技术和装备贸易发展，实现双赢或多赢；第三，推动西南地区通过西江—珠江航道出海，扩展海外市场；第四，推动云南、贵州建设"无水港"，建立珠江—西江经济带与西南腹地更为紧密的联系，促进广东、广西与西南地区联动发展。

4. 持续推进各个领域的一体化发展，夯实经济带开放合作基础

需要通过不同层面上的一体化协同发展，夯实区域开放合作的基础，使经济带的开放合作更有活力、更有生命力和更具竞争力，从而更好的服务经济带的合作高地建设。第一，建立治理一体化的政府协调机制。发挥政府主导作用，制定面向珠江—西江经济带的公共管理制度，使两广合作走上制度化和规范化

轨道；第二，充分发挥各自的资源禀赋优势，形成优势互补、协调配套的产业发展新格局，实现产业功能一体化，发挥产业集聚效应；第三，构建交通网络一体化的综合交通枢纽格局，推进经济带可持续发展；第四，树立珠江—西江信息一体化建设理念，加强信息化联动，形成经济带信息化建设和信息化运用的合力，打造数据共享平台，推动信息资源一体化。

5. 建立合作行为的约束与激励机制，为开放合作提供长效动力

在经济带的开放合作中，利益问题会在很大程度上影响合作的积极性与效果，甚至能决定合作的成败，所以需要通过一些制度性安排，鼓励成员积极参与合作。例如，设立珠江—西江经济带建设发展专项基金，全面公平地平衡不同成员间的利益分配差距，保障合作的公平性和积极性。向经济带成员有差别地征收特别税；两广政府的专项拨款；中央财政拨款，可考虑把现有的支援不发达地区的发展资金、农业建设专项资金等捆绑起来使用；在项目建设与开展的过程中，受益方按比例提供一定的资金。

经济带专项基金管理者需要抓住机遇大胆创新，利用珠江—西江经济带的建设发展基金连接政企、沟通内外、专业运作的资源合作平台，创新金融机制，完善金融格局，内聚活力、外引资金，发挥基金的"杠杆效应""乘数效应"，为经济带打造合作新高地做出重要贡献。

参考文献

［1］中国国家发改委：《珠江—西江经济带发展规划》，中国国家发改委网站，http：//www.sdpc.gov.cn/zcfb/zcfbtz/201408/t20140801_ 620974.html，2014年7月28日。

［2］《广西壮族自治区主席陈武在召开全区实施"双核驱动"战略工作会议中的讲话》，广西壮族自治区人民政府网站，http：//www.gxzf.gov.cn/zwgk/zyjh/201411/t20141101_ 435091.htm，2014年10月30日。

［3］珠江—西江经济带各市2015年政府工作报告。

［4］广西统计信息网：《2014年西江经济带各市国民经济和社会发展统计公报》，http：//www.gxtj.gov.cn/tjsj/tjgb/。

［5］广东统计信息网：《2014年珠西经济带广东四市国民经济和社会发展统计公报》，http：//www.gdstats.gov.cn/tjzl/tjgb/。

［6］庞革平：《广西大藤峡水利枢纽工程动工》，《人民日报》2014年11月16日第3版。

［7］吴丽萍：《粤桂合作特别试验区获广西重点支持》，《广西日报》2015年3月18日第3版。

［8］张建军：《"广佛肇"经济圈扩容》，《经济日报》2015年2月12日第10版。

［9］黄艳梅：《"南崇经济带"成产业投资新高地》，《中国新闻周刊》2014年9月23日。

［10］周红梅：《广西实际利用外资：增长43%高于全国平均水平》，《广西日报》2015年1月22日第4版。

［11］傅幸之：《竞争关系下的跨区域产业合作区治理模式选择——以粤桂合作特别试验区为例》，中国城市规划学会，2014年。

［12］潘强：《广西加强与韩国商务合作分享中韩自贸区红利》，《凤凰资讯》2015年3月5日。

［13］樊杰、胡东升、陈田等：《西江经济带（广西段）可持续发展研究》，科学出版社，2011。

专题研究篇

Subject Studies

珠江—西江经济走廊建设的重点与政策建议

朱坚真 刘汉斌 司俊霄*

摘　要： 珠江—西江经济走廊是我国华南与西南结合部区域经济发展战略的重要组成部分，立足该区域的现实条件和资源禀赋，本文按区域差异将城市划分为中心区域城市、次中心区域城市和辐射区域城市三个层次，从交通、产业、生态、制度四方面，阐述了珠江—西江经济走廊建设重点，将重点推进与区域统筹相结合，提出具体措施，力求把珠江—西江经济走廊建成华南与西南协调发展的样板。

关键词： 珠江—西江经济带　开放开发　经济走廊　生态补偿　国家战略

---

* 朱坚真，湖南双峰人，广东海洋大学海洋经济与管理研究中心主任，教授，博士生导师，主要研究方向为区域经济、产业经济；刘汉斌、司俊霄，海洋经济与管理研究中心研究人员。

跨区域协同发展是促进省区中观经济腾飞的新模式。珠江—西江流域连接中国西南地区出海出境大通道，东部是经济发达的珠江三角洲及港澳地区，西部是资源丰富的西南腹地，地理区位优势明显。从系统理论、耗散结构理论、协同理论、区域联系理论、区域空间发展理论、区域空间结构理论等角度分析，构建珠江—西江经济走廊具有深厚的理论基础；从国际经济全球化、区域化、集团化趋势以及东南亚国家和中华经济协作系统区域化趋势看，构建珠江—西江经济走廊的国际区际环境良好；从目前西南地区、粤港澳与东盟自由贸易区合作的良好态势，三大板块联合的新进展，以及21世纪初区域发展的新趋势等方面看，构建珠江—西江经济走廊的现实条件日趋成熟。

2014年7月，《珠江—西江经济带发展规划》获批，标志着珠江—西江经济走廊的发展上升为国家战略。这将有利于广东、广西突破行政藩篱，发挥东西部地区毗邻优势，实现资源跨区域合理流动和优化配置，促进国家区域的协调发展。同时，珠江—西江经济走廊作为大西南开发的先导地区和大中华向南开放合作的前沿基地，其建设需积极融入中国—东盟自由贸易区产业协作系统构建中，盘活区域经济存量，发挥政策优势叠加的效益，为推进海上丝绸之路提供一个新的空间和载体，进而将珠江—西江经济走廊打造为南方重要的开发轴，培育成大珠三角功能辐射的承接地，提升到珠江—西江经济带的核心区段，充分释放产业集聚效应和规模经济。

一 珠江—西江经济走廊的区域差异

由于区域经济内部各生产要素在时间和空间配置运作的差异，使得区域内部经济发展水准存在差异。笔者基于地理位置、资源条件、经济组织水平、经济发育水平、市场规模以及劳动力素质等因素分析比较，将珠江—西江经济走廊的地域大致可以归纳为以下三种类型：

（一）中心城市区域，包括广州、南宁两个省会（首府）城市。其基本特征是：地处所在省（区）的政治、经济、文化、科技中心，海陆空交通便利，工业化和城镇化水平高，拥有较高素质的劳动者，在资金、人才、技术、管理、信息等方面对区域经济发展起决定性作用。广州是我国第三大城市，毗邻港澳，面向东南亚，侨胞资源丰富，已形成工业基础雄厚、第三产业发达，都市农业发展迅速的现代化城市经济结构，在医药制造、航天航空、电子信息、汽车等高新技术产业和战略性新兴产业领域成绩斐然。南宁市地处南亚热带，自然条件优越，是21世纪海上丝绸之路和丝绸之路经济带有机衔接的门户，该市利用区域内的高等院校和科研院所技术优势发展了电子通信、新型材料、生物技术等新兴产业，在农副产品、食品加工、铝加工等传统优势产业方面取得新突破，后发优势明显，对区域经济影响显著，投资环境不断改善。

（二）次中心城市区域，包括佛山、肇庆、柳州、梧州、贵港市。其基本特征是：有一定的经济基础，发展潜力巨大。在珠江—西江经济走廊中，佛山市作为新崛起的工业城市，装备制造业发达，金融科技产业和民营经济成效突出。肇庆市在贵广、南广高铁通车后进入了"高铁时代"，经济发展驶入快车道，工业化与信息化融合加深，初步建立起公共创新平台和物联网、云产业基地。广西最大的工业城市，汽车、机械、冶金等产业基础雄厚，拥有一批在国内外市场上具有较强竞争力的优势企业和名牌产品。梧州是传统港口城市，对外贸易发达，2014年再生资源和不锈钢两大产业实现总产值850亿元。贵港市位于桂东南与桂西北经济和交通的结合部，也是桂东南水陆联运枢纽和物资集散中心，其区位优势相当明显，现已形成以制糖、机械、纺织、化工为主体的工业体系。

（三）辐射城市区域，包括云浮、百色、来宾、崇左。其基本特征是：经济规模小，交通基础设施落后，工业基础薄弱，但自然资源丰富。云浮属于广东省的落后地区，多丘陵和山地，开发难度大，云浮的优势产业为石料建材、水泥、硫化工、电力。百色拥有铝土、铜、水晶、石油和锰等重要矿产资源，其中铝土矿探明储量7亿多吨，铝深加工产业发达。来宾是一个新建市，近年来加快沿江产业的布局，电力、冶金、陶瓷等产业稳步提升，开始发展汽车零部件、碳酸钙、茧丝绸等新兴产业，投资环境有所改善。崇左处于北部湾经济区、珠江—西江经济带和左右江革命老区之中，具有政策叠加优势；具有稀土、铜、铝土、铁矿等资源，具备工业发展基础；现代农业进一步发展，经济发展后劲较强。

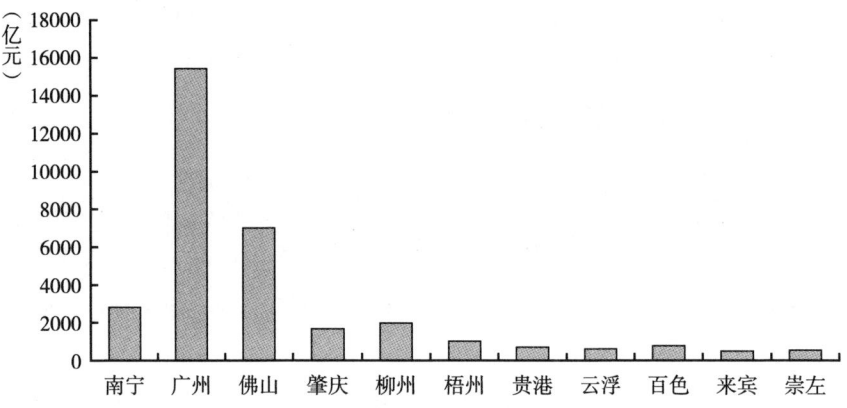

图1　2013年珠江—西江经济走廊各市经济总值

资料来源：根据2014年的广东和广西《统计年鉴》有关数据计算而得。

二　珠江—西江经济走廊建设的重点

在投资有限的情况下，应遵循"梯度发展、逐级递进、突出重点、兼顾一般"的发展原则，妥善处理珠江—西江经济走廊区域内部重点建设与一般建设关系。一方面，要强调联系，建设珠江—西江经济走廊，光靠少数几个城市的力量不够，应在统一部署下加强区域协作。另一方面，各方所处的地理区位存在优劣，应按照市场经济条件下区域发展的规律，以市场经济为基本法则，扬长避短，发挥优势，合理竞争，充分利用市场竞争有效配置各种生产要素的功能。

（一）交通基础设施建设为支撑

交通是地方经济发展的命脉，建设种类齐全，覆盖经济走廊的便捷交通体系对现代社会的重要性不言而喻。通过实施重大航运过船设施及航道、重大航运泊位、"市市通高铁"工程、"县县通高速"工程、重大民用机场工程，将珠江—西江沿线城市高速公路、铁路、水运、航空联网，实现城际之间的无缝衔接，为招商引资创造良好的环境。在建设立体交通网络方面，重点建设内容有：

（1）铁路方面。柳宁客运专线，南广高铁相继通车，有效地将珠江—西江经济走廊上的城市连接起来，城市间交往日益密切。今后要加快建设云桂高铁南宁至百色段、推进柳州—肇庆增二线工程，缓解现在柳州—贵港—梧州—肇庆之间运力紧张的问题，实施来宾、崇左车站的扩能改造工程，提升其铁路等级，力求尽快将其纳入高铁网络圈，实现"市市通高铁"的目标。加快广佛肇城际轻轨建设进程，积极构建环南宁的百色—崇左—贵港—来宾城际铁路，建成放射式的网络交通格局。

（2）航运方面。增加水利枢纽和扩展港口码头功能，加快南宁至广州段高等级航道的扩能工作，包括南宁、柳州、梧州、贵港等港口，将贵港打造为珠江—西江经济走廊的航运枢纽；加强航运支线的建设，提升通航能力，加快港口码头航道基础设施建设步伐，增加具备集装箱装卸能力的港口，在货物吞吐量上有质的提升，以此发挥航运的成本优势，增加港口经济的容量，进而提升珠江—西江黄金水道的通航能力。

（3）航空方面。扎实推进沿江城市通用机场的规划建设，积极争取成立桂林航空公司，早日建成广州第二机场。为配合"一带一路"战略，有必要加密通往东盟国家和国内特大城市的航班班次，争取更多航线在珠江—西江经济走廊上中转。

（4）公路方面。加快实施广佛肇高速、梧州环城高速、西江干堤工程，完善城乡道路交通网，抓紧对农村公路沿线的升级改造，提升公路等级，做好城市间道路的对接，基本构建国道—省道—乡道公路网络体系，实现县县通高速的奋斗目标。

（二）重点产业发展为载体

珠江—西江经济走廊建设要充分利用东连珠江三角洲、港、澳地区，西接大西南腹地的区位优势，吸收、消化东部地区的资金、技术，发展拥有地区优势的仪器仪表、食品饮料、矿冶、轻工业和出口加工产品，积极发展旅游等第三产业。加强区域内的产业对接，提高区域内部的自主创新能力，整合区域内优势资源，实现农业、工业、服务业协同发展。我们认为，珠江—西江经济走廊总体产业分工布局如下：

（1）在辐射区域城市布局创汇农业生产基地。发挥农业资源优势，发展优质米、荔枝、沙田柚、无籽西瓜等名优特稀产品。充分利用当地的资源、劳动力、技术等，生产适销对路的产品，实行"种植、养殖、加工"一条龙，农工商综合经营，缩小城乡之间的收入差异。建立一批面向国际市场的农、牧、渔业生产基地，发挥该区域的农业资源优势，如崇左重点在左江沿岸丘陵地带发展亚热带林果、甘蔗、蚕桑等，搞好水果滴灌、甘蔗和桑树喷灌及粮作物灌溉等重点水利设施建设。积极建设一批商品粮生产基地和林牧业生产基地，发展立体农业和生态农业体系，进一步优化农村产业结构。

（2）在次中心区域城市建设以食品、建材、林化、造纸、化工、纺织等产业为主的工业走廊。组建以名优特产品为龙头的食品饮料、中成药生产集团，如梧州的龟苓膏、蜜枣、田七，百色的芒果、蔗糖业等，扩大外销渠道，增加企业收入。发展以梧州、苍梧县的松脂、造纸、稀土生产以及藤县为主的钛系列产品。扩大以贵港为主的大理石、花岗岩、水泥、陶瓷等建材生产规模。做强广州、柳州的汽车工业，在梧州、贵港等重要港口城市发展船舶产业，将珠三角信息产业转移承接地选在肇庆、云浮、来宾、百色等次发达地区，利用好地方比较优势。

（3）中心区域城市重点发展第三产业，充分挖掘其他层级区域城市生态环境的附加值。大城市相应发展金融、贸易、信息、服务等第三产业，增强珠江—西江经济走廊服务业在全国范围内的竞争力。重点开发以河流、湖泊、湿地为载体的观光旅游，以乡村体验为主的农家乐旅游模式，鼓励发展创意产业。加大整合民族风情、红色文化、自然风光等资源的力度，进一步开发来宾、崇左、云浮等地秀丽多姿的西江沿岸旅游资源，开辟和加密一批以生态游、休闲游、民族风情体验为主题的精品旅游线路。建设反映柳州市的历史、文化、民族风情的新兴旅游景点，开发多形式、多内容、多层次的区域性旅游网络。

珠江—西江经济走廊的具体组团分工如下：以广州—南宁为轴线，贯穿广州—佛山、肇庆—云浮—梧州—贵港、柳州—来宾、南宁—崇左—百色四个区域板块，轴线与板块交叉互动发展。根据地理空间位置、产业结构、城市发展定位和区域特色，确立各组团发展方向为：广州—佛山经济高度发达，建设的重心是城市经济，可打造为区域经济的前沿阵地。肇庆—云浮—梧州—贵港组团与珠三角联系紧密，地区经济发展相对滞后，可通过承接珠三角经济转移实现产业集聚，加快城镇化建设，发挥中转港口的交通优势，提升经济总量。柳州—来宾组团交通发达,有一定工业基础,具备后发优势,可以通过学习发达地区的经验和技术,从而实现经济的跨越式发展,提高产业的竞争力,抓住机会进行经济结构转型,保持良好的经济发展势头。南宁—崇左—百色组团面向东盟,提高外资利用水平,发挥资源富集优势,将经济发展提升一个台阶。

(三)生态安全建设为核心

珠江—西江经济走廊最重要的资源在于水,它是华南地区的生命线,保护好这一片区域的生态是当前经济开发的重要任务。现阶段需要转变经济发展观念,开拓一条经济发展与自然保护相协调的创新之路。通过发展和壮大沿江产业,推进沿岸地区的城市化,不断壮大城市经济,建立大中小层次分明、结构完善的城市体系。大力运用高新技术改造传统产业,在大规模开发利用河流的同时,加快滨江公园、自然保护区、植树造林以及河岸、河口的整治工程建设,使环境污染得到有效控制。

广西位于珠江—西江经济走廊的上游,在防护林、自然保护区、沿江绿化带上要加大投入,推进重点污染源的治理工作,严格控制好污染物排放量,保持生态系统的平衡和生物多样性。抓住时机深度开发崇左白头叶猴生态公园、九万山国家自然保护区、大瑶山国家森林公园等,提升本区域生态修复水平。鼓励社会资本有序进入,引导其发展绿色可循环经济。开展沿江生态环境分块分区域保护机制,健全水域水质监察系统,划分政府生态保护任务,建立绩效考评制度,将责任落实到人。加强生态环境保护的宣传力度,强化环境保护意识,达成跨区域生态合作治理共识,使环境保护由外向型动机向内生型动机转变,探索新型珠江—西江跨区域生态治理合作体系,树立绿色开发的典范,正确处理好经济建设与环境保护的关系。

(四)组织体制建设为保障

建立珠江—西江协调领导小组是确立区域政府间协作体系,解决重大问题的前提条件,需要广西、广东两省(区)高层进行磋商探讨,在人员编制、办公场所、组织架构、角色扮演、职能分工上达成共识。机构设置要突出生态安全,完善信息公开和沟通机制,确立约束力强,分工明确的管理体制,其设想大致可分为两种:珠江—西江协调领导小组和分段管理责任制(见图2)。

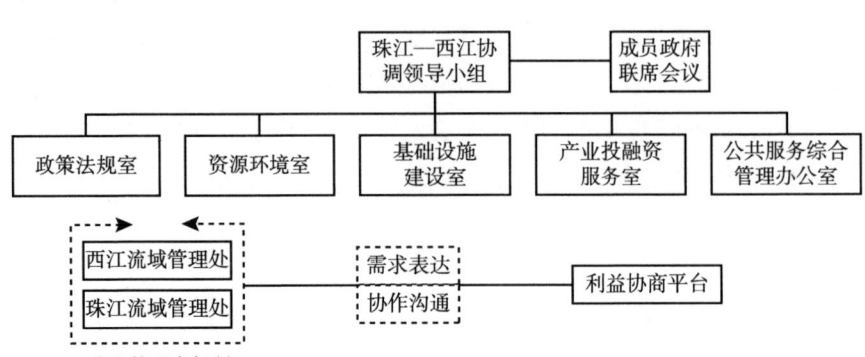

图 2　两种珠江—西江机构设置构想图

根据职能分工和协调管理原则，可设立两级组织结构，以珠江—西江协调领导小组作为最高决策层，统筹管理珠江—西江经济走廊内社会、经济、生态、资源，实行组长负责制，设立成员政府联席会议常委会，负责日常事务管理。以政策法规室、资源环境室、基础设施建设室、产业投融资服务室、公共服务综合管理办公室5个部门为政策执行层，开展具体事务工作。

根据行政区划的设置和属地原则，可以将珠江—西江经济走廊分为两部分，成立西江流域管理处和珠江流域管理处，分别由广西和广东管理。这种方案可以很好地对接现有的科层体制，将管理处作为独立的政府机构进行运作，接受省发改委的监督。利益协商平台作为连接西江流域管理处和珠江流域管理处的纽带，提供利益诉求表达渠道，减少摩擦与分歧，增进相互间的合作与信任。此外，可举办珠江—西江区域合作与发展论坛，吸收专家学者建议，为经济发展提供智力支持。

三　推进珠江—西江经济走廊建设的政策

（一）实施以引导投资者向目标区域重点产业进行重点投资的开发政策

"十三五"期间，珠江—西江经济走廊方向和重点应该按照政府引导、市场参与、绿色发展、城乡协调的原则，以经济一体化为主线，坚持开放合作、稳妥推进、特色发展、制度创新。制定和实施区域合作开发政策，引导投资者向目标区域重点产业进行重点投资开发。通过政策引导，重点发展能源、交通、通信等基础产业，以适应区域联合开放开发的需要。在区域内部，选择那些区位优越、交通便利、基础雄厚、科技发达及劳动者素质较高的地段；选择那些能带动区域经济发展，并对其他产业开发起较强连带影响作用的一组产业，进行适度倾斜，重点突破，优先发展，尽快形成聚集效应和辐射带动能力。

此外，当前需抓紧进行体制机制设计，完善高层对话机制，创新项目协调机制，确定重点制度设计清单，为区域经济发展保驾护航。寻找区域合作制度创新的突破口，破解行政制度障碍和地方保护壁垒，形成资源共享、利益互补、合作共赢的协同发展体制。推进区域公共服务一体化建设，打破身份限制，全面开展科技、教育、医疗、社保、交通、通信同城化建设，实现区域共享。

（二）实施突出沿江城市功能特点以构筑多层次、全方位开放扇面的开发政策

珠江—西江经济走廊上的城市结合自身特色积极主动融入区域经济带中，依托内部和外部条件，在发展中加强与其他城市之间的互动合作，实现双赢效益。找准自身定位，寻求突破口，通过向上级争取在税收、招商引资、重大工程项目上的政策支持，寻求政策焦点，探索符合自身发展规律的实施方案。在转变经济发展方式上下功夫，充分利用该区域各沿江港口城市的现有优势，进一步发挥经济技术开发区、产业园区、试验区功能，尽快向自由贸易区方向发展。随着沿江经济不断拓展，深化与东盟地区的合作，打造中国—东盟经济升级版，迅速向一体化市场和跨国区域经济发展目标迈进。根据区域内各方的发展现状和区域城市体系合理布局原则，对该区域的主要港口城市发展规划进行科学论证，突出各自的功能特点，形成重点不同但有紧密联系的产业开发格局。

（三）实施联合调整产业布局、组织结构，形成合理产业群结构的开发政策

目前，珠江—西江经济走廊产业布局不合理，产业组织结构水平较低，技

术密集型和资金密集型产业少，除第一产业中的种植业、养殖业，第二产业中的建材化工、铝业、电力、机械、纺织以外，其他行业均比较落后。产业组织规模小、数量少，产业关联效应低，组群结构不合理，要改变这种现状，必须营造先导型非制造业和成长型制造业，在继续发挥水产品、矿产、热带亚热带农林产品等资源加工业的同时，大力发展生产技术先进、加工程度较高、产业关联度强且对其他行业具有明显带动作用的高新技术产业、现代制造业，如生物制药、光机电一体化、电子信息等产业，新型材料、高效农业及农产品加工业等。由于高新技术产业、现代制造业的成长需要大规模的投资铸就，该区域大多数城市目前尚不具备这种经济实力。因此，必须借助外引内联的方式来发展高新技术产业、现代制造业。为了避免产业结构趋同，构造合理的产业结构，各方应依照科学的产业政策对资本投资的地区和产业等进行引导，不断优化投资结构、生产结构和流通结构等，形成区域内协调有序的产业组群结构。

（四）联合实施有利于产业技术进步的科技政策

通过实施有利于产业技术进步的科技政策，较大幅度地提高沿江开发的技术水平和科技水平，努力将该区域的沿江中心城市引导为具有较强综合经济实力、社会环境状况良好的港口经济中心城市，使之成为珠江—西江经济走廊产业发展与国际经济合作的重要增长极。争取用 10 年左右的时间，努力将该区域沿岸中心城市引导为经济繁荣、高新技术产业发达、环境优美宜人的经济产业区，使自然资源得到充分合理的开发利用，产业结构得到优化，区域经济走上良性循环的轨道。借助区位和港口优势，诱导中国大陆及台港澳地区、东南亚以及亚太地区等三个不同扇面的资源、技术、资金、人才向珠江—西江经济带区域聚集，形成临江大工业、出口加工、转口贸易、滨江旅游为主体的综合产业基地，建成以沿珠江—西江城市为中轴线的港口经济产业带。

（五）联合构建区域性基础设施和区域性市场体系的开放政策

通过联合与协作，各方应重点建设区域性交通、通信、能源、港口码头等基础设施，构建现代综合运输体系。在区域性基础设施和区域性市场体系建设上，采取更加灵活多样的联合开发形式，运用国际通行的投资方式，吸引各国资金技术开发利用珠江—西江经济走廊资源。坚持以项目为中心建设区域性基础设施和区域性市场体系，鼓励社会资本投向珠江—西江综合开发和基础设施建设。借鉴先进国家和地区的经验，积极推进沿江经济特区、开放城市和开发区3个不同层次的开放模式，朝自由经济区、自由贸易区、出口工业区方向迈进，尽快与新加坡、中国台湾、中国香港等开放模式接轨，进一步完善区域性基础设施和健全区域性市场体系。

（六）制定和实施科学的流域生态与环境保护政策

珠江—西江绿色长廊涉及多个利益主体，面临众多复杂的不确定因素，需要厘清和确立各方的权责关系。因而迫切需要制定粤桂生态补偿机制框架，构建纵向转移支付和横向补偿机制，提出生态补偿的动态标准，切实监督好补偿资金的使用，落实地方政府在珠江—西江流域生态治理中的责任。在充分尊重市场决定性作用的前提下，发挥政府宏观调控职能降低生态保护方和受益方之间的分歧。重点体现以下几个方面：

（1）确立生态补偿原则和标准。广西处于流域的上游，是生态建设的主力军，但其经济基础薄弱，财政支出有限。广东位于下游地区，是生态建设的受益方，地方经济发达，能够承担生态建设的费用。因而在制定生态补偿的框架时，应该按照"受益者付费"的原则进行协调分配。广西与广东应尽快达成关于生态补偿标准的协议，明确双方的责任与义务，对生态治理项目进度、效果、建设成本等方面详细磋商，力求制定双方都能够接受的生态补偿标准。补偿标准的确立要与地方经济发展水平挂钩，要考虑投入方的投入成本和机会成本，充分体现公平公正的价值观念。培育公民的环境保护意识，提高政府政策的合法性，促进生态治理技术和理论发展、节能减排和环保评估的逐渐成熟以及生态治理进入制度化常规化程序。

（2）引入市场工具，有效治理环境污染。首先，水权交易制度。珠江—西江的水资源是基础性资源，良好有效的水权交易制度能够平衡需求与供给之间的矛盾，提高水域资源的利用效率。通过建立跨省产权交易市场，降低交易成本（如减少中间环节和烦琐的政府审批流程），明晰界定产权，最大限度地发挥水资源的经济效益。对珠江—西江流域的水资源交易可以提高资源的分配效率，利于水域自然环境的保护。其次，排污权的交易。将珠江—西江经济走廊沿线企业的污染物排放总量控制在一定范围内，制定限额排放方案，建立排污权交易中心进行公开买卖,从而提高企业治理污染的积极性。排污费用的收取也为政府开展环境治理提供了资金来源,有利于实现经济进步与绿色发展的良性互动,从而有效解决外部性问题,达到资源环境保护的目的。最后,政府购买公共服务。构建政府与第三部门之间的伙伴合作关系,降低政府环境治理成本,提高环境保护水平和质量。政府的主要职责转变为监督生态公共产品的质量和供给时间节点,开展环保价值评估,完善"绿色采购模式",承担维护生态平衡的公共责任,以此发挥市场这只"看不见的手"的调节功能。

(3)加大资金投入力度,完善流域监测体系。政府通过多元渠道筹措珠江—西江流域生态建设的专项资金,重点抓环境保护、监测和增加植被覆盖率等方面,重视生态工程的建设。广西广东分段分区进行联防联管,监测信息双方共享,提高突发污染事件的应急处理能力。进一步健全法律制度,加强沿江流域的管理,加强生物多样性保护,划定生态保护红线,限制沿岸工业的污水排放量,在珠江—西江两岸布点监控水、土壤、空气质量,建立污染的预报系统,降低河流污染的损失。

参考文献

[1] 朱坚真、高世昌:《构建中国—东盟自由贸易区产业协作系统的思考》,《桂海论丛》2002 年第 4 期。

[2] 王瑛:《促进西江经济带建设上升为国家战略的思考》,《广西社会科学》2010 年第 10 期。

[3] 赵细康:《积极把握建设珠江—西江经济带战略机遇》,《南方日报》2014 年 7 月 21 日第 2 版。

[4] 朱坚真:《论西江经济走廊的重点突破与区域推进》,《广西社会科学》1993 年第 2 期。

[5] 朱坚真、高世昌:《论西部出海出边通道建设的若干关系》,《开发研究》2002 年第 5 期。

[6] 刘民坤、陈湘漪:《珠江—西江经济带生态补偿机制建设研究》,《广西大学学报(哲学社会科学版)》2015 年第 2 期。

[7] 张家寿、陈晓军:《西江经济带发展的战略选择》,《桂海论丛》2010 年第 2 期。

[8] 朱坚真:《中国—东盟自由贸易区产业协作的主要模式》,《桂海论丛》2004年第3期。
[9] 张敦富、朱坚真:《西部大开发中的基础设施投资与产业结构相适应问题研究》,《经济研究参考》2000第11期。
[10] 朱坚真:《略论西南出海大通道建设与南中国海海洋资源开发战略的有机结合》,《海洋开发与管理》2001年第3期。
[11] 孟维娜:《粤桂珠江—西江流域生态补偿机制研究——以广西为视角》,《辽宁行政学院学报》2015年第1期。

重视发挥粤港澳在珠江—西江经济带的辐射引领作用

郭 楚*

摘　要： 珠江—西江经济带在我国改革开放大局中处于重要地位。培育粤桂开放型经济新优势是落实党十八届三中、四中全会精神，推动珠江—西江经济带上升为国家战略的一项重要工作。当前世界经济格局正在发生深刻变化，围绕制度、规则、标准、科技、人才、市场、资源等领域的竞争更加激烈，迎接新挑战和抢抓新机遇必须发挥粤港澳的辐射和引领作用，形成粤桂开放型经济合作新优势，破解经济发展中遇到的深层次矛盾和问题，为珠江—西江经济带进一步扩大开放合作创造良好发展环境，推动珠江—西江经济带在更高水平更高层次上实现优化发展、转型发展。

关键词： 开放型经济　体制机制竞争新优势　深化改革

改革开放以来粤桂加强全方位合作，不断拓展合作领域，取得了积极成效，为推动我国改革开放做出了积极贡献。当前，改革开放正进入深水区和攻坚期，中央要求广东和广西不断深化与东盟国家合作，推进海上丝绸之路建设①。笔者认为，当前世界经济格局正在发生深刻变化，特别是围绕制度、规

---

* 郭楚，硕士，广东省社会科学院国际经济研究所（港澳台研究中心）经济学研究员，主要研究方向为国际经济和粤港澳合作。

① 《珠江—西江经济带打造海丝桥头堡》，《南方日报》2014年8月2日。

则、标准、科技、人才、市场等领域的竞争更加激烈，迎接新挑战和抓住新机遇必须发挥粤港澳的辐射引领作用，增创粤桂开放型经济合作新优势，破解经济发展中遇到的深层次矛盾和问题，为珠江—西江经济带进一步扩大开放合作创造良好发展环境，推动珠江—西江经济带在更高水平更高层次上实现优化发展、转型发展。

一　增创珠江—西江经济带开放型合作新优势刻不容缓

改革开放30多年来，广东和广西发挥各自优势，加强合作，使两地均成功实现了经济的快速发展，形成了互利共赢的全方位合作格局。实践表明，粤桂发展相互促进、密不可分。最近几年来，以中国—东盟自贸区和泛珠三角区域经贸合作为主要平台，粤桂双方在经贸、社会、生态、文化等方面的互利合作日趋紧密。一方面，广东以经济发达、开放度高、市场成熟、资金雄厚、技术先进、人才众多的优势，对广西经济社会发展起到了极大辐射带动作用，有力促进了广西的改革开放事业；而广西以其区位独特、资源丰富、山川秀美、生态优良、市场广阔、潜力巨大的特征，成为广东重要的生态水源保护地、农副产品供应地、休闲旅游目的地、劳务用工输出地和产业转移落户地，有力促进了广东的经济转型和国际竞争力的增强。

未来随着我国"一带一路"战略的实施和发展，广东和广西将成为深化与东盟国家合作，推进海上丝绸之路建设的战略重点。因此，增创粤桂开放型经济合作优势已刻不容缓。开放型经济也对粤桂体制改革与创新提出了更高的要求，不仅要求完善深化市场经济体制改革，而且要求建立国际化的体制与机制，形成市场化向国际化制度的飞跃，形成市场化与国际化叠加的体制优势，激发新一轮体制改革与创新的制度效益和改革红利。开放型经济不仅要求增强与国际经济社会方面的往来和交流，而且要求在经济、社会、制度、市场、民生等方面的衔接和合作，清理、修订和完善一系列原有的法律、法规、政策。健全对经济社会的管理、调控和服务体系，特别需要在体制机制方面加强与国际接轨，按照国际通行惯例运行，以适应开放型经济对制度安排的更高要求。

如果说，过去的粤桂率先立了适应外向型经济的发展模式和加工制造体系，那么未来粤桂需要率先在全国建立适应"开放型经济"的发展模式，形成以先进制造业和现代服务业为主的投资自由化政策和体制机制，探索出口贸易和进口贸易协调发展的体制机制，并通过粤港澳现代服务业的合作与引领，形成新的经济增长极并打造成为外贸强省。因此可以说，外向型经济支撑了粤桂走向经济大省，而开放型经济则将引领粤桂迈向经济强省。

二 粤港澳在全面深化改革中具有不可替代的独特作用

30多年来，广东按照突出重点、逐步推进、分步实施的原则，注重发挥毗港澳的独特优势，创新粤港澳合作新模式，着力提高粤港澳的合作水平，粤港澳合作取得举世瞩目的成绩；港澳回归祖国以来，广东与港澳经贸合作进入快速发展的新时期。内地与香港更紧密经贸关系安排（CEPA）的签署与实施，给粤港澳合作注入了新的动力。一方面，港澳以广泛的国际联系和特有的优势，为广东发展提供了示范和借鉴，有力促进了广东的改革开放事业。另一方面，广东以巨大的市场腹地和丰富的要素资源，为港澳经济成长开拓了广阔空间。目前，粤港澳三方密切合作，在投资贸易、服务业、大型基建和口岸通关、旅游、教育科技文化、民生合作等方面的合作交流取得了丰硕成果，有力地促进了粤港澳三地经济社会又快又好的发展。

未来粤桂需要进一步培育和创新粤港澳独特优势，特别是要发挥港澳在全面深化改革开放和现代化建设中不可替代的重要作用，这既是粤桂合作发展的需要，也是内地全面深化改革开放的需要。

港澳具有良好的区位优势，完善的基础设施，健全的法律制度，充裕的国际资本，发达的资讯和专业人才。特别是香港作为世界自由港和重要的国际贸易、金融、物流中心，是国际上最为开放、最具竞争力、最具活力的一个地区经济体，港澳服务业种类全、水平高、比重大，在参与我国改革开放和国际经济竞争中可以赢得更多的发展机会，港澳的这些独特优势，在我国全面深化改革开放的进程中将发挥独特作用。随着粤桂经济和全球经济的高度融合，投资便利化和贸易自由化的不断推进，全面改革开放格局的不断完善，尤其需要发挥港澳联系世界市场的桥梁和窗口作用。粤桂全面深化改革开放，推动经济转型，加快产业升级，特别需要发挥港澳服务业的辐射和引领作用。因此，利用和发挥港澳的独特优势，粤桂开放型经济合作才能赢得更多发展机遇和更大发展空间。

三 发挥粤港澳在珠江—西江经济带中的辐射引领作用

在当前经济低迷已成为全球经济的新常态，在经济下行压力仍然较大的关键时刻，粤桂应当率先进行新一轮体制创新和制度创新，通过进一步的改革开放，增创开放型经济新优势，从而在日趋激烈的国际经济竞争中抢占先机，推动珠江—西江经济带在更高水平、更高层次上实现优化发展、转型发展。

发挥粤港澳的独特优势，对增创粤桂开放型经济新优势，对打造开放互动、功能强大、产业协调、区域共赢的开放型经济，使粤桂在更高水平、更大范围参与国际经济合作与竞争，实现更高层级、更高质量的发展，具有重要现实意义，也有利于粤桂在我国新一轮改革开放中继续探索新路径、提供新经验。

（一）探索体制机制新优势

增创粤桂开放型经济合作新优势需要在体制机制创新方面取得新突破。笔者认为，支持在体制创新方面先行先试是中央赋予广东的重大历史使命[1]。广东前海、横琴、南沙三大自贸区地处两种制度交汇的最前沿，首先应在体制合作、体制创新方面发挥引领带动作用。通过合作引入港澳的体制资源和社会管理模式，使三大自贸区成为粤桂开放型经济的试验平台和配套改革试验区。

广东三大自贸区应在坚持"一国"共性前提下突出"两制"的互补性，变制度差异为体制优势，让两个不同特区的体制在融合中产生"聚集反应"，在有利于国家和港澳长远发展的前提下，尽可能地挖掘"一国两制"的经济社会价值，使之更有效地为粤桂开放型经济体系服务。同时，也有利于融合粤

---

[1] 《中共广东省委贯彻落实〈中共中央关于全面深化改革若干重大问题的决定〉的意见》，《南方日报》2014年1月20日。

桂两地的资源，为珠江—西江经济带一体化战略迈出坚实的步伐。

为了探索粤桂开放型经济的新模式，要把粤桂合作的制度设计和共同发展放在全球经济一体化的大背景中去运筹和谋划。要深入了解和合理运用港澳成功运行的国际规则和标准，主动建立与其相衔接的体制机制。要增强契约精神、法治理念和信用意识，要建立完备的法律制度、透明的商业规则和规范的纠纷化解机制。最终实现从借鉴学习港澳成功经验向引领粤桂体制机制创新的跨越式转变，从学习和利用国际规则、标准向主动参与国际规则、标准制定的跨越式转变。

（二）提升营商环境新优势

目前国际上围绕贸易投资规则变革的大博弈将日趋激烈，如何迎接新挑战和抢抓新机遇，是提升粤桂开放型经济新优势必须面对的关键问题。习近平主席强调，"要牢牢把握国际通行规则，加快形成与国际投资、贸易通行规则相衔接的基本制度体系和监管模式"①。因此，粤桂要首先形成与国际规则相衔接的体制机制，争取在激烈的国际竞争中实现新发展。

未来20年，国际上围绕制度、规则、标准、科技、市场、资源的竞争将更加激烈，一场新的国际规则大博弈正在全球展开：一是美国、日本、澳大利亚等12个国家已达成跨太平洋战略经济伙伴协定（TPP）贸易协定，美欧主导的跨大西洋贸易与投资伙伴关系协定（TTIP）谈判也在紧锣密鼓地进行，意图重构高标准的自由贸易规则。二是美国公布《双边投资协定2012范本》（BIT2012），除了最惠国待遇、投资待遇的最低标准和投资争端解决等传统内容之外，还涵盖了准入前国民待遇、环境、劳工、国有企业等新条款，意图重建高规格的投资自由化标准。三是美国发起服务贸易协定（TISA）谈判，包括给予外资全面国民待遇、所有服务部门必须对外资开放，意图形成高标准的服务贸易标准。

在国际贸易投资规则发生重大变革的形势下，粤桂就必须更加重视打造国际化、市场化、法治化的营商环境，取消束缚对外投资的各种不合理限制和收费，加快推进符合国际规则的质量、技术、安全、环境、劳工等标准，提升对

---

① 《习近平：上海自贸区要大胆闯、大胆试、自主改》，第一财经网，2014年3月6日。

高标准国际规则、标准的适应力,从而推动粤桂深化与东盟国家合作,推进海上丝绸之路建设,进一步拓展国际市场。

(三)探索负面清单管理模式

增创粤桂开放型经济合作新优势需要积极探索负面清单管理模式。相对于正面清单,负面清单依照"法无禁止皆可为"的原则,是一种市场准入的管理方式,是全球范围内行政管理法治化、金融市场国际化和贸易投资自由化的产物。因此,采取负面清单管理模式是促进与国际通行规则相衔接的一条必由之路,特别需要在改革投资管理体制、推进金融领域创新和转变贸易发展方式等方面取得重大突破:一是改革外商投资管理体制。对"负面清单"以外的领域,按照内外资统一的原则,对外商投资企业的管理由审批制改为备案制。此外,还要加快改革境外投资管理方式,对境外投资办厂企业实行以备案制为主的管理方式,对境外投资一般项目采用备案制。在商贸、金融以及社会服务等领域,加大对外开放,取消对投资者的资质要求、股比限制、经营范围限制等限制准入措施,形成有利于各类投资者平等准入的市场环境。二是推进金融领域创新。鼓励前海、横琴和南沙三个开放区在金融市场化改革方面先行先试;加快金融管理创新,在金融利率市场化、人民币资本项下可兑换、人民币跨境使用等方面先行先试。三是转变贸易发展方式。深化国际贸易结算中心、跨境电子商务、期货保费交割、融资租赁等业务的改革试点,发展服务业外包业务,吸引跨国公司设立亚太地区总部和营运中心,形成具有国际竞争力的运作模式和经贸发展之路。

(四)增强粤桂联合创新优势

增强粤桂开放型经济合作新优势需要提升核心竞争力和创新能力,尤其需要促进粤桂加工贸易型企业科技创新和转型升级,优先发展高新技术产业和先进制造业。

1. 推进创新驱动战略

面对美欧"再工业化"发展战略和全球第三次工业革命浪潮,粤桂必须通过深化改革,促进转变经济发展方式,破解传统发展模式的瓶颈制约,才能在未来的一系列产业大变革中把握先机,为珠江—西江经济带实现创新发展获得更广阔的空间。因此,粤桂尤其要把落实创新驱动战略作为提高产业核心竞争力的突破口,增强联合创新能力和提升产业核心竞争力。

一是提升粤桂制造业的发展质量。培育先进装备制造业,改造消费品工业和优化原材料工业,增强产业配套和协调发展能力,推动制造业由大变强。

二是培育粤桂战略性新兴产业。跟踪国际科技产业发展方向,选择新一代信息技术、绿色环保、生物、高端装备制造、新能源、新材料等产业为战略重点,攻关一批关键核心技术,加快培育先导性和支柱性产业。

三是提升粤桂产业的再创新力。鼓励粤桂企业通过自建、合资、合作和并购等多种方式在境外设立研发中心。发挥技术进出口交易平台的桥梁作用,以产业技术创新联盟和大型企业为依托,加快关键核心技术攻关,增强引进吸收再创新能力。

四是扩大粤桂科技对外开放。吸引跨国公司在粤桂设立研发中心、采购中心和地区总部。支持粤桂澳研究机构、高等院校和大型企业与国际前沿研究机构建立合作关系,开拓重大科技计划和专项成果的全球市场。鼓励粤桂科研机构、高等院校和大型企业在国外申请专利,参与国际标准制定,积极融入科技国际化进程。此外,还要推进知识产权保护等领域的深化合作,从而为高科技产业发展营造优良的法治环境。还应制定特殊的政策,实现更宽松的市场准入,更自由的资本流动,更便捷的人员流动和更开放的信息交流,从而减少要素流动成本,提高企业科技创新能力。

2. 加快高新技术产业发展

目前世界正进入空前的科技创新密集时代,发达国家和新兴经济体都在主动进行战略调整。李克强总理明确指出,需要提高科技创新对经济增长的贡献率,推动产业向中高端升级,实现进中求好。目前粤桂经济发展已进入发展与转型的关键期和攻坚期,只有贯彻落实十八大报告提出的新驱动发展战略,才能破解粤桂面临的发展与转型双重难题。因此,粤桂加快探索创新与转型的新路,既是破解发展与转型难题的挑战所迫,也是提升核心竞争力的法宝。

新形势下粤桂创新驱动战略的重点应是:瞄准世界科技前沿,通过合作增强粤桂两地的科技创新能力。根据粤桂经济转型和产业升级的需要,按照重点突破、优势互补的原则,发挥各自相对优势,提高开发研究能力,推动高科技产业发展。

(五)突破新技术壁垒障碍

增创粤桂开放型经济新优势需要突破新技术性贸易壁垒的制约。李克强总理指出,"美国正在推动 TPP 谈判,美欧准备启动 TTIP 谈判。这些协议涵盖的国家多、经济体量大,将对全球经贸格局和贸易投资自由化进程产生重大影响"。笔者认为,TPP 和 TTIP 所设立的贸易规则和技术标准很可能成为新技术性贸易壁垒。因此,由新贸易规则、技术标准相结合而形成的新技术性贸易壁垒,必将对我国外贸出口构成主要障碍。例如,当前广东外贸出口总量约占全国的 1/4,现已成为新技术性贸易障碍的"重灾区"。由此可见,TPP 和 TTIP 所构成的技术性贸易壁垒必将成为美欧新贸易保护的重要手段。因此,如何突破新技术性贸易障碍已成为外贸出口必须解决的难题。

当前世界贸易投资规则正在发生重大深刻的变革,粤桂作为我国主要外贸大省,要及时关注国际贸易投资规则的大变革,练好应对新技术贸易壁垒的内功,应将 TPP 和 TTIP 带来的经贸压力转化为加快转型升级的动力。一是转变低成本、高能耗的粗放式外贸发展方式,鼓励高附加价值和高新技术产品的出口,主动化解国际经贸压力。二是深化外贸管理体制改革,鼓励企业技术研发创新和组织管理创新。三是加快知识产权、环境保护、政府采购、国有企业、劳工标准等领域的改革和发展。四是大力实施节能减排战略,改变对国际能源和原材料的严重依赖。五是建立动态外贸预警机制,大力培养外贸各类专才,充分利用包括 WTO 规则在内的国际贸易投资规则、标准,切实维护粤桂外贸企业的合法权利。

(六)发挥聚集和引领作用

增创粤桂开放型经济合作新优势需要发挥粤桂中心城市的重要引擎作用。

目前,珠江—西江经济带包含多个城镇区域和各级中心城市,但还未形成适应市场经济发展的管理体制,仍然存在各种行政壁垒。这必将影响珠江—西江经济带发挥整体经济效应。因此,粤桂应借鉴国际上发达经济带的成功经验,通过法律、法规赋予的权利来保证和提升粤桂中心城市的聚集和带动作用,形成跨行政区域的协作分工体系。

粤桂中心城市需要具备强大的聚集和引领作用,推进珠江—西江经济带各中小城市的协同发展。周边中小城市与中心城市之间的关系，首先是聚集关系，然后才是辐射关系。应先把资源聚集到中心城市，然后中心城市又对周边中小城市产生带动辐射效应，帮助中小城市协调发展。最后，中心城市与周边中小城市形成互相依存、互相促进的良性互动局面。

对比国际上发达经济带的成功经验可以发现，珠江—西江经济带还存在许多亟待解决的复杂问题，比如城市群竞争无序、资源环境紧张、基建设施重复、产业结构重叠等。为了有效解决珠江—西江经济带发展存在的诸多问题，需要发挥粤桂中心城市的集聚和引领作用，增强珠江—西江经济带城市群的整体竞争力。

增强中心城市的聚集和引领功能，需要在珠江—西江经济带的整体格局中对粤桂中心城市进行精准定位，提升深圳、广州、南宁、柳州等特大中心城市在珠江—西江经济带的聚集和引领作用，并使之成为泛珠三角世界级城市群的重要龙头，进而迈向全球城市价值链的高端，跨入全球重要核心城市行列。

深圳、广州、南宁、柳州作为珠江—西江经济带的发展核心城市，特别要发挥在贸易、金融、会展、物流、信息和先进制造业等方面的聚集作用，尤其要充分利用广东珠三角的制造业基础优势，吸引跨国公司 R&D 在粤桂建立研发和制造中心，使深圳、广州、南宁、柳州成为国际贸易口岸和物流基地中心。同时，按照全球特大城市的发展规律，通过 CBD 辐射来带动整个周边城市的建设发展。

（七）协调粤桂基础设施合作

增创粤桂开放型经济合作新优势需要密切粤桂基础设施合作，推进交通一体化建设。

粤桂要以交通基础设施协调建设为重点，协调空港、海港、信息港和城际轨道、高速公路、快速干线建设，推进电网、输气管道等能源设施建设，发挥服务于珠江—西江经济带一体化发展的基础设施功能。整合粤桂两地基础设施资源，促进两地人流、物流、资金流的快速流动和实现两地更紧密合作。加强交通领域合作需要健全粤桂跨界交通设施协调机制，推进跨界高速公路和配套工程建设，形成换乘便利的陆路交通网；促进交通、物流供应等跨境"一卡通"建设；提升粤桂的机场群与港口群的合作水平。拓展能源领域合作，加强粤桂之间电网、输气管道管网衔接。协调水资源领域合作，增强对粤桂水资源保护力度。加强信息领域合作，促进粤桂在信息服务的更密切合作，完善粤桂在信息网络方面的协作。强化环境监测预警和预防合作功能，稳步改善珠江—西江经济带的环境质量。

（八）加强服务贸易合作

推进服务贸易自由化是开放型经济发展的一大特点。增创粤桂开放型经济新优势必须加快粤港桂服务贸易自由化进程。港澳优势在于服务业高度发达，而这却是粤桂经济的短板。目前粤桂正处在转型升级的重要阶段，提升粤桂开放型经济新优势需要发挥港澳服务业的独特作用。粤桂两地扩大对港澳服务业的开放，有助于发挥港澳服务业优势，开拓港澳服务业的新空间；也有助于引入竞争机制和各类专业人士，加快现代服务业发展，推动现代产业体系建设，促进粤桂两地经济的深度合作。

粤桂要紧紧抓住国家赋予珠江—西江经济合作的重要机遇，大幅提升粤桂服务贸易的开放合作水平。

1. 利用港澳优势发展服务贸易

要发挥香港作为重要的以世界金融、贸易、物流为主的服务中心作用，利用澳门作为世界上具有吸引力的博彩、旅游中心这一区域性的商贸服务平台，制定港澳服务业投资粤桂的促进政策，改善 CEPA 框架下港澳服务业进入粤桂的便利化措施，通过发挥港澳的服务业优势推动粤桂的服务贸易加快发展。

2. 发展现代服务贸易

在现代服务贸易领域，推动信息服务做大做强，发展基于互联网、物联网的服务产业，健全物流、信用、支付等电子商务体系。建立高水平的技术进出口交易平台，加快金融市场体系建设，发展节能和环境服务。在传统服务贸易领域，加快培育和发展商务、游艇、邮轮、度假等高附加值旅游服务。大力发展第三方物流、会展服务、交通运输和供应链管理等服务，在公共文化服务贸易领域，加快发展生物医药和医疗服务，支持有条件的新闻出版集团在境外开办实体经济。

3. 承接服务外包业务

要重点承接软件外包业务，拓展业务流程外包业务；支持粤桂企业与境外外包公司进行分包合作,逐步建立自主营销网络;建立中国香港、新加坡等地接单,省内交单的业务模式,联合拓展国际服务外包市场;引进境外服务外包企业来粤桂建立服务外包基地,逐步完善国际服务外包的产业链。

4.建设服务贸易合作平台

要支持深圳前海、广州南沙、珠海横琴等重大合作平台先行先试,编制服务贸易发展规划,推动服务外包企业进入合作平台聚集发展。要发展与粤桂制造业相配套的法律、会计、会展、金融、物流等现代服务业,拓展知识产权服务、软件设计、信息服务、技术转让等新兴领域,同时,增强服务业吸收外资力度,加快服务贸易发展。

(九)形成联合"走出去"新优势

习近平总书记强调,要加快推进丝绸之路经济带和21世纪海上丝绸之路(以下简称"一带一路")建设。这是党中央、国务院根据国际形势的深刻变化,统筹国内外两个大局做出的重大战略决策。"一带一路"重大战略为粤桂联合"走出去",拓展国际市场,提供了难得的机遇。粤桂地处"一带一路"海陆交汇处,交通、口岸、区位等条件特别优越,科技、产业、旅游、文化独具特色。尤其是粤桂工程机械等装备制造业,将迎来布局全球市场的重大战略机遇期,同时,"走出去"也有利于缓解粤桂两地产能过剩问题。因此,粤桂迫切需要抢抓先机,加快"走出去"步伐,提升全球战略布局的能力。

在"走出去"中提升国际竞争力是世界开放型经济的一个明显特征。当前粤桂迫切需要通过深化合作,加快粤桂对外投资管理体制改革,把握"海上丝绸之路"建设机遇,提升粤桂国际经济合作的竞争新优势。一是构建"海上丝绸之路"的枢纽中心。贯彻落实海洋强国和21世纪"海上丝绸之路"战略,粤桂要注重发挥得天独厚的区位优势,要把粤桂建成生态环境优美、海洋经济发达、海洋科技创新、海洋文化丰富的海洋强区。二是提高境外投资的质量。要充分发挥粤桂家电、轻工、电子信息等行业的比较优势,鼓励企业"走出去",在境外投资设厂。支持石油、化工、建材等行业到境外建立生产基地。推进国际能源资源开发和加工互利合作。鼓励企业通过港澳开展境外基础设施投资和建设。三是提升出口竞争新优势。推动粤桂出口从传统的要素成本优势向新的核心竞争优势转化,强化企业技术创新、自我转型的内生动力,

重视发挥粤港澳在珠江—西江经济带的辐射引领作用

夯实出口产业和技术基础,鼓励粤桂技术含量高的机电产品和战略性新兴产业开拓国际市场。大力培育出口品牌,支持企业设立境外营销网络,提升出口产品附加值。四是提高境外承包工程的效益和质量。要借鉴港澳市场化运作经验,规范市场有序竞争,加强项目咨询设计、投融资和运营服务能力,规范对外劳务合作,优化外派劳务结构,加强劳务培训工作,擦亮"粤桂劳务"国际品牌。

参考文献

[1] World Bank. World Development Report 2015.
[2] WTO. World Trade Report 2014.
[3] 《国务院批复珠江—西江经济带上升为国家战略》,《水运工程》2014 年第 12 期。
[4] 龙金光:《"三大平台"打造跨境人民币创新高地》,《南方日报》2015 年 6 月 12 日第 3 版。
[5] 《国际贸易新规则构建与中国的选择》,中国社会科学网,2014 年 2 月 26 日。
[6] 《粤港澳深度合作示范区》,《广州日报》2015 年 4 月 21 日,第 3 版。
[7] 《国务院发文:广东与港澳签服务贸易自由化协议》,新浪财经网站,http://finance.sina.com.cn/china/dfjj/20150310/152621688310.shtml,2015 年 3 月 10 日。
[8] 郭楚:《推进粤港澳合作:广东转型发展重要着力点》,《南方日报》2013 年 5 月 6 日第 F02 版。
[9] 《习近平提战略构想:"一带一路"打开"筑梦空间"》,中国经济网,http://www.ce.cn/xwzx/gnsz/szyw/201408/11/t20140811_3324310.shtml,2014 年 8 月 11 日。
[10] 《商务部:方将进一步研究 TPP 和 TTIP 对全球影响》,中国财经网,http://finance.china.com.cn/news/special/lianghui2015/20150307/2989809.shtml,2015 年 4 月 21 日。

承接广东自贸区的功能辐射，提升珠西经济带产业竞争力

黄 霓*

摘　要：《珠江—西江经济带发展规划》上升为国家战略和中国（广东）自由贸易试验区的设立，为两广区域合作拓展空间。广东自贸区功能辐射与珠西经济带承接联动，优势互补，进行资源有效配置，既有助于珠三角地区产业的转型升级，也有利于珠西经济带的经济结构调整和产业竞争力提升，区域一体化进程将加快推进。

关键词：　自贸区　珠江　西江　经济带　辐射　竞争力

广东、广西两省（区）山水相连、语言相通、习俗相近，商贸往来和人文交流历史悠久。随着《珠江—西江经济带发展规划》上升为国家战略，中国（广东）自由贸易试验区的设立，两广传统的纽带合作关系将进一步拉近，区域合作空间将大大扩展，区域一体化的进程将加快推进，区域产业竞争力将大大提升。

一　珠西经济带：广东自贸区的战略腹地

《珠江—西江经济带发展规划》（以下简称《规划》）将珠江—西江经济带（以下简称"珠西经济带"）定位为珠江三角洲地区转型发展的战略腹地、东

---

* 黄霓，经济学在职研究生，广东省社会科学院国际经济研究所副研究员，研究方向为国际经济与区域经济。

西部合作发展示范区、西南中南开放发展战略支撑带、流域生态文明建设试验区、海上丝绸之路桥头堡，在区域发展和对外开放格局中具有举足轻重的战略地位。珠西经济带规划范围包括广东省的广州、佛山、肇庆、云浮4市和广西壮族自治区的南宁、柳州、梧州、贵港、百色、来宾、崇左7市，区域面积16.5万平方公里，常住人口5228万人（截至2013年末）。珠西经济带沿流域延伸上可连云南、贵州，下可通香港、澳门，覆盖人口超过1.2亿，经济总量占全国的1/4强，作为珠江流域的组成部分，广西、广东和港澳地区均属于泛珠三角合作区域。

泛珠三角区域合作启动以来，两广在经济、社会、文化、生态、旅游等领域的联系与合作日益紧密。广东以其经济发达、市场成熟、资金雄厚、技术先进、人才众多，对广西起到较强的辐射和带动作用；广西以其资源丰富、市场广阔、潜力巨大，成为广东重要的生态水源保护地、农副产品供应地、劳务用工输出地、产业转移落户地和旅游度假目的地。

珠江、西江流域拥有多个国际和国内区域合作机制："中国—东盟自由贸易区""两廊一圈""泛北部湾经济合作区""泛珠三角区域合作""两广经济一体化"等，叠加的合作机制效应可为广东自贸区建设提供更多互动和支持。与广东空间距离最近和联系最多最直接的珠西经济带具有政策、区位、资源、产业、环境五大优势，是今后实施对接广东自贸区战略的重要窗口和通道。

目前，南广高铁、贵广高铁均已开通运营，经济带内的航道、铁路、公路、机场等重大基础设施加快推进，互通两广、连接东盟、通达港澳、辐射云贵、江海联运等综合交通运输网络正在形成。两广基础设施的通达性为珠西经济带投资往来、物流服务和产业合作等提供了便利，把广东自贸区建设与珠西经济带建设紧密结合起来，达到优势互补、互利共赢的发展目标。尤其是珠西经济带的主轴核心区段，将成为珠三角功能辐射和产业转移理想承接地，既有助于珠三角地区产业的转型升级，也有利于珠西经济带的经济结构调整和产业竞争力提升。

二 广东自贸区：对外辐射带动功能凸显

中国（广东）自由贸易试验区（以下简称"广东自贸区"）由广州南沙新

区、深圳前海蛇口和珠海横琴新区三个片区组成，总面积116.2平方公里。其中南沙片区60平方公里，前海蛇口片区28.2平方公里，横琴片区28平方公里。广东自贸区是中国目前覆盖面积最大的自由贸易试验区，且毗邻港澳自由贸易区，叠加辐射功能更强。其中南沙片区地理位置处于珠三角的中心地带，更具有综合辐射优势。

根据《中国（广东）自由贸易试验区总体方案》所确定的广东自贸区战略定位为：依托港澳、服务内地、面向世界，将自贸试验区建设成为粤港澳深度合作示范区、21世纪海上丝绸之路重要枢纽和全国新一轮改革开放先行地，并领五大试点改革任务：建设国际化、市场化、法治化营商环境；深入推进粤港澳服务贸易自由化；强化国际贸易功能集成；深化金融领域开放创新；增强自贸试验区辐射带动功能。

中国境内首个自贸区中国（上海）自由贸易试验区的实践证明，不仅实行自贸区的上海本土获益，周边地区也获得强大的辐射，区域发展得到强劲推动力，这种经验是可复制、可推广的。因此，广东自贸区的推进，也将会给周边地区带来强大的功能辐射和溢出效应。

广东自贸区的设立将探索一系列改革和相关制度创新，将获得的成功做法向周边地区推广和示范。广东将加快建立与国际接轨的高标准投资贸易规则体系，营造法治化、国际化营商环境，其中改革创新的重磅是简政放权，用减少政府权力换取市场活力。广东省政府已向南沙、前海、横琴下放了65项省级经济社会管理权限，接下来还将下放一批省级权限的审批事项。

由三个片区组成的广东自贸区将探索创新构建统一、协调的管理机制，为向外围辐射推进区域合作和一体化提供经验和实践机会。而珠西经济带的地理位置得天独厚，可获优先辐射效应。广东自贸区的定位，将对推动珠西经济带区域分工和联动发展产生扩散效应，引领区域产业转型升级、实现资源有效配置和整合。

从产业转移线路图来看，东部地区的产业结构不断优化，创新型产业和服务型产业在加快发展，传统制造业正在转化并加速向中西部转移是未来发展趋势，符合世界经济现代化进程的发展规律。因此，以珠江下游区域带动中上游和西江区域发展，加快产业转移和结构升级，共同构筑珠西经济带开放合作新高地，将可提升经济带产业层次与竞争力。传统制造业的转型升级需要人才、科技、金融等要素的支撑，借助广东自贸区的影响力，能更有利于珠西经济带吸引利用资金、科技、人才等资源。

广东自贸区的推进，其所带有的种种政策优势将对周边地区吸引外资前来投资形成有利的帮助，原有的招商引资优势将进一步得以发挥。走国际化道路是广东自贸区的发展方向。今后有可能一些企业将总部设立在自贸区内，其需求配套服务体系包括配套机构或生产基地均有可能向周边区域就近布局，为珠西经济带企业实施国际化战略搭建平台。通过广东自贸区这个平台和推手来整合资源，提升产业及产品的国际竞争力。

三　两广合作成果显著：经济带产业园区建设领先

在过去数年中，两广为珠西经济带区域发展作出许多努力并正在获取成效。其间签署了一系列合作协议和备忘录：2008年11月，两省签订《共同加快建设西江黄金水道协议》，提出共同推进西江干线广西贵港至广东肇庆二级航道和贵港至肇庆的一级航道建设。2009年10月，西江沿线的广东、广西8市市长发表了《梧州宣言》，提出全面提升西江黄金水道航运能力和水平，加快西江干支流产业集聚。2011年12月，两省签署《"十二五"粤桂战略合作框架协议》，一致同意在梧州市与肇庆市封开县交界区域共同设立粤桂合作特别试验区。同月，梧州市与肇庆市签订《肇庆—梧州战略合作框架协议》，决定共同加快推进试验区建设。2012年9月，肇庆市与贺州市签署《粤桂肇庆—贺州战略合作框架协议》。2012年11月，两省签署《关于建设粤桂合作特别试验区的指导意见》，探索建立东部与西部产业转移和承接新模式。2013年9月，肇庆市与贺州市编制《粤桂产业合作示范区发展规划》。2014年4月，粤桂两省（区）政府正式批复实施《粤桂合作特别试验区总体发展规划》。2015年6月，肇庆市与贺州市共同签署《粤桂产业合作示范区建设备忘录》，推进粤桂产业合作示范区建设。"粤桂合作特别试验区"于2011年12月组建，位于广东肇庆与广西梧州毗邻区域，由双方各划出等同面积组成，主体区占地100平方公里，拓展区40平方公里，既是西部地区接受东部地区经济辐射的前沿阵地，也是东部资金、技术、产业向大西南梯度转移的重要通道节点，将示范带动珠西经济带的开发和东西部区域合作，探索跨省区产业园区合作新模式及创新机制，探索地方政府管理体制和开发运营模式的创新路径，探索解决试验区合作共建中的制度瓶颈等问题。

据统计，截至2014年底，"粤桂合作特别试验区"入区企业达到68家，其中规模以上企业28家，实现工业总产值123.31亿元。广西微软创新中心、国光西部产业基地、中节能环保产业园、新加坡产业园等一批电子信息、节能环保、新材料产业重大项目和国际知名企业已落户试验区。2014年4月，广东金融高新区股权交易中心与试验区签订《战略合作框架协议》，旨在搭建一个金融、科技、产业融合创新平台。

"粤桂（贵港）热电循环经济产业园"于2014年11月组建，由广西贵港市与广东省广业资产经营有限公司签署合作建设。它是《珠江—西江经济带发展规划》上升为国家战略后两广合作首个重点项目。《粤桂（贵港）热电循环经济产业园协议》规划用地1000亩，首期开发5000亩，预期工业产值超160亿元、税收超17亿元，约占全市财政总收入的1/4。产业园开创了政企合作新模式，贵糖集团将实现产业升级转型。

"粤桂产业合作示范区"于2012年12月建立，是以广西贺州八步和广东肇庆怀集交界为轴心，由119平方公里土地和79平方公里土地组成，重点发展商贸物流、新材料、健康产业、纺织服装、现代农业等产业。作为贺州市实施"东靠战略"的重要平台——"粤桂县域经济产业合作示范区"于2012年开始规划建设，发展定位为"贵广高铁经济带先行区、东中西跨省区产业转移集聚地、珠江西江流域绿色增长极"。2014年12月28日，"粤桂县域经济产业合作示范区（信都工业区）"举行10个重大项目集中开竣工仪式。

佛山处于珠西经济带最下游，是对接珠三角的最前沿和先行区。目前正在积极探索对接广东自贸区建设，将"中德工业服务区"作为广东自贸区的一个复制区，打造对德、对欧自由贸易园区。鼓励支持服务区发展跨境电商，以对接广东自贸区释放的商机。

统计数据显示，从2010~2014年，转移到梧州的到位资金约2600亿元，粤港澳到位资金占70%以上，其中珠三角更高达76%，粤港澳地区对梧州市投入的资金超过1200亿元。梧州成为广西承接东部产业转移的最大区域之一。

以上各种形式的产业合作园区均为承接珠三角产业转移打下了基础，可作为广东自贸区未来功能辐射的先行对接试验区，在部分功能、创新措施上实现共享。

四 自贸区与经济带：辐射与承接互动提升产业竞争力

根据《规划》，珠西经济带上的肇庆、云浮、梧州和贵港将作为东部产业转移承接区，统筹玉林、贺州产业发展，加强与珠三角及港澳地区的合作联动、配套发展，高起点承接产业转移，引导产业集聚；柳州和来宾将作为转型区，建设成区域性先进制造业中心和现代服务业基地。

增强辐射带动功能和引领珠三角地区加工贸易转型升级是广东自贸区主要改革任务之一。其辐射范围包含三个层面：第一层，向北辐射珠三角，向南辐射港澳；第二层，向北辐射泛珠三角，向南辐射东盟；第三层，向北辐射全国，向外辐射全球。珠西经济带正处于泛珠三角区域合作区，属于广东自贸区功能辐射覆盖范围。自贸区将为珠西经济带产业发展和竞争力提升带来机会和重要平台。

广东自贸区肩负着全国改革开放和创新使命，其创新探索既需要本区内相关机构和企业的配合与试验，也需要周边腹地的支持与互动。未来自贸区相关配套政策的落地和扩散，均需要有试点，这就为珠西经济带提供了机遇。从广佛都市圈出发，沿珠江—西江流域依次而上辐射肇庆、云浮、梧州、贵港、南宁、柳州等珠西经济带地区。

珠西经济带，一方面其庞大的产业基础和丰富资源可以为广东自贸区的改革试验提供实体支撑；另一方面其传统粗放型产业和经济结构也需要借助广东自贸区所能提供的资金、科技、人才、市场等高端要素实现转型升级和资源的有效配置整合。

因此，珠西经济带要抓住广东自贸区建设的机遇，加快承接珠三角产业转移，并发挥重大项目和龙头企业带动作用，促进产业集聚，创建各具特色的产业园区和产业集聚区。依据自身资源、区位和政策优势可以加快发展基础产业、现代农业、先进制造业、现代服务业、休闲旅游业和电商物流业等。建成产业转移承接与提升基地、战略性新兴产业培育与发展基地、区域性商贸物流中心和现代服务业基地,着力构筑生态型、高端化和国际化的现代产业体系。

——承接自贸区辐射,加快经济带产业结构调整

当今世界,市场优势和成本优势决定企业成败,尤其是对资源的有效配置和整合布局能力,决定区域及产业的竞争力。珠西经济带要借助广东自贸区的设立契机进行产业结构优化布局,鼓励产业整合和创新。自贸区与经济带相互配合、取长补短、挖掘和充分发挥流域比较优势,协同发展,互利互惠,达到"双赢",实现两地产业结构优势互补,增强区域产业竞争力。

——承接自贸区辐射,推进经济带区域合作一体化

区域产业分工是推动区域合作的最根本动力。珠西经济带的发展关联到珠三角先进的制造业基地与西部后发展欠发达地区的协调发展及一体化问题。广东尤其珠三角产业转移、自身经济结构转型升级应该放在更高的战略定位上进行谋划。珠三角甚至粤港澳新一轮产业分工和调整要利用广东自贸区建设契机加速向泛珠三角区域推进。借助广东自贸区建设,通过珠西经济带的通道和纽带作用,加速区域内产业转型升级步伐和产业聚集带的形成,通过粤桂两地优势互补,实现区域协同配套和联动发展,向区域一体化迈进。

——承接自贸区辐射,构建经济带现代产业体系

《珠江—西江经济带发展规划》突出强调珠西经济带发展要"坚持优化升级,着力构建现代产业体系"。具体落实到《粤桂合作特别试验区总体发展规划》提出重点发展六类产业:战略性新兴产业、先进制造业、传统资源型产业、物流及生产性服务产业、旅游养生及文化创意产业、现代农业产业。前些年出现的珠三角高能耗、高排放企业简单搬迁,污染随产业向上游转移的情况不同程度存在,给接纳地造成了不可持续发展的影响。新一轮产业转移应予以坚决摒弃,做到产业转移与流域生态环境相协调,以可持续发展为前提,与珠西经济带战略规划相呼应,发挥好区域差异化互补优势,展开高层次的分工合作,推动产业的优化升级。充分利用广东自贸区改革创新机制的优势,首先支持战略性新兴产业、先进制造业和现代服务业的发展,有选择、有重点地构建现代产业体系。

——承接自贸区辐射,发展经济带加工贸易和现代制造业

由于广东自贸区将不再发展加工贸易,替之于建成高端生产服务业基地,

只需要通过建立技术研发、工业设计、结算中心、内销后续服务等平台，为加工贸易转型升级提供支撑。珠西经济带要利用这次机遇，结合自身优势承接珠三角的加工贸易转移。同时，利用广东珠江西岸装备制造业优势，进行产业链配套，积极发展现代制造业。

装备制造业是制造业的核心，也是国家或区域流域综合实力的集中体现。近年来，世界主要发达国家纷纷调整发展战略，我国已出台相关鼓励政策，以提升制造业竞争力抢占未来发展制高点。广东省政府于2014年8月提出在珠江下游西岸建设先进装备制造产业带，到2017年，将初步形成智能制造装备、船舶与海洋工程装备、轨道交通装备、通用航空装备等重点产业链，形成10个产值超过100亿元的先进装备制造业集群；到2020年，装备制造产业链进一步完善，将打造2~3个产值超过1000亿元在国内外具有一定影响力的先进装备制造产业集群。

珠江西岸是装备制造业的高度聚集区，拥有汽车制造、电器机械、海洋工程、轨道交通、通用航空、智能制造、金属制品等一批竞争优势明显、支撑带动作用较强的主导产业和产业集聚，已建有4个国家级工程中心和10家以先进装备制造业为主导产业的战略性新兴产业基地。广东省委、省政府要求珠江西岸"六市一区"（珠海、佛山、中山、江门、阳江、肇庆市和顺德区）用5年左右时间，力争实现先进装备制造业产值翻番，打造产值2万亿元左右的先进装备制造产业带。

这条产业带正好连接珠西经济带，有条件的产业园区可做产业链的配套或可打造成为配套产业发展的生产区和集聚区。

——承接自贸区辐射，加快经济带重大基础产业发展

自然禀赋条件、现代工业发展水平和产业结构的差异性，构成了两广经济高度的互补性，这是实现珠西经济带产业优化升级的重要基础。从生产要素来看，广东自贸区与珠西经济带产业承接区在自然条件、经济地理、资本积累和人力资源等多方面存在差异或互补性。珠西经济带拥有丰富的矿产、能源、河港、人文、旅游等资源优势；而自贸区珠三角地区具有资金、市场、人才、技术、产业、体制、机制和区位等方面的优势，自贸区还有连接港澳、对接东盟的功能。可构建多层次合作平台，可帮助和推动珠西经济带航空网、铁路网、水路网、公路网、电力网、物流网、信息网等重大基础产业的发展。

——承接自贸区辐射，共建经济带特色产业园区

从国内外推进区域经济合作和流域经济开发的实践来看，发挥参与合作各方的要素和产业优势，通过共建合作区或产业园区，形成要素和产业集聚优势，有利于加快欠发达地区的经济发展和实现区域经济协调发展。珠西经济带应充分利用珠三角和粤港澳经济圈的优势来带动上游经济带地区资源开发与利用，通过建立特色产业园区或自贸区辅助区的形式实现自贸区功能辐射与先进产业的对接。

——承接自贸区辐射，发展经济带配套现代服务业

依据产业分工特点，现代服务业与先进制造业是相辅相成的，没有现代服务业的支持，先进制造业难以提升。从两省区实际经济发展水平和产业结构来看，珠西经济带内的7个沿线中心城市中，只有广州进入服务经济发展阶段，其服务业的比重已达到64%左右；而西江上游城市的经济发展水平和工业化水平仍相对较低，服务业占比仍不突出。因此，加快珠西经济带配套现代服务业的发展十分迫切。传统制造业需要利用新技术和物流配送等现代服务业来推动使其产业层次获得加速提升。比如，可利用珠三角的技术、管理和品牌，打造珠西经济带现代农业产业链；再如通过广东自贸区平台，积极推动珠三角甚至港澳的金融、信息技术等服务产业或引进境外大牌创意、设计、服务贸易机构等现代服务业态与经济带传统制造业对接，带动经济带主要城市的现代服务业发展。充分借助广东自贸区的资金、技术、人才、服务等各种要素辐射和带动珠西经济带，借力自贸区的高端服务要素加速产业转型升级。将自贸区溢出的先进制造业、现代服务业项目逐步转移到珠西经济带。

——承接自贸区辐射，开展经济带电子商务活动

电商有吸引厂家集聚的功能。要抓住正在蓬勃兴起的电子商务发展的契机，依凭自身区位优势、航港优势、资源优势以及潜力巨大的消费市场，引入知名电商，建设物流中转中心，打造区域性商品集散地，从而吸引相关制造业企业前来落户，实现产业集聚，带动制造业和物流业发展。

五 对策和建议

有效的跨区域产业合作需要相关配套，一体化是关键，包括基础设施一体

化、产业规划一体化、市场开放一体化、发展政策一体化、社会管理一体化、人力资源使用一体化等。

（1）运用好政府与市场和服务的关系。让市场在资源配置中起决定性作用，政府承担指导、引导和服务的角色：①构建协作体系。为当地产业发展把舵，构建梯度发展、分工合理、产业联动的协作体系。②创新合作机制。处理好行政区域间的利益协调关系，探索和创新区域产业分工合作的协同发展机制。③统一开放市场。消除各种行政和市场壁垒，构建市场监管的协作机制。④搭建服务平台。帮助转移落户企业尽快与当地资源、市场和政策相互融合对接。

（2）把经济带作为一个整体进行运作。按照各城市功能、条件和区位进行布局，超越行政分割，化竞争为协作，优势补充，对所有资源进行配置与整合，适时调整产业规划。从中长期发展来看，珠西经济带要与粤港澳地区实现区域一体化，成为沟通华南与西南地区的通道，"一带一路"的枢纽。作为广东自贸区功能辐射的重要腹地和辅助区，珠西经济带的相关产业布局必须与粤港澳地区相对接和主动呼应，并随着广东自贸区改革实践的不断创新而及时做出相应调整，成为自贸区制度创新和政策实施的可复制、可推广的先行区和试验点，不断提高经济带的产业层次和竞争力。

（3）探索和建立一套适应跨区域、跨流域的政府管理体制和法律法规。可借鉴美国州际法制协调中的州际示范法经验，借鉴其对地方性法规和规章进行清理并协同立法的做法；也可借鉴我国辽吉黑三省政府协同立法、共同分享的立法协作做法。

（4）发挥中心城市带动功能和引领作用。广州市作为珠西经济带的核心增长极，南宁作为西南地区中心城市增长极，要充分发挥对经济带的统筹带动作用。联合各城市，建立互联互通的信息大平台，促进资本、科技、人才、产业的大融合和互动发展。

（5）经济带开发要从被动接受产业转移向主动承接转变。要有选择地接纳珠三角地区转移的资源型产业，要积极吸引珠三角科技型企业前往落户。有条件的地方，还可以设立广东自贸区辅助区，扩大和延伸自贸区辐射功能。在辅助区内提前试行自贸区部分政策经验，目的是加速发展，整体上起到功能叠加、成本降低的集聚效应，建立具有国际竞争力的产业集群。

参考文献

[1] 中国国家发改委：《珠江—西江经济带发展规划》，中国国家发改委网站，http://www.sdpc.gov.cn/zcfb/zcfbtz/201408/t20140801_620974.html，2014年7月28日。

[2] 赵细康：《中国向"海岸经济"与"陆桥经济"双极并举转变》，《南方日报》2014年7月21日。

[3] 中国国务院：《国务院关于印发中国（广东）自由贸易试验区总体方案的通知》（国发〔2015〕18号），中国人民政府网站，http://www.gov.cn/zhengce/content/2015-04/20/content_9623.htm，2015年4月20日。

[4] 《粤桂合作特别试验区成投资洼地》，中国新闻网，http://www.chinanews.com/df/2015/02-01/7023382.shtml，2015年2月1日。

[5] 唐正芳：《粤桂（贵港）热电循环经济产业园破土动工》，《广西日报》2014年12月29日第001版。

[6] 祝琳：《"东向"引领开放合作迈向新高度》，《梧州日报》2015年3月27日。

[7] 唐柳雯：《部省合作共推粤西产业带建设》，《南方日报》2014年8月15日。

[8] 陈晓：《打造产值2万亿装备制造产业带》，《南方日报》2014年12月18日第10版。

[9] 毛艳华：《区域产业分工是推动区域合作根本动力》，《南方日报》2014年7月21日第F02版。

[10] 李国飞：《粤桂合作特别试验区：勇当跨省际经济区创新样本》，《南方日报》2014年5月9日。

[11] 朱文彬：《广东自贸区领五项试点任务分三层次向外辐射》，《上海证券报》2015年1月8日。

[12] 《广东自贸区总体方案出台，发展重点在贸易航运和金融》，《羊城晚报》2015年4月21日。

[13] 何欣鸿：《佛山新城借力广东自贸区辐射，跨境电商先尝"头啖汤"》，《佛山日报》，http://www.fsonline.com.cn/2015/0317/127804.shtml，2015年3月17日。

[14] 陈玲、胡枫：《粤桂县域经济产业合作示范区10个重大项目集中开竣工》，贺州新闻，http://www.gxhzxw.com/news/bencandy.php?fid=5&id=5805，2014年12月29日。

[15] 刘小洪、梁爱玲：《深化肇贺战略合作，共建粤桂产业合作示范区》，《西江日报》2015年6月5日第A01版。

发挥广州中心城市龙头作用，推进珠江—西江经济带发展研究

陈来卿*

摘　要：珠江—西江经济带是国家统筹区域发展、引领西部地区发展的又一重大区域发展战略，引起全社会普遍的关注。广州作为珠江—西江经济带唯一的核心城市、国家中心城市，理应在珠江—西江经济带建设中发挥龙头带动作用，引领经济带在生态文明、产业分工、区域创新发展等领域中发挥引擎功能。

关键词：珠江—西江经济带　国家中心城市　广州

珠江—西江经济带①（以下简称"经济带"）包括广西壮族自治区的南宁、柳州、梧州、贵港、百色、来宾、崇左7市和广东省的广州、佛山、肇庆、云浮4市，区域面积16.5万平方公里。经济带自然资源禀赋优良，内河航运条件优越，综合交通体系完善，是珠三角地区转型发展的战略腹地，是大西南地区重要的出海大通道，是面向港澳和东盟开放合作的前沿地区，全国统筹区域协调发展和面向中国—东盟自由贸易区合作开放中具有重要的战略地位。

---

* 陈来卿，硕士研究生，广州市社会科学院现代市场所所长、副研究员，研究方向为城市与区域发展。
① 西江是珠江水系重要组成部分，西接云贵、贯穿广西、东连粤港澳，是我国重要的通航河流，素有"黄金水道"之称，是国家内河水运规划"两横一纵两网"主骨架中的一横。

一 广州推进珠江—西江经济带建设基础和战略意义

（一）发展基础

近年来，广州在强化中心城市辐射带动功能发展取得了较好成效，主要表现在以下几个方面：

1. 经济辐射能力强

衡量中心城市在区域合作发展中辐射带动能力指标之一是经济首位度。广州作为珠江—西江经济带的中心城市，起着引领珠江—西江经济发展的"龙头"作用，各项主要经济指标绝对数稳居首位。2013年，广州经济继续保持较快增长，实现地区生产总值1.54万亿元，第二产业增加值5227.4亿元，第三产业增加值9963.9亿元，分别比去年同期增长9.2%、13.3%。人均GDP约为2万美元（人民币对美元汇率比为6.2∶1），约为OECD等发达经济体人均GDP的80%，比全国人均水平高130%。

2. 服务业辐射能力较强

在当前国家强调城乡统筹发展、大中小城市协调发展的大背景下，这种作用更多地表现为中心城市对其所在区域经济辐射和带动作用。辐射作用以城市产业实力为依托，随着服务业的崛起，中心城市辐射作用发挥也越来越依赖服务业的综合竞争力。广州是华南地区服务业辐射能力最强城市，2013年广州服务业增加值达9963.89亿元，接近发达国家水平，服务业经济发展明显，其辐射范围由广东拓展到广西和海南、江西南部、贵州南部和云南南部地区。

3. 对外辐射窗口带动作用明显

在促进区域对外经济贸易窗口辐射作用，广州的辐射带动作用主要表现在以下几个方面：一是金融服务辐射带动。广州金融保险业快速发展，为区域经济的整体发展提供了强大的金融支撑，为外国金融机构进入珠三角地区提供优良服务平台。二是商贸服务辐射带动。广州大力发展现代物流业，构筑区域物流市场。2013年，广州区域物流占了市外物流总量的一半以上，从而有力地促进广州与珠江—西江经济带、泛珠地区的物资交流和经济联系。连锁商贸业态的跨地区发展有力地推动了广州商业贸易对周边地区的重要销售窗口作用。商贸总部企业进驻广州，这些商贸企业的连锁分支机构目前已基本遍布了整个泛珠地区，从而有力地带动了区域商贸市场的建立和区域商贸企业参与国际竞争的能力。三是吸引外资的重要窗口和平台。广州是珠江—西江经济带外商入住数量较多地区之一，投资密度大。截至2013年末，广州累计批准外商投资企业17820家，进入广州的跨国公司地区总部和中国总部有76个。四是会展服务窗口。广州依托广交会全国第一大会展品牌，通过大力发展会展业，积极为泛珠地区对外招商引资当好"二传手"，在于外资联合投资和共同发展格局中，扮演着越来越重要的组织领导角色和桥梁作用。

4. 综合交通枢纽辐射作用突出

一个以广州为轴心的、现代化区域综合立体交通体系正在形成。伴随着粤港澳大桥、航运中心、京广高铁、贵广、南广高铁、西江黄金水道疏浚等一系列重大交通基础设施建设，广州在地区综合交通运输体系中的枢纽功能进一步强化。2012年，全国各类货物经由广州口岸进出的比重约为10%，有相当份额江西、湖南两省的工业产品、农副产品需要借助广州良好的外贸流通渠道、成熟的外贸管理方式走向国际市场。

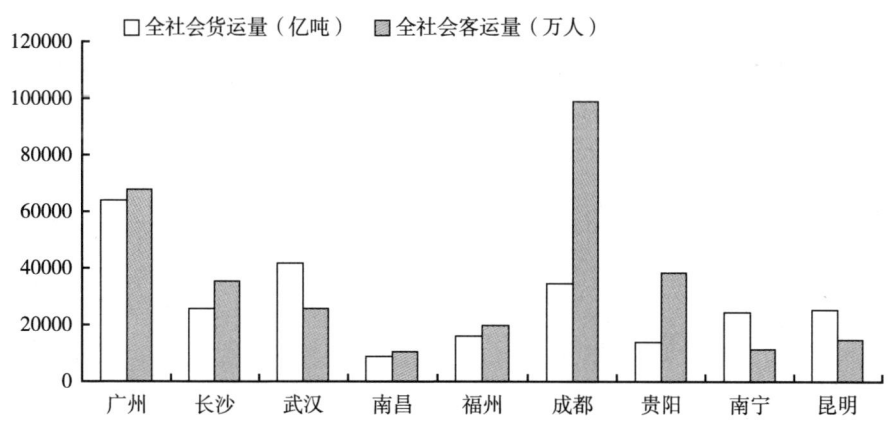

图1　2012年主要省会城市交通运输量比较

5. 构建区域统一市场辐射引领作用显著

广州形成了国家级、市级和多个区县级市场组成的商品批发交易市场体系，以证券交易、外汇交易、黄金交易、同业拆借、票据贴现及保险为代表的具有相当规模的金融市场体系，以及名列全国前茅的产权市场、技术市场、航运市场、物流市场、人才市场和信息咨询市场等，从而为区域统一市场框架的初步建立起到了重要的主导作用。广州产权交易市场初步形成了具有一般市场信息集聚辐射、市场价格发现、优化配置资源、优质高效的中介服务、市场监督管理五大功能，其主要任务就是为广州、珠三角乃至泛珠三角地区资产重组提供交易平台。

（二）战略意义

根据珠江—西江经济带发展战略要求，广西要成为我国西南、中南地区开放发展新的战略高地，促进经济带开放发展，引领我国经济由沿海向沿江拓展，带动西部地区发展。两广经济合作由来已久，在交通基础设施互联互通、产业转移发展等方面成效显著，为经济带建设创造了良好的环境。广州历史上就是"中国南大门"，综合经济实力强，产业辐射带动作用明显，综合服务功能突出，国际化水平高，在珠江—西江经济带建设中核心城市地位非常突出。此外，2013年5月21日，广州市和广西壮族自治区签署了《关于进一步加强合作的会谈备忘录》，明确提出要依托西江黄金水道和海运，拓展广州港与广西西江沿线城市港口间的航运业务，加快开发西江航运资源，促进沿江经济带发展，进一步深化广州龙头作用，促进经济带发展战略意义重大。一是有利于完善产业分工布局，促进产业转型升级，培育新的经济增长极，构筑我国西南、中南地区的战略支撑，促进中国经济提质增效；二是有利于发挥广州国家中心城市的辐射带动作用。从区位来看，广州是珠江—西江流域重要的组成部分，统筹开发利用珠江—西江黄金水道，有利于广州充分发挥经济基础雄厚、文化科技资源丰富、交通基础设施发达等优势，增强国家中心城市的经济辐射功能、创新带动功能、交通枢纽功能和对外交流功能，进一步提升广州服务全国、辐射全国的能级水平。三是有利于加强广州与广西区域合作。西江流域上中游城市具有劳动力、土地、自然资源等比较优势，加强合作有利于广州弥补自身城市发展土地等要素资源短缺的瓶颈，有助于促进双方在环境保护、产业发展、经济社会融合等方面协调发展。

二 优化提升广州中心城市功能的发展重点

围绕经济带打造成为我国南方国土开发主轴、对接中国—东盟自由贸易区战略平台的发展战略目标要求,广州在推进经济带建设中功能定位是:立足珠三角,连接港澳,服务中西部,面向东盟,充分发挥国家中心城市辐射带动作用,加强合作与交流,全方位拓展开放合作广度和深度,成为中国—东盟开放合作的集商贸、物流、制造和信息交流为一体发展平台,成为带动、支撑西部大开发战略高地、连接东盟—港澳的枢纽门户城市。围绕功能定位,广州发挥中心城市功能推进经济带建设发展的战略重点:

(一)提升中心城市服务功能,全方位引领经济带发展

进一步加强广州国家中心城市建设,努力迈进全球城市发展行列,打造具有全球影响的国际贸易中心、国际航运中心、国际物流中心和金融服务体系,提高城市的科技文化开放度和集聚度。要以市场配置资源为主导,发挥比较优势,瞄准全球新科技革命和产业变革的新方向,集聚高端要素强、市场需求大的产业环节,抢占产业发展制高点,形成竞争力强、辐射带动强的产业结构,强化服务全国的产业能级水平,全方位、多层次引领经济带发展。

(二)提升国际联通能力,拓展开放发展新空间

主动融入国家"一带一路"的对外开放战略,立足空港、海港、铁路枢纽、信息港等战略枢纽资源优势,进一步增强和提升现代化港口、空港、信息港、铁路枢纽等功能性、网络化重大交通信息基础设施枢纽功能,促进综合性枢纽与亚太地区、"一带一路"沿线国家的主要港口城市的基础设施互联互通水平。并以此为依托,加强广州与西江经济带沿线城市开展水水联运、空陆联运等多式联运,推进多种运输方式高效连接,构建联通港澳、连接西江的经济带,对接东盟的国际战略大通道,积极拓展广州发展腹地和空间,构筑形成广州与大珠三角、西江经济带、泛珠三角、东盟、"一带一路"的多层次、高水平的合作发展新格局。

(三)提升环境保护服务功能水平,增强可持续发展能力

要充分发挥广州在环境保护的资金优势、技术优势和制度优势,大力发展绿色经济、循环经济和节能环保产业,扩大广州环境保护服务功能水平,以环保技术推广应用为基础,以环保产业合作为保障,加强广州与西江经济带生态

环境保护的合作，按照可持续发展的要求，积极配合和推进环境保护、生态建设、水资源利用及饮用水安全等领域的合作，建立长期、稳定的合作机制，提高西江经济带区域资源能源利用效率，增强区域可持续发展能力。

（四）着力提升改革创新功能，释放改革开放领头效应

要继承广州改革开放前沿阵地的精神，把握中国广东自贸区南沙片区建设的契机，在政府职能改革、国际化法制化营商环境建设、国企改革等重点领域和关键环境深化改革，争当全面深化改革的排头兵，示范和释放改革创新的领土效应，促进广州与经济带之间创新发展合作的体制机制，重点通过建立生态补偿机制、土地管理、投融资、劳动就业等方面的体制改革，发挥中心城市改革创新引领作用，携领西江经济带建立统一开放、竞争有序的现代市场体系。

三 广州与珠江—西江经济带合作发展重点领域

以环境保护、产业合作、基础设施、社会民生、改革开放等领域合作建设为重点，全面推进西江经济带规划建设。

（一）构建可持续发展的区域生态文明

1.合作构建低碳发展经济带示范区

发挥广州低碳经济、循环经济的技术优势，融入西江经济带生态安全建设。重点推动经济带沿线城市大力发展低碳经济和绿色经济，构建区域绿色发展新格局。按照国家主体功能区发展要求，广州要加强与经济带建立低碳经济发展的市场体系和政策体系，重点开展碳金融交易、生态补偿交易等绿色金融体系建设，在生态规划等领域，开展跨界区域的流域生态保护合作，创建全国区域低碳发展经济带示范区。制定西江跨区域水资源保护区划方案，加强跨界区域的流域生态系统保护，推进西江和北江流域及河涌支流的水源涵养林、水土保持林的保护与建设，在生态敏感地带建设生态走廊。

2.加强区域环境保护的联防联治

按照国家主体功能区要求，严格实施污染物排放总量控制管理，发挥广州

信息枢纽功能,加强环保信息的互联互通,强化流域的监管和整治,合作推进水环境整治,确保河流跨界断面水质达标和水环境功能区达标。完善区域内环境状况信息共享机制,推进区域污染治理相互协调,共同监测大气污染和水域污染情况。

加大力度控制跨行政区流域的面污染源,统筹规划建设区域内的污水收集和处理系统,实现污水处理设施资源的共建共享。积极参与区域内污染工业布局、城市垃圾和废弃物填埋场规划、汽车尾气治理标准和环保汽车使用的统筹发展。

3. 加强环保产业合作

发挥广州在危险废物处理技术、工业废水处理技术和人工湿地技术等方面的经验、技术和人才优势,结合投融资体制改革,创新环保产业合作模式,提升区域内环保综合水平。积极推动广州在西江经济带各市在城市合作经营的联合污水处理项目,探索以企业为主体开展环保项目合作的新路子。

4. 加强水资源开发与节约利用

加强西江流域水环境功能区和水资源保护区统筹规划,联合制定水功能区和水资源保护区的环境保护标准。共同建立西江流域水环境安全预警机制,完善水质监控网络和水环境保护信息互通机制,加强流域上下游共同治理污染、统筹调整工业布局等措施保护水资源,重点对江河湖泊水库等水资源环境的监管与协调。

(二)构建互联互通的发展通道

1. 增强国际级综合交通枢纽功能

拓展国际航空枢纽功能。推进建设广州第二机场,加快推进白云机场第三跑道的扩建工程,优化空港枢纽交通衔接,推动广州白云国际机场与西江经济带在国际货运业务合作和物流贸易的合作,共同推进机场IT网络、票务平台、候机楼零售和广告业务等合作项目,拓展航空枢纽的发展腹地。加强广州港主枢纽港建设。以港口基础设施建设为重点,构筑以铁路、公路、江海联运为主的一体化现代港口集疏运体系,建设亚太地区综合性枢纽港和国际集装箱干线港,提升港口辐射带动功能。积极推进广州航运交易所建设,将船舶交易、航运金融保险、航运经纪、海事仲裁、航运信息、航运人才等现代航运服务逐步拓展到西江中上游区域。强化广州陆路交通主枢纽地位。以优化完善广州南站、广州站、广州东站等终端功能枢纽为重点，加快推进贵广、南广、广深港、广东西部沿海高速铁路建设，强化全国铁路枢纽地位。加强交通终端枢纽功能区与城际轨道、高快速路及城市主干道衔接，建设综合换乘枢纽，形成以广州为中心覆盖珠三角、西江经济带乃至泛珠三角地区的一体化陆路交通网络。全力推动西江经济带通道建设。以广州为龙头，疏浚西江航道，加强广州港与西江沿线地区建立港港联运和无水港和海铁联运。发挥广州在西江经济带合作中的桥梁和纽带作用，畅通广州与省内城市，连接西江经济带城市的交通体系。依托广梧高速、广贺高速、广佛肇高速，重点推进两广高速、贵广高速、贵广高铁、东部沿海客运专线、沿江高速公路广州段等贯穿经济带的交通主轴线建设。

2. 优化提升西江"黄金水道"

发挥广州港作为我国沿海主枢纽港的基础平台和航运枢纽作用，加快建设珠江口出海航道和公共锚地工程，加强建设广州—梧州段Ⅰ级航道，积极推进和参与西江的沿线水运基础设施合作建设，参与和整治西江航道，形成以西江3000吨级江海直通国家水运主通道，强化西江干流和支流之间通航衔接，实现干、支航道高标准贯通。加强广州港与经济带沿线城市合作，注重西江河流沿线城市在港口发展规划、营运管理等方面的沟通与协调，开展船期、货运、运价、代理、信息等方面的交流与合作，形成我国华南、中南和西南地区的国际出海"大通道"，拓展广州港口发展腹地。

鼓励和支持广州港集团等港航企业依托西江黄金水道，拓展广州港与南宁、贵港、梧州等港口间的航运业务，支持广州港航企业积极参与西江内河港口建设和航运经营，加快开发西江航运资源。参与西江经济带沿线城市物流园区建设，使物流园区成为提供广州港口的仓储、转运、拆拼箱、分拨及简单加工的基地。积极推进江海联运合作，在巩固珠三角集装箱货源的基础上，大力拓展珠江西岸、中南、西南的港口运输腹地。

以推进珠江三角洲水资源配置工程建设为重点，继续加大合作开发西江饮用水源合作建设力度，促进西江流域水资源的优化配置。加强交界地区给排水系统建设和衔接，促进西江流域防洪与水环境治理工程相一致，完善三防应急预案，实现三防指挥系统和信息系统互通，形成以河堤和流域堤防为基础，蓄滞洪区、雨水管网相配套的区域防洪体系建设。

3. 加强信息基础设施建设

充分发挥广州信息港枢纽优势，推动西江经济带信息基础设施合作建设。建设和完善宽带通信网、数字电视网和下一代互联网，积极推进"三网融合"。提高网络覆盖率，继续提高农村地区的电话、电视普及率。利用国家公共通信资源，形成统一的电子政务传输骨干网，积极推进电子政务、电子商务、远程教育和医疗等信息综合应用。加快面向企业、行业和区域的第三方电子商务平台建设。加强基础信息库建设，深度开发和利用信息资源，强化信息安全保障。

4. 完善区域旅游服务设施

立足广州旅游中心区位和城市品牌优势，以构建广州国际旅游综合服务中心为目标，逐步实现旅游交通设施及标识系统、景区服务设施、旅游接待服务设施、城市旅游综合服务配套设施、旅游公共信息服务平台、环境服务设施等以公共服务为重点的旅游基础设施建设取得重大突破；推进广州智慧旅游城市试点工作，提升旅游公共信息服务水平，打造区域旅游信息服务一体化平台；深化区域旅游产业集群化、一体化发展模式，大力推动西江经济带旅游基础服务设施一体化发展，逐步实现区域旅游一体化公共交通和信息联网，完善旅游公共服务设施基本配套，促进形成区域旅游公共交通对接顺畅、公共信息资源共享，保障体制灵活有效。

（三）推进产业功能分工布局

发挥比较优势，顺应产业分工和产业梯度发展趋势，促进区域产业优势互补、联动发展，构建以先进制造业为主体、现代服务业为引领、生态都市农业为基础的现代产业体系，形成合作共赢的产业一体化发展格局。

1. 优化先进制造业布局

充分发挥广州在汽车、造船、装备制造业、石油化工、精品钢铁等先进制造业的发展优势，大力推动制造业结构调整和布局优化，做强主导产业，推动与西江经济带地区产业配套协作发展，培育若干跨区域联系紧密、相互配套、带动力强、跨区域的制造业集群，形成总部＋基地的制造业合作发展模式。促进广州与西江经济带在电子信息、光电、新能源汽车、生物医药、节能环保等高新技术领域的合作，加强信息互通，发挥广州高新技术产业在西江经济带加快工业化和推进产业升级中的带动作用。

2. 构建一体化现代服务业发展格局

加强现代物流产业合作发展。依托重大交通枢纽，以大型物流基地和企业为龙头，充分发挥广州拥有保税港区、保税物流园区、空港综合保税区和粤港澳流通服务业合作实验区的政策优势，整合区域物流资源，构建口岸物流、产业物流、城市配送物流协调发展的物流体系。重点建设以汽车、石化、电子、装备、钢铁、医药、粮食等为重点的产业物流体系。

加强商贸会展业合作。充分发挥广州进出口商品交易会、广州金融交易博览会、中国（广州）国际创新博览会等平台作用，互相支持、积极搭建西江经济带商贸会展服务平台。积极培育和引进国际品牌展会，鼓励和发展具有西江经济带特色的专业会展，培育区域品牌，拓展国际国内市场。发挥广州国际商业龙头地位优势，以推动区域物流配送和连锁经营的发展为重点，实施区域商贸一体化战略，推进区域内的商贸连锁业合作，建设区域商品市场体系。

加强金融服务业合作。积极推动广州建设区域金融中心，加快推动金融城、金融街等金融总部集聚功能区建设，推动广州金融与西江经济带各地区对接与合作，充分利用广州产权交易所、碳金融交易所等金融平台，引导区域内按一体化标准优化金融机构设置，促进金融资源在区域内合理流动和优化配置。鼓励和支持广州与西江经济带的商业银行、证券公司、保险公司在当地互设分支机构。

深化旅游业合作。充分发挥广州都市、岭南文化旅游引领作用，推进西江经济带旅游资源整合，加强旅游规划衔接，推进旅游投资合作，培育广州—梧州—南宁都市风情江河生态旅游、广州—云浮—肇庆—梧州—贺州岭南文化和生态休闲旅游，共同打造西江经济带旅游精品路线、旅游品牌。合作建立和完善国际化宣传促销网络体系，加强旅游联合宣传推介。规范旅游市场管理，统一旅游服务标准，构建旅游信息共享平台。创新旅游合作发展体制机制，建议省设立管理经济带旅游常设机构和发展专项资金，由旅游发展常设机构全面统筹开展区域旅游规划、线路产品开发、市场营销推广、产业扶持奖励和智慧旅游平台开发等旅游一体化具体工作。

3. 谋划一体化生态都市农业空间格局

利用广州农业在资金、技术、人才和管理方面的优势，开展农业科技交流和农业企业合作，依托西江经济带良好的生态环境和特色农业资源、土地资源、劳动力资源，推动现代农业园区（基地）合作，支持和鼓励企业在西江经济带区域跨市建立高科技农业基地和专供广州市场销售的无公害农产品生产基地，建成一批为广州服务的"菜篮子"，促进西江经济带农民和农业增收。开展农产品相互认证制度，合作共建无公害蔬菜基地等重点项目，辐射带动区域农业产业化发展。支持和鼓励农产品批发市场建立合作关系，构建一体化农产品流通体系，推进农产品无障碍流通，保障农产品一体化供给和区域粮食安全。

4.打造区域产业合作发展平台

推动经济带产业合作发展。大力推动广佛肇（怀集）经济合作区、百色与广州合作建设资源型城市转型升级持续发展示范区等载体建设，建立产业集聚区联盟，加强经济带内各园区原料采购、研发、检测、物流、终端零售、信息共享等平台合作，形成产业园区资源共享。鼓励依据产业链和产业分工共建物流园区、工业园区和科技园区。用好CEPA、ECFA等先行先试的政策措施，引导港澳台优秀科技资源与西江经济带产业对接。

四 保障措施

区域合作发展，首要的是体制机制先行、政策的制定和实施。要贯彻实施国家统筹区域发展战略，实现区域协调发展，充分发挥中心城市在区域协调发展中的龙头带动作用，给予广州国家中心城市在政策改革创新上的支持。

（一）加强综合配套改革试验

国家支持推进行政管理体制、市场体系、土地管理制度等综合配套改革。建议在国家层面建立高层次的改革统筹协调机制，深化改革的顶层设计及综合配套。争取国家对审批制度改革支持，先行先试。争取国家在土地管理制度改革支持，在一定区域范围内促进建设用地流转，争取国家对完善建设用地空间使用权取得、流转和登记等政策改革支持，规范管理、畅通渠道、科学有序推进土地空间立体利用。加强区域投融资体制改革，支持广州设立地方政府债券发行试点，探索财政经营性资金股权投资管理，鼓励通过 BT、BOT、TOT 和 PPP 等多种方式，吸引社会资金参与经济带的建设。

（二）加快推进广东自由贸易区南沙片区建设

立足南沙自由贸易片区建设，进一步深化制造业服务业领域的开放，推动服务贸易自由化，国际投资贸易自由化以及国际贸易创新功能，强化广州改革开放先行地功能，引领更广泛的区域对外开放，为广州新一轮对外开放做好实验探索。建立与国际接轨的外商投资管理体制、港澳服务贸易自由化、国际航运和国际贸易集聚区建设、园区社会管理模式创新等方面配套改革。

（三）制定区域金融改革政策

加强金融改革创新，增强金融服务功能，引领区域经济协调发展。积极争取国家进一步支持广州开展金融改革创新综合实验。支持在广州设立地方性银行，探索设立产业投资基金和创业投资企业，扩大企业债券发行规模，支持符合条件的企业发行企业债券。支持广州建立区域合作发展共同基金，用于加快跨区域建设基础设施和公共设施，维护流域生态环境，发挥中心城市金融功能促进区域协调发展。争取国家支持开展人民币资本项目可兑换先行先试，鼓励开展相关的融资、担保、对外直接投资等跨境人民币业务。支持广州扩大金融业对港澳地区开放等方面试点，开展融资租赁业务，在香港人民币市场融资，强化广州区域金融中心功能。争取国家支持外资金融机构参股地方城市商业银行政策试点，鼓励合格的境内外战略投资者参资入股城市商业银行等中小金融机构。积极稳妥地对外开放保险市场。

（四）制定区域生态环境保护政策

加强生态保护，切实加强环境与发展综合决策机制、经济政策激励机制及生态补偿机制等方面的改革创新，促进区域可持续发展。建立区域环境与经济协调发展综合决策机制，建议国家出台相关政策法律法规，支持区域组织制定重大环境与发展政策，审议重大经济、社会发展政策及规划环境影响评价，协调解决重大环境问题。建立环境与发展咨询制度，完善多学科专家组成的环境与发展咨询机制,对区域经济与社会发展的重大决策、规划实施以及重大开发建设活动可能带来的环境影响进行充分的研讨和咨询,引导社会加强环境保护监督。建立健全区域环保协调机制,推广流域联防联治的管理模式,完善项目环境影响评价联合审批、跨行政区域污染事故应急协调处理等制度。建立环境经济激励政策,加大环保资金投入力度,成立区域环保基金,重点支持饮用水源保护、生态环境保护等项目建设。建立有利于水资源利用合理配置的价格机制,制定鼓励中水回用的政策,对资源回收利用企业按国家现行税收政策给予扶持;研究建立污染排污权交易制度,制定有利于环境保护的绿色信贷、绿色保险、绿色贸易等经济政策,开展污染责任保险试点,建立环境损害赔偿政策机制。

加快建立生态补偿机制,完善生态公益林补偿制度和水资源有偿使用制度,加快建立和完善生态保护和建设财政转移支付、流域水权交易、流域异地开发、区域产业联合开发等区域生态补偿机制,解决上下游之间、开发地区对保护地区、受益地区对受损地区、自然保护区内外等利益补偿问题,从根本上协调区域间经济发展与环境保护的关系。

参考文献

[1] 陈来卿:《发挥广州作为经济带第一核心增长极的作用》,《南方日报》2014年7月21日。

[2] 《广州市人民政府、佛山市人民政府、肇庆市人民政府印发广佛肇经济圈发展规划(2010—2020年)的通知》,《广州政报》2011年第17期。

[3] 王利军、胡树华:《我国中心城市服务业辐射力差异比较——以19个副省级城市为例》,《科技进步与对策》2014年第9期。

[4] 《广州市贯彻落实〈珠江三角洲地区改革发展规划纲要(2008~2020年)〉实施细则》,《广州政报》2010年第11期。

[5] 杨再高、陈来卿:《在泛珠三角区域背景下提升广州城市竞争力战略研究》,《城市发展研究》2008年第3期。

珠江—西江经济带发展战略研究

珠江—西江经济带发展战略研究课题组*

摘　要： 珠江—西江经济带上升为国家战略的意义重大，研究提出经济发展的战略目标、基本目标和关键目标，从区域概况、合作共识、合作机制和政策创新等方面分析了经济带发展的基础条件，并从交通、产业、土地、生态、财税、金融等多个视角提出加快经济带发展的政策建议。

关键词： 珠江—西江经济带　发展战略

一　珠江—西江经济带上升为国家战略的重要意义

珠江—西江经济带是依托珠江、西江黄金水道开发、资源整合、集聚优势等打造的沿"两江"的黄金水岸经济发展带，包括广西壮族自治区区内沿江7市（南宁、柳州、梧州、贵港、来宾、百色、崇左）和广东省4市（广州、佛山、肇庆、云浮），所在区域大多属于我国的欠发达省份和发达省份的欠发达地区，这些地区存在总体经济发展水平偏低、发展不平衡、产业结构不合理等问题。深入落实国家区域发展战略，充分利用两广资源市场，大力推进广西广东省际区域之间统筹、协调、全面发展，建立以市场为导向、以政府为推动力的省际合作机制，将珠江—西江经济带打造成为中国省际间"优势互补、

---

* 课题组组长：张协奎，管理学博士，广西大学副校长，二级教授，博士生导师，研究方向为城市经济与管理；课题组成员：张协奎、李彦平、王娟、黄汝琨、蒋永甫、张林、刘民坤、韦汉权、颜艳、郭南芸、王玻、陈丽娜、苏振。

产业协同、生态共治"的经济、社会、生态协同机制创新实验基地,具有重大意义。

(一)符合国家区域协调发展战略要求

珠江—西江经济带上升为国家战略,符合国家区域协调发展战略的要求。近年来,中央政府通过积极出台各种主题的"国家战略区域规划"来重构国家的经济空间格局,先后设立了上海浦东、天津滨海、成渝、武汉、长株潭、北部湾、海西、关中天水等国家综合配套改革试验区,赋予这些战略区域"先行先试"的政策创新与集成的权利,鼓励地方根据自身特色对涉及国家重大发展的领域与问题进行创造性的改革和突破。珠江—西江是我国唯一的东西部直接对接的地区,将珠江—西江经济带建设成为东西部合作综合示范区,带头落实"两个大局"的战略,有利于充分发挥珠江三角洲地区的龙头带动作用,有利于加速沿江产业和城镇集聚,满足广西、广东肇庆云浮等欠发达地区现代化建设的客观需要,缩小东西部发展差距,顺应了国家区域发展战略要求。

(二)符合中国特色社会主义经济发展战略要求

珠江—西江经济带上升为国家战略,符合中国特色的社会主义经济发展战略的要求。深入统筹两广资源市场,建立市场导向、政府推动的省际合作,将珠江—西江经济带建设成为中国省际间"优势互补、产业协同、生态共治"的经济、社会、生态协同机制创新的实验基地,有利于完善两广省际间人口和经济布局、优化国土空间开发结构、促进区域协调发展、保护生态环境,实现珠江—西江流域的共同繁荣和可持续发展。

(三)符合中国创新驱动的开放战略要求

珠江—西江经济带上升为国家战略,符合中国创新开放模式、实行更加积极主动的开放战略的要求,对内开放与对外开放结合,将珠江—西江经济带建设成为面向中国—东盟自由贸易区的开放基地,建设多元平衡、安全高效的开放型经济体系,有利于实现与珠三角、北部湾等开放区优势互补,省际联动,集团参与国际竞争。

二 加快珠江—西江经济带发展的总体目标

(一) 战略目标

以科学发展观为指导思想、落实十八大三中全会精神是制度创新的战略目标。以科学发展观为纲,紧紧围绕使市场在资源配置中起决定性作用,深化经济体制改革,加快完善现代市场体系、开放型经济体系建设,加快转变经济发展方式,推动经济更有效率、更加公平、更可持续发展,是珠江—西江国家战略区制度创新的战略目标。

(二) 基本目标

协调流域区内生态、经济关系是制度创新的基本目标。珠江—西江流域是一种整体性极强的区域,流经云南、广西、广东等多个市、县级行政区域,其内部的各自然要素和社会经济往来极为密切。但是,由于条块分割、职能交叉、部门扯皮等,流域的整体可持续发展与"行政区经济"发展之间始终存在不可调和的矛盾,特别是随着流域的上、中、下游间经济发展差距的不断扩大,流域内各种区域性公共问题变得更加纷繁复杂起来。建立符合珠江—西江流域特色的系统完整的生态文明制度体系,健全自然资源资产产权制度和用途管制制度,实行资源有偿使用制度和生态补偿制度,改革生态环境保护管理体制,用制度保护生态环境,是珠江—西江经济带制度创新的基本目标,也可以为我国黄河、长江、淮河等大河流域内的生态与经济协调发展提供新示范。

(三) 关键目标

协调省区之间的行政关系是制度创新的关键目标。由于珠江—西江经济带涉及流域内广东和广西两个省区政府,流域也涉及港澳,流域内社会、经济、环境等各种棘手的公共问题的合作治理存在现实的诉求,但是,依靠传统的单边"行政区行政"思路,已经无法得到有效治理,需要在国家层面的指导下,要求各行政区政府打破行政区划的刚性界限,实现区域综合治理,这些目标是多维的,具有不同的结构特征,其中,行政关系的协调创新是关键。面对这些区域发展问题,作为"国家战略区"的珠江—西江经济带需要积极进行跨省区行政关系协调的制度创新,围绕市场在资源配置中的决定性作用,建立"共建市场""做大蛋糕""分好蛋糕""各取所需"的合作激励机制,探索在要素投资配置、产业结构调整、功能整合协调、市场开放共享、财政税收改革、跨界联合管理等具体的制度创新,获得中央政府支持,为解决长期以来困扰中国发展的"经济区与行政区"矛盾提供创新性、规范性、制度化的实践成果。

三 加快珠江—西江经济带发展的基础条件

(一)区域概况

两广山水相连、人文相近、语言相通,合作源远流长。近年来,双方借助中国—东盟博览会、泛珠三角区域合作与发展论坛等平台,高层领导多次互访,合作不断深入。按照党的十八大关于充分发挥各地区比较优势,统筹双边、多边、区域次区域开放合作,培育带动区域发展开放高地的要求,两广进一步深化合作符合中央继续实施区域发展总体战略的要求,符合两广发展客观需要,有利于促进双方经济社会加快发展,有利于新时期统筹区域发展的体制机制创新,有利于推动区域协调发展。

从区位上看,广西区位优势独特,地处中国与东盟两大经济体的结合部。中国是世界上经济发展最快的国家,对周边国家的影响与日俱增。东盟是当前最为成功的国际经济合作组织之一。近年来,我国与东盟在经济、政治与文化方面的往来日益密切,中国与东盟的双边贸易额以年均20%的速度递增。广东与广西加强经济合作,更加有利于广东发展与东盟的合作。广东完全可以考虑将部分出口产业转移到环北部湾地区,获取经济便利。

从资源上看,广西矿产、水电、生物等资源优势突出。广西矿产资源丰富,特别是有色金属矿产种类多、储量大、品位高、产区集中、开采条件好,素称"有色金属之乡",是我国10个重点有色金属产区之一,已发现矿种145种,其中锰、锡矿储量均占全国总储量的1/3;广西水能资源丰富,总发电能力1760.81万千瓦,位居全国前列;广西生物种类繁多,已发现的植物共有

280多科、1670多属，8000多种，植物资源种类在全国排第三位；广西农业物产丰富，水果种植面积居全国首位，糖料蔗产量占全国一半以上。广东可以借助广西的资源优势，为其发展经济获得良好的原料保障和动力保障等。

（二）合作共识

党的十八大报告从国家发展的新形势新任务出发，根据不同区域实际情况，对继续实施区域发展总体战略进行了全面部署，提出"充分发挥各地区比较优势，优先推进西部大开发，全面振兴东北地区等老工业基地，大力促进中部地区崛起，积极支持东部地区率先发展。继续实施区域发展总体战略，强调要坚持发挥区域优势和促进区域互动相结合，既大力支持中西部地区加快发展，全面振兴东北地区等老工业基地，积极支持东部地区率先发展，又更加有效地推进区域之间优势互补、良性互动、共同发展"。可见，创新发展模式，实现区域一体化发展，符合党中央精神，更好地体现继续实施区域发展总体战略的总体要求。

广西和广东具备一体化发展的充分条件和坚实基础，一是区位人文优势凸显，地理与气候相近，历史渊源悠久，文化根基深厚；二是产业发展的差异性和经济互补性强，如资源结构、技术结构、劳动力市场等方面均有很强的互补性；三是政策依据充分，《珠江三角洲地区改革发展规划纲要（2008~2020年）》《国务院关于进一步加快广西经济社会发展的若干意见》《"十二五"粤桂战略合作框架协议》《推进两广经济一体化发展工作备忘录》《2012年泛珠三角区域合作行政首长联席会议纪要》《粤桂合作特别试验区建设指导意见》等文件的颁布和签署，为推进两广一体化提供了新的政策导向及操作依据。

在这样的大背景下，珠江—西江经济带打破行政区划界限，实行两广政策普惠共享符合发展的战略需要，同时也面临最大机遇，非常必要且切实可行。珠江—西江经济带的建设将使粤桂的战略地位进一步凸显，成为中国与东盟、中国大陆与港澳经济往来和经济联系的前沿，成为国际经济合作的交汇点和中国—东盟自由贸易区经济技术合作的活跃地带。

（三）合作机制

1996年7月，国务院确定广东与广西的对口帮扶关系，从此，两广合作有了很大发展，成为距离最近、经济互补性最强、联系最紧密、最大的合作伙伴，对推动两省区经济社会发展发挥了巨大作用。据不完全统计，2001年以来，广东企业和客商在广西共投资项目12848个，总投资累计1万亿元，到位资金累计7800亿元，投资项目涉及制造、房地产、农产品加工、交通运输、物流等众多行业，有力地推动两省区交通基础设施互联互通和产业、能源、物流、社会事业等领域持续深化合作。

在这方面，粤桂合作特别试验区的建设与发展为珠江—西江经济带的发展提供了良好的基础和经验。根据两广"十二五"战略合作框架协议，在两省区发展改革委指导协调下，梧州、肇庆两市深化合作，提出在两省区交界区域、两市沿西江两岸各划出50平方公里，共同建设"粤桂合作特别试验区"，作为贯彻落实两省区合作框架协议的重大举措，共同打造东西部区域合作典范、两广经济一体化先行区和西江经济带新增长极。2012年11月29日，两省区行政首长在第八届泛珠大会上正式签署了该《指导意见》，标志着特别试验区建设已上升到两省区政府层面。2012年底以来，梧州、肇庆两市政府已达成试验区重大项目建设计划，一批基础设施项目已开工建设。2013年初，两省区发改委已联合将特别试验区规划建设情况报告国家发改委，受到了国家发改委领导的高度关注。粤桂合作特别试验区的快速推进，为珠江—西江经济带的发展奠定了基础。

（四）政策创新

广西和广东具备一体化发展的充分条件和坚实基础，一是区位人文优势凸显，地理与气候相近，历史渊源悠久，文化根基深厚；二是产业发展的差异性和经济互补性强，如资源结构、技术结构、劳动力市场等方面均有很强的互补性；三是政策依据充分，《珠江三角洲地区改革发展规划纲要（2008～2020年）》《国务院关于进一步促进广西经济社会发展的若干意见》《"十二五"粤桂战略合作框架协议》《两广经济一体化发展工作备忘录》《2012年泛珠三角区域合作行政首长联席会议纪要》《关于粤桂合作特别试验区的指导意见》等文件的颁布和签署，为推进两广一体化提供了新的政策导向及操作依据。

近年来，广西为了促进产业结构升级和推动行业快速发展，推行选择性的产业结构政策，使产业发展得到了政策支持。这种支持国家层面政策和地区层面政策，即粤桂特别试验区框架下的两省区产业合作架构和国家推动产业结构战略转型的指导方针。2011年底，两广政府签署了《"十二五"粤桂战略合作框架协议》，鼓励双方各类资本积极参与桂东承接产业转移示范区建设，加快完善基础设施和产业配套，推动广东地区转移产业向桂东工业园区集中。根据《产业转移指导目录（2012年本）》，广西重点发展和承接有色金属、建材、轻工、电子信息、医药、纺织和船舶及海洋工程装备等产业。其中建材、轻工、纺织、电子信息等劳动密集型产业是符合广西劳动力的比较优势产业，同时也是现阶段承接来自广东产业转移的重点。

综上所述，广西和广东存在区位及资源的互补性，双方有着丰富的合作经验，在这些合作中也取得了较为重大的成就，在新的发展条件下，深入实施国家区域发展战略，加快珠江—西江经济带发展具有必要性和可行性。

四 加快珠江—西江经济带发展的政策建议

（一）交通政策

相关交通通道在广西、广东两省的项目前期及建设工作时序不同步，较大地影响了珠江—西江经济带建设中交通网络的建设进度，需要国家层面利用规划工具协调省际的建设步调，达到步调一致、取得协同效益。铁路方面，解决重点城市站点建设滞后的问题，加快高速铁路建设的步伐。水运方面，充分发挥广西西江黄金水道的功效，更换落后的基础设施，提高各级枢纽的船闸通货能力。并且，希望国家加大对西江黄金水道的扶持力度：支持协调推进枢纽过船设施建设，重点协调龙滩电站、百色水利枢纽过闸设施项目；协调推进贵港到广东的肇庆段3000吨级航道建设工作；建立内河航运专项建设资金。

争取国家对珠江—西江经济带交通基础设施建设给予政策支持，进行整体规划，形成统一、协调的交通规划布局，避免各地编制交通规划所产生的协调性差、资源浪费现象；协调各种运输方式规划，调整优化通道资源，使各种运输方式紧密衔接、优势互补，实现各种运输方式"无缝衔接"和"零距离换乘"，形成布局合理、运行高效、紧密相连的综合交通运输体系，逐步实现交通运输一体化。

推动两广在基础交通建设上的合作建设，提高珠江—西江经济带的交通运营效率，建立健全科学合理的综合协调机制。向国家部门申请，争取由交通运输部牵头，联合广西、广东、云南和贵州共同建立西江航运干线全流域、跨地区的综合协调管理机制，合作推进航运枢纽、船闸工程、沿江重要干口和集疏运输通道的建设。建议国家扩大水利部珠江水利委员会的协调职能，使之成为一个统筹兼顾防洪、水利、电力、航运、环保、灌溉等方面高层协调机构，提高珠江船闸的通航能力，保障水资源的经济社会效益最大化。

进一步提高政府投资力度，同时积极探索建立省级融资平台，开拓多种融资方式，筹集交通项目建设资金；进一步提高交通建设领域的开放合作力度，建立健全招商引资机制，引进国内外投资者参与交通建设，鼓励民间团体集资、赞助和捐款，并投入交通建设。

（二）产业政策

从资源、区位条件来看，广西和广东也存在明显的互补性。因而珠江—西江经济带建设可以建立相应的产业链，充分利用两省资源、技术的优势互补，形成从原料到深加工的产业链、合作产业链、产业—市场互动与共享机制的产业链。充分结合广东和广西的优势，争取产业链的共建政策支持。

积极支持珠江—西江的产业集群发展。争取政府引导，做好产业发展规划；争取政策扶持，开展专项研究；争取生产要素的有效供给，提高生产效益。

加强重大产业布局，鼓励支持发展循环经济。围绕流域内的重点产业，争取把珠江—西江经济带建设成为广西清洁能源生产基地、高端建材生产基地及交易中心、机械配套制造基地、食品加工基地及交易中心、广西旅游核心区、循环技术研发中心、循环技术培训中心。

（三）产业转移与合作政策

针对珠三角地区产业转移推力的不足，可以通过财税影响，调整产业政策，加快引导产业输出，并且贯彻落实推进产业转移政策，鼓励产业转出，同时加强宏观调控，抑制地方保护主义。针对粤西地区及桂东地区吸引力不足，则可以加强基础设施建设，努力营造良好的投资硬环境，同时加强人才培育，进一步改善投资软环境，为投资者提供优质高效服务。

（四）土地利用政策

将珠江—西江经济带规划范围内的项目用地优先纳入两广土地利用总体规划和年度土地利用计划。纳入珠江—西江经济带规划的项目，优先安排使用年度土地利用计划指标，优先供地。在两省区政府下达的新增建设用地指标不够时，可以使用周转指标、置换指标和其他政策性指标。使用国有未利用地，可以免缴土地补偿费。重大项目用地符合规定并确需调整土地利用总体规划的，对部分已批准的批次建设用地或其中部分地块因无法按时完成征地、城市发展规划调整、征而未供且项目不落实的，对于急需开工建设的项目用地，在符合土地利用总体规划和城市规划前提下，可申请调整区位落实项目用地。批准（核准）急需开工建设的交通、能源、水利、国防军事等重大基础设施项目以及民生工程、生态环境和灾后重建项目中属于控制工期的单体工程可申请办理先行用地。对纳入珠江—西江经济带规划的项目用地，通过招标、拍卖、挂牌等方式取得土地使用权的，一次性缴纳土地出让金有困难的，可以分期付款；在投资到位的条件下，对以出让方式取得荒山荒地使用权并用于项目基础设施建设，减免土地出让金。通过实施城乡建设用地增长挂钩取得的周转指标可有偿用于纳入珠江—西江经济带规划的项目，使用周转指标的项目不须使用土地利用年度计划指标，免缴新增建设用地有偿使用费和耕地开垦费。

（五）生态环保政策

争取合作双方资源共享、治理共担的政策要求，促进生态补偿机制的建立。在加强生态保护立法的同时，建立新型行政考核标准，并进行流域生态补偿资金的筹集工作。争取低碳经济政策支持，推动绿色能源开发和利用技术、清洁生产技术的研发和推广，制订鼓励广西西江经济带发展相关技术的政策吸引，完善珠江—西江经济带招商引资政策，完善与推动珠江—西江经济带低碳经济发展相关的产业政策，科学选择并推动相关产业的发展，促进珠江—西江经济带低碳经济的健康运行。实施资源综合循环利用鼓励政策，建立绿色财政制度，同时加大对循环经济投资的支持，利用经济杠杆促进循环经济的发展。

（六）财政和税收政策

争取扶持产业发展的财政政策，两省区财政每年预算各安排专项资金，设立项目发展专项基金，用于珠江—西江经济带基础设施、公共服务平台和鼓励类重大产业项目建设。财政预算安排的经济和社会事业发展资金，争取各职能部门在分配时向珠江—西江经济带项目倾斜。争取设立产业园区发展专项资金，在请求加大对珠江—西江经济带产业园建设进行重点倾斜扶持的同时，区域各市级财政要设立产业园区发展资金，用于全市重点产业园区基础设施建设和产业发展引导。在此同时，争取加大财政贴息扶持、加大技改补助力度、横向转移支付政策、减免税收政策、优化税收调节功能等国家政策支持。

（七）金融扶持政策

争取支持金融主体建设，大力培育发展地方法人金融机构，支持珠江—西江经济带内银行、证券、保险、期货分支机构实施升格或增加设置。争取支持小额贷款公司和融资担保公司发展。争取加强信贷支持，并且设立珠江—西江经济带创业投资基金，培育多元投资主体，创新融资方式，尽可能拓宽融资渠道。在此基础上，支持搭建融资平台，争取跨省市金融资源共享，扩大融资范围。

（八）人力资源政策

创新人才引进机制，加快建立人才、智力、项目相结合的柔性引进机制，支持高层次人才创新创业园区和引智示范基地建设，打造各类高层次人才聚集平台。创新人才培养机制，加大对试验区职业教育基础能力建设投入，加强与国家有关部门、东部发达地区干部交流，推进区域性人才资源开发合作培训试点。创新人才使用机制，建立试验区编制调剂制度。

（九）海关口岸政策

建立保税港区，积极建议向国家申请批准设立珠江—西江经济带内河港保税港区，实施封闭管理，享受保税区、出口加工区相关的税收和外汇管理政策。支持进出口物流体系建设，打造通向国际市场的高速直通车。建立口岸联检部门激励机制，简化加工贸易业务手续，完善企业分类管理。

（十）其他政策支持

争取有关政策鼓励企业发展服务外包，建设服务外包园区。争取经济带内农村基础设施投入，提升经济带基础设施水平。争取经济带内公共服务、社会福利的共享政策。

参考文献

［1］张祥庭：《泛珠三角产业分工与合作研究——以广东和广西为例》，广西师范大学硕士学位论文，2008。

［2］林玉淳：《推进交通基础设施建设加快形成西江经济带》，《南宁日报》2010年12月28日。

［3］《中国共产党第十八届中央委员会第三次全体会议公报》，《新长征》2013年第12期。

［4］《中共十八届三中全会在京举行中央政治局主持会议中央委员会总书记习近平作重要讲话》，《当代广西》2013年第22期。

［5］刘民坤、陈湘漪：《珠江—西江经济带生态补偿机制建设研究》，《广西大学学报（哲学社会科学版）》2015年第2期。

［6］广西财政厅办公室课题组：《促进广西"两区一带"发展的财政政策研究》，《经济研究参考》2011年第23期。

［7］傅泽风：《加快转变经济发展方式的关键、核心、主攻方向及开放模式》，《管理学刊》2014年第6期。

［8］郭翔宇：《学习贯彻十八大精神推动经济持续健康发展》，《东北农业大学学报（社会科学版）》2013年第1期。

［9］郭曦：《推动广西西江经济带低碳经济发展的技术支撑和制度保障研究》，《科技经济市场》2011年第3期。

［10］兰平和、强海洋：《海岛国土规划若干问题研究初探——以广西北部湾经济区涠洲岛为例》，《中国国土资源经济》2010年第12期。

珠江—西江经济带城市群空间经济联系与地缘经济关系匹配研究

南 添*

摘　要： 本文引入克鲁格曼指数对引力模型进行修正，选取城市市区18个产业的从业人数、非农人口数、地区生产总值、固定资产投资额等指标，利用修正后的引力模型和欧氏距离法测度了珠江—西江经济带城市群内部4个城市组团之间的经济联系和地缘经济关系的动态变化及其匹配关系。结果显示，经济带内总体经济联系一般，地缘经济关系比较紧张，匹配关系合理化程度不高。经济带内各城市组团需根据匹配结果，区别对待，采取不同的措施化竞争为互补，增强经济联系，共同发展。

关键词： 经济联系　地缘经济关系　匹配分析　珠江—西江经济带

一　引言

在经济转型和产业升级的推动下，区域经济一体化进程不断加深，各地区之间的经济联系变得越来越紧密，但是相互之间的竞争也在加深。在研究不同地区的经济合作与竞争时，一般采用经济联系量和地缘经济关系等指标。

---

* 南添，广西大学商学院统计学硕士研究生，主要研究方向为社会经济统计分析与应用。

经济联系量反映的是地区之间的空间经济联系，学者多通过采用区域人口、GDP、公路里程、时间距离等指标构建引力模型，以对经济联系进行测度。王海江、苗长虹等（2012）对全国287个地级以上城市的经济联系量进行测算，指出区域空间结构与内部空间经济联系和联系网络密切相关，并且长三角、珠三角与环渤海是我国经济的偏集地。徐慧超等（2013）分析中原经济区的城市流强度，认为区位优势对城市流影响显著。覃成林、黄小雅（2014）通过研究2020年高铁网络建成后沿线城市的可达性与经济联系强度，得出沿线及枢纽城市的经济联系强度随可达性的改善而提高的结论。贺欢欢、吕斌（2014）利用综合指标对长株潭城市群各市经济联系强度进行了分析，指出该城市群次中心城市不明显，除长、株、潭以外的城市彼此间的经济联系不突出。经济联系量的功能较单一，仅从经济联系量出发无法观测到地区之间的竞争与合作关系。

地缘经济关系反映的则是地区之间的竞争性与互补性，温志宏（1998）提出了欧氏距离分析法，此后大多学者都在该方法的基础上对地缘经济关系进行定量分析。刘媛媛、涂建军（2011）对中原经济区内部城市间的地缘经济关系进行分析，指出中原经济区整体上看竞争性大于互补性。张亚明等（2012）通过分析"京津冀"地区的地缘经济关系，认为"京津冀"地区在地缘上有良好的竞争互补关系，但存在行政壁垒、产业分工不明确、补偿机制不足等原因，导致该区域无法形成良好的竞合关系。何琪（2013）对珠三角城市群地缘经济关系进行分析后，得出该城市群内部合作不足，竞争性过强的结论。因地缘经济关系未考虑城市间的经济联系强度，因此仅从地缘经济关系角度出发依旧有失偏颇。

将经济联系量与地缘经济关系结合起来可以比较准确地反映地区本身的特质以及与其他地区之间的空间相互作用。丁洪建等（2008）、邓春玉（2010）、张怀志等（2014）分别对南京市、珠三角经济圈、滇中城市群的经济联系强度与地缘经济关系进行了匹配分析。

本文利用修正后的引力模型和欧氏距离测度模型，对珠江—西江经济带内各城市组团之间的空间经济联系与地缘经济关系及其匹配状态进行实证分析，匹配分析的结果可以为区域科学发展提供决策依据。

二 区域概况

珠江—西江经济带上接云南、贵州，纵贯广东、广西，下通香港、澳门，既是承接东部产业转移的重要基地，也是大西南各省区进行物资交流、沟通东南亚的运输大动脉和出海大通道，在全国区域协调发展和面向东盟开放合作中具有重要战略地位。经济带由广东省的广州、佛山、肇庆、云浮4个地级市和广西壮族自治区的南宁、柳州、梧州、贵港、百色、来宾、崇左7个地级市构成，整体区域面积为16.5万平方公里。2013年末经济带内常住总人口为5228万人，常住人口城镇化率为61.5%，地区生产总值为33143.17亿元。2014年7月国务院正式批复《珠江—西江经济带发展规划》（以下简称《规划》），将珠江—西江经济带的发展上升为国家战略的高度。

《规划》根据珠江—西江经济带内的资源禀赋、发展基础和港口交通等条件，将经济带设计为"一轴两核四组团"的空间格局。一轴是指以珠江—西江主干流区域为轴带，包括广州、佛山、肇庆、云浮、梧州、贵港、南宁7市；两核是指以广州和南宁作为经济带的双核，并强化其辐射带动作用；四组团是指以区域内中心城市为核心，按照流域特点和区域联系，重点建设广州—佛山、肇庆—云浮—梧州—贵港、柳州—来宾、南宁—崇左—百色四组团。《规划》中将珠江—西江经济带定位为"西南中南开放发展战略支撑带"、"东西部合作发展示范区"、"流域生态文明建设试验区"和"海上丝绸之路桥头堡"，并以增强综合实力、提高区域一体化发展水平和支撑西南、中南地区开放发展的能力为目标。而通过互联互通大通道、珠江—西江生态廊道、特色多元沿江城镇体系、产业协同发展等目标的建设与打造，珠江—西江经济带有望成为我国西南、中南地区开放发展新的增长极，为区域协调发展和流域生态文明建设提供示范。

三 珠江—西江经济带各城市产业结构分析

产业结构是指国民经济各产业部门之间以及各产业部门内部的构成，从宏观层面来看，一般采用费希尔的三次产业分类法，将产业结构分为第一产业、第二产业和第三产业。通过分析不同地区产业结构的差异程度，可以反映彼此间的产业联系水平，进一步可以分析产业分工和区域经济合作水平。一般来说，产业结构差异化程度越大，产业分工水平就越高，不同地区间就越有可能寻求合作，区域经济就会共同发展得更好；产业结构越相似，则产业分工水平就越低，不同地区之间竞争激烈，区域经济就难以合作发展。

为了从总体上衡量珠江—西江经济带各城市产业结构的差异性，本文以2013年珠江—西江经济带各城市市区第一、二、三产业的产值占市区GDP的比重为指标，对各城市的产业结构进行宏观上的比较，结果如图1所示。

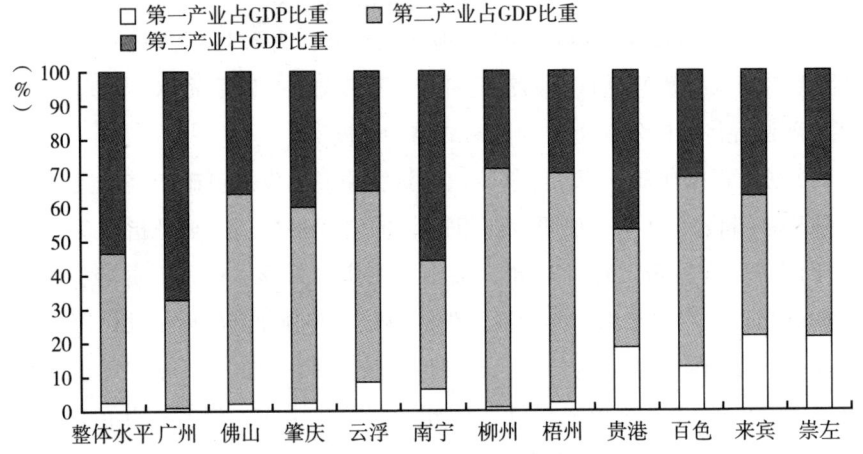

图1 2013年珠江—西江经济带城市群产业结构

从图1可以看出，2013年珠江—西江经济带中大部分城市的产业结构为"二、三、一"型，但经济带的总体产业结构却是"三、二、一"型，说明经济带内有几个主要城市对经济带产业结构的影响超过了其他城市。从第一产业比重来看，广州（1.08%）、佛山（1.98%）、柳州（1.04%）、梧州（2.32%）要低于经济带的整体水平（2.37%），其余的城市要高于整体水平，其中来宾（22.36%）所占的比重最高。第二产业作为大部分城市的主导产业，产值比重除广州（31.78%）、南宁（37.89%）、贵港（34.80%）、来宾（40.37%）外，佛山（61.92%）、肇庆（57.68%）、云浮（55.44%）、柳州（69.94%）、梧州（67.07%）、百色（55.77%）、崇左（45.97%）均高于经济带的整体水平（43.84%）。但从经济带总体来看，占比最重的部门是第三产业，整体水平为53.80%。各市第三产业的发展水平参差不齐，广州（67.14%）和南宁（55.75%）作为经济带内的两个核心城市，其服务职能非常突出，产值比重要明显高于整体水平（53.80%），佛山（36.10%）、肇庆（39.94%）、云浮（35.72%）、柳州（29.02%）、梧州（30.61%）、贵港（46.75%）、百色（31.44%）、来宾（37.27%）、崇左（32.80%）则都要低于整体水平。

四 珠江—西江经济带城市群经济联系分析

（一）城市组团间经济联系强度模型构建

Zipf 于1942年首次将万有引力定律引入对城市空间相互作用的研究中，此后引力模型便成为一种常用的度量距离衰减效应和空间相互作用的计量模型。模型的一般形式如下：

$$R_{ij} = (\sqrt{P_i G_i} \times \sqrt{P_j G_j})/D_{ij}^2 \qquad (1)$$

式中：R_{ij}表示i市与j市的经济联系量；P_i、P_j、G_i、G_j分别表示i市和j市的市区非农人口数和市区生产总值；D_{ij}是i市与j市之间的空间距离。

该模型是在假定城市之间产业结构与分工、交通方式等要素都相同的条件下构建的。现实中，产业分工影响城市群之间的经济联系，并且是城市群内部经济联系的基础，因此本文引入克鲁格曼指数（I_{ij}）对原引力模型进行修正，构建城市组团间经济联系强度模型：

$$R_{ij} = (I_{ij}\sqrt{P_i G_i} \times \sqrt{P_j G_j})/D_{ij}^2 \qquad (2)$$

$$F_{ij} = R_{ij}/\sum_{j=1}^{m} R_{ij} \qquad (3)$$

式中：R_{ij}表示两城市组团间的经济联系量；P_i和P_j为两城市组团市区非农业人口数；G_i和G_j为两城市组团市区生产总值；D_{ij}为两城市组团的中心城

市之间的最短公路距离；i，j 表示两个城市组团的序号；I_{ij} 为克鲁格曼指数；F_{ij} 表示经济联系隶属度。

克鲁格曼指数计算公式为：

$$I_{ij} = \sum_{k=1}^{l} |W_{ik} - W_{jk}| \tag{4}$$

I_{ij} 为克鲁格曼指数，主要用于衡量区域之间的产业分工和专业化程度。I_{ij} 越大，则表明两区域之间产业分工与专业化程度越高，反之，则表明两区域之间的产业分工与专业化程度越低；l 为产业部门总数；k 表示产业序号；W_{ik} 表示在城市组团 i 中第 k 个行业的从业人数占整个产业就业人口的比重；W_{jk} 表示在城市组团 j 中第 k 个行业的从业人数占整个产业就业人口的比重。

（二）指标选取

根据《中国城市统计年鉴》（2014）和百度地图，选取 2013 年珠江—西江经济带广佛、肇云梧贵、柳来和南崇百 4 个城市组团的市区生产总值、市区非农业人口数，以及中心城市之间的最短公路距离。由于《中国城市统计年鉴》（2014）并没有统计各城市市区租赁和商业服务业的从业人数，所以本文在计算克鲁格曼指数时主要基于各城市市区农林牧渔业、采矿业、制造业、电力燃气及水生产供应业、建筑业、交通运输仓储及邮政业、信息传输计算机服务和软件业、批发和零售业、住宿餐饮业、金融业、房地产业、科研技术服务和地质勘查业、水利环境和公共设施管理业、居民服务修理和其他服务业、教育、卫生社会保险和社会福利业、文化体育和娱乐用房屋、公共管理和社会组织这 18 个产业的从业人数数据。

（三）珠江—西江经济带城市组团经济联系强度类型分析

将数据带入公式（2）~（4），测得珠江—西江经济带各城市组团之间的经济联系量（亿元·万人/km²），结果见表 1。根据表 1，将城市组团之间的经济联系强度分为 5 个等级：①强经济联系型，$R_{ij} > 10$；②较强经济联系型，$5 < R_{ij} < 10$；③一般经济联系型，$3 < R_{ij} < 5$；④较弱经济联系型，$1 < R_{ij} < 3$；⑤弱经济联系型，$R_{ij} < 1$。

表1　2013年珠江—西江经济带城市群内部经济联系强度

区域组合	克鲁格曼指数	D_{ij}/km	R_{ij}	联系等级
广佛—肇云梧贵	0.39	96.9	144.595	强
广佛—柳来	0.66	606.7	4.647	一般
广佛—南崇百	0.73	556.2	9.361	较强
肇云梧贵—柳来	0.54	463	0.947	弱
肇云梧贵—南崇百	0.60	468.6	1.579	较弱
柳来—南崇百	0.40	234.8	3.130	一般

注：组团之间的地理距离用中心城市距离来表示，以经济实力为标准，广佛组团以广州为中心城市，肇云梧贵组团以肇庆为中心城市，柳来组团以柳州为中心城市，南崇百组团以南宁为中心城市。

由表1可知，广佛和南崇百的联系接近于第一等级，二者之间的克鲁格曼指数等于0.73，是所有区域组合中最高的，说明广佛和南崇百之间不仅具有较强的经济联系，而且两个组团产业的水平、垂直分工合理化程度也较高。广佛与肇云梧贵虽然属于强经济联系型，但是二者的克鲁格曼指数只有0.39，是所有区域组合中最低的，说明这两个组团之间的产业分工相似程度很高，产业的水平、垂直分工合理化程度要低于其他组合。广佛和柳来属于一般经济联系型，且产业分工和其他组合相比也较为合理。同时，肇云梧贵、柳来、南崇百对广佛的经济联系隶属度分别为98.28%、53.26%、66.54%，说明广佛组团是珠江—西江经济带城市群中较强的核心组团。

南崇百与肇云梧贵属于较弱联系型，但克鲁格曼指数为0.60，说明由于地理距离和经济实力的影响，二者的经济联系虽然较弱，但是它们之间的产业分工还是相对合理。南崇百与柳来虽然属于一般经济联系型，但二者的产业分工合理化程度偏低。肇云梧贵和柳来对南崇百的经济联系隶属度分别为1.07%和35.88%，说明南崇百组团虽然在珠江—西江经济带城市群中具有一定的影响力，但还未达到广佛组团的那种效果。

肇云梧贵和柳来的经济联系量为0.947，属于弱联系型，一方面这是由于两个组团间的地理距离较远，另一方面也是因为柳来的经济实力相较于其他几个组团而言偏弱，同时，二者间的产业分工也较为接近，产业分工合理化程度不高。

总体来看，地理距离与经济联系呈负相关，城市组团之间的经济联系量存在空间距离衰减效应，同时，经济实力和产业分工匹配情况与经济联系量呈正相关。

五 珠江—西江经济带城市群地缘经济关系分析

（一）地缘经济关系测算方法

不同地区之间的相互作用、经济要素的空间流动与合理配置，以及其对地区经济发展的影响，称为地缘经济关系。地缘经济关系的测度一般依据不同地区的相似性和差异性，测度方法一般采取欧氏距离法（Euclidean Distance）。具体步骤如下：

1. 选取评价指标

地缘经济关系从理论上一般分为两种基本类型：竞争型关系和互补型关系。因此，选取的指标要能较为准确地判别和度量不同地区间的竞争性和互补性，地区间的这种关系可以通过资源与产品的可流动性大小体现出来。本文选用综合性指标 X、Y、Z 来反映资源与产品的流动性，计算公式如下：

$$X = 某地区固定资产投资总额／该地区当年国内生产总值$$
$$Y = 某地区第二、三产业增加值之和／该地区当年国内生产总值$$
$$Z = 某地区第一产业增加值／该地区第二产业增加值$$

其中，X 的大小反映该地区的资本转换效率或资金的余缺情况，X 越小，说明资本转换效率越高或资金短缺，反之，则资本转换率低或资金充裕；Y 的大小反映劳动效率的高低，第二、三产业的发展状况体现一个地区的工业化程度和经济社会发展水平，进而反映该地区的劳动效率，Y 越大则劳动效率越高，反之，则越低；Z 的大小反映资源与产品向外流动的能力，Z 较大则反映该地区农业产品有剩余，可能向外输出，相反，则表示该地区农业产品可能不足，主要以工业产品形式向外输出。

根据《中国城市统计年鉴》（2006~2014），选取 2005~2013 年的相关数据，计算得到 X、Y、Z 的值。

2. 对指标 X、Y、Z 数据的标准化处理

为减少数据处理中的量纲差异，更科学地反映现实问题，我们对指标 X、Y、Z 进行标准化处理，得到 x，y，z 的数值。计算公式为：

$$x = (X_i - \bar{X})/S_X, \quad S_x = \sqrt{\sum (X_i - \bar{X})^2 / n} \tag{5}$$

式中：$\bar{X}$ 为 X 系列数据的平均值；S_X 为 X 系列数据的标准差；n 为各系列数据的样本个数；y，z 的计算方法相同。

3. 欧氏距离计算及其标准化

设 x_0，y_0，z_0 为选定中心城市组团的 X，Y，Z 指标的标准化值，则某一城市组团与中心城市组团欧氏距离的计算公式为：

$$D_i = \sqrt{(x_i - x_0)^2 + (y_i - y_0)^2 + (z_i - z_0)^2} \tag{6}$$

式中：x_i，y_i，z_i 为城市组团 i 的 X，Y，Z 指标的标准化值。为便于结果识别与分析，对欧氏距离值进行标准化处理，公式为：

$$d_i = (D_i - \bar{D}_i)/S_{D_i}, \quad S_{D_i} = \sqrt{\sum (D_i - \bar{D}_i)^2 / n} \tag{7}$$

式中：$\bar{D}_i$ 为 D_i 系列数据的平均值；S_{Di} 为 D_i 系列数据的标准差，d_i 为欧氏距离综合指标的标准化值。d_i 为正，说明两个城市组团间为互补关系，正值越大则互补关系越好；d_i 为负，说明两个城市组团间为竞争关系，d_i 的绝对值越大则竞争性越强。

d_i 反映的是地区间的总体竞争性和互补性，但这两者一般会同时存在于地区间的不同方面。因此，下面引入各个分项指标的欧氏距离，以分析地区间在哪些方面表现为竞争性，哪些方面表现为互补性。公式为：

$$D_{x_i} = |x_i - x_0|, \quad D_{y_i} = |y_i - y_0|, \quad D_{z_i} = |z_i - z_0| \tag{8}$$

$$d_{x_i} = (D_{x_i} - \bar{D}_{x_i})/S_{x_i}, \quad S_{x_i} = \sqrt{\sum (D_{x_i} - \bar{D}_{x_i})^2 / n} \tag{9}$$

式中：D_{x_i}，D_{y_i}，D_{z_i} 为 3 个分指标的欧氏距离值；d_{x_i} 表示 X 指标距离值的标准化值；$\bar{D}_{x_i}$ 为 D_{x_i} 系列数据的平均值；S_{xi} 为 D_{xi} 系列数据的标准差。d_{y_i}，d_{z_i} 的计算方法与 d_{x_i} 相同。若 d_{x_i}，d_{y_i}，d_{z_i} 为正，说明地区间在该因素上表现为互补

性关系，数值越大则该因素对 d_i 的贡献度越大，反之表现为竞争关系，负值的绝对值越大则对 d_i 的贡献度越大。

（二）地缘经济关系类型分析

1. 结果及阀值区间的确定

根据公式（5）~（9）计算各城市组团间的综合欧氏距离和分项欧氏距离，结果见表2和表3。地缘经济关系一般分为竞争型、互补型、竞争与互补不确定型3种，基于以往的研究，本文将地缘经济关系按 d_i 由大到小分为5种类型：①强互补型，$d_i > 1.0$；②较强互补型，$0.5 < d_i \leq 1.0$；③竞争与互补不确定型，$-0.5 < d_i \leq 0.5$；④较强竞争型，$-1.0 < d_i \leq -0.5$；⑤强竞争型，$d_i \leq -1.0$。

2. 地缘经济关系分析

地区之间的关系表现为竞争型或互补型是相对而言，例如，在以广佛为中心时，肇云梧贵对广佛的不确定型关系是与柳来对广佛和南崇百对广佛的关系相比较而言的；而当以肇云梧贵为中心时，广佛对肇云梧贵的强互补型关系是与柳来对肇云梧贵和南崇百对肇云梧贵的关系相比较而言的。广佛与肇云梧贵之间的欧氏距离是一定的，但是以不同的城市组团为中心时，在两组数据中所处的位置不同，所以，标准化后的欧氏距离会有一些变化。

表2 2005~2013年珠江—西江经济带城市群欧氏距离动态变化

年份	以广佛为中心			以肇云梧贵为中心		
	广佛—肇云梧贵	广佛—柳来	广佛—南崇百	肇云梧贵—广佛	肇云梧贵—柳来	肇云梧贵—南崇百
2005	0.39	-1.14	0.74	1.00	0.01	-1.00
2006	0.49	-1.15	0.66	0.97	0.05	-1.03
2007	0.52	-1.15	0.63	1.03	-0.07	-0.96
2008	0.45	-1.15	0.69	1.06	-0.14	-0.92
2009	0.61	-1.15	0.54	1.08	-0.89	-0.20
2010	0.03	-1.01	0.98	1.14	-0.43	-0.71
2011	-0.06	-0.97	1.03	1.15	-0.45	-0.69

续表

年份	以广佛为中心			以肇云梧贵为中心		
	广佛—肇云梧贵	广佛—柳来	广佛—南崇百	肇云梧贵—广佛	肇云梧贵—柳来	肇云梧贵—南崇百
2012	-0.03	-0.99	1.01	1.13	-0.37	-0.76
2013	0.04	-1.02	0.98	1.15	-0.47	-0.66

年份	以柳来为中心			以南崇百为中心		
	柳来—广佛	柳来—肇云梧贵	柳来—南崇百	南崇百—广佛	南崇百—肇云梧贵	南崇百—柳来
2005	-1.01	0.03	0.98	0.89	-1.08	0.19
2006	-1.08	0.19	0.89	0.91	-1.07	0.16
2007	-0.61	-0.55	1.15	1.00	-1.00	0.002
2008	-0.78	-0.35	1.13	1.00	-1.00	-0.01
2009	-0.17	-0.91	1.07	1.10	-0.86	-0.23
2010	-0.05	-0.97	1.02	1.03	-0.97	-0.06
2011	0.45	-1.15	0.70	1.06	-0.93	-0.13
2012	0.49	-1.15	0.66	1.04	-0.95	-0.09
2013	0.25	-1.10	0.85	1.04	-0.96	-0.08

表3　2013年珠江—西江经济带城市群各指标欧氏距离标准化

中心城市群	区域组合	dx	dy	dz
广佛	广佛-肇云梧贵	-0.02	0.29	0.67
	广佛-柳来	-0.99	-1.11	-1.06
	广佛-南崇百	1.01	0.82	0.67
肇云梧贵	肇云梧贵-广佛	1.15	1.07	1.06
	肇云梧贵-柳来	-0.59	-0.16	-0.92
	肇云梧贵-南崇百	-0.57	-0.91	-0.15
柳来	柳来-广佛	1.19	-0.51	-0.85
	柳来-肇云梧贵	-0.77	-0.64	-0.25
	柳来-南崇百	-0.42	1.15	1.10
南崇百	南崇百-广佛	1.15	1.00	0.86
	南崇百-肇云梧贵	-0.69	-1.00	-1.10
	南崇百-柳来	-0.46	-0.01	0.23

（1）广佛组团。在以广佛为中心组团来考察时，其与经济带内的其他三个组团分别呈现不一样的地缘经济关系类型。①强（较强）互补型，从历年数据来看，在2011年以前，广佛和南崇百一直具有较强互补型地缘关系，2011~2012年，互补型关系得到进一步加强，两组团呈现强互补型关系，2013年虽然略微有所下降，但依旧接近强互补型关系，总的来说，同经济带内其他组团相比，广佛组团与南崇百组团具有较强互补型地缘经济关系。这主要是由于两组团在资本转换效率、劳动效率和产品资源向外地流动能力上都具有互补性，尤其是在资本转换效率上，广佛和南崇百具有很强的互补型。②强（较强）竞争型，广佛和柳来的综合欧氏距离在2009年以前一直保持在-1.15左右，2010~2011年，欧氏距离缩短，竞争关系有所缓和，但从2012年开始，欧氏距离又开始增加，竞争关系加剧，总的来看，广佛和柳来呈现强竞争型地缘经济关系。这种强竞争性主要是由于两者在3个分指标上都具有竞争性，且劳动效率和产品输出上都具有强竞争性，资本转换效率也接近强竞争性。③竞争与互补不确定型，广佛和肇云梧贵的历年欧式距离都基本上保持在-0.5~0.5，虽然两者在产品资源向外流动能力上具有较强的互补性，但在资本转换效率和劳动效率上都具有不确定性，所以广佛和肇云梧贵总体上呈现竞争与互补不确定型关系。

（2）肇云梧贵组团。在以肇云梧贵为中心组团来考察时，其与经济带内的其他组团也分别呈现三种地缘经济关系类型。①强互补型，肇云梧贵和广佛属于强互补型关系，虽然在2006年时互补关系略微有所下降，但自2007年开始两者之间的互补水平逐年递增，从2007年的1.03增加到2011年的1.15，2012年下降到1.13，2013年又回涨到1.15。肇云梧贵和广佛在资本转换效率、劳动效率和产品资源输出3项指标上都具有强互补型关系。②强（较强）竞争型，肇云梧贵和南崇百的竞争关系明显，两者的综合欧氏距离在2009年以前一直保持在-1左右，属于强竞争型关系，在2009年以后，一直保持在-0.7左右，属于较强竞争型关系，虽然两组团在产品资源向外流出能力方面关系为不确定，但在资本转换效率和劳动效率上存在较强竞争关系，总体呈较强竞争关系。③竞争与互补不确定型，肇云梧贵和柳来的综合欧氏距离在最近四年基本保持在-0.4左右，2013年的距离有所增长，为-0.47，这主要是由于两者在资本转换效率和产品资源向外流出能力上具有较强的竞争性，但在劳动效率上的分项欧氏距离仅为-0.16,这部分对综合关系的影响较大,所以总体上两者还是属于竞争与互补不确定型关系。

(3) 柳来组团。以柳来为中心组团来考察时,其与经济带内其他组团的地缘经济关系随时间的推移变化较大,情形比较复杂。①柳来与广佛的地缘关系在整个时间段内由强竞争型变为竞争与互补不确定型。在2009年以前,两者呈现明显的竞争关系,不过随时间推移,综合欧氏距离由2005年的-1.01下降到2008年的-0.78,强竞争关系转为较强竞争关系,随后,距离逐步由负值转为正值,从2009年的-0.17到2013年的0.25,虽然在最近5年两地区的竞合关系不明显,但还是一直向互补合作的方向发展。2013年柳来和广佛在资本转换效率上具有强互补性,但在劳动效率和产品资源向外流动能力上呈现较强竞争关系,两者在当年的地缘关系还是处于竞争与互补不确定型。②柳来和肇云梧贵的地缘关系由最开始的竞争与互补不确定型一直在向竞争型转变。2006年以前,柳来和肇云梧贵属于竞争与互补不确定型关系,自2007年开始,两地区便向竞争的方向发展,从2007年的-0.55到2012年的-1.15,两地区的竞争性不断加强,2013年小幅下降。2013年,柳来在资本转换效率和劳动效率方面都与肇云梧贵存在很强的竞争关系,但在产品资源向外流动能力方面两者的关系不明显,两地区在当年的地缘关系属于强竞争型。③柳来和南崇百一直属于强互补型关系。一开始两地区便具有强互补型的地缘关系,2006年虽然互补水平下降到0.89,但2007年马上又上升到1.15,随后互补水平逐年略有下降,直到2012年的0.66,2013年又有一定的上升。柳来和南崇百在劳动效率和产品资源向外流动能力上有很强的互补性,在资本转换效率上的关系不太明显。

(4) 南崇百组团。在以南崇百为中心组团来考察时,其与经济带内的其他组团呈现不同地缘经济关系类型。①强互补型关系。相较于其他组团,广佛一直对南崇百构成了很强的互补关系,2009年以前,互补水平逐年递增,2010年有所下降,但2011年又回升到1.06,2012年以后不变。总的来看,南崇百和广佛的综合欧氏距离保持在1左右,属于强互补型关系。两者在资本转换率、劳动效率和产品资源向外输出能力上都存在很强的互补性。②强竞争型。南崇百和肇云梧贵属于强竞争型,从2005年的-1.08到2013年的-0.96,竞争水平随时间推移小幅下降。两地区在资本转换效率、劳动效率和产品资源向外输出3项指标上都是强竞争关系。③竞争与互补不确定型。在整个时间段中，南崇百和柳来的综合欧氏距离虽然由正值变为负值，但大体都在 -0.5~0.5，所以两地区的地缘关系属于竞争与互补不确定型。南崇百和柳来在资本转换效率、劳动效率和产品资源向外输出能力上都属于竞争与互补不确定型。

在 X 指标上，当以肇云梧贵、柳来、南崇百为中心组团时，广佛与肇云梧贵、柳来、南崇百的 d_x 分别为 1.15、1.19、1.15，都呈现出强互补型关系，而这三个组团之间在 d_x 上都表现为竞争关系，这说明广佛与其他三个组团在资本转换率上差距较大，互补性比较强，但是肇云梧贵、柳来、南崇百之间的差距不大，表明这三个组团在资本乃至资源方面竞争比较激烈。在 Y 指标上，根据表中 dy 的数据，珠江—西江经济带城市群劳动效率可以分为两个等级，广佛和柳来为第一等级，肇云梧贵和南崇百为第二等级，不同等级之间劳动效率差距大，互补性较强，一般表现为互补型关系，相同等级之间劳动效率差距小，竞争性较强一般表现为竞争型关系。在 Z 指标上，当以广佛、柳来为中心时，都与南崇百有强（较强）互补关系，说明广佛和柳来输出的产品可能类似，而广佛和柳来在 Z 指标上强竞争型的地缘经济关系也证明了这一点。

六 珠江—西江经济带城市群经济联系与地缘经济关系匹配分析

将各城市组团间的经济联系强度同地缘经济关系进行匹配分析，对于城市组团制定未来的战略规划具有一定的参考意义。但是由于前文测度的竞争互补关系都是相对的，加上研究所涉及的城市组团数量较少，以不同的城市组团为中心时，标准化后的欧氏距离会出现不一致甚至是矛盾的现象。因此，在进行经济联系和地缘经济关系匹配分析时，本文使用标准化之前的综合指标欧氏距离 D。按 D 的大小分为 5 种类型：①强互补型，$D>3.0$；②较强互补型，$2.5<D\leq3.0$；③竞争与互补不确定型，$2.0<D\leq2.5$；④较强竞争型，$1.5<D\leq2.0$；⑤强竞争型，$D\leq1.5$。

根据经济联系量和地缘经济关系的匹配情况，对珠江—西江经济带内的城市组团进行分类：强经济联系量、强互补型的组团，属于深化合作型的地缘经济匹配关系；经济联系水平较高、互补性不明显及竞争较强的组团，属于调整战略型地缘经济匹配关系；经济联系水平不高、互补性较强的组团，属于强化合作型的地缘经济匹配关系；经济联系水平不高、强（较强）竞争的组团，属于加强合作、调整战略型地缘经济匹配关系；经济联系水平不高、地缘经济关系不确定型的组团，属于加强合作、增强互补型地缘经济匹配关系。结果如表4所示。

表4 2013年珠江—西江经济带城市群经济联系与地缘经济关系匹配表

区域组合	D	地缘经济关系	R_{ij}	经济联系类型	匹配类型
广佛—肇云梧贵	2.98	较强互补	144.595	强	深化合作型
广佛—柳来	1.99	较强竞争	4.647	一般	加强合作、调整战略型
广佛—南崇百	3.87	强互补	9.361	较强	深化合作型
肇云梧贵—柳来	1.28	强竞争	0.947	弱	加强合作、调整战略型
肇云梧贵—南崇百	1.10	强竞争	1.579	较弱	加强合作、调整战略型
柳来—南崇百	2.31	不确定	3.130	一般	加强合作、增强互补型

从表4中可以看出，珠江—西江经济带城市组团之间的内部组合一共有3种类型。总体上，广佛组团的经济联系量与地缘经济关系的匹配结果比较理想。与广佛属于深化合作型的城市组团有2个：肇云梧贵和南崇百。广佛和肇云梧贵属于经济联系量强、互补性较强的匹配关系，一方面是由于两地区距离较近，彼此拥有方便的交通交流基础；另一方面是由于两地区的经济实力都很强，拥有较好的经济交流基础，且肇云梧贵对广佛的经济隶属度为98.28%，说明两者的经济联系非常紧密。广佛与南崇百属于经济联系较强、互补性强的匹配关系，一方面经济联系等级仅为较强，这是由于距离较远和南崇百的经济实力不是非常强，两地区之间的经济联系受到一定的阻碍；另一方面，地缘经济关系属于强互补型，主要由于它们之间的产业互补性比较强，广佛和南崇百的克鲁格曼指数为0.73，说明两地区的产业结构差异很大。强经济联系量与强互补匹配的结果使得广佛在资金、人才、劳动力和能源等领域与肇云梧贵和南崇百之间拥有较好的交流空间，从而更有利于在它们之间进行资源配置的优化。广佛与柳来属于加强合作、调整战略型，组团之间存在较强的竞争关系，而且经济联系也较弱，因此这两个组团应该考虑增进彼此的互补性，并加强经济领域的合作。

肇云梧贵与柳来、南崇百的匹配类型都属于加强合作、调整战略型，组团之间的经济联系量小且竞争激烈。竞争激烈主要是由于相互之间的经济结构较为相似且产业分工合理化程度偏低，彼此之间产品、资源的流动需求较少；经济联系量小，一方面是由于柳来和南崇百的经济总量较小，另一方面也是肇云梧贵到两地的距离较远，经济交流不便加上物资流动需求较少导致经济联系量较少。因此，肇云梧贵、柳来和南崇百应该从总体规划出发，积极调整自己的经济结构，通过采取增加彼此产业的差异性、修建交通设施等措施来减少经济交流阻碍，增加经济交流需求，并以此在加大经济联系量的同时促使地缘经济关系朝互补型的方向转化。

南崇百和柳来属于加强合作、增强互补型，两组团的经济实力都不是很强，所以经济联系量属于一般，而两者的产业专业化指数（克鲁格曼指数）为0.4，产业分工合理化程度较低，经济结构较为相似，地缘关系表现为竞争互补不确定型。

七 结论与建议

（一）结论

综合运用引力模型与欧氏距离值测算方法，研究珠江—西江经济带城市组团之间的经济联系和地缘经济关系及其匹配情况，得到如下结论：

（1）从经济联系来看，以广州为核心的广佛组团与其他组团之间都具有较强的经济联系，但以南宁为核心的南崇百组团与其他组团之间的经济联系较弱。

（2）从地缘经济关系来看，只有广佛—肇云梧贵和广佛—南崇百属于互补型关系，其余组团之间都表现为竞争关系。总体来说，地缘经济关系比较紧张，呈现竞争态势。

（3）从匹配效果来看，经济联系与地缘经济关系的匹配结果不好，城市组团之间的匹配类型共有3种：深化合作型、加强合作调整战略型、加强合作增强互补型。在所有的区域组合中，属于经济联系强（较强）、互补性强（较强）的组合只有2个。

（4）在地缘经济关系测算过程中，资本转换效率、劳动效率、产品资源向外输出能力3个指标存在较大差异,且对地区间的竞争性和互补性有较大影响;地区间的经济实力、产业结构、交通便利等因素都会影响匹配结果。

(二)建议

(1)对经济联系强(较强),互补性也强(较强)的组团,如广佛与肇云梧贵、广佛与南崇百,双方应该在经济发展的各个领域进一步深化合作,取长补短,从区域整体的角度规划产业优化和产业转移,形成合理的梯度产业结构,推动经济共同发展。

(2)对经济联系弱(较弱),竞争性强(较强)的组团,如广佛与柳来、肇云梧贵与柳来等,综合分析其经济社会各领域的联系、合作与竞争水平,实施水平分工战略,按照整体规划调整各自的产业结构,通过差异化的发展,转竞争为互补,加强经济联系,并着重深化经济联系较强行业的合作。

(3)对经济联系一般、地缘经济关系不确定型的组团,如柳来和南崇百,应该明确各自城市功能和发展方向,实施垂直产业分工和转移战略,加强彼此合作,提高经济联系,促进匹配关系朝互补型方向转化。

(4)对于广州和南宁这两个经济带中的核心城市,应该根据自身的产业结构特色,强化其外向服务能力。通过推动金融、保险、物流等生产性服务业的发展和提升教育、文化、科研等软实力基础来打造均衡发展的外向服务产业体系,从而更好地发挥核心城市的辐射带动作用。

参考文献

[1] 王海江、苗长虹、茹乐峰、崔彩辉:《我国省域经济联系的空间格局及其变化》,《经济地理》2012年第7期。

[2] 徐慧超、韩增林、赵林、彭飞:《中原经济区城市经济联系时空变化分析——基于城市流强度的视角》,《经济地理》2013年第6期。

[3] 覃成林、黄小雅:《高速铁路与沿线城市经济联系变化》,《经济地理》2014年第4期。

[4] 贺欢欢、吕斌:《长株潭城市群经济联系测度研究》,《经济地理》2014年第7期。

［5］温志宏：《距离分析：地缘经济关系评价的一种方法》，《统计与决策》1998 年第 1 期。

［6］刘媛媛、涂建军：《中原经济区地缘经济关系研究》，《地域研究与开发》2011 年第 6 期。

［7］张亚明、李新华、唐朝生：《竞合视域下京津冀区域地缘经济关系测度分析》，《城市发展研究》2012 年第 5 期。

［8］何琪：《珠三角城市群地缘经济关系分析》，《统计与决策》2013 年第 17 期。

［9］丁洪建、余振国：《城市对外经济联系量与地缘经济关系的匹配分析——以南京市为例》2008 年第 3 期。

［10］邓春玉：《珠三角经济圈对外经济联系与地缘经济关系匹配分析》，《地理科学进展》2010 年第 2 期。

［11］张怀志、武友德、王源昌、陈长瑶、聂玉梅：《滇中城市群空间经济联系与地缘经济关系匹配研究》，《地域研究与开发》2014 年第 2 期。

桂粤滇黔的社会发展水平比较及广西对策

莫小莎*

摘　要： 本文从把握经济社会发展的基本内涵入手，运用层次分析方法，建立社会发展综合评价指标体系，对四省区经济社会发展水平进行评价和比较分析。最后形成结论性意见，并得出广西目前社会发展整体水平低、城乡发展不平衡、社会结构转型滞后等问题，提出促进广西发展的对策与建议。

关键词： 社会发展水平　桂粤滇黔　省际差异

近年来，随着全国区域协调发展战略的深入实施，以及中国—东盟自由贸易区升级版打造、泛珠三角经济区区域合作和北部湾经济区开放开发，使得粤桂滇黔四省面临诸多历史机遇，国民经济持续较快发展，各项社会事业全面发展，经济社会发展水平不断提高。为了科学反映粤桂滇黔四省区社会发展水平，需要构建一个多因素综合评价指标体系，采用数理模型方法进行量化分析和比较分析，目的在于形成客观性的结论。

一　建立社会发展水平评价指标体系

关于对一国或地区社会发展水平的评估研究，从 20 世纪 80 年代以来一直成为学术热点，研究理论主要依赖于经济学和社会学理论，研究重点主要围绕评价指标体系设置、分析框架和方法选择，研究的目标在于全面、准确、及时

＊ 莫小莎，经济管理学士，广西社会科学院研究员，研究方向为区域经济、民族经济。

地掌握社会发展相关领域的实际情况。最值得探讨的问题是，珠江—西江经济带作为特殊的经济区域，需要从全流域的视角，结合粤桂滇黔四省区的实际情况，制定一个合理的社会发展水平评价体系。

（一）选取评价指标

一个地区社会发展以经济发展为基础，以工业化为动力，以人的全面发展为主体，涉及社会结构、人口发展、经济效益、生活水平、公共服务、社会和谐等多个领域的发展过程。本着系统性、科学性、可行性等原则，参考国家有关部门和北京市等省市的设置评价社会发展水平指标体系的思路，建立起桂粤滇黔社会发展评价指标体系。桂粤滇黔社会发展水平评价指标体系，反映区域社会发展水平的因素主要体现在社会结构、人口发展、经济效益、生活水平、公共服务、社会和谐6个领域，它们为相互制约和相互促进的子系统，并且由26个指标组成。

1. 社会结构

广义社会结构包括整个社会体系基本特征和基本属性，社会结构的优化对社会经济协调发展具有决定性的影响和制约作用。社会结构可分为人口结构、家庭结构、产业结构、就业结构、城乡结构、区域结构、收入分配结构等。考虑到珠江—西江经济带各省区经济发展态势等多种因素，综合社会结构的重要指标，选取非农产业占GDP比重、第三产业从业人员的比重、城镇人口占总人口比重、男女性别比4个具体指标（见表1）。

2. 人口发展

人口问题的本质是发展问题，促进人的全面发展是社会发展的核心和最终目的。人口发展涉及人口规模和发展速度、人口质量和人口构成多个方面，选取人口自然增长率、平均预期寿命、老年抚养比、平均受教育年限、每十万人拥有在校大学生数5个指标（见表1）。

3. 经济效益

经济效益是衡量经济活动最核心的综合指标。经济效益反映经济增长的内涵和质量，涉及结构演变、人的发展、收入分配、社会环境等社会各个方面，因此，经济效益还是反映社会发展状况不可或缺的指标。本次研究通过经济指标反映社会发展的条件和表现，选取概括性的人均GDP、人均财政收入、人均社会消费品零售额、全社会劳动生产率4个指标（见表1）。

4. 生活水平

生活水平反映居民物质生活需要和精神生活需要的满足程度。一般从收入水平、消费水平、居住水平、信息化水平、文化娱乐水平等方面衡量居民生活水平。这里选取恩格尔系数、城镇居民家庭人均可支配收入、农村居民家庭人均纯收入、农村人均住房面积、每百户居民家庭拥有的电脑数5个指标（见表1）。

5. 公共服务

公共服务是人的全面发展的重要条件，也是人的发展的重要内容。公共服务涉及城乡公共设施建设、科教文卫体育等各项社会事业发展，选取新农合受益频率、每百万人口拥有公共文化设施数、教育卫生文化支出占财政支出的比重、万人社会服务机构数4个指标（见表1）。

6. 社会和谐

社会和谐是民主法治、公平正义、诚信友爱、充满活力、安定有序、人与自然和谐相处的社会，构建社会主义和谐社会，是符合人类历史发展规律的要求。选取城镇登记失业率、基本社会保险覆盖率、城乡人均收入之比、交通和火灾事故死亡率4个指标（见表1）。

（二）确定指标权重

社会发展指标体系用于衡量社会发展的现实程度。结合现实统计数据的可获取性及统计指标的可比性，构成了如表1所示的6大领域共26个指标组成的区域社会发展综合评价指标体系，在各领域内采用因子分析法评分，再以模糊评价法确定各层面的权重。本研究构建的社会发展指标体系的构成和权重见表1。

表1　桂粤滇黔社会发展水平评价指标体系

一级指标	一级指标权重	分项指标	分项指标权重
社会结构	0.228	非农产业占GDP比重	0.291
		第三产业从业人员的比重	0.270
		城镇人口占总人口比重	0.270
		男女性别比	0.169

续表

一级指标	一级指标权重	分项指标	分项指标权重
人口发展	0.208	人口自然增长率	0.225
		平均预期寿命	0.212
		老年抚养比	0.212
		平均受教育年限	0.225
		每十万人拥有在校大学生数	0.127
经济效益	0.116	人均GDP	0.314
		人均财政收入	0.245
		人均社会消费品零售额	0.144
		全社会劳动生产率	0.297
生活水平	0.150	恩格尔系数	0.303
		城镇居民家庭人均可支配收入	0.214
		农村居民家庭人均纯收入	0.214
		农村人均住房面积	0.150
		每百户居民家庭拥有的电脑数	0.119
公共服务	0.150	新农合受益频率	0.262
		每百万人口拥有公共文化设施数	0.235
		教育卫生文化支出占财政支出的比重	0.342
		万人社会服务机构数	0.161
社会和谐	0.146	城镇登记失业率	0.261
		基本社会保险覆盖率	0.285
		城乡人均收入之比	0.261
		交通和火灾事故死亡率	0.193

表1中的原始数据主要来源于国家统计局网站中的各省年度数据库。部分存在缺失的数据则根据已有数据的增长情况，动态估计缺失年份的变化率，再根据这一变化对缺失部分进行插补。为了统一统计口径，本文所选取的统计数据均尽量用最新的统计年鉴，以国家统计局网站上的年度地区数据为主。

上述指标部分为统计年鉴中的现成数据，其他指标的计算则严格依照有关经济学定义进行。例如，恩格尔系数是城乡总体食品消费与城乡居民全部消费的比值。此外，由于预期寿命仅在普查年份有相关统计数据，故对于评价年份中均选用最近的普查年份数据作为指标值。

关于指标进行标准化消除量纲和数量级差距的问题，考虑运用样本指标的离散程度信息及经济数据分布所普遍具备的厚尾特性，运用 t 分布截尾概率的方式对指标进行无量纲化处理，即先计算中心标准化后的指标值 z，将 z 对应的自由度为 30 的 t 分布截尾概率乘以 100 作为该指标的标准化得分。由此，通过 0~100 的数值来判定各地区的评分。由于 t 分布为对称分布，对于逆指标只需用 100 减去相应的得分值即可。

在指标赋权问题上，本文为了减少数据异常对各指标权重带来的影响，选择参考专家对这一问题的相关意见，用层次分析法对相关指标进行权重计算，得到的各项指标结果也见表1。

二 社会发展水平综合评价实证

（一）比较社会发展总体水平

本研究主要选取历年中国统计年鉴中 2008~2012 年相关数据，运用社会发展综合评价体系进行省际对比分析。四省区社会发展的总指数、位次情况如表2所示。

表 2　2008~2012 年粤桂滇黔社会发展总指数、位次表

		2008 年	2009 年	2010 年	2011 年	2012 年
广东	总指数	66.02	66.64	65.61	64.22	63.09
	排名	5	5	5	5	6
广西	总指数	29.69	30.23	29.89	30.91	31.96
	排名	29	29	29	28	28
贵州	总指数	30.72	32.38	31.86	26.47	30.31
	排名	28	27	28	31	30
云南	总指数	28.18	28.48	29.22	29.49	30.61
	排名	30	30	30	29	29

从表2看出，粤桂滇黔四省区社会发展总体水平差异相当大，广东为我国继北京、上海之后的第二层次社会发展较高水平的省份，在全国排名稳居前6名，广西、云南和贵州基本上处于同一层次，2012年分别排名第28位、29位、30位，为我国社会发展水平低的省区。2012年与2008年相比，排名下降的有广东，从排名第5位下降到第6位；贵州从排名第28位下降到30位；广西排名从29位上升到28位，云南从30位上升到29位，今后，广西和云南的社会发展水平可能出现位次交替现象。相对而言，广西社会发展总体水平排名位于云南、贵州之前。

（二）比较社会发展具体领域

进一步考察社会结构、人口发展、经济效益、生活水平、公共服务、社会和谐6个领域，可以发现，每个领域中某一指标的变动，都会形成对社会发展总体水平的影响，具体表现如下：

1. 社会结构领域的比较

表3为2008~2012年粤桂滇黔社会结构领域的指数以及在全国的排名。可以看出，四省区差距很大。广东社会结构为全国较好水平，广西为全国倒数第一，且社会结构比较固化。广东、云南、贵州的社会结构在这几年都发生了不同程度变化，广东由2008年的排名第4位回落到2012年的第11位；云南和贵州分别出现了小幅的回落或上升。广东社会结构产生变化的原因是第三产业从业人员比重下降较快。广西社会结构变化不大的原因，则是非农产业占GDP比重、第三产业从业人员的比重、城镇人口占总人口比重指标均未发生太大变化。

表3 2008~2012年粤桂滇黔社会结构领域指数、位次表

		广东	广西	贵州	云南
2008年	指数	74.13	14.22	28.97	15.33
	排名	4	31	26	30
2009年	指数	76.20	13.87	32.01	15.97
	排名	4	31	24	30

续表

		广东	广西	贵州	云南
2010年	指数	68.70	19.29	39.63	21.79
	排名	5	31	20	29
2011年	指数	58.61	19.64	17.63	27.86
	排名	8	30	31	28
2012年	指数	56.48	23.97	27.45	28.02
	排名	11	31	28	27

2.人口发展领域的比较

表4为粤桂滇黔人口发展领域的指数以及在全国的排名。可以看出，在人口发展领域，广东在全国排名第4位，贵州居全国末位，广西、云南的排名相当靠后，说明桂滇黔三省区人口发展水平落后。广西平均预期寿命、老年抚养比指标弱于广东。2012年，广东平均预期寿命76.49岁，广西为75.11岁；老年抚养比广东为9.11，广西为13.7，高于广东，也高于云贵，老年社会特征明显。桂滇黔三省区平均受教育年限、每十万人拥有在校大学生数指标均差于广东，且在全国排名第25位以后。

表4　2008~2012年粤桂滇黔人口发展领域指数、位次表

		广东	广西	贵州	云南
2008年	指数	64.82	35.95	33.48	38.33
	排名	3	27	28	26
2009年	指数	65.04	37.15	31.84	36.39
	排名	4	26	29	27
2010年	指数	66.47	30.48	20.70	35.41
	排名	4	28	31	26
2011年	指数	70.24	35.91	25.79	34.90
	排名	3	26	30	27
2012年	指数	66.05	35.48	29.30	39.21
	排名	4	27	30	25

3.经济效益领域的省际差异

表5为粤桂滇黔经济效益领域的指数以及在全国的排名。可以看出，省际

之间的差距要小于人口发展领域。广东经济效益继续排名于全国前列,广西排名中等偏下,云贵包尾。2012年,广西的人均GDP、人均财政收入、人均社会消费品零售额、全社会劳动生产率指标均大大低于广东,其中,人均财政收入指标排名第29位,拉低了广西整体经济效益水平。

表5 2008~2012年粤桂滇黔经济效益领域指数、位次表

		广东	广西	贵州	云南
2008年	指数	72.27	23.92	17.34	21.87
	排名	6	27	31	29
2009年	指数	71.09	23.75	17.12	21.24
	排名	7	27	31	29
2010年	指数	70.07	23.94	16.11	19.97
	排名	7	27	31	28
2011年	指数	69.73	22.80	16.27	18.20
	排名	8	27	31	28
2012年	指数	69.67	22.60	17.75	17.29
	排名	8	27	29	30

4. 生活水平领域的比较

表6为粤桂滇黔生活水平领域的指数以及在全国的排名。可以看出,四省区之间的差距明显。2012年,广东在全国排名第7位,为生活水平较高省份,广西排名第23位,云贵排名靠后。可以说,生活水平是两广差距较小的领域。影响省际差距的是广西农村居民家庭人均纯收入、每百户居民家庭拥有的电脑数等指标,广东农村居民家庭人均纯收入排名第6位,广西排名第25位;广东每百户居民家庭拥有的电脑数排名第4位,广西排名第16位。广西农村人均住房面积排名第14位,广东排名17位,这是广西好于广东的一个指标,说明广西农民住房条件较好。

表6 2008~2012年粤桂滇黔生活水平领域指数、位次表

		广东	广西	贵州	云南
2008年	指数	67.62	30.74	17.61	20.58
	排名	6	24	30	29

续表

		广东	广西	贵州	云南
2009年	指数	65.08	32.46	19.38	20.99
	排名	7	24	30	29
2010年	指数	65.08	33.85	19.37	22.09
	排名	7	23	30	27
2011年	指数	63.44	33.05	18.06	24.09
	排名	7	23	30	27
2012年	指数	62.96	34.53	19.81	24.86
	排名	7	23	30	28

5. 公共服务领域的比较

表7为粤桂滇黔公共服务领域的指数以及在全国的排名。可以看出，四省区之间的差距较小，广东公共服务水平从2008年的排名全国第20位上升到2012年的第9位，云南、贵州的公共服务水平指数具有优势，高于全国平均水平，广西为四省区之后，2012年排名第19位。广西新农合受益频率、每百万人口拥有公共文化设施数、万人社会服务机构数指标均低于其他省份，其中新农合受益频率为四省区最低，排名第22位，云南排名第6位。但是，教育卫生文化支出占财政支出的比重指标优于其他省份，2012年广西排名第7位，广东排名第9位，是好于广东的指标之一。

表7　2008~2012年粤桂滇黔公共服务领域指数、位次表

		广东	广西	贵州	云南
2008年	指数	45.07	46.74	53.83	51.57
	排名	20	19	10	12
2009年	指数	46.39	44.69	57.44	57.54
	排名	16	18	8	7
2010年	指数	49.47	47.61	58.87	55.01
	排名	14	17	7	10
2011年	指数	52.44	46.96	50.77	47.48
	排名	12	19	14	18
2012年	指数	55.87	45.96	51.74	49.17
	排名	9	19	13	15

6. 社会和谐领域的比较

表8为粤桂滇黔社会和谐领域的指数以及在全国的排名。可以看出,省际间的差距太过明显,广东大幅度优于桂滇黔三省区。2012年,广东城镇登记失业率、基本社会保险覆盖率分别排名全国第3位、第2位,说明广东经济发达,社会就业面宽,社会保障达到很高的水平。但城乡人均收入之比、交通和火灾事故死亡率指标不乐观,分别排名第18位、第21位,说明广东自身的城乡差异问题严重。广西各项指标基本好于云贵两省,但与广东有较大差距,其中,城乡人均收入之比指标,与广东的实际差距逐步拉大。

表8 2008~2012年粤桂滇黔社会和谐领域指数、位次表

		广东	广西	贵州	云南
2008年	指数	70.00	30.92	29.90	22.58
	排名	4	27	28	30
2009年	指数	72.94	33.92	33.47	20.31
	排名	3	26	27	30
2010年	指数	73.21	28.06	33.22	20.18
	排名	3	27	25	29
2011年	指数	72.98	29.13	33.06	20.37
	排名	4	27	24	30
2012年	指数	71.52	29.77	35.01	19.78
	排名	4	28	23	31

三 评价结论与广西的对策建议

(一)评价结论

参考国家发改委、国家统计局和北京市等省市的设置评价社会发展水平指标体系的思路,运用层次分析方法,建立层次结构模型,对粤桂滇黔四省区社会发展水平进行评价和比较分析之后,得出以下几点结论:

1. 广西社会发展取得进展,但社会发展水平仍低

改革开放以来广西社会发展较快,但与全国相比,社会发展整体水平低。

2008~2012年，广西社会发展综合指数和排名均不理想，在全国排名为第28位、第29位，且交替变动。各个具体社会发展领域进展不理想，大部分社会发展指标排名落后，其中，社会结构指标排名末位，拉低了广西社会发展总体水平在全国的排位。

2. 粤桂滇黔四省区社会发展水平差异相当大

2012年广东社会发展总体水平排名全国第5位，为我国较高水平省份，桂滇黔三省区包揽全国倒数位次（除西藏外），为我国社会发展低水平省区。广东大幅度领先于全国社会发展的平均水平，也将桂滇黔三省区远远甩在后面。显然，桂滇黔三省区目前要把追赶上全国社会发展平均水平作为重要的发展任务。

3. 具体到社会发展的6大领域也有很大差距

省际间排名差距最大的为人口发展领域，其中弱于广东的指标主要是平均预期寿命和老年抚养比，说明桂滇黔三省区未富先老，进入了社会矛盾复杂多变的老龄社会。

4. 西部省区的公共服务领域有一定优势

广东公共服务领域进展不明显，云南和贵州的各项指标基本上优于广东，广西教育卫生文化支出占财政支出的比重指标具有优势，说明广西加大对教育卫生文化领域的投入，支持各项社会事业发展。

（二）广西的问题与对策

1. 社会发展存在的问题

从上述比较分析结果来看，广西社会发展总体情况是好的，但是，在全国社会发展快、社会发展水平不断提高的大背景下，广西社会发展水平进展滞后，排位靠后。广西是社会发展水平较低的省份之一，面临的问题主要是：

（1）社会发展整体水平低

比较分析结果显示，广西社会发展整体水平在全国的排位靠后，远未达到全国平均水平，与广东相比差距更大。在上述构建的评价指标体系中，2012年在全国排名第27位以后的指标有：非农产业占GDP比重、每百万人口拥有公共文化设施数、万人社会服务机构数、基本社会保险覆盖率、城乡人均收入之比，表明了广西的社会结构、人口发展、生活水平等领域处于落后水平，因此,广西需要在社会发展领域加大投入,促进各项社会事业加快发展。

(2)城乡发展不平衡和区域发展不平衡

广西城乡收入比指标在全国排名第27位,稍好于云南(第30位)和贵州(第31位),明显低于全国平均水平。每百万人口拥有公共文化设施在全国排名第28位,在发展水平落后的情况下,大多数社会事业公共资源仍主要集中于广西西江段的重要节点城市,如南宁、柳州、梧州等,而百色、来宾、崇左等地的社会事业相对薄弱,城乡差距大,区域之间发展不平衡。

(3)处于工业化中期阶段,但是社会结构转型滞后

广西目前处于工业化中期阶段,经济结构转型升级取得明显进展,但是社会结构转型进程缓慢,社会结构整体水平滞后于经济结构,并且社会结构内部各类子结构之间也存在偏差和不协调,社会结构包括的重要指标,如非农产业比重、城镇人口比重指标落后,2012年城镇人口比重指标排名第26位,非农产业比重指标排名第29位,反映出这两项指标拖累了社会结构的转型,而且这两项指标仍滞留在工业化初期阶段,这是对广西经济社会发展很不利的现象。

(4)社会发展总体水平远不如GDP在全国的地位

2011年,广西进入了GDP万亿元俱乐部,经济总量排名全国第18位,而社会发展总体水平则排名第28位。很显然,近年来广西社会事业发展总体滞后于经济增长速度。社会事业发展缓慢,发展水平低,与经济增长速度快,经济总量扩张快的形势极不相符,经济高速增长所带来的成果并未反映到社会发展领域中来。

2. 加快广西社会发展的建议

(1)落实科学发展观,切实做到"以人为本、科学发展"

经济建设和社会建设的落脚点都是人的全面发展。经济增长并不一定能自动推进社会全面发展并缓解社会矛盾。长期以来,广西社会事业的发展速度明显滞后于经济发展,基本公共服务在城乡、区域之间的非均等化较为明显,社会事业基础较为薄弱,资源配置不尽合理,基本公共服务保障水平仍然较低,多层次、多样化的公共服务需求还得不到充分满足。在新的发展阶段,面对复杂严峻的经济社会形势和改革发展稳定的繁重任务,我们需要更加重视社会发展,主动推动社会发展方式转型,切实做到"以人为本、科学发展",应将加

强社会建设、推动社会转型发展提到与经济发展同等重要的战略地位，改善广西社会事业发展滞后的局面，推动持续性的社会发展，提升社会发展品质，不断增强人民群众对社会发展的满意度。

（2）创新社会管理，促进社会结构转型

改革开放以来，广西经济社会发展取得了很大成就，但仍面临不少困难和问题。突出表现在居民收入水平偏低、物价高、居民购买力低、收入分配不尽合理、就业形势严峻、基本公共服务保障能力不足等，社会发展的不稳定因素仍大量存在，稳增长、促转型、扩内需、惠民生、保稳定的任务十分艰巨。广西要以加快社会结构转型为着力点，要重点推进收入结构、城乡结构、就业结构等社会结构的科学调整，提高社会发展的质量和效益，实现经济结构转型的同时合理调整社会结构。为此，一是要搞好收入分配制度改革。应进一步健全资本、技术、管理等要素参与分配的制度，利用财政、税收、福利等杠杆对收入再分配进行调控，加大对高收入者的税收调节力度，不断扩大中等收入阶层比重，进一步提高低收入群体收入水平。二是要统筹城乡和谐发展，提高城镇化水平和质量。围绕新型城镇化建设，继续实施中心城市带动战略，进一步增强南宁、柳州、桂林等大城市的辐射带动作用，促进城乡一体化发展。增强大中小城市和小城镇的集聚能力和承载能力，促进工业化和城镇化的良性互动。加快发展县城和中心城镇，促进城乡三次产业融合，推动城镇群和城镇带发展，加强城镇基础设施建设。进一步推进户籍制度改革，推进农业转移人口市民化。三是实施积极的就业政策，促进充分就业。要加强公共就业服务体系建设，在千方百计扩大就业总规模的同时，着力解决就业中结构性矛盾突出的问题。建立和完善面向城乡劳动者的就业服务体系、就业组织体系、职业培训体系、用工管理制度及社会保障制度，促进城乡劳动者实现平等、稳定就业。统筹做好各类群体就业工作，突出抓好高校毕业生就业工作，对关停并转产业转型升级带来的失业人员要推进政策落实，引导和帮助农民工有序流动和返乡创业，帮助农村富余劳动力就近就地就业。进一步完善对困难群体的就业援助制度和工作保障机制，实施失业动态监测，健全失业预警制度，推进完善失业保险制度。

（3）大力发展社会事业和民生事业

新时期，在经济发展的同时，要及时将改革发展成果更多更好地惠及全民，加快建设完善的社会保障制度和基本公共服务制度，促进经济社会可持续发展。重点要搞好义务教育均衡发展，加强公共卫生服务，加强公益性公共文化和公共体育服务，加强就业再就业、基本公共福利和社会救助服务，加强公共安全服务，加强公益性公共信息服务，加强生态环境治理等方面的工作，调整优化财政支出结构，实现公共服务财政支出向基本公共服务倾斜、向农村地区倾斜、向社区层面倾斜、向困难群体倾斜，建立惠及全民的基本公共服务体系，努力维持人民群众生活水平的持续提高，切实满足人民群众日益增长的发展需求。

(4) 积极推动社会领域体制改革

积极推动社会领域体制改革，积极发展社会服务产业，加快教育、文化、体育、医疗卫生等社会事业发展。要进一步拓展以公共财政为核心的稳定的资金来源，建立财政投入稳步增长机制，加大财政投入增长力度，优化社会民生事业的支出结构。要尽快改革现有财政转移支付制度，加大对社会弱势群体和贫困地区社会事业发展的支持，逐步取消各种不规范的补助和税收返还，建立起科学规范的政府间财政转移支付制度，通过科学而公正的转移支付体系，使财政转移支付体系真正发挥有效调节地区间财力失衡、缩小社会公益服务事业水平差距、促进社会公平的功能。充分利用市场机制推进社会事业投融资体制改革，鼓励社会资本投资科技、文化、体育、医疗等领域的社会事业，建立多元投入、全民参与的社会建设体制，鼓励私人组织和非政府组织积极参与社会事业投资。

(5) 高度重视发展转型时期的社会风险问题

在经济发展方式转型过程中，不可避免会出现经济与社会风险，任何一次经济转型与社会转型都有可能会有一批人受到不同程度的影响，经济发展方式转型也可能会出现这样那样的问题，这就要求要高度重视社会和谐领域的问题，把握社会政策的重点，发挥社会政策的利益平衡作用，积极化解社会风险。要通过不断调整完善社会政策应对新的社会风险。当前，要不断推进社会管理创新，提升社会管理水平，依法依规正确处理劳资纠纷、土地纠纷、山林纠纷、征地拆迁、环境污染等不稳定因素，积极化解社会矛盾，应对社会风险，营造公平公正的社会环境，逐步增进社会和谐。

参考文献

[1] 钟其:《浙江与苏、粤两省社会发展水平之比较研究》,《浙江社会科学》2012年第6期。

[2] 孙长学:《"十二五"社会事业领域政府公共服务能力提升重点及目标》,《宏观经济研究》2010年第6期。

[3] 刘文斌:《统筹经济社会发展：成就、挑战及对策》,《西北农林科技大学学报(社会科学版)》2014年第4期。

[4] 王元京:《我国社会民生事业投入问题研究》,《宏观经济管理》2009年第8期。

[5] 甘文华:《和谐社会的伦理意蕴初探》,《中共南京市委党校南京市行政学院学报》2006年第S1期。

[6] 孙长学；张璐琴:《借鉴国际经验推进"十二五"社会事业发展》,《宏观经济管理》2010年第10期。

[7] 蔡自力:《可持续发展与财税政策研究》,中国海洋大学博士学位论文,2005。

[8] 冼康:《实现资源优化配置推进产业均衡发展——以广西河池市为例》,《科协论坛》2012年第7期。

两广跨省产业合作园区建设新模式研究

韦汉权　杨 鹏*

摘　要：在区域经济一体化、交通体系综合化和新的技术革命、产业变革背景下，开展跨省产业合作发展成为提振经济发展、加快转型升级的重要途径。当前，两广的产业结构和产业层次有较大差异，存在经济互补性，两广合作共赢的市场前景广阔。广东是经济发达省份，经济综合实力强，尤其在技术、人才、资本等方面具有明显的优势。在新形势和新阶段下，加快两广产业合作发展，有利于进一步加快两广区域一体化进程，促进两广产业结构优化升级，加快产业转型升级步伐，培育广西新的经济增长点；有利于促进广西经济社会可持续常态化发展，进一步缩小两广之间发展差距；有利于充分发挥广西区位优势、政策优势，深入实施"双核驱动、三区统筹"发展战略，完善全方位开放格局。

关键词：跨省　产业园区　建设模式

　　发达地区带动欠发达地区，通过发达地区的先进要素与欠发达地区的特色资源的充分结合，将有效提升资源附加值，加快传统产业的转型升级和特色产业的培育壮大。当前，以跨省产业合作园区建设为载体，力促两广一体化建

---

* 韦汉权，广西壮族自治区发展改革委区域合作处处长，主要研究方向为区域合作、战略规划；杨鹏，研究员，广西社会科学院区域发展所副所长，主要研究方向为产业经济、城市经济、生态经济和战略规划。

设,基础具备、条件允许、时机成熟。两广通过产业互补合作,能够建立起资源互济、优势互补、分工互助、政策互惠的区域产业合作体系,培育一批高成长性、具有较强国际竞争力的产业集群。

一 合作基础、综合评估与经验借鉴

(一)两广产业合作的基础条件

——历史互融。在秦、汉、唐、宋时期,两广都属同一行政区划,宋代把其分为"广南西路"和"广南东路","广东""广西"由此得名。两广地区地缘相近、山水相连、江河同流、人缘相亲、语言相通、习俗相近,同属岭南文化,自古以来就有着天然的密切联系,这是推动两广产业合作发展的人文基础及历史渊源。

表1 两广人文基础和历史渊源

	具体内容
地缘相近	秦末,赵佗趁中原无首,自立南越国,西汉初,汉高祖和汉文帝两派陆贾说服赵佗臣服于汉。汉武帝在公元前111年分兵五路一举平定岭南,将岭南划分九郡,岭南九郡县制度与地缘政治格局确定。唐朝贞观年间按山川形将全国划分为十道,岭南地区为岭南道。宋太祖末年分广南路为广南东路和广南西路,也是广东、广西名称之来历。
山水相连	南岭(由大庾岭、骑田岭、都庞岭、萌渚岭、越城岭组成,又称五岭)大体分布在广西东部至广东东部和湖南、江西交界处。
江河同流	1. 珠江—西江流经广西的百色、来宾、柳州、崇左、南宁、贵港、梧州。西江是珠江水系干流之一,全长2214公里。 2. 珠江—西江流经广东的云浮、肇庆、佛山、江门、中山、珠海、广州。珠江是我国南方最大河流,也是我国第四条大河,全长2320公里。
人缘相亲	1. 广西是客家人迁移的重要目的地,尤其是在第二次、第四次和第五次迁移过程中。广西的玉林、梧州、贵港、南宁、崇左、百色、北海等地是客家人的主要迁移聚地。 2. 明朝开始,广东商人逐步成批入桂,到清朝,更是抱团进入广西,以南宁为商贸支点,上溯左右江的龙州、百色等地,广东成为对广西辐射影响最大的地区,为广西城镇和圩市建设注入了工商业力量,广东商界流传"发财到邕州",广西民间流行"无东不成市"的谚语。广东商人在贺州、百色、梧州(苍梧)、南宁等地建立了多个粤东会馆。 3. 目前,每年约有1.8亿人次来往于粤桂之间。 4. 广西每年约有450万人在广东务工,约占广西总人口的9.5%,占全广西外出务工人员的85%左右。 5. 两广是中国著名的侨乡。自古以来,漂落到海外的两广人不计其数,尤以东南亚为最。广西容县、北流市、岑溪市等都是著名的侨乡。 6. 两广在历史上出了很多名人,如陈宏谋、冯子材、石达开、岑春煊、刘永福、洪秀全、梁启超、孙中山、陆荣廷、陈济棠、李宗仁、李济深、梁漱溟等。

续表

	具体内容
语言相通	1. 南宁地区乃至广西南部、中部、东部等广大地区(南宁、梧州、玉林、贺州、钦州、北海、百色、崇左等地区部分县市区),都属于粤语语系区。 2. 南宁白话属粤语语系中的邕浔粤语,主要流行于邕江、浔江两岸城镇,如南宁市及邕宁区、崇左县、宁明县、横县、平南县等县城,以南宁白话为代表。南宁白话语音方面和标准粤语(广州话)略有差别。 3. 广东有60%人口属于粤语语系。
习俗相近	1. 饮食以大米、玉米、薯类等为主食。 2. 祖先崇拜占有主要地位,每家正屋都供奉着"天地亲师"的神位。 3. 饮食清淡,桂东地区饮食习惯和菜系与广东同源同脉。 4. 两广地区普遍过中元节(俗称鬼节),在清明、重阳等传统节日祭拜先祖(俗称拜山)等。

资料来源:作者根据相关资料系统整理而来,但并未涵盖全部。

——资源互享。两广开展产业合作,广西的诸多优势资源将得到进一步开发。目前,全世界可利用的矿产资源有160多种,广西探明储量的有97种,其中属大型矿床的有107处,储量居全国前10位的有64种,居全国首位的有锰、锡、锑等14种,是全国10个重点有色金属产区之一。广西水力资源蕴藏量达1751.8万千瓦,可开发水能藏量达1609.2万千瓦,居全国第八位。其中红水河可开发水能藏量1303万千瓦,干流的10座梯级电站全部建成后,预计年发电可达600亿度。龙滩水电站建成投产后将有一半电量送往广东。这些丰富的资源,为两广产业合作发展打下了坚实的基础。① 同时,广西在高岭土、锰矿、铝土矿等方面具有明显的比较优势。

——路网互通。经过多年建设,广西基本构建形成了江海陆空并举的现代交通运输体系。新建的公路、铁路、水路、港口与机场相继投入使用,每周开通300多个国内外航班,为全国各地尤其是广东进军东盟市场和西南市场创造了良好的交通环境。南广高速铁路和贵广高速铁路全线建成通车,将粤桂两省区全面带入高铁时代,一批关键基础设施和瓶颈路段的打通,将进一步提升两广之间互联互通能力。

---

① 庞革平:《两广合作潜力巨大》,《人民日报》2014年2月27日。

——产业互补。广西拥有丰富的矿产资源、较低的人力成本和特有的区位条件；广东具有显著的市场优势、丰富的教科资源和充沛的资金来源，在传统产业转型升级和新兴产业培育壮大方面先行一步。广东在家用电器、移动通信设备、计算机及配件、集成电路等领域具有显著优势，尤其是深圳经过多年的努力，已经成为我国创新要素最集聚、市场要素最活跃、创业氛围最浓厚的城市之一，这些先进产业、先进要素和先进经验的引进，对于广西产业提质增效升级具有非常重要的意义。两广在汽车、钢铁、有色金属、水泥建材、制糖、农产品加工等传统产业转型升级和生物医药、现代服务业、休闲旅游、海洋产业、智能制造等新兴产业培育壮大方面具有较大的合作空间。

——合作互助。1996年，中央决定广东对口帮扶广西后，双方合作迈上了新台阶。特别是"十一五"以来，两广相继签署《"十一五"广东广西扶贫协作计划纲要》《关于进一步加强两省区合作的协议》《关于建设粤桂合作特别试验区的指导意见》等一系列合作文件，两广在经贸、交通、能源、投资、旅游、环保、劳务等方面合作取得显著进展。扶贫协作、文教卫等领域的合作不断深化，全方位的合作模式初步形成，高层互访等合作机制不断健全和日益密切的交流合作使广东在原材料、劳动力、市场等方面获益良多，为广东经济社会发展提供有力支撑，更使发展滞后的广西得到大量来自广东的先进生产力和先进技术，不断拓展和深化的交流合作关系，为两广产业合作园区建设奠定了良好的合作基础。

（二）共建合作园区的综合评估

——两广产业发展层次和发展水平存在差距，但产业特色各异，产业合作的互补空间很大。近年来，广西充分发挥区位优势和资源条件，全力培育千亿元产业和特色优势产业，形成了以制糖、铝业、电力、汽车和工程机械、林浆纸和林产林化、钢铁、有色金属、石化、医药、食品、建材等为主的一批优势产业。广东是中国最早和最重要的对外通商口岸之一，是我国综合经济实力最强大、制造业最发达、市场容量最大、对外贸易最活跃、投资环境最理想、旅游产业最发达、现代服务最强劲的地区之一。广东已形成以纺织服装、食品饮料、电子加工、家具制造、家用电器、建筑材料、金属制品、轻工造纸及中成药制造等产业为主的优势产业体系，生产技术配套齐全，产业竞争能力强。

——开展产业深度合作是两广各自实现产业转型升级和提质增效的共同需求。两广开展产业深度合作，发展需求各有不同，利益诉求各有差异。广东面临着人口承载密度过大、土地资源相对不足、资源消耗强度过高等压力，"十二五"期间广东全省劳动力供求缺口超过100万，因此广东对广西的需求主要在于资源和劳动力。广西可以为广东提供自然资源和劳动力，有助于广东产业规模的扩大和经济效益的提升，进一步促进广东的区际生产专业化分工。而广东则为广西提供生产必需的技术、资金等，有助于广西产业结构和产业内部的优化升级，进一步推动广西的区际生产专业化分工。共建产业合作园区有助于两广各取所需、各展其能、深化分工、紧密联系。

——共建产业合作园区是两广实现政策互惠、资源共享，共同开拓市场空间的必然选择。广西拥有丰富的劳动力资源、矿产资源和绝佳的区位优势，能够与广东的市场、资金、技术、经验等优势资源形成互补。随着中国—东盟自贸区升级和两广一体化建设进程进一步加快，贵广和南广高速铁路的建成通车，两广产业合作势必进入新的阶段。广西可以充分依托作为中国—东盟自由贸易区重要枢纽和"一带一路"有机衔接重要门户的区位优势，整合发挥西部大开发政策、少数民族区域自治政策、边境地区优惠和沿海地区开放政策，充分发挥资源、能源、土地、劳动力等优势，利用广东先进生产力、先进管理方式和资金、技术、人才、市场、管理等先进要素与广西的区位、资源、生态、政策等优势结合起来，互补发展。

——共建跨省产业合作园区在区位条件、资源禀赋、经济实力、产业合作等方面具有较强的可行性。从区位条件来看，两广都有独特的区位优势，泛珠战略要求广东要有一个更大的腹地，山水相连、人文相通的广西是其重要选择；从资源状况看，广西有着丰富的矿产、水利等资源，而广东有着较强的经济实力、开发能力和对资源的迫切需求。广西基本形成了以糖业、铝工业、汽车、工程机械、有色金属、石化、林浆纸等为主要构成的产业体系，具备与广东开展产业合作的良好基础；从经济实力看，两广存在着显著的梯度，存在产业梯度转移的可能；从产业合作看，广西积极支持广东的电子、医药、食品、服装、建材等产业在桂开展产业对接，广东则支持广西的制糖、铝工业、汽车、工程机械、钢铁、石化等产业赴粤进行合作；从现代服务业看，两广间的产业合作空间广阔，除了旅游业外，物流业合作将是未来的重点,广东要走向东盟,与广西共同建设中国—新加坡经济走廊是一个重要的战略选择。

(三)经验借鉴:基于国内外产业园区合作的总结

当前,产业合作园区建设主要分为国家跨境产业合作园区和国内跨省(跨地)产业合作园区建设,其中中新(苏州)工业园、中马"两国双园"、中以国际科技合作产业园、中德(佛山)工业服务区、中德(揭阳)金属生态城、中德(青岛)生态城是国际跨境产业合作园区的典型代表;苏滁现代产业园、广佛肇经济合作园、粤桂合作特别试验区、昆明深圳工业园、江西吉安(深圳)产业园是国内跨省(跨地)产业合作园区的典型代表,这些园区为推进区域产业发展、实现产业一体化建设发挥了重要作用,积累了较多实践经验。

1. 国际产业园区合作建设经验

——要首先确立产业合作园区建设协调机制。推进产业合作园区建设,尤其是在推进国际跨境产业合作建设过程中,必须首先确立推进园区建设的协调机制。广东省对于推进建设中德(佛山)工业服务区给予了高度重视,2011年6月,时任中共中央政治局委员、广东省委书记汪洋率团与德国相关机构达成合作协议,随后广东省政府与德方签订了战略合作框架协议,并进行了多次磋商,进而确立了中德(佛山)工业服务区建设协调机制。推进两广跨省合作产业园区建设,必须确立高层协调磋商机制,加强协调配合,明确双方职责,定期召开联席会议,及时研究园区建设中所存在的问题和面临的挑战,积极制定相应的对策措施,解决园区规划、融资、用地等问题。

——要不断优化产业合作园区管理运行机制。建立怎样的产业合作园区管理运行机制,是决定园区建设成功与否的关键。中德(揭阳)金属生态城采取"党委领导、政府指导、协会组织、公司营运、市场化运作"的建设模式,园区内不设类似"管委会"的一级政府机构,相关政府职能按照规定由社会组织承担,逐步转移给金属企业联合会实施。揭阳市政府通过机构驻点、现场办公、网上办事等形式,并设立行政管理服务平台统一实施。推进两广跨省产业合作园区建设必须率先着力园区管理运行体制建设,采用公司化管理的市场运营方式,形成一套"政企分开,市场运作"的先进管理模式,避免财政收入与开发收益混淆不清等问题。

——要明确产业合作园区的发展定位,充分体现园区发展的专业化建设。推进产业合作园区建设,必须在园区战略功能尤其是产业发展方面给予明确的定位,只有明确了定位,园区建设才能实现特色化、专业化。中德(青岛)生态园明确提出要把自己打造成为世界范围内具有广泛示范意义的高端产业生态园区、世界高端生态企业国际化聚集区、世界高端生态技术研发区和宜居生态示范区。中德(揭阳)金属生态城建设充分突出专业化产业定位和运营管理职能的市场化转移,重点建设中德资源再生基地,并委托专业行业协会负责园区的运营管理。推进两广跨省合作产业园区建设,必须对园区进行明确分工和准确定位,产业园区有所侧重发展,使园区内加工制造业产业链条得到最大限度的延伸,推动园区内集群化工业的发展。

——要充分利用和借助发达国家先进生产要素,带动欠发达和发展滞后的产业体系。开展产业合作园区除了立足资源互补和产业协同之外,一个很重要的原因就是要以发达国家或发达地区的先进生产要素带动欠发达地区发展滞后的产业。中德(佛山)工业服务区、中德(揭阳)金属生态城等产业合作园区都是通过对接国际最先进制造水平的技术合作平台,将发达国家的技术、人才、产品、产业实现嫁接,同时以先进、高效、完善的高技术服务体系向省内乃至国内输出品牌。因此,推进两广跨省合作产业园区建设,要积极引进广东现代物流、现代服务业、旅游、现代职业教育、现代农业、生态环保和智能制造等高端、新兴产业,从深层次助推广西产业转型升级,加快实体经济的内涵式增长。

2. 国内产业园区合作建设经验

——要加强园区载体建设,打造产业合作平台。推进产业合作园区建设,尤其是在推进跨省产业合作建设过程中,必须加强园区载体建设。以广佛肇经济合作区为例,合作园区的建设打破了行政区划的障碍,在有效分工合作的基础上,推动要素跨区域流动,实现资源要素跨区域的最优配置,实现资源利用的最大化。因此,两广跨省产业合作要充分利用资源优势,注重开发区、工业园区和工业集中区等载体建设,要抓好园区的发展定位、整体规划布局以及基础设施建设,加强园区基础设施建设,完善园区功能和配套条件,打造两广产业合作的良好平台。

——要实施园区产城一体化建设，加快合作园区提质增效升级。推进产业合作园区建设，必须注重产业功能、城市功能、生态功能的相互融合，实现产城一体化发展。苏滁现代产业园遵循"产城一体、节能环保、生态优化、产业园地"等全新理念，重点打造高科技产业园、现代服务园、文化创意园。推进两广跨省合作产业园区建设，必须加快推进园区基础设施建设和产业项目建设，严格按照产业布局规划，合理布局产业配套设施，加强基础设施和公共服务设施建设，形成产业、生活、环境协调运行机制，加快促进产城一体化建设。

——要提升产业合作园区承接层次，带动园区产业技术升级。推进产业合作园区建设，必须提升产业合作园区承接层次。昆明深圳工业园通过对云南和深圳产业的静态和动态分析，选择电子信息产业、装备制造业、光电子产业、生物产业、物流产业，以及符合出口加工区产业导向的产业作为重点合作产业。推进两广跨省合作产业园区建设，必须注重传统优势产业的提升，注重高新技术产业的发展。重点加强对先进制造业的引进和成绩产业转移，鼓励发达地区大型企业投资广西高新技术产业、战略性新兴产业等，以高新技术产业带动广西传统产业技术改造和技术升级。

——要创新产业合作园区投融资模式，推动园区产业快速发展。推进产业合作园区建设，必须创新合作园区投融资模式。借鉴珠海横琴新区的投融资创新模式，大力推动金融业务创新，在金融机构准入、金融市场开拓、金融产品开发等方面大胆创新，务实推进。创新融资渠道，大力发展租赁融资。支持开展个人本外币兑换特许业务试点，探索开展个人项下人民币与澳门元、港元在一定额度内的双向兑换试点。因此，推进两广跨省合作产业园区建设，必须拓宽投融资渠道，通过成立控股公司、股权融资、项目融资等方式，建立多元化的产业投融资机制，实现投融资主体多元化、投融资渠道多样化、投资决策科学化和投资建设社会化，合力推动产业快速发展。

——要下放产业合作园区审批权限，提高园区事园区办效率。推进产业合作园区建设，必须下放产业合作园区审批权限，能放就放，不要假放，让政府真正回归管理服务的主体角色。安徽省宿州市将172项行政审批和管理权限下放宿马现代产业园区，园区政务服务中心实行"一门进""一费清""一章结"制度，切实提高了办事效率，有力推动了项目建设和园区发展。因此，推进两广跨省合作产业园区建设，必须下放省级管理权限，赋予管委会行政审批权、经济考核权和社会事务管理权等权限，确保"园区事园区办、企业事高效办"要求，为跨省产业合作园区可持续常态化发展提供制度性保障。

二 两广跨省产业园区建设新模式

（一）总体思路

紧紧抓住全面深化改革、珠江—西江经济带开放发展、实施"双核驱动、三区统筹"发展战略等重大机遇，以粤桂合作特别试验区、桂东承接产业转移示范区等为先行区，立足珠江—西江经济带开放发展和两广一体化建设，以引进来为主、以走出去为辅，加强省际互动，积极借鉴先行经验，重点引进和联合广东龙头企业，引入先进生产要素，强化产业联动发展，在现代物流、生产性服务业、旅游合作、现代农业、现代职业教育、生态环保和智能制造等领域设立一批综合性、专业性的现代产业园区，进一步优化产业空间布局，以跨省产业合作园区建设，科学推进两广产业一体化进程，努力实现产业转型升级和经济发展方式转变。

（二）合作原则

——政府引导，企业主导。加强政府财政资金、激励政策的前期扶持作用，重点做好空间布局、产业规划和基础设施建设等，强化政府对产业合作园区建设的引导作用，充分发挥市场的主导作用，着力强化企业专业化运营管理机制。

——产业互补，链条衔接。从两广产业结构调整需要出发，在农业、工业、物流、现代服务业和旅游等领域，选准互补性强的产业，大力推进两广区域性的产业互补，形成完整的产业链条。

——统一规划，独立运作。两广产业合作园区建设要按照"整体规划、合理布局、分期开发、滚动发展"的原则，要做好产业合作园区水、电、路等基础设施的规划建设，力避重复建设，以免造成资源、资金浪费。

——共建共享，互利互惠。两广本着资源共享、优势互补、互惠互利、友好合作、共同发展的原则,在工业、农业、科技、商贸、城建、交通、旅游、文化等领域共谋发展,实现共赢发展,打造两广经济升级版。

——生态建设,绿色发展。坚持生态循环的建设理念,通过"减量化、再利用、资源化"加以体现,探索两广跨省区生态环保共建共享新模式,促进经济发展与生态环境相协调,实现可持续常态化发展。

(三)合作新模式

随着区域经济一体化步伐的进一步加快,两广产业结构调整联系日益紧密,相互影响力与牵引力日益增强,为实现两广跨省产业结构的互动调整与联动升级,在分析国际跨境、国内跨省产业对接合作的基础上,探索提出两广跨省产业合作的新模式。

1. 对口共建模式

依靠行政组织力量,在百色、河池、崇左等市选定相关产业园区或划定一定空间范围,与广州、东莞、佛山发达地区政府共建,整合发达地区的资金、人才、信息、管理经验等,统筹谋划园区发展规划,实施精准招商,推进百(百色)广(广州)生态产业园、河(河池)东(东莞)生态产业园、崇(崇左)佛(佛山)生态产业园,并达成对口共建项目共同实施、共同推进的共识,明确双方共同管理援建项目,定期研究解决项目建设管理问题,提出政策建议,对共建工程加强监督检查。

2. 委托管理模式

借鉴上海外高桥江苏启东产业园建设经验[①],依托贵广、南广高铁经济带和珠江—西江经济带,在贺州、玉林、百色等市选定相关产业园区或划定一定空间范围,建立粤桂现代农业合作产业园,引进具有管理经验、资金雄厚和技术优势的广东企业,全权委托其运营操作,包括基础设施建设、产业招商等。贺州市、玉林市、百色市粤桂现代农业合作产业园可通过委托管理方式,明确广东企业的职责,阐明双方的利益分享机制,划定利益分享比例。

3. 股份合作模式

在南宁国家高新技术产业开发区、南宁国家经济技术开发区、五象新区、

---

① 上海外高桥江苏启东产业园,上海、启东共同出资3.2亿元成立合资公司,各占股本60%和40%,税收等收益按照6:4分成。

桂林国家高新技术产业开发区等园区内建设粤桂企业专业园区，交由双方商定的合资股份公司或者有某一方企业单独管理，由公司负责园区的整体规划、投资项目、招商引资等工作，收益双方按一定比例分成。鼓励与引导投资者以资金、技术、设备及其他方式入股，开发园区以土地作价及其他方式入股。通过引入股份合作制，提高合作积极性和参与度，实现规范化运作方式，这种模式尤为适宜引进资金实力较强、项目开发建设和管理运营经验丰富的企业。

4. 共推共建模式

进一步加强与广东省各级政府、开发园区、大型企业集团、战略投资者及市内县区政府合作，把两广合作共建园区作为促进精准承接、组团承接和有序承接的重要路径，不断扩大创新共建机制、共建范围，提升共建层次。要充分依托珠江—西江经济带开放发展上升为国家战略，建立产业园共推共建机制，鼓励投资者以资金、技术、设备及其他方式入股，开发园区以土地作价及其他方式入股，积极发挥粤桂合作特别试验区先行经验，按照"政策叠加、择优选择、先行先试、长效合作"的原则，采用共同管理、合作共建、风险共担、利益共享模式，建立两广高层定期互访制度、常态化联席会议机制，因地因事制宜，大胆探索创新，实施共推共建合作模式，在现有合作基础上，由两广政府共同出资组建产业园区合资公司，加快成立粤桂产业园区建设投资主体。

5. 企业主导模式

以政府主导建设的产业园区往往难以适应未来市场变化和产业变革趋势，甚至会制约产业园区的快速发展，这是市场经济环境下的一个基本规律。因此推进两广产业合作园区建设，必须牢固树立政府引导、市场主导的理念，积极探索建立适应市场需求、顺应市场趋势的发展模式，加快建立企业主导的园区运营管理模式。在南（南宁）广（广州）现代服务业产业园、柳（柳州）佛（佛山）现代服务业产业园、桂（桂林）深（深圳）现代服务业产业园、粤桂智能制造产业园等合作产业园区建设过程中，要始终坚持"政府引导、企业主导、市场运作、政策扶持"的管理运营模式，共建产业园区合资公司，产业园区日常管理、招商引资等工作交由企业来管理。

6. "走出去"模式

大力实施本土优势企业"走出去"战略，积极鼓励和引导工程机械、汽车、冶金、民族医药等产业领域龙头企业加快"走出去"步伐，到广东办厂设点,充分利用广东的区位、资金、人才、技术等先进生产要素,进一步做强做优企业,促进带动一批中小企业快速发展。积极鼓励区内中型企业共同出资组建合资公司,实施"联合走出去"发展战略。重点加快广西龙头骨干企业走出去步伐,带动更多中小企业走出去,壮大走出去队伍。大力推进资源产品走出去,充分利用广西特色资源优势,借助广东人才、技术、科研、资金、设备等先进生产要素,实现资源就地精深加工再输出。

7. 产业联盟模式

依托两广十市区域旅游合作联席会议,着力加强两广旅游产业合作,积极推进梧州市和肇庆市、玉林市和湛江市旅游合作。借鉴桂林市与海南省海口市、三亚市两地三市旅游战略合作模式,建立桂林、河池与广州、深圳等之间长期稳定的旅游战略合作伙伴。穗深两地企业作为投资主体,负责招商引资、旅游路线策划、市场培育工作,共同开展旅游联合推介营销,充分发挥高铁经济带效应,打造珠江—西江经济带精品旅游线路,这一模式可逐步推广延伸到其他相关产业领域的合作发展。

8. 生态协作模式

加强与湛江市合作,在玉林市建立生态产业园区,大力发展绿色循环低碳产业。推进玉林市和湛江市制定北流河流域保护机制,建立联合监测、汛期联合打捞、联合执法、应急联动等机制,加快出台《玉林市湛江市北流河生态补偿协议》,建立地区间横向生态补偿制度,湛江市每年给予玉林市一定金额的财政补助,玉林产业发展则以绿色生态型产业为发展导向,保障北流河生态环境及水质质量。玉林市与湛江市加快建立北流河流域生态补偿机制,推进资源保护与生态补偿常态化、长效化。促进北流河流域上下游经济社会协调可持续发展。

表2 合作新模式优劣分析

模式	优势分析	劣势分析
共推共建	享受省级政府在项目布局、土地政策、财政政策、金融服务、基础设施、环境资源、人力资源和体制机制等相关产业政策扶持。	1. 可能会带来管理层的人员调动,科技人员的调配; 2. 短时间内难以形成科学高效的管理机制; 3. 磨合效应突出。

续表

模式	优势分析	劣势分析
股份合作	1. 双方依据合作协议形成明确分工关系； 2. 权责对等，利益共享； 3. 有利于摆脱行政束缚。	1. 合同关系复杂时，内部组织协调工作量大，地区意志难以得到充分体现； 2. 一旦有股东方退出，合作将可能停滞。
企业主导	1. 企业能够实施专业化运营管理； 2. 招商引资更加符合市场发展规律； 3. 有助于形成专业发展特色。	1. 难以享受到更多的优惠政策； 2. 存在一定的市场风险。
"走出去"	1. 能满足未来一个时期发展需要的空间； 2. 产品出口或"走出去"具有比较明确的指引或渠道。	1. 企业品牌的异地效应不突出，可能过多依赖于合作方； 2. 存在一定市场风险，尤其是在市场开拓与消费者接受方面。
产业联盟	1. 合作分工明确； 2. 项目进展快； 3. 有利于强化各地间信息的互通交流。	1. 参与方较多，协调难度较大； 2. 合作密切程度较低； 3. 容易受政府届别变化影响。
生态协作	实现区域经济、社会、环境的持续、快速和协调发展，生态环境质量提高。	1. 建设周期长； 2. 前期投入多； 3. 经济效益少等。

三 两广跨省园区合作重点

两广跨省产业合作园区建设应当充分借助贵广高铁、南广高铁建成通车契机，紧抓珠江—西江经济带上升国家战略等重大机遇，积极推进南广高铁经济带和贵广高铁经济带建设，共建粤桂现代物流产业园、粤桂现代服务业产业园、粤桂对口共建产业园、粤桂旅游合作产业园区、粤桂现代职业教育合作产业园区、粤桂现代农业合作产业园区、粤桂生态环保产业园区和粤桂智能制造产业园区等，充分发挥各自优势，力求实现互利共赢。

（一）粤桂现代物流产业园

布局依据：《珠江—西江经济带发展规划》中指出贵港位于西江经济带中游，处于珠江—西江经济带"心脏"位置，是六大主要港口之一，有着优越的地理位置和突出的资源禀赋，要主动融入珠江—西江经济带开放发展，建设西江流域港口枢纽城市。目前,贵港市全力推进东津现代物流园区建设,东津现代物流园区是贵港市参与珠江—西江经济带建设和打造承接东部产业转移示范基地的重要载体。建议在东津现代物流园区的基础上建立粤桂现代物流产业园,有利于充分发挥贵港市在经济带的区位优势,加快建设西江综合保税区,成为西江黄金水道的航运中心和区域现代物流中心。

推进实施:紧抓珠江—西江经济带全面开放合作、两广一体化加快推进等机遇,充分依托贵港港,进一步加强与广东的深度合作。积极引进广东大型企业(尤其是大型专业化物流运输企业)在贵港市布局建立粤桂现代物流产业园,依托东津现代物流园,将贵港港打造成为珠江—西江经济带的现代物流中心枢纽。加强与南(南宁)广(广州)高速铁路、南(南宁)梧(梧州)高速公路、珠江—西江经济带的衔接,大力发展多式联运,形成以珠江—西江水运大动脉为主导的水陆空多式联运立体交通体系。加快推进贵港市西江综合保税区建设,重点发展交通运输、仓储和物流业、生产性服务业,着力构建港口作业区、保税物流区、出口加工区和管理服务区。粤桂现代物流产业园和西江综合保税区的建设,有助于实现江海联动,打造珠江—西江航运中心和现代物流中心。

(二)粤桂现代服务业产业园

布局依据:国务院《关于加快发展生产性服务业促进产业结构调整升级的指导意见》(国发〔2014〕26号)指出,加快发展生产性服务业,是结构调整、促进经济稳定增长的重大措施,既可以有效激发内需潜力、带动扩大社会就业、持续改善人民生活,也有利于引领产业向价值链高端提升。近年来,南宁市为优先发展生产性服务业,加快服务业转型升级,相继出台了《南宁市加快现代服务业发展的若干政策》(南府发〔2013〕27号),编制实施《南宁市服务业三年提升发展计划》,为现代服务业发展谋篇布局。2012年,柳州市人民政府出台了《柳州市关于支持服务业发展的若干措施》(柳政办〔2012〕189号),2014年,柳州市统筹实施73项服务业类重大项目,其中生产性服务业项目25个,广西柳州汽车城生产性服务业集聚发展示范区面积达248平方公里。广东省引进德国相关机构在佛山设立了中德(佛山)工业服务区,取得了先行经验。建议借鉴中德(佛山)工业服务区先行经验,在南宁市、柳州市、桂林市等地建立粤桂现代服务业产业园，并联合德国相关机构，提升广西现代服务业发展空间及资源配置的能力，增强中心城市集聚辐射和综合服务功能。

推进实施：充分依托南广高铁、贵广高铁建成通车的机遇，进一步增强广西产业承接转移能力。充分借鉴广东工业设计城和中德（佛山）工业服务区先进经验，以研发设计、金融服务、文化创意、信息技术服务等产业为切入口，引进中德（佛山）工业服务区运营商，在南宁市、柳州市、桂林市等地区建立粤桂现代服务业产业园，重点发展金融服务、研发设计、服务业外包、区域性总部经济、养生健康长寿、电子商务、文化创意、2.5产业、都市型等产业。引进华南理工大学、中山大学、广西大学、桂林电子科技大学等高等院校入驻现代服务产业园，建立研发设计高校培训基地和产业协同创新联盟。

（三）粤桂对口共建产业园

布局依据：2000年9月，广州市与百色市共同签订《关于工业对口帮扶的合作协议》。党中央、国务院确定沿海经济发达地区对口帮扶西部落后地区，广东省委确定广州市对口帮扶百色地区后，广州市积极行动，认真开展帮扶百色消除贫困工作。《"十二五"广东广西扶贫协作规划纲要》，提出在广州与百色、东莞与河池对口帮扶的基础上，进一步扩大区域的结对帮扶，增加佛山市对口帮扶崇左市，在百色、河池、崇左三市建立对口共建工业园区，实现广东产业的转型升级换代和广西产业承接的对接。

推进实施：积极围绕广西特色优势产业，整合发挥广东的人才优势、技术优势、管理优势和广西政策优势、资源优势、生态优势、区位优势，积极推动两地间企业合作发展，鼓励广东各类园区与广西各类产业园区接对子，开展各类产业合作交流。积极推动广西与广东产业对口协作与发展，支持广西重点产业和特色优势产业转型升级，促进两地深层次交流合作，共同构建互利共赢的区域协调发展新格局。结合左右江规划生态扶贫移民工程，加强广州与百色、东莞与河池、佛山与崇左等合作，重点建设百（百色）广（广州）生态产业园、河（河池）东（东莞）生态产业园、崇（崇左）佛（佛山）生态产业园，构建珠江上游重要的生态安全屏障。

(四) 粤桂旅游合作产业园区

布局依据：旅游业是现代服务业的典型代表，产业链长，融合生产要素多，对地方经济发展和富民增收具有直接且显著的作用，建设旅游合作产业园区有助于引进广东先进管理经验和开发模式，促进旅游资源深度开发和产业转型升级。2013年，全区接待入境过夜游客391.54万人次，同比增长11.78%；旅游总人数2.47亿人次，同比增长16.70%；旅游总收入2057.14亿元，同比增长23.95%。旅游业已成为广西的特色支柱产业。建议选择在桂林市（或贺州市、百色市）建立粤桂旅游合作产业园区，借助贵广高铁、南广高铁的建成通车契机，加大旅游资源开发力度，完善旅游软硬件设施建设，提高旅游服务质量，显著增加旅游客源，实现旅游转型升级，加快国际旅游胜地建设。

推进实施：依托广西丰富的旅游资源优势，利用广东先进管理经验和技术优势，充分发挥广西旅游发展集团等投资主体的作用，进一步加强两广旅游产业合作。依托贵广高速铁路，大力发展高速铁路经济带产业，充分利用桂林旅游资源的高知名度和市场品牌，在桂林市建立粤桂旅游合作产业园区，重点发展旅游文化创新产品开发、观光旅游产品、休闲度假旅游产品、专项旅游产品、商务会展旅游产品等系列产品，依托桂林旅游高等专科学校，在粤桂旅游合作产业园区建立旅游专业人才培训基础，积极推进两广旅游经济一体化建设。依托贺州良好的生态资源优势，重点发展以森林生态旅游、自然地质旅游、温泉保健旅游为特色的生态休闲游，利用广东资本、技术、管理、旅游综合体等优势，把观光、生态、休闲、养生、养老、体验等作为休闲养生旅游的重要内容，融生态观赏、休闲度假、养生度假、民俗文化、乡村休闲等为一体，建立粤桂（贺州）生态健康旅游产业园。深化"两广十市"上山下海智慧旅游合作，大力实施多元化开发和山海联姻战略，积极组织参加两广博览会，联合打造微信平台，实现智慧旅游，进一步开放旅游市场，重点推进两广十市区域旅游市场一体化建设，打造区域旅游形象、旅游品牌和旅游线路，促进旅游投资、人才培训和交流，构建旅游合作、互补共赢的区域旅游发展环境。

（五）粤桂现代职业教育合作产业园区

布局依据：职业教育是科学技术向现代生产力转化的重要途径，技能型人才在推动经济社会发展方面起到科技人才和管理人才无法替代的重要作用。目前，广西高等院校主要集中在南宁市、桂林市，但名牌大学极度紧缺。柳州市科技自主创新、产业聚集能力、核心竞争力显著提高，但柳州市职业教育方面明显落后，仅有一所二本学院（广西科技大学），无力支撑企业创新发展，也难以开展协同创新。切实抓好职业教育是下一步广西工业实现转型升级的"关键一招"，一大批具有较高技能水平专业人才的集聚将对广西应对新常态产生长远影响。建议在柳州、南宁、桂林建立粤桂现代职业教育合作产业园区，整合广西科技大学和来宾市相关资源，加快职业教育融入广西工业化、城镇化和现代化进程，发挥职业教育的主力军、引头羊、创业者的作用。

推进实施：充分利用柳州市、来宾市地处桂中和珠江—西江经济带的区位条件，大力开展粤桂合作职业化教育，依据两地产业发展，形成特色鲜明，功能分区的职业化教学体系，开展粤桂合作建立来（来宾）柳（柳州）广（广州）、南（南宁）广（广州）、桂（桂林）广（广州）职业教育合作产业园，以职业技术教育、配套产业为主，集商业服务、医疗卫生、居住于一体的职教产业综合园区，为粤桂合作和珠江—西江经济带建设提供人才支撑。

（六）粤桂现代农业合作产业园区

布局依据：加快现代农业布局和发展是进一步推动城乡统筹、培育优势特色产业、转变农业发展方式的前提与基础。目前，南宁市已在加快推进中国—东盟（南宁）现代农业园建设，以农业生产为基础，重点发展国际农业合作、农产品加工流通，以及农业观光、休闲度假和科普教育。中国—东盟（南宁）现代农业园建设为广西跨省农业合作提供新载体，为发展现代农业树立新样板，更为农业科技成果产业化搭建新平台。建议借鉴中国—东盟（南宁）现代农业园建设经验，采用合作共建模式，在贺州市、玉林市、百色市等建立粤桂现代农业合作产业园区，建设农业科技成果展示基地及农业科技培训基地。

推进实施：充分挖掘贺州市、玉林市、百色市的区位条件，进一步挖掘三市的特色资源优势，加强与广东省交流合作，在贺州市、玉林市、百色市等建立现代农业合作产业园，构建种植区、观光区、体验区、休闲养生区、研发区、配送区、服务区等功能区，重点发展蔬菜种植、大棚水果种植、药材种植、香草种植和大型生猪、家禽养殖场等循环农业，建立电子商务平台、蔬菜物流配载中心、蔬果产业观光园、农家乐休闲体验中心、餐饮服务中心等，积极引进华南农业大学、广西大学、广西农业科学院等高等院校及科研机构入驻现代农业合作产业园，建立研发基地，开展蔬菜、果树、药材等新品种试验种植和新技术应用，打造成为西南中南华南地区现代农业产业示范基地。

（七）粤桂生态环保产业园区

布局依据：生态资源环境制约是当前我国经济社会发展面临的突出矛盾，解决生态环保问题，是扩内需、稳增长、调结构，打造经济升级版的重要而紧迫的任务。广西是广东水源上游，两广应进一步加强沿江生态环保合作。鹤地水库作为湛江市水源地，直接影响下游400万人的饮水安全，北流河的水质好坏严重影响鹤地水库水质和湛江市人民饮水安全，陆川县的产业发展对鹤地水库水质具有直接影响。建议选择在玉林市陆川县建设粤桂生态环保产业园区，创新合作模式，从源头控制污染，走互利共赢之路，避免重蹈先污染后治理的覆辙，实现两广尤其是玉林市、湛江市在产业发展和生态环保建设领域的互助互补、合作共赢。

推进实施：借鉴安徽、浙江两省建立新安江流域生态补偿机制试点的成功经验，加快推进两广珠江—西江流域生态补偿机制建设，出台《玉林市湛江市生态补偿机制试点建设意见》，力争设置补偿基金每年5亿元（中央3亿元、两省各出资1亿元），年度水质达到考核标准，广东拨付给广西1亿元；水质达不到标准，广西拨付给广东1亿元；不论上述何种情况，中央财政3亿元全部拨付给广西。试点资金专项用于处于鹤地水库上游的陆川县流域产业结构调整和产业布局优化、流域综合治理、水环境保护和水污染治理、生态保护等方面。引进广东科技型、生态环保型企业，在玉林市陆川县建立粤桂生态环保产业园区，严格限制产业入园标准，积极发展战略性新兴产业和绿色循环低碳产业，积极配套湛江钢铁基地建设，努力提高固体废物综合利用率，打造成为区域性示范区生态环保产业园。

（八）粤桂智能制造产业园区

布局依据：智能制造是国家制造业2025战略的核心内容，加强智能制造产业发展对实现工业提质增效升级至为关键，这其中以工业机器人为主要组成的机器人产业正在成为第三次工业革命背景下的战略性新兴产业。总的来看，"机器换人"已成必然趋势，已覆盖工程机械、汽车、食品、医用医药、电子加工、能源电网等诸多行业。柳州市具有机器人推广应用和开发生产的良好基础，全市已有近60家企业推广使用各类机器人，主要涉及种类为焊接机器人、喷涂机器人、搬运机器人、装配机器人、上下料机器人等，全市有意向使用工业机器人的企业达到83.3%，广州数控等企业和东莞、深圳等地在机器人领域有较强的发展储备。建议在柳州市建立中国—东盟（柳州）机器人产业园区，建立面向我国西南中南地区及东盟国家的机器人生产及应用示范基地，对广西智能制造注入新的活力，形成产业发展的"鲶鱼效应"。

推进实施：依托柳州市汽车、工程机械两大核心产业，加快引入广州数控及深圳、东莞等机器人企业，整合发挥上汽通用五菱、柳工等企业研发创新能力，成立自治区级机器人应用推广协会，建立机器人发展基金。要积极借助广东等国内领先研发力量，加快引进广东相关智能制造领域企业，采用企业主导模式，加快建立具有竞争力的自治区级机器人研究中心和智能制造产业基地，重点开展柳州工业机器人的开发应用，推进建设中国—东盟（柳州）机器人产业园，积极开发推广汽车、工程机械、食品、医药等领域的工业机器人，探索开发服务机器人。开展面向沈阳新松、哈尔滨博实、广州数控等国内外数控系统专业供应商企业，重点发展定点状态和移动状态机器人，立足汽车、工程机械、装备制造等产业发展基础，开发适合制造业的焊接、搬运、装运和各类性价比高的专用机器人。以机器人产业为切入点，加快智能制造产业发展和工业整体转型升级。

四　机制建设和保障措施

（一）完善组织引导机制

要尽早健全完善推动两广产业合作组织领导机制，建立两广联席会议协调机制，确定规划同筹、建设同步、运输一体、工作协同的工作原则。两广要高度重视跨省产业合作园区建设，做好招商引资工作，加强跨省产业合作园区软硬环境建设。要理顺关系，加强两广跨省产业合作园经济组织的规范化管理，研究出台《两广跨省产业合作园区管理办法》《关于全面加强招商引资工作的实施意见》《关于推动两广跨省产业合作发展的决定》《关于建立工业项目联审联批例会制度》等意见以及两广跨省产业发展考核奖励办法等配套政策文件，使战略部署得到较好的贯彻落实。

（二）组建园区投资主体

积极推进两广产业园区合作建设，要充分借鉴国际跨境产业园、国内跨省（地）产业园建设的先进经验，建立适合两广产业合作园区建设实际的新模式。按照"政府引导、企业主导、市场运作"的发展模式，共建产业园区企业投资主体，合作双方按比例共同出资成立合资公司，合资公司作为跨省产业合作园区的建设投资主体，统一负责产业园区的基础设施建设、资金筹集和运用、土地开发和土地使用转让、房产经营，创造良好的投资环境，吸引国内外资金、人才和先进技术，全面行使跨省产业合作园区的管理职能。

（三）建立对口合作机制

对口合作，是在对口援建建立的深厚感情和相互了解基础上，以对口援建"对子"为对应关系，以长远发展为目的，以政府为引导、企业为主体、产业为中心、市场为导向、利益为纽带，以互动互补、互惠互利为动力的区域经济统筹协调发展态势。百（百色）广（广州）生态产业园及河（河池）东（东莞）、崇（左）佛（山）生态产业园建立的对口产业发展机制，要结合各自的优势和特点，引导和支持产业开发。以互利共赢、利益分配为动力的经济社会协调保障系统工程，引导两广金融机构和商贸企业等参与跨省产业合作园区建设。在建设过程中，一方面要充分发挥政府引导和扶持作用，另一方面，要严格尊重市场规律，让企业在对口合作中发挥充足的作用。

（四）创新组织考评机制

及早建立跨省产业合作园区考评机制，考评范围限定在园区成立后新投资的基础设施和新引进的企业。产业合作在共建园区获省级认定当年，注册资金、机构人员、办公场所、招商项目"四到位"，共建园区认定满1年以上的业务总收入、一般预算收入等主要考核评价指标的当年增速都要达到省级开发区的平均增幅以上，对满足上述条件的园区，考评合格。对严重违反国家产业政策、土地政策、节能政策、环保政策及城市建设规划的共建园区为考评不合格。对年度考评合格园区，要进一步加大产业扶持资助。对不合格园区，提出限期改正要求，并暂停享受奖励政策。对整改后不符合要求的园区，撤销共建园区资格。对排名在共建园区总数前1/4的园区，根据建设用地年度计划总量情况，给予建设用地指标奖励。

（五）发挥市场决定作用

两广跨省产业合作园区建设要充分发挥市场力量的决定性作用，坚持用市场理念引领体制机制创新，用市场化改革释放发展活力，用市场办法突破资金瓶颈，为两广产业合作园发展筑牢产业支撑、基础设施支撑和体制机制保障。两广跨省产业合作要更加注重市场主体培育，鼓励和扶持合作园产业化龙头企业、产业合作园经营主体和专业合作组织等各类市场主体发展，以市场主体为依托，为市场主体营造良好的发展环境，进一步加大两广跨省产业合作园公共服务体系建设力度，推进产业合作园发展。要积极引入龙头企业、专业协会等作为跨省产业合作园区的建设开发主体。

（六）创新土地利用模式

两广跨省产业合作要认真落实土地开发强度控制要求，通过实施"空间优化、五量调节（控制总量、优化增量、盘活存量、用好流量、提升质量）、综合整治"三大战略，重点突破"向空间要地"。合作园区加强土地利用，根本在于工业建设项目引进准入条件的科学设置和标准厂房的租赁，要大力实施零增地技改，通过零增地技改以空间换土地，引导园区从原来的主要依靠资源消耗向主要依靠科技进步、员工素质提高和管理创新转变，改"地毯式"用地为"叠加式"发展，鼓励企业科学调整内部用地结构，集约利用原有的土地资源，通过零增地技改提高工业用地利用效率。在园区企业之间倡导以联建方式，减少消防间距要求造成的用地流失，达到节约集约用地和美化园区的目的。提高园区用地的节约集约利用水平。

（七）加强空间优化整合

两广跨省产业合作要坚持科学发展，充分发挥比较优势，合理配置资源。坚持两广跨省产业合作高层次规划、高强度投入、高水平建设，增强功能，提升品质，创出特色，以城市发展引领产业发展、集聚优质资源、改善人居环境。按照"整合重点空间、优化特色空间、拓展区域空间、打造平台空间"的基本合作思路，以全新的开发理念，调整开发内容，创新开发方式，规范开发秩序，把握开发节奏，形成功能定位清晰、空间布局科学的发展格局。要科学布局产业合作园功能分区，进一步细化功能定位，认真编制完善控制性详细规划、重点地区地段修建性详细规划和城市设计，建立和完善规划指标体系和技术规范。

（八）加快园区功能提档

两广跨省产业合作要把产业园区建设成为现代产业的集聚区，在功能定位上由单一园区向功能齐全的综合性园区转变。妥善处理产业发展与城镇建设问题，以产业发展带动城镇建设，以城镇建设推动产业集聚，促进产城互动融合发展。加强社会中介组织建设，把城市功能作为发展产业的配套功能，大力发展社会中介组织，将由开发区行政管理机构承担的一些事务性工作及项目服务和其他一些招商引资活动交给相应的社会中介组织完成。工业园区要向"一区多园"的模式发展，突出专业园区的特色，根据各地自身产业发展实际，兴办产业合作园区，营造符合国际惯例和市场规律的开放环境。

（九）共推产业转型升级

以建设专业产业园区为载体，加快培育优势特色产业集群。坚持以科学规划引领产业园区发展、以精准招商推动产业园区发展、以科技创新驱动特色园区发展、以管理创新助推产业园区发展。加快培育创新主体，积极搭建创新平台，大力引进创新人才。要努力强化政策扶持，统筹布局重大产业项目，积极探索园区共建、资源共享的运行模式。紧紧围绕园区产业定位，大力激发企业创新活力，推动产业向高端化、网络化、智能化发展，努力打造科技型、创新型特色园区，促进产业转型升级。

（十）提升内生发展能力

从国内外园区发展的成功经验看，园区发展必须创新合作模式，以提升园区内生发展能力为主线，以加快产业转型升级为导向，以促进产城融合发展、加强协同创新等为新动力与新取向，以搭建高水平载体助推内生发展起步、以产业良性互动夯实内生发展基础、以多元化投入助推内生发展加速、以集约化整合资源提升内生发展品质、以高标准升级服务打造园区内生发展新动力，突出产业特色，提升产业园区协同创新能力，形成园区自我积累、内生式发展的机制。

参考文献

［1］丁胡送、吴福象等：《泛长三角城市群产业转移中的异地产业合作机制及模式研究》，《科技与经济论坛》2012年第6期。

［2］广西壮族自治区发展和改革委员会：《推进两广一体化发展战略研究报告》2013年5月。

［3］王军、许朝友等：《扩大广西国际国内影响力研究》，中国国际经济交流中心课题组，2014年11月。

［4］《江苏省共建园区建设发展情况考核评价办法（实行）的通知》（苏政办发〔2010〕15号），2010年2月。

［5］谷新辉：《"泛珠"区域合作中广西承接广东产业转移问题研究》，广西师范大学硕士学位论文，2006。

［6］张晓、奋强：《昆明深圳工业园在深推介》，《深圳特区报》2007年11月13日。

［7］梧州市人民政府：《粤桂合作特别试验区总体发展规划（2012~2030年）》，2013年7月。

［8］段树均：《两广或成跨省合作典范》，《中国经济时报》2014年7月23日。

［9］范轶芳、刘长东：《我国跨区域共建园区与区域协调发展：演进历程与动力机制》，《科技创新与生产力》2013年第7期。

［10］黄伦涛：《地方政府合作中的利益共享机制研究——以江苏省南北合作共建园区为例》，浙江大学硕士学位论文，2012。

［11］李存贵：《中国城乡一体化进程中的产业合作问题研究》，东北林业大学博士

学位论文，2011。
[12] 罗捷茹：《产业联动的跨区域协调机制研究》，兰州大学硕士学位论文，2014。
[13] 王德利、方创琳：《中国跨区域产业分工与联动特征》，《地理研究》2010年第8期。
[14] 韦琦：《制造业与物流业联动关系演化与实证分析》，《中南财经政法大学学报》2011年第1期。
[15] 陈耀：《东西部合作互动集群迁移与承接策略》，《天津师范大学学报》2009年第1期。
[16] 杨俊生：《产业转移、能力结构与东西部区域经济协调发展》，《经济问题探索》2011年第5期。

珠江—西江经济带生态补偿机制研究

宋书巧　马桂华*

摘　要： 本文主要探讨了珠江—西江经济带生态公益林与流域两个领域的生态补偿，发现珠江—西江经济带生态补偿机制建设中存在法律法规与公益林补偿缺乏统一的标准等问题并分别提出解决对策，且就如何建立西江跨省流域生态补偿机制提出了基本的思路以及明确珠江—西江生态补偿主客体、补偿标准、补偿方式。

关键词： 珠江—西江经济带　生态补偿

引　言

生态补偿是指通过对损害（或保护）资源环境的行为进行收费（或补偿），提高该行为的成本（或收益），从而激励损害（或保护）行为的主体减少（或增加）由此行为带来的外部不经济性（或外部经济性），达到保护资源的目的。生态补偿机制是以保护生态环境、促进人与自然和谐为目的，根据生态系统服务价值、生态保护成本、发展机会成本，综合运用行政和市场手段，调整生态环境保护和建设相关各方之间利益关系的环境经济政策。目前，越来越多的国家认识到了生态补偿的重要性，生态补偿已得到广泛开展，这将加速生态服务市场化、探索多方筹资、改善生态环境质量、增强人们的生态保护意

---

* 宋书巧，博士，广西师范学院环境与生命科学学院院长，教授，硕士研究生导师，主要研究方向为区域环境与乡村旅游；马桂华，广西师范学院人文地理学硕士研究生，主要研究方向为国土资源利用与可持续发展。

识。我国在森林、草原、湿地、流域水资源、矿产资源开发、海洋以及重点生态功能区等领域积极开展生态补偿工作并取得初步成效。广西生态补偿仅在森林、矿产资源开发等领域开展较成熟，耕地及土壤领域初步涉及，流域、海洋等领域尚在研究探讨中。因此本文主要论述生态公益林、流域水资源生态补偿，暂不涉及其他领域。

珠江—西江经济带范围包括广东省的广州、佛山、肇庆、云浮4市和广西壮族自治区的南宁、柳州、梧州、贵港、百色、来宾、崇左7市，区域面积16.5万平方公里，2013年末常住人口5228万人。经济带横跨我国东西部，连接东部发达地区与西部欠发达地区，是珠江三角洲地区转型发展的战略腹地，是西南地区重要的出海大通道，是面向港澳和东盟开放合作的前沿地带。然而处于上游的广西是我国典型的喀斯特地区之一，脆弱的生态环境如果遭到破坏，珠江—西江经济带发展战略也必将受到影响，因此建设和保护好广西的生态环境，对珠江—西江经济带各市经济社会可持续发展和生态安全十分重要。随着珠江—西江经济带上升为国家战略，粤桂两省在《两广推进珠江—西江经济带发展规划实施共同行动计划》中明确表示携手共建珠江—西江生态廊道，必将推动珠江—西江经济带生态补偿机制的建立。

一 珠江—西江经济带生态补偿现状

（一）公益林生态补偿现状

1. 广西生态公益林补偿现状

1998年广西开始对森林实行分类经营，并在2001年全面启动森林分类区划界定工作，经过2005年的补充完善和2010年的新增扩面，截至2014年底，广西壮族自治区级以上的生态公益林面积为8170.52万亩，占林地面积的35%，广西生态公益林主要分布于生态区位极其重要和生态状况极为脆弱的区域，其中以分布在岩溶地区、江河两岸、江河源头为主，占比分别为56%、16%、11%。

2001年，财政部、国家林业局在全国11个省区启动生态公益林补助试点，国家下拨1.75亿元用于补偿国家每年安排广西的3500万亩生态公益林，补偿标准为每年 5 元/亩。2004 年,国家正式建立生态公益林补偿基金制度,对国家级公益林进行补偿,补偿标准为每年 5 元/亩,其中管护补助支出 4.75 元/亩,公共管护支出 0.25 元/亩。2006 年,广西设立生态公益林补偿基金,将 400 万亩自治区级公益林纳入补偿范围,补偿标准为每年 5 元/亩,其中管护补助支出 4.75 元/亩,公共管护支出 0.25 元/亩。此后,广西生态公益林随着国家上调补偿标准而有所提高,权属集体和个人所有的自治区级以上生态公益林补偿标准分别在 2010 年和 2013 年提高到每年 10 元/亩、15 元/亩,其中 0.25 元/亩为公共管护支出,真正到林农手上的只有 9.75 元/亩与 14.75 元/亩。权属为国有的公益林自治区财政补偿标准从 2006 年实行至今未作提高,仍为每年 5 元/亩。2001~2013 年,中央和自治区财政累计投入补偿基金 56.6 亿元,其中,中央财政累计投入 52 亿元,占 91.87%;自治区财政累计投入 4.6 亿元,占 8.13%。

2. 广东省公益林生态补偿现状

广东省是全国率先提出"森林分类经营"的省份,并做了有益的政策探索,也是全国第一个实施生态公益林补偿的省份。1994 年发布的《广东省森林保护管理条例》规定:"对森林实行生态公益林、商品林分类经营管理"。1998 年出台的《广东省生态公益林建设管理和效益补偿办法》,除了明确生态林建设、保护与管理的资金来源,还规定了政府对林农的经济损失给予一定补偿。1998 年,广东省开始建立生态效益补偿制度,辖区内东江、西江、北江、韩江等纳入其保护范围,并列入省级财政预算。截至 2015 年,广东省级以上公益林面积达到 7215 亩,预计到 2017 年前达到 8000 万亩,届时,省级生态公益林面积将占林地面积的一半左右。

广东省政府十分重视生态公益林的补偿,并逐年调整提高补偿标准。1998~1999 年补偿标准为每年 2.5 元/亩;2000~2002 年补偿标准为每年 4 元/亩;2003~2007 年补偿标准为每年 8 元/亩;自 2008 年起,生态公益林补偿标准每亩每年递增 2 元,并于 2013 年开始在全国实施激励性补偿机制,2 元/亩当中的 0.5 元/亩用于提高所有省级生态公益林补偿标准,1.5 元/亩用于奖励性补偿,每年由省综合考评各地生态公益林保护建设管理成效,按一定比例对位于全省前列的县(市、区、场)给予激励性补助。预计到 2017 年,广东省生态公益林补偿标准最高达 28 元/亩,最低 22 元/亩。1999~2011 年,中央和省财政累计投入补偿基金61亿元,其中:中央财政累计投入5.91亿元,占9.69%;省级财政累计投入55.1亿元,占90.33%。在中央和省财政补偿的基础上,各市财政也有所投入,广州市在省、市、区财政的支持下,2010年补偿标准已达41元/亩,白云区2013～2016年公益林补偿标准更是高达80元/亩。佛山市2011年建立了省、市、区(4∶2∶4)的比例配套补偿标准,补偿标准已达70元/亩。

(二)流域生态补偿现状

流域生态补偿分为省内跨界生态补偿与省际跨界生态补偿。我国在流域生态补偿已有多个成功案例,但都以省内跨界生态补偿为主,如河北省子牙河流域、辽宁省辽河流域、江苏省太湖流域等省内跨界流域生态补偿;省际跨界流域生态补偿屈指可数,2010年底启动的皖、浙两省新安江流域水环境补偿试点是我国首个省际跨界生态补偿的先例。

1. 广西流域生态补偿现状

西江是珠江流域的干流,从西向东流经整个广西,然后进入广东,抵达珠江三角洲。西江是广东的重要水源,西江水质好坏与否势必影响广东的发展。长期以来,广西为保护西江流域生态环境投入了大量人力、物力、财力,为珠三角地区的繁荣发展付出了巨大的代价。从1996年起,广西已先后实施三期珠江防护林工程,构建了珠江—西江流域的生态屏障;为生态环境建设和水源保护,广西各级财政每年投入约30亿元;为解决珠江口咸潮倒灌问题,广西每年向珠三角地区贡献约20亿立方米供水量,每年枯水季节无偿应急调水达10亿立方米。但是至今广西未能根据"谁受益、谁补偿"的原则获得来自广东省相应的补偿,也未能建立起西江流域水资源生态补偿机制。珠江—西江经济带广西区内也未建立起区内跨界流域生态补偿机制。

2. 广东省流域生态补偿现状

广东省虽未正式建立起流域生态补偿机制,但是对东江流域已有实质性投入。为了保护东江中上游生态环境和整个流域的水质,广东省制定了关于东江流域生态环境保护与补偿的法规,并开展了10多项研究课题。2003年,广东省向这3县共捐赠100万元的专项经费用于培育水源涵养林;2004年,广东省出台《东江源区生态环境补偿机制实施方案》,明确中央、省、市、县级政府每年安排一定数额的生态环境补偿资金用于东江源区进行生态环境保护,此外还要求广东省2005~2025年每年从东深供水工程水费中安排1.5亿元资金交给上游江西寻乌、安远和定南3县;2013年,广东省环保基金会举行"感恩东江"募集活动,将募集到的3000万元用于东江源区和上游地区水源涵养林和生态林工程。同时对辖区内河源市进行财政转移支付,使东江干流水质能够保持在国家地表水Ⅱ类标准以上,解决其发展经济与保护水源的矛盾,遏制生态环境退化。

二 珠江—西江经济带生态补偿存在的问题

珠江—西江经济带两省(区)经济发展水平差距较大,广东省的经济总量已达到一定的水平,对绿色发展和良好的生态环境的渴望更加迫切,生态补偿机制较为完善。而广西处于经济社会快速发展阶段,又处于脆弱生态地区,经济发展与保护环境的矛盾显著,生态补偿尚处在初步阶段。两省(区)生态补偿机制建设存在较大差距,问题较为显著。

(一)缺乏统一的法律依据,两省(区)难以共同推进

2014年,珠江—西江经济带的发展将上升为国家战略,《珠江—西江经济带发展规划》中提出共建珠江—西江生态廊道,但未出台有关生态补偿的法律法规。目前珠江—西江经济带各市生态补偿均按照本省(区)的法律法规政策来实行,导致珠江—西江经济带内各市在生态补偿方面存在许多差异,影响珠江—西江经济带整体生态补偿机制建设的进程。珠江—西江经济带两省(区)经济发展水平差距较大,广东省经济比较发达,观念比较先进,政策法律法规比较完善,因此生态补偿机制建设走在广西前面,出台了《广东省生态保护补偿办法》《广东省生态保护补偿机制考核办法》,实现了生态保护补偿的地方立法。广西处于欠发达地区,经济发展较落后,又处于珠江流域的中上游,生态环境脆弱,粤桂西江流域生态补偿机制未能建立,致使广西无力从根本上保障各市保护流域生态环境。

(二)生态公益林补偿标准不一,差距过大

珠江—西江经济带广西区与广东省生态公益林补偿标准不一,且差距过大。当前,广西自2001年实行公益林生态补偿以来,补偿标准与国家标准一

样,目前补偿标准为15元/亩·年;广东省自1998年实行公益林生态补偿以来,补偿标准不断提高,目前全省每年平均每亩达到24元,珠江—西江经济带内的广州市在省、市、区财政的支持下,2010年补偿标准已达41元/亩·年,白云区更是高达80元/亩·年。佛山市2011年建立了省、市、区(4:2:4)的比例配套补偿标准,补偿标准已达70元/亩·年。

广西对生态公益林补偿标准实行"一刀切",没有与公益林的质量、投入和产出的生态效益相挂钩,没有考虑不同地区和不同管护成本的经营者的经济利益,严重影响林农对生态公益林的建设和保护的积极性。珠江—西江经济带上的广东省意识到补偿标准"一刀切"不利于林业的可持续发展,于是在2013年全面试行生态公益林分级分类补偿制度,对生态区位重要、补偿资金落实到位、管护成效显著、整体森林质量高的生态公益林,在一般性补偿的基础上,给予额外的激励性补助,逐步实现了差异化补偿。广州市于2012年已对辖区内生态公益林实行"按区位、分级别"开展补偿。

(三)生态公益林补偿资金来源单一

珠江—西江经济带两省(区)生态公益林补偿资金筹措主要依靠中央财政与地方财政转移的方式,不同的是,广西生态公益林补偿资金投入以中央财政为主,自治区财政投入较少,市级、(县)区级财政未有投入;而广东省生态公益林补偿资金投入主要以地方财政投入为主,国家财政投入为辅的方式进行,已建立中央、省级、市级、县(区)级四级联动补偿机制。对于广西而言,生态公益林补偿资金的筹措忽视了流域上下游之间、区域之间的横向转移支付,广西为珠江—西江流域的生态环境建设与保护投入了大量的人力、财力和物力,并且放弃了许多发展的机会,目前仅仅依靠财政转移支付满足不了大量生态补偿经费的需要,生态补偿的开展将无法持续。因此完善法律法规,探索建立多元化的融资渠道等措施迫在眉睫。

三 珠江—西江经济带生态补偿机制的建立

(一)构建珠江—西江经济带生态补偿法律体系

将生态补偿纳入珠江—西江经济带的法律体系,是生态补偿实施和运行的基本保障。目前按照各省（区）的生态补偿标准与方式不适用于珠江—西江经济带的发展，应根据珠江—西江经济带的实际情况，着力构建一套属于珠江—西江经济带的生态补偿法律体系。珠江—西江经济带内各市共享生态补偿法律法规，实行统一的生态补偿标准，逐步缩小珠江—西江经济带各市发展差距，实现均衡发展。

（二）多方融资提高广西公益林生态补偿标准

珠江—西江经济带生态环境脆弱的上游广西与下游广东省公益林补偿标准差距过大，不利于珠江—西江经济带的健康发展，广西公益林生态补偿标准亟待提高。首先，应加大中央财政投入力度，提高区级财政在公益林生态建设投入的比例，同时将市财政、县（区）财政联系起来，建立一套中央、区、市、县（区）四级联动补偿机制。其次，建立横向财政转移支付制度。西江流域下游受益地区政府应该从财政中固定一部分资金作为对广西西江流域等水源林区的横向补偿，以保证珠江流域水源林区的生态补偿机制能够顺利进行。最后，还可通过向公益林生态效益受益企业征收生态补偿税费以及发行政府债券来进行融资，以逐步缩小与广东省公益林生态补偿的差距。

（三）西江跨省流域生态补偿的基本思路

跨省流域水资源生态补偿机制，涉及两省（区）多部门利益，且我国流域生态补偿机制主要以行政干预为主，因此最好由国家水利部、林业局等相关部门牵头出台相关政策，协调粤桂两省（区）建立西江跨省流域生态补偿机制，强制实行流域上下游间的生态补偿。但在市场经济不断发展与完善的情况下，市场机制在未来流域生态补偿中发挥的作用也将越来越大。

1. 建立流域水权交易制度

水权交易是市场机制下的产物，它通过区域之间的水权交易，实现上游区域的利益，发挥市场在水资源配置当中的作用，提高水资源利用的效率和效益。水权交易包括明晰产权、水权分配及水权交易管理这三方面，明确的水权界定是进行交易的前提条件；水权分配实际上就是财富的分配，涉及多方利益，是进行交易的重要内容；水权交易管理是进行水权交易的保障，起到规范水权交易市场行为、调节水权交易市场运行状况的作用。

2000年浙江省东阳市与义乌市进行了水权交易。义乌市出资2亿元以4元/立方米购买东阳横锦水库每年4999.9万立方米水的使用权；转让用水权后水库原所有权不变，东阳市仍然负责水库运行管理、工程维护等工作，义乌市则按当年实际供水量0.1元/立方米支付综合管理费；义乌市负责从横锦水库到义乌的引水管道工程规划与建设工作，其中东阳市负责东阳市境内段引水工程的有关政策处理和管道工程施工工作，费用由义乌市承担。

2. 探索"流域环境协议"模式

流域上下游地区都具有平等利用水资源的权利，也有同等保护水资源的义务。"流域环境协议"使流域上下游应该承担的责、权、利在协议中得以确定下来，协议期限到期时，对达到水质控制目标的地区给予鼓励和实施补偿，对达不到保护目标的实施惩罚。在该协议的鞭策下，人们逐渐被激发出改善流域水资源的积极性。

2004年金华市傅村镇和源东乡签订了生态补偿协议。协议内规定傅村镇每年向源东乡提供5万元，源东乡则用这笔资金保护和治理辖区内的源头水源，同时整治农村面源污染，承诺减少发展对大气、水环境污染的工业。

3. 开展流域异地开发模式

流域异地开发是指流域下游各生态受益区域为上游地区因环境保护等原因不能布置的污染项提供一块"飞地"，上游可以在这块飞地上享受有关优惠政策，通过招商引资，建立和发展自己的工业园区，将工业园区内各企业产生的利税全部返还给上游地区，作为上游地区保护和治理水源补偿资金，形成异地开发补偿的机制。

1994年金华市在市内设立"金磐扶贫经济技术开发区"，将其作为金华江源头地区磐安县的开发用地，并给予一系列政策扶持，开发区内相关企业产生的利税全部返还给上游乡镇，作为该市水源地地区保护的补偿金，形成异地开发补偿的机制。1994年园区建成后，园区每年实现税收4000万元以上，占磐安全县税收近1/4，占当地GDP的10%，成为典型的双赢例子。

（四）明确生态补偿主客体、标准及方式

1. 补偿主客体

生态公益林补偿的主体应包括生态环境改善的受益者和生态的破坏者；补偿的客体是为环境效益的建设者以及为保护生态环境而让出部分权利或者因此

受到影响的保护者,如社区居民、林业管护人员或组织。

西江流域生态补偿主体应包括一切利用西江流域水资源水环境保护中受益的群体和在生活或生产过程中向外界排放污染物,影响西江流域水量和水质的个人、企业或单位以及代表流域上下游地区的政府部门。补偿客体包括西江流域的生态保护者和为治理生态环境而做出一定牺牲的减少生态破坏者以及代表流域上下游地区的政府部门。

2. 补偿标准

生态补偿标准的制定是生态补偿中最重要与最困难的环节,重要之处在于它是补偿主客体进行补偿的重要依据,困难之处在于影响制定补偿标准的因素十分复杂,难以量化。

(1) 生态公益林补偿标准

生态公益林补偿标准的制定,国内外研究应用较多的办法就是生态服务功能价值法、机会成本法、意愿调查法、市场价值法。2012年广西公益林生态效益动态补偿机制研究课题组根据林木价值补偿和部分生态效益补偿两个部分计算出2013年广西公益林静态(最低)补偿标准为28.6元/亩。又通过对公益林补偿期内机会成本增加、林农收入提高、物价上涨等影响的计算,确定今后公益林动态补偿的标准。预测出2013~2016年补偿标准每年至少提高5元/亩,到2016年增加至43.6元/亩,2017~2020年补偿标准每年至少提高3.5元/亩,到2020年使补偿标准达到61元/亩(见表1)。

表1 2013~2020年广西生态公益林动态补偿标准

单位:元/亩

年份	2013	2014	2015	2016	2017	2018	2019	2020
补偿标准	28.6	33.6	38.6	43.6	50	54.2	57.5	61

该课题组打破了以往补偿标准"一刀切"的局面,尝试将广西生态公益林分区(喀斯特石山区与非喀斯特山区)进行补偿,最后提出了差额动态补偿标准(见表2)。以2014年为基准年,喀斯特石山区补偿标准为25元/亩,非喀斯特山区为35元/亩,2014~2020年补偿标准每年按8%的社会贴现率递增,到2020年喀斯特石山区补偿标准达到40元/亩,非喀斯特山区补偿标准达到56元/亩。

表2　2014～2020年广西生态公益林动态补偿标准

单位：元/亩

年份		2014	2015	2016	2017	2018	2019	2020
补偿标准	喀斯特石山区	25	27	29	31	34	37	40
	非喀斯特山区	35	38	41	44	48	51	56

（2）流域生态补偿标准

本文尝试用了三套理论方法对西江流域生态补偿标准进行探索，方法一体现了流域上游生态建设与保护者为流域而投入的环境成本；方法二依据整个流域中某种污染物排放量达到水质目标而制定；方法三采用水资源的市场价格来反映流域生态建设和保护对受益者产生的效益。

基于流域上游生态保护投入的补偿标准核算。该方法用于测算流域上游为改善流域环境的直接投入、林业生态投入、退耕耕地损失及发展权限损失等四种环境保护成本，计算出的这四种环境保护成本可作为下游地区对上游地区生态补偿的标准。多年来，广西各级财政每年投入约30亿元进行生态环境建设和水源保护，因此，可以考虑以广西每年生态投入成本30亿元作为生态补偿的计算基准。

基于跨界断面水质目标考核的补偿标准。跨界流域生态补偿标准是衡量上下游地区生态补偿责任大小的重要依据，国内跨界流域生态补偿主要为水质补偿，水质目标可根据各条河流污染因子以及两省（区）政府协商而定。两省（区）在西江跨界断面共同监测水文及水质情况，当西江入境水质达标时，下游广东省需要对上游地区进行补偿；当西江水质入境未达标时，上游广西便要对下游广东省进行补偿，补偿金额可根据西江流域水质等级以及各污染因子达标率来确定。近两年广西水利公报显示，西江流域水污染主要来自工业废水、生活污水，主要污染因子为总磷和石油类，因此在与下游政府签订的政府责任目标书中目标考核指标为总磷和石油类。

基于水资源市场价格的补偿标准。长期以来，处于珠江流域中上游的广西，一直为处于下游的珠三角地区经济社会发展输送淡水资源，并在每年珠江口发生咸潮倒灌与枯水时期提供无偿应急调水。

以水资源市场价格为依据，同时考虑水质要求，估算公式为：$P = Q \times Pr$

$\times C$，其中，P：为补偿金额；Q：为水量；Pr：水资源市场价格；C 为判断函数。当上游供水水质优于Ⅲ类水时为1，否则为0。

为解决珠江口咸潮倒灌问题，广西每年向珠三角地区贡献约20亿立方米供水量，每年枯水季节无偿提供应急调水量达到10亿立方米。则 $Q=30$ 亿立方米，以2013年广州市居民生活用水市场价格为例，$Pr=1.98$ 元，广西向珠三角所输水水质均在Ⅲ类水质以上，$C=1$，则 $P=30\times1.98\times1=59.4$（亿元），因此，广西每年应该获得59.4亿元的补偿。

3. 补偿方式

生态补偿的形式是多元化的，主要有资金补偿、政策补偿、实物补偿、项目补偿与智力技术补偿五大类。多元化的补偿方式可助力生态补偿的适应性、灵活性和弹性，既填补了资金补偿的不足，又加强补偿的针对性和有效性，最后变"输血"为"输血"与"造血"并重。在生态补偿中最常见、最直接，受偿者最希望的补偿方式是资金补偿；而政策补偿对于资金贫乏、经济落后的流域上游地区显得非常重要，针对这些地区制定一系列优惠政策也是必要的；下游地区向上游地区转移一些技术含量高、污染少的生态产业并对流域上游农民进行技术指导等项目、智力补偿方式可行。因此生态补偿方式可以将资金、政策、项目、智力补偿同时交叉进行。

四 结语

生态补偿是实现区域可持续发展和区域之间协调发展的重要手段，建立和完善生态补偿机制是实现人与自然和谐发展的重要战略选择。粤桂两省（区）补偿标准差距过大，广西生态公益林补偿标准亟待提高；在流域水资源生态方面进行补偿，应以珠江—西江经济带上升为国家战略为契机尽快建立粤桂西江跨省流域水资源生态补偿机制，促进广西经济和生态环境的可持续发展。

参考文献

[1] 黄承标、罗保庭、杨钙仁等：《森林涵养水源功能及其生态补偿机制构建——

以广西大瑶山自然保护区为例》,《安徽农业科学》2008年第20期。

[2] 中国环保总局:《关于开展生态补偿试点工作的指导意见》(环发〔2007〕130号),中国环境保护部网站,http://www.zhb.gov.cn/gkml/zj/wj/200910/t20091022_172471.htm,2007年8月24日。

[3] 中国国家发改委:《珠江—西江经济带发展规划》,中国国家发改委网站,http://www.sdpc.gov.cn/zcfb/zcfbtz/201408/t20140801_620974.html,2014年7月28日。

[4]《培育西南中南区域支撑带——发展改革委地区经济司负责人解读〈珠江—西江经济带发展规划〉》,http://news.xinhuanet.com/fortune/2014-08/04/c_1111924051.htm,2014年8月4日。

[5] 广西壮族自治区林业厅:《2014年广西公益林生态效益公报》,http://www.gxly.cn/site/gxly/tzgg/info/2015/15097.html。

[6] 戴广翠、闫春丽、缪光平、闫宏伟、王丽:《关于完善森林生态效益补偿政策的几点建议》,http://www.forestry.gov.cn/jjyj/1583/content-266547.html,2009年4月3日。

[7] 广东省生态办:《全省扩大750万亩省级生态公益林》,广东林业网,http://www.gdf.gov.cn/index.php?controller=front&action=view&id=10026457,2014年12月10日。

[8]《完善森林生态效益补偿机制推动幸福广东建设》,广东林业网站,http://www.forestry.gov.cn/portal/main/s/102/content-524038.html,2012月1月21日。

[9] 黎明:《广东生态公益林效益补偿有重大调整》,中国林业网,http://www.forestry.gov.cn/portal/main/s/72/content-450278.html,2010年11月10日。

[10] 云浮市林业局:《我省新增省级生态公益林400万亩——2013~2017年每亩每年提高2元》,http://www.yunfu.gov.cn/govmach/lyj/html/218494_0.htm,2012年11月5日。

[11] 尹闻、林中衍:《建立和完善广西生态补偿机制的对策》,《广西科学院学报》2011年第2期。

[12] 浙江省水利厅:《关于东阳市向义乌市转让横锦水库部分用水水权的调查报告》,《水利规划设计》2001年第2期。

[13] 周雪玲、李耀初:《国内外流域生态补偿研究进展》,《生态经济》2010年第1期。

[14] 郑海霞、张陆彪、封志明:《金华江流域生态服务补偿机制及其政策建议》,《资源科学》2006年第5期。

[15] 秦玉才、王劲:《中国生态补偿立法:路在前方》,北京大学出版社,2013。

基于经济与生态协同发展的珠江—西江经济带府际合作机制研究

魏乾梅*

摘　要： 本文从珠江—西江经济带府际合作机制必要性为切入点，分析了珠江—西江经济带府际合作的成效和经济与生态协同发展存在的问题，探讨创新珠江—西江经济带府际合作机制，旨在为珠江—西江经济带建设实践提供理论依据，推进珠江—西江经济带经济与生态协同发展。

关键词： 珠江—西江经济带　府际合作机制　经济与生态协同发展

《珠江—西江经济带发展规划》实施后，在生态环境保护的前提下推动经济协同发展成为重要任务。如何创新府际合作机制，推进珠江—西江经济带经济与生态协同发展，提高区域一体化发展水平，在打造我国西南中南地区开放发展新的增长极的同时，建设珠江—西江生态廊道，把珠江—西江经济带建设成为我国区域协调发展和流域生态文明的示范带，已成为政府官员、专家学者尤其是珠江—西江经济带各界人士的关注点。基于经济与生态协同发展的珠江—西江经济带府际合作机制研究对《珠江—西江经济带发展规划》战略实施和建设珠江—西江生态廊道具有重要价值。

---

* 魏乾梅，梧州学院审计室主任，研究员、正高级会计师，主要研究方向为财经金融、区域经济。

一 建立珠江—西江经济带府际合作机制的必要性

珠江—西江经济带核心区面积为16.5万平方公里，2013年末常住人口为5228万人，包括广东省的广州、佛山、肇庆、云浮4市和广西的南宁、柳州、梧州、贵港、百色、来宾、崇左7市。经济增长、交通建设、生态保护、人民幸福是珠江—西江经济带发展的重要目标和任务。从目前状况看，珠江—西江经济带下游广州、佛山等市工业产业的升级和转移力度在加大，中上游的肇庆、云浮、南宁、柳州、梧州、贵港、百色、来宾、崇左承接产业转移、推进经济快速发展的势头迅猛，作为下游用水供应水源的中上游保护生态环境的压力和任务日趋加重。而仅靠政府的常规调控、现行政府间合作的框架、企业和百姓的执行自觉是很难实现经济发展目标和保护并改善生态环境任务的，有必要建立珠江—西江经济带府际合作机制，通过机制的良好运行促进珠江—西江经济带经济与生态协同发展。

（一）承接产业转移需要建立府际合作机制

（1）拼抢产业转移项目问题需要政府间建立协商解决机制。基于地方官员"经济人"特征，利益动机膨胀，往往从本位和自利角度，以维护所辖区利益最大化为出发点和落脚点，产业转移过程中出现的诸如出台招商引资优惠政策，盲目争抢产业转移中高新技术项目等此类问题在所难免。比如，出台土地价格、税收优惠和项目补贴竞争等方面政策。由此诱发区域利益冲突，引发招商引资恶性竞争，甚至造成国有资产流失。限制和引导产业转移中辖区间财政无序竞争行为，政府间建立协商解决机制成为必然。

（2）产业信息不灵问题需要政府间建立联络沟通机制。有的地方或为了一时政绩，或因信息不灵，引进信誉不好、污染大、治污不力的企业，出现问题后又处理执行偏软，或因污染或因拖欠巨额工薪，给当地社会的生态和社会带来恶劣后果。个别地方因政策把握不准、规划失当、信息失灵，引进产业存在同质化问题，缺乏主导产业，难以发展产业集群，配套无法跟进，企业虽有落户但生存时间有限。个别县镇承接转移时对产业项目的技术水平缺乏判断能力，给落后生产工艺和装备的转移提供了可乘之机。

这些问题，不但珠江—西江经济带上游广西西江经济带沿岸城市会可能发生，甚至中游的广东肇庆、云浮也可能出现这类情况。同时，中游的广东肇庆、云浮也是承接产业转移基地，与上游广西的南宁、柳州、梧州、贵港、百色、来宾、崇左存在拼抢产业转移项目问题，上游广西的7个城市之间也存在相互拼抢产业转移项目问题，这就需要建立并通过省际、市际的政府间合作机制协商解决。

（二）打造综合交通大通道需要政府间建立协商合作机制

（1）省际交通基础设施建设需要两省区政府间建立协商合作机制。以珠江—西江干线航道为主通道，珠江—西江经济带陆路交通相接、水运相连，构建互通两广、连接东盟、通达港澳、辐射云贵、江海联运的综合交通运输大通道，促使珠江—西江经济带陆路交通相接、水运相连，实现"推进跨区域重大基础设施一体化建设。推进广州至梧州段一级航道和柳黔江柳州、来宾以下二级航道建设，打通国家高速公路及省际公路的"断头路"，保证两省区交通的连贯和通畅，都需要建立两省区政府间协商合作机制，共同推进海上丝绸之路桥头堡建设。

（2）海上丝绸之路桥头堡建设需要两省区政府间建立协商合作机制。建设海上丝绸之路桥头堡，不仅要加强交通基础设施建设，还需要提升珠江—西江经济带的交通管理和调控水平，提高对铁路、公路、水路交通的建设进度、流量掌握、存在问题、拯救措施的反应和把握，使整个交通网络流量合理、信息互通、保持通畅、承载增强、拯救快速，并通过科学合理的调度，提升交通基础设施的容量和价值，为珠江—西江经济带经济社会发展发挥最大效能。而这需要两省区政府间沟通协作并通过建立机制来实现。

（3）省区内的交通基础设施建设需要两省区政府间建立协商合作机制。为了推进两广经济一体化，广西决定用三年左右时间开展西江经济带基础设施建设大会战，实施包括码头、航道、过船设施、水利枢纽、铁路、高速公路、机场等12大类166个项目，全面提升流域的基础设施总体水平和承载能力，加快建成西江黄金水道和国内有重要影响的内河港口群，以打通西江水道航运干线通道不畅、支线航道碍航、枢纽船闸制约等瓶颈，全面提升流域的基础设施总体水平和承载能力；强化铁路水运、公路水运等连接线建设，加快建成现代化综合交通运输网络，为沿江现代产业集聚发展提供有力支撑。这些建设，都需要市与市、市与县、县与县之间政府建立沟通协商合作机制，确保建设任务按质按量完成。

（三）建设珠江—西江生态廊道需要政府间建立沟通联络协商合作机制

（1）当前生态环境问题需要政府间建立沟通联络协商合作机制。总体来说，珠江—西江经济带的西江干流水质尚属良好，但水质污染、空气污染、土壤环境污染时有发生，尤其是空气污染程度不容乐观。2013年1月，肇庆广宁联和长汇金属制品厂偷排大量含有剧毒氰化物的废水，河水污染影响到西江水质和广州饮用水源安全。广东省环保厅公布2014年全省21个地级市第一季度的空气质量排名，珠江—西江经济带的肇庆市空气质量最差，排名最后，出现209微克/立方米的严重污染，主要原因是肇庆一直在承接污染较大的陶瓷产业，同时土地开发强度大，环保管理工作跟不上经济发展形势，没有全面掌握和监管好污染源。2015年3月9日，广西环保厅公布2014年14个市空气质量考核结果，11个市为"不合格"，其中，珠江—西江经济带上游的南宁、柳州、贵港和百色空气质量不达标，并造成全区PM10浓度偏高。2015年3月8日，在政协提案办理协商会上，全国政协委员、中国科协副主席（原广西壮族自治区政府副主席）陈章良介绍了在广西工作中遇到的触目惊心的土地污染案例。珠江—西江经济带上游距离崇左市区仅27公里的大新县五山乡三合村常屯受到铅锌矿重金属污染，村民出现不同程度的关节疼痛、变形，关节无法弯折，最严重的还不断有脓水从关节脓包处流出，给村民带来极大痛苦。据广西环保厅介绍，2015年，广西多名市县干部因当地污水处理设施项目进展缓慢，被相关部门"约谈"。珠江—西江经济带上游的柳州、来宾、南宁等地存在污水处理设施进展缓慢情况。空气是无边界和流动的，水体是跨省界由上游流向下游的。解决珠江—西江经济带的水质、空气和土壤环境污染问题，需要建立省际、市际以及上下联动的政府间沟通联络协商机制来实施。

（2）保护生态环境需要政府间建立沟通联络协商合作机制。根据马克思主义哲学观点，人是多重矛盾构成的统一体。从当前的实际情况看，政府官员为了政绩和声誉，决策过程中追求地区利益最大化成为通病。地方政府之间不管是竞争或合作，其行为最终受利益驱动。正如谢庆奎教授所言"各级政府都存在着'利他'和'利己'的双重动机。""利他"就是为社会服务；"利己"就是单位利益、部门利益和个人利益。据广西环保院工程师张广艳分析，当前，西江经济带分布着造纸、制糖、酒精、淀粉等耗水型产业，加上粗放型种植农业，枯水期用水量达平时流域用水量的60倍以上，预测到2020年，西江流域用水量将超过2021亿立方米的地表水总量，如不及时控制，将制约西江经济带工农业生产，对西江的纳污能力也造成影响。同时，西江经济带的重点排放工业污染源南宁5家、柳州2家、贵港3家、百色3家、来宾2家、崇左2家，存在污染的风险较大。从各地流域机构的管理实践看，政府并不能有效遏止相邻行政区之间的污染问题。无论是广州珠江口的水质保护问题，还是中游肇庆的空气质量和整体的用水及减污问题，生态环境保护都面临着"公地悲剧"和"囚徒困境"。这就需要珠江—西江经济带建立双边或多边的政府间沟通联络协商合作机制来进行有效的解决。

除此之外，珠江—西江经济带的地界争议、山林纠纷、债权执行、警务处理以及其他民间民事协议处理，都非短时间的一事或特例，需要通过建立政府间的府际协商合作机制进行解决。

二 当前珠江—西江经济带府际合作机制现状及存在的主要问题

珠江—西江经济带在古代同属百越地区，人文语言相通，上下游来往交流历史悠久，亲缘地缘关系密切。自从2003年泛珠三角区域合作协作尤其是近年以来，珠江—西江经济带随着粤桂合作的不断深化，建立了府际合作机制，推动了珠江—西江经济带经济、交通、生态等的协同发展。

（一）建立了省、市两级府际合作框架和机制

省级层面，2012年，在第八届泛珠大会上，同意全面落实《"十二五"粤桂战略合作框架协议》。2014年，粤桂两省区政府联合批复并共建粤桂合作特别试验区，共同规划并推动《珠江—西江经济带发展规划》获国务院批

复上升为国家战略，占地100平方公里的粤桂合作特别试验区成为规划中的单列篇章，是国内首个国家级跨省共建的经济区。为了贯彻落实《珠江—西江经济带发展规划》，两省区政府建立了联席会商机制，签署《粤桂合作特别试验区建设实施方案》《广东广西推进珠江—西江经济带发展规划实施联席会议制度》《两广推进珠江—西江经济带发展规划实施共同行动计划》，建立两省区层面统筹协调珠江—西江经济带以及粤桂合作特别试验区建设工作的最高决策机构，并出台一系列优惠政策扶持粤桂合作特别试验区建设发展。

市级层面，围绕"携手共建珠江—西江经济带"主题的西江经济发展论坛市长圆桌会议已举办七届，取得了深化经济合作等系列成果。梧州、贵港、柳州、南宁、百色等市与广州、佛山、肇庆、云浮等市开展了多方面的府际合作。肇梧、云梧开启战略合作并初步形成机制，2014年，肇梧战略合作第三次、第四次市长联席会议先后在4月和9月召开，分别讨论通过了以粤桂合作特别试验区建设为重点的《2014年肇梧战略合作重点工作计划》和《粤桂合作特别试验区首批合作项目实施计划》。

（二）珠江—西江经济带府际合作机制运行的成效

（1）促进了西江经济带的快速发展。以产业转移为龙头，建立起两省区更加紧密的联系，推动粤桂合作向更宽领域、更深层次发展。广东对广西累计投资到位资金超过1万亿元，占全区吸引内地投资的38.3%，其中，过半投资落户在西江经济带，深化了西江经济带与珠三角经济圈的融合，促进了西江经济带的社会发展。2014年，珠江—西江经济带广西七市（南、贵、梧、百、来、柳、崇）GDP总量为9345.89亿元，比上年增长7.8%。财政收入增长8.6%，比全区高0.5个百分点，其中，南宁市财政收入为526.60亿元，增长11.2%；柳州市财政收入为316.55亿元，增长11.0%。规模以上工业增加值、固定资产投资、外贸进出口分别比上年增长9.1%、15.5%和19.2%。根据测算，到2015年，西江经济带7个市经济总量将达到近1.2万亿元，人均地区生产总值约为4.5万元；城镇居民人均可支配收入达到近3万元，农民人均纯收入达到近1万元；到2020年，7个市总量将达到2.3万亿元，人均地区生产总值为8.5万元；城镇居民人均可支配收入达到5万元左右，农民人均纯收入达到 1.8 万元左右。据统计，2014 年粤桂合作特别试验区入区企业达到 68 家，其中规模以上企业 28 家，预计实现工业总产值 123.31 亿元，完成基础设施投资 21.17 亿元。

（2）各领域合作初见成效。粤桂两省区政府大力推进珠江—西江经济带区域规划、交通设施、产业布局、贸易服务、生态保护和政策环境等方面的合作，在经贸合作、产业转移、供水、西电东送工程、处理突发河流污染等方面展现了良好的协助性，形成了互助互动。广东不管是在项目、资金、人才，还是交通、科技、文化等方面都给予广西大力支持和帮助，在扶贫开发方面给予了无私的援助，广州十几年如一日对口帮扶广西百色，为加快广西贫困地区脱贫致富做出了贡献。铁路、高速公路、机场、港口、航运、物流、教育、科技、环保、农业、旅游等领域的合作不断深化，海关方面实现了"一关通"，南广高铁绝大部分工程已建成，规划建设的桂粤 8 条省际高速公路已有 4 条通车，西江航运干线南宁 2000 吨级航道建成通航，船舶可从南宁直航粤港澳。同时，两省区合作在继续深入，促进西江流域生态环境保护和生态文明建设。

（三）珠江—西江经济带府际合作机制存在的主要问题

（1）缺乏顶层权威性协调机制。中央政府角色缺位，缺少中央与地方互动机制，未能及时提供有效的政策或制度保障。现有的《泛珠三角区域深化合作共同宣言（2015~2025 年）》、《泛珠三角区域合作框架协议》、泛珠三角区域合作协调机制、泛珠三角区域合作行政首长联席会议制度，以及市级的府际合作协议和运行机制只能通过省级、市级政府的协商和落实，甚至有的协议还是较为松散的非功能性组织机构，都缺乏总体协调框架和督促推进机制。国务院在《关于珠江—西江经济带发展规划的批复》中虽明确要求有关部门要按照职能分工给予积极支持，指导和帮助解决《珠江—西江经济带发展规划》实施中遇到的问题。但对双边性的共建设施、生态保护、水源节约、减污治污、共同投资等方面尚缺乏统一的协调督促机制，还更多的是依靠政府责任和官员自觉，容易发生一边的短腿现象。如合作过程中存在广西急、广东缓的现象，一定程度上影响了双方议定合作事项的有效落实。

（2）缺乏总体决策协调机制。按目前部门、地区条块划分的行政管理体制，造就了极力维护各自利益的条块独立王国，合作中各自容易产生展示威权与维护利益色彩,缺乏全局观念和协调利益行为的机制。例如,珠江—西江管理就是多龙治水,条条方面,水利管理有珠江水利委员会,航运管理有珠江航务管理局,块块方面,两省区不相统属,各市各有管辖范围,容易发生"公用地问题"或者对辖区内事务从宽管理,这就造成建水利基础设施的不管运输的,建桥梁的不管航运的,至于生态环境,往往沦为"公用地"悲剧,保住检测过关就行,不管长远利益。例如,长洲水利枢纽在建设时设计的船闸过小过少,一度成为西江枯水期的航运瓶颈,后来经过改造才改变状况。梧州云龙大桥设计建造时过低,当发生特大洪水时运载救灾抢险物资的船舶根本无法通过,而此时陆路交通多数中断,给救灾抢险工作带来影响。还有西江渔民反映,有的水利设施建设时欠缺对河鱼的洄游过闸设计,非丰水期河鱼无法洄游至上游产籽,影响生态环境的平衡。

(3)缺乏多层次参与合作机制。水量使用、水体质量、控污减污、生态环境以及合作项目、产业转移园区建设等,都需要政府间双边甚至多层次的参与合作。粤桂合作特别试验区的共建主体是西江中上游相邻的广东肇庆和广西梧州,但两个市缺少互补性,都属于两省区内经济欠发达的城市,除了广西梧州能享受的西部优惠政策和国家有限的支持外,如果没有两省区多层次的参与合作,资金、技术、管理都难以支撑试验区头顶的"国字号"光环。西江经济带中上游的产业转移及园区规划建设未能汲取珠三角的经验教训,也缺乏珠三角先进的管理、技术等支持,容易发展成为珠三角产业园区的"淘汰版",对生态环境的影响尚未能评估,如果继续如此,从长远看,很可能会演变成珠三角产业的"昨天",存在着一定风险。

(4)缺乏利益协调机制。"府际关系的实质,即各级各类政府之间的管理收益关系——利益关系。利益关系实乃府际关系的真谛和本质所在"。目前,珠江—西江经济带的府际利益协调机制还没有形成。园区规划建设和产业转移出现了产业趋同、无序竞争等问题,甚至导致招商引资时产业集中度偏低、高成本恶性竞争、抗风险能力差等诸多问题。同时,行政隶属关系复杂,缺乏全局性的政策规划,地方政府容易利用行政权力筑起名目繁多的制度障碍,在市场准入、质量技术标准、行政事业性收费等方面,不同程度存在地方保护的倾向,政府间倡导式的非制度性合作协调缺乏落实机制和法律效力。还有生态环境保护测评检查机制和补偿机制等还是空白,需要通过两省区协商研究甚至中央有关部门指导建立和完善。

（5）缺乏微观层面的协商机制。目前的协作合作多数还属于框架性质，研究和讨论只是多一些原则性事项，对具体事务尚缺乏协商协议和合作机制。例如，流域生态文明建设试验区、海上丝绸之路桥头堡、珠江—西江生态廊道打造和分工不明确，以及需要政府推动的合作内容、应该由市场和社会来推进的合作项目等合作协调机制，都迫切需要研究并解决。还有行业和民间的沟通协商合作机制未建立起来，使一些信息欠通、共识未达。

三　完善创新府际合作机制，推动珠江—西江经济带经济与生态协同发展

针对存在问题、形势需要，应该整合资源并完善创新府际合作机制，以推进协同发展为主线，以保护生态环境为前提，推动珠江—西江经济带经济与生态协同发展，建设珠江—西江生态廊道，构建区域协调发展和流域生态文明建设示范区。

（一）创新治理机制，推进顶层合作管理

（1）为解决中央政府角色缺位，缺少中央与地方互动的机制等问题，由国家发改委牵头并联合相关部委及广东广西两省（区）政府成立珠江—西江经济带建设推进协调组，研究制定统一的市场竞争规则和政策措施，统一规划符合本区域长远发展的经济发展规划，对珠江—西江经济带建设的分工合作以及存在问题，进行具体组织协调并督促落实，对交通基础设施等跨省区、跨职能部分进行指导和调控，加快重大项目建设。

（2）为解决条块管理导致水资源、交通、治污等目标执行和落实的差异问题，把目前属于水利系统的珠江水利委员会、属于交通系统的珠江航务管理局以及块块管理的环保部门治污职能进行整合，重新组建珠江—西江经济带水能水资源发展和保护中心，以跨省区调控管理和跨省区巡视的方式运行，加快协调和解决区域"护短"、治污控污难等问题。

（3）建议全国人大和全国政协派出巡视组和调研组，对珠江—西江经济带发展规划实施中跨区域的环保、水资源利用等难题进行视察和调研，要求国家

相关部门把区域权力下调或改革创新管理模式，同时，加强舆论宣传，争取社会各界共识，以整合的行政资源推动珠江—西江经济带建设。

（二）创新协作机制，加强跨区域的协调管理

（1）为解决珠三角产业升级、西江经济带承接产业转移的效率及生态环境保护和防污治污等问题，建立多个反映两省区各级政府意愿、具有民主的治理结构的跨区域的行业指导协调管理机构，如陶瓷产业、不锈钢产业、再生资源产业等可各自组建行业促进会，具体指导和协调西江经济带相关产业的发展和防污治污，两省区可组织相关行业组建粤桂合作特别试验区发展推进会，加强粤桂合作特别试验区产业发展的指导，同时，引进珠三角的先进技术、资金、人才等资源，推进粤桂合作特别试验区建设，加快西江经济带产业园区发展和防污治污，加强生态环境保护，推进珠江—西江经济带经济与生态的协同发展。

（2）为解决具体分工落实和协同推进问题，按照重大项目的布局和组织，根据专业、精简、高效的原则，设立各种具有一定的常设性质的工作小组，使局部性规划与整体性规划有机衔接。如可根据实际情况设立交通建设推进协调小组、粤桂合作特别试验区基础设施建设管理小组等。

（三）整合资源，建立多层次参与合作机制

（1）完善联席会商机制。完善泛珠框架下的广东广西两省区合作会商机制，进一步完善省级和市级联席会议，每半年定好议题，开展一次联席会议的基础上，进一步加强沟通与交流，研究和破解难题，推进工作。同时，进一步细化协议内容，深化多边合作工作机制，相互学习借鉴好的做法和成功经验，共同研究探索推进珠江—西江经济带建设的新途径、新办法，不断提高合作治理的质量和水平。

（2）加强治污力度。从加强污染防范入手，扎实做好各项基础性工作，要采取有力措施，调动人民群众参与污染工作的积极性和主动性，深入扎实地组织开展污染治理的群防群治工作，着力预防和减少污染事故的发生。同时要强化治理实效，建立珠江—西江经济带生态环境保护网站，开通生态保护互联网通道，为共同防治污染、保护珠江生态创造更加快捷、高效的综合治理环境。

(3) 建立应急处置机制。尽快建立健全生态环境保护应急联动机制，加强珠江流域生态环境保护情报信息的搜集与共享，制定出台联合应急处置工作预案，并在条件成熟的情况下开展珠江—西江经济带生态环境治理模拟联合演练，以提高处置突发性事件或群体性事件的应急能力。

(4) 加强情报信息通报制度。国家、广东广西两省区及市县级机关要经常地进行珠江流域生态环境保护动态的通报和沟通联系，同时，注意及时采集群众反映的信息，及时核实处理并反馈。同时要加强对个案的研究和剖析工作，牢牢把握珠江—西江经济带生态环境保护的主动权。

（四）统一标准和规划，创新整合机制

(1) 为解决各有标准、执行难以同一的问题，以国家生态环境指标体系为指导，借鉴浙江"五水共治"的经验，实施污染物总量控制，建立珠江—西江经济带统一的废弃物和污水排放标准；实施主体功能区规划，制定和落实生态环境保护的重大管控政策；统筹规划区域性环保基础设施建设，优化区域生活饮用水系统和工业固体废弃物收集处置系统，强化污染防治工程和生态功能保护与恢复项目建设，不断完善生活垃圾无害化处置设施。

(2) 根据《珠江—西江经济带发展规划》，制定统一的生态环境规划指标和水域保护条例，划分区域水源保护区，加强西江重点流域的水污染防治和综合整治力度，加强江边湿地生态环境保护和生态系统的修复，实施生态环境保护与综合整治。

（五）加强全面合作，建立协同的考评和执法机制

(1) 为解决指标为上、生态环保放后的干部评价问题，组建两省区干部生态环境业绩考评小组，对珠江—西江经济带的干部任期进行巡视和考评，对生态环境保护不力甚至破坏、污染严重的干部，实行"一票否决制"，两省区可互相建议否决。

(2) 组建珠江—西江经济带联合监测队伍，对区域敏感环境目标以及水质断面进行联合监测，完善区域常规性联合检查机制、突发性污染事件的事故处置机制和污染防治基础设施的共建共享机制，联合制定对策、联合实施、联合执法，实现治污方式由分散向相对集中的转变。

(六) 加强风险协调和管理，建立利益协调机制

(1) 建立一套科学的区域风险管理体系，形成跨界洪水影响评价体系和河道风险管理制度，以解决珠江—西江防洪和用水问题。根据西江防洪规划，实施分类管理，把区域风险管理体系作为珠江—西江生态环境合作机制的一项重要内容，编制和完善重要流域、重点地区和重点城市洪水风险图，实行常态化评估、预警及监控。

(2) 建立完善的生态补偿机制。珠江—西江经济带流域省区协商，逐步建立和完善生态补偿机制。根据自然资源有偿使用和价格形成机制、水价机制、污染物排放的价格约束机制、污染治理的收费机制、环境保护和生态恢复的经济补偿机制、环境保护的基础设施建设和运营的市场机制，进一步建立健全珠江—西江经济带排污权交易和生态功能区补偿、流域生态补偿等机制，以解决西江上游生态保护的公平和积极性问题。

参考文献

[1] 杨辉、尹安学：《西江支流水污染事件续：肇庆六名责任人被立案追责》，羊城晚报—金羊网，http://news.ycwb.com/2014-06/12/content_6948525.htm，2014年12月26日。

[2] 杜娟：《广东空气质量排名：肇庆最差，湛江最好》，《广州日报》2014年4月22日。

[3] 秦辉、江灿桂：《广西公布2014年14市空气质量考核结果将采取非常措施力促5市环境空气质量达标》，广西壮族自治区环境保护厅网站，http://www.gxepb.gov.cn/zw/qnyw/201503/t20150310_22660.html，2015年3月10日。

[4] 陈璐：《环保部副部长：土壤一污染就"天长地久"》，《中国青年报》2015年3月9日。

[5] 翁晔：《广西村民受铅锌矿污染关节变形，自治区派出调研组调查》，新华网，http://news.xinhuanet.com/legal/2014-11/27/c_1113436543.htm，2014年11月27日。

[6] 昌苗苗、罗先彬：《广西多名市县干部因治污不力被约谈》，人民网，http://env.people.com.cn/n/2015/0319/c1010-26716288.html，2015年3月19日。

［7］谢庆奎：《中国政府的府际关系研究》，《北京大学学报（哲学社会科学版）》2000年第1期。

［8］张广艳：《西江流域水环境问题分析及对策研究》，《产业与科技论坛》2013年第9期。

［9］彭清华：《把握新定位新使命新机遇，构筑广西开放合作和区域协调发展新格局》，《广西日报》2014年11月7日。

［10］广西壮族自治区人民政府发展研究中心：《站在广西开放发展新的历史方位的战略选择——论"双核驱动"发展战略》，《广西日报》2014年11月4日。

［11］陈伟强：《粤桂合作工作进展情况》，广西壮族自治区发展和改革委员会网站，http：//www.gxdrc.gov.cn/fzgggz/qyhz/dcyj/201406/t20140630_556335.html，2014年6月30日。

备注

本文是广西人文社会科学发展研究中心资助项目《基于经济与生态协同发展的珠江—西江经济带府际合作研究》（合同编号：KF2014006）、2015年度广西高等学校科学研究项目《珠江—西江经济带产业转移与生态文明一体化建设研究》（立项编号：KY2015LX458）和广西高校人文社会科学重点研究培育基地"粤桂合作特别试验区与珠江—西江经济带产业发展研究中心"（桂教科研〔2014〕12号）的阶段性研究成果。

珠江—西江经济带生态经济模式研究
——基于广西西江经济带

裴英竹*

> 摘　要：文章通过分析广西西江经济带经济和环境现状及环境保护存在的问题，探讨西江经济带生态经济模式，旨在提高西江经济带经济和生态协同发展水平，为珠江—西江经济带经济与生态协调发展提供理论依据。
>
> 关键词：广西西江经济带　生态经济模式　对策建议

随着《珠江—西江经济带发展规划》国家区域经济发展战略规划实施，西江流域经济与生态协同发展面临严峻考验。如何实现经济发展与环境保护、物质文明与精神文明、自然生态与人类生态的高度统一和可持续发展，已成为政府官员和专家学者尤其是珠江—西江经济带各界人士的关注点，生态经济的理论研究与实践探索由此而生并不断深入。珠江—西江经济带生态经济模式研究对《珠江—西江经济带发展规划》战略实施和建设珠江—西江生态廊道具有重要意义。

一　发展经济与保护生态环境并重的选择

作为珠江主干流的西江贯通云南、广西和广东，连达江海，自古以来就是连接西南和华南的"黄金水道"，是国家内河水运规划"两横一纵两网"主骨

---

* 裴英竹，硕士，梧州学院教务处职员，主要研究方向为教育经济与管理、财经金融。

架中的一横。珠江—西江经济带涵盖广东广西11市。广西境内西江经济带内河水运主通道1480公里，连接南宁、贵港、梧州、百色、来宾、柳州、崇左市，区域面积16.5万平方公里，常住人口5200多万人。

2013年，珠江—西江经济带下游的广州人均GDP约为12.05万元，而中段的广西贵港仅为1.8万元，相差6倍以上。《珠江—西江经济带发展规划》在2020年展望中提出，珠江—西江经济带人均GDP要以年均增长9%的速度，从2013年的63000元提高到不低于11.53万元，近乎翻番，成为我国"西南、中南地区的重要增长极"。

增长不是免费的，因为我们不是在一个虚无的世界里扩张。增长既可以是经济的，也可以是不经济的。宏观经济相对于生态系统而言，存在一个最优规模的问题。生态领域的著名专家、美国学者莱斯特·布朗博士在其《生态经济》中指出，"所谓的生态经济就是能够满足我们的需求而又不会危及子孙后代满足其自身之需的前景的经济"。生态经济就是"一个能维系环境永续不衰的经济"，"要求经济政策的形成，要以生态原理建立的框架为基础"。

据目前国内外研究论述，生态经济是指具有典型生态系统特征的节约集约经济发展模式。在产业类型上，形成由清洁生产企业组成的循环经济产业体系；在产业布局上，形成由若干生态工业园区组成的生态产业群；在生产工艺上，实现生产过程再循环、再利用，最终表现为整个经济体系高效运转，经济、社会、生态协调发展。

在经济新常态下，西江经济带既是发展中区域，发展经济的空间和压力较大，同时，又是珠江上游，关系着桂粤港澳数千万人的环境和用水质量。避免走先发展经济再治理环境保护生态的旧套路、老模式，走生态经济之路是一种重要选择。

二 走生态经济之路应对保护生态环境的挑战

（一）西江经济带环境保护面临的压力和挑战

1. 地形地貌与工业产业布局要求的矛盾。广西西江经济带多属山地丘陵地区，可连片形成较大规模的工业用地不多，生态环境的保护和地形制约了工业产业发展布局。部分工业产业仍属于传统产业，南宁、柳州、贵港、梧州等市的火电、石化、化工、冶金、陶瓷、医药、制浆造纸等行业密集分布，并受地形地貌和自然生态影响，南宁食品产业集群、柳州汽车产业集群、梧州现代工业产业集群、贵港制糖产业集群、百色冶金产业集群等虽有一定规模，但总体而言，产业规模分散，产业集聚化程度不高，虽有上汽通用五菱、玉柴、柳工集团等规划发展千亿企业，但部分粗放式生产导致污染物减排难度增大。每万元工业增加值能耗、水耗和万元生产总值排放二氧化硫、化学需氧量远高于全国平均水平，而土地产出率远低全国平均水平。要实现到2020年每万元GDP能耗低于0.9吨标煤，单位GDP二氧化碳排放量下降40%以上的目标压力较大。

2. 自然生态保护对生态和水体质量的高要求增加了环境保护的压力。广西西江经济带植被丰富，动物资源繁多，内有自然保护区43个，自然保护区总面积为74.53万公顷，占全区自然保护区总面积的51.15%，经济带内自然保护区聚集了90%以上的陆地生态系统类型、90%以上的野生动物种群、几乎全部高等植物、150多种珍稀濒危野生动物。西江经济带共有县级以上河流型集中式饮用水水源地54个，占全区县级以上集中式饮用水水源地总数的60%，取水总量约8亿吨/年，服务人口约663万人。目前，广西西江经济带区域生态环境质量良好，城市空气质量整体保持二级水平，主要河流水环境质量按三类水标准达标率在90%以上。但由于西江中游的生态和水质直接影响下游的珠三角和港澳地区，在产业布局和规划开发时必须顾及下游千万人口的工作和生活用水安全，这对广西西江经济带的工业布局和发展是一个严峻考量。

3. 投入不足和生态技术发展滞后未能满足发展生态经济的需求。《西江经济带总体规划》规定，西江经济带不以牺牲下游生态环境利益为代价换取经济增长，采用先进技术、规模经济、清洁生产、循环园区的生产方式，加快新型工业化进程。但是，多年来，西江经济带与广西全区一样，生态环境保护投入严重不足。广西全区范围环境污染治理投资占同期GDP比例不到1.5%，对农村地区的投入远低于城市，农村环境综合整治等资金缺口大。2014年生态广西建设引导资金项目（第一批）仅能安排补助项目61个，补助资金2825

万元。由此可见，目前广西环保产业发展相对落后，自主创新能力弱，科研成果产出率、转化率不高，环保科技的基础研究、关键技术研发滞后于经济发展。

（二）国家的扶持为西江经济带发展生态经济提供了有利条件

1. 国家加大对西江经济基础设施建设的支持。随着区域发展战略的调整，国家加大了对广西西江经济带的支持力度，尤其是加大对交通基础设施建设的扶持。"十二五"时期以来，水路方面，国家安排中央预算内投资约2.5亿元用于西江航运干线等内河高等级航道建设。大藤峡水利枢纽工程作为全国标志性重大水利工程获批并开工建设，工程动态总投资339亿元，着力提升西江航道等级。公路方面，对广西公路建设提高补助标准。铁路方面，规划研究建设黄桶至百色铁路。城市环境方面，支持桂东国家级承接产业转移示范区和梧州国家"城市矿产"示范基地建设。

2. 国家加大对西江经济带生态经济发展的扶持。城市环境方面，广西梧州再生资源循环利用园区成为第二批国家"城市矿产"示范基地，中央财政共安排循环经济发展专项资金3亿元给予支持。生态建设方面，实施生态补偿机制。根据国家发改委提供的数据，2013年，中央财政进一步将集体和个人所有的国家级公益林补偿提高到15元，补偿基金总额增加到149.26亿元，其中安排广西补偿基金10.13亿元。增加了水资源生态补偿项目。2010～2012年，中央财政累计安排广西壮族自治区中央分成水资源费支出2057万元，支持开展国家水资源监控能力建设以及其他水资源节约、管理和保护项目。安排广西壮族自治区中央财政森林生态效益补偿基金。2012年中央财政安排6.88亿元，纳入补偿的国家级生态公益林面积达7262万亩，林业国家级自然保护区内国家级公益林已全部纳入补偿范围。这些扶持，为广西西江经济带发展生态经济提供了有利条件。

（三）广西启动发展生态经济战略，为西江经济带发展生态经济奠定了坚实基础

（1）开展基础设施建设大会战，打牢西江经济带发展生态经济的基础。广西决定用三年左右时间开展西江经济带基础设施建设大会战，加强西江经济

带码头、航道、过船设施、水利枢纽、铁路、高速公路、机场等基础设施建设，总投资6300多亿元。西江沿岸交通基础设施建设将实施包括12大类166个项目，打通西江水道航运干线通道不畅、支线航道碍航、枢纽船闸制约等瓶颈；同时提出区域内"市市通高铁"、24个县"县县通高速"，将强化铁路水运、公路水运等连接线建设，加快建成现代化综合交通运输网络。此外，大会战项目还将围绕重大产业、重点园区、重大物流、生态环境等方面展开。目前，广西已安排3亿元前期工作经费加快推进项目建设。至2015年初，西江经济带的梧州、贵港已开通高铁并贯通区内10个市，建成南宁机场新航站区和南宁外环高速公路，长洲水利枢纽三四线船闸、老口枢纽船闸建成通航，新增1000吨级航道563公里。

（2）广西启动发展生态经济战略，为西江经济带发展生态经济打下了基础。2015年广西政府工作报告明确提出"大力发展生态经济，加快构建和谐友好的现代生态文明体系""加强西江流域水环境生态保护治理"。2015年，自治区本级安排14.47亿元用于城镇污水处理设施建设，严格实施污染物排放总量控制，实施节能减排降碳工程，重点推进节能技术改造和工业能效提升，实施循环经济科技专项行动，推行清洁生产，提升传统优势产业。落实生态环境保护责任制，划定生态保护红线。

（四）国外的先进经验对西江经济带发展生态经济的启示

（1）从实际情况看，西江经济带生态环境是总体良好但存在隐患。西江上游的污染还以生活污水排放为主，主要属于有机污染，由于西江水量巨大，污染还没有超出西江水的自净能力，虽然目前广西西江干流水质达到国家标准，总体良好，但也必须采取措施防止污染继续，防止水质恶化。然而，西江支流个别小型企业给西江带来的污染仍时有发生，近年支流及上游的污染事件仍时有发生，2012年发生龙江水污染事故，2013年发生贺江镉、铊超标的水污染事件，广西壮族自治区党委书记彭清华因此向广东公开致歉。

（2）从国外经验看，西江经济带发展生态经济是实现经济发展与环境保护双赢的重要路径。20世纪五六十年代，日本富山县的神通川流域出现"痛痛病"，给患者带来难以忍受的痛苦。许多人因无法忍受痛苦而自杀。医生经过20多年的研究才发现，怪病的元凶是神通川上游的矿山，炼矿产生的镉随废水排入河里，进入人体内后引起了中毒。痛痛病和足尾矿毒、四日市哮喘、水俣病成为当时日本因环境恶化而造成的四种公害病。于是，日本从20世纪80年代开始出台大量一系列环保法律并加强监督执行，环境大为改善，并促进了经济的快速发展。20世纪五六十年代，德国莱茵河水污染严重，鱼已濒临绝迹。1972年德国通过了首部环境保护法，并相继出台《循环经济和废物清除法》《环境监测法》《环境信息法》等法律，使法律不断完善和具体化，同时，加大高科技投入，形成了对经济增长有贡献的生态技术产业。当前，在全世界所开发的生态技术中，德国就达到18%，并发展成为以生态技术为重点的环保产业占德国GNP的2%左右。目前，德国莱茵河水已达到饮用标准。实现了生态保护和经济发展的双赢。

（3）发展发生态经济已成为大势所趋。我国第一任国家环保局局长曲格平在2014年指出，"从各项指标来看，我们现在与20世纪70年代初期的日本很相似。在经济高速增长的情况下，我们有没有避免日本公害泛滥的覆辙呢？我说没有。虽然在行政、经济和技术等方面实施了政策措施和一些治理工程，但都缺乏力度，并且不是从根源上去防治，仍然没有有效避免很多发达国家曾经历'先污染后治理'的老路，有些方面甚至更为严峻"。从发展趋势看，我国保护生态环境法规和执行力度会越来越严格，并与先进国家接轨。西江经济带宜吸取教训，学习先进国家的经验，算长远账，加强生态环境保护，增加环境保护投入，提高环保技术，实现环境保护与经济发展从相克到相生的转变，走经济发展与环境保护双赢的生态经济之路。

三 转方式调结构，开创西江经济带生态经济发展模式

经济发展新常态下，结合西江经济带的自然特征、产业特点和发展要求，建议西江经济带走适合自己的生态经济模式，推进转方式调结构任务的完成。

（一）发挥水运优势，构建生态型综合运输经济体系

按常规推算，铁路运输每公里每吨的成本是0.15元，公路是0.5元，水运成本是最低的，只要0.04元。水运量大价廉环保，对西江经济带构建生态

型综合运输经济体系意义重大。水运方面，大藤峡水利枢纽工程是促进珠江—西江经济带发展的国家级重大项目，建成后南宁至珠江出海口常年可通行3000吨级船舶，西江经济带可以通过水运与珠江出海口实现海轮互通，节省物流成本。应立足于大藤峡水利枢纽工程建成后的状况来规划和发展西江经济带的综合运输体系，发展生态型综合运输经济体系。按照大藤峡水利枢纽工程建成后的要求，加快建设绿色智能创新型港口，形成分工合理、功能完善的现代港口体系。重点建设南宁、贵港、梧州主要港口，积极发展柳州、来宾、百色、崇左4个地区性重要港口。加快建设贵港港中心港区苏湾作业区一期工程、梧州港中心港区塘源紫金村码头一期工程、南宁港牛湾作业区二期工程等项目。积极学习借鉴欧美先进国家和香港等地区港口管理的先进经验，提高港口吞吐能力，加快长洲水利枢纽、贵港航运枢纽3000吨级过船设施的研究和建设，推动主要内河港口创新转型并向区域性航运枢纽升级。推动上游及支流1000~2000吨级航道工程建设，提升西江水运整体运力。铁路运输方面，实施市市通高铁工程，推进铁路电气化改造项目，发展绿色运输，加快建设快速铁路网络，完善港口进港铁路布局规划，推进梧州港赤水圩作业区、柳州港官塘作业区进港铁路专用线工程、贵港市中转港铁路专用线改扩建工程和贵港港苏湾作业区、南宁港六景港区等进港铁路等专线项目建设，实现水铁交通和物流通畅。加强港口公路集疏运通道建设，大力发展城际港际高速公路网络，建设南宁港牛湾作业区疏港大道、柳州港鹧鸪江作业区进港道路、贵港港苏湾作业区进港公路、梧州港紫金村作业区进港公路、来宾港象州钓鱼公作业区进港大道等工程项目，实现港口与综合交通运输网络、港口与产业集聚区的交通衔接。航空运输方面，积极建设干支衔接、功能完善的现代民用航空体系，加快推动民用航空发展，构建西江经济带以水运带动铁路空发展的生态型运输经济体系。

（二）完善布局，优化结构，发展生态型工业体系

西江经济带可引入运用工业生态学原理和循环经济理念，严格按照减排去污、低碳环保、清洁生产要求，发展生态型工业并纳入西江经济带工业持续发展战略，制定发展的中长期规划，明确生态型工业发展的任务、重点和保障措施，优化生态型工业产业布局。加快西江经济带发展规划环境影响评价，坚持

环境保护优先，严格执行行业准入门槛和各项环境保护标准，严格控制"两高"型产业的规模扩张，在区域产业发展布局和项目建设过程中，坚持"生态功能不退化、水土资源不超载、污染物排放总量不突破、环境准入要求不降低"四条红线，加快推进发展方式转变，促进钢铁、石化、铜镍、林浆纸、电子信息、机械设备制造、新能源等产业布局和结构优化，构建新型产业体系，进一步提高资源能源利用效率。加强西江经济带重要生态区和重要资源的保护、资源能源开发活动的环境监管，严格项目开发及产业转移的环评审批，抓好建设项目竣工环保验收，做到承接东部产业转移不污染环境、不破坏生态、不浪费资源、不低水平重复建设。加强创新能力和创新体系建设，重点发展生物医药、新一代信息技术、新材料、新能源汽车等生态型工业产业。加快建设梧州、南宁、贵港、玉林生物制药发展，重点建设南宁生物产业园、中恒（南宁）制药产业基地、贵港源安堂生物医药产业基地、玉林中医药健康产业园等项目，支持柳州、梧州发展新能源汽车产业，重点建设柳州五菱新能源汽车柳东基地、上汽通用五菱乘用车产品研发、梧州比亚迪新能源汽车生产基地等项目。支持合作共建重大科技创新平台、公共检验监测技术服务平台，建设梧州西江流域质量技术检测研究中心。通过环境保护手段推动装备制造业、原材料产业、轻纺化工产业、现代农业、现代服务业等产业的优化发展，积极推进工业向园区集中，人口向城镇集聚，优化空间布局，推进形成分工明确、优势明显、协作配套的产业带，积极推进企业节约生产、清洁生产，大力发展循环经济，把西江经济带建成生态好、污染少、能耗低、效益高的生态型工业示范带。

（三）加强资源保护和科技创新，发展生态型现代农业经济体系

生态农业的发展可以有效地遏制现代农业生产对生态资源的破坏，保护生态资源。推动农业转型升级，做大做强特色农业。西江经济带可根据农村本土特色发展优势产业，深化产业加工，形成有助于农业经济规模扩张的产业链和产业群。建设优质农副产品供应基地。加快全国甘蔗生产基地建设，打造梧州茶叶基地，积极稳妥地发展高档蔬菜、精细蔬菜和新、稀、特蔬菜，加强桑蚕茶和水果品牌建设，抓好中药材和民族药（壮药、瑶药）生产源头，重点加快建设500万亩高产高糖糖料蔗基地项目、台湾花卉产业园苗圃基地建设项

目、梧州蒙山桑蚕丝绸循环经济工业园项目。全面加强森林资源管护，提高管理水平，巩固扩大生态建设成果，拓展补偿基金来源渠道，逐步提高补偿标准，全面落实公益林管护责任，全面实施"绿满八桂"造林绿化工程，推进城乡绿化美化一体化建设，调整优化森林结构，提升森林经营水平，打造西江千里绿色走廊。加快发展茶油、花生、桂皮、八角等木本粮油、木本香精香料等特色经济林生产基地。把工业先进技术运用到农机具设备的改进，把第三产业与农业经济融合创造农业生态旅游服务等，使农业经济及时调整以满足市场需求的变化，实现二、三产业与农业经济有机结合。加深对产品的开发等级，提高产品的科技含量和品质，以满足市场的不同需求。打造区域特色时令水果带，重点发展荔枝、龙眼、芒果、香蕉、菠萝、柑橘、金桔、葡萄等水果，推进畜牧水产规模化、标准化、生态化养殖，大力发展生猪、家禽、草食畜禽以及特色名贵淡水产品养殖，提高畜牧水产品加工能力，发展肉类加工、乳制品及皮革羽绒综合利用等配套产业，积极支持农业产业化经营，做大做强龙头企业和推动农民专业合作社建设发展，加快农业标准化进程，推进农业标准化示范区建设，着力发展无公害农产品、农产品地理标志产品和优质专用农产品。

（四）整合要素资源，发展生态型现代服务业

西江经济带可因地制宜，根据自己特色和优势，充分合理开发利用生态环境资源，大力发展绿色商业服务业、现代物流业、生态旅游业、会展等产业，形成生态型现代服务业。可引入生态型服务业理念，建设西江经济带生产性服务业集聚示范区。依托西江经济带产业优势，合理规划具有一定规模、聚焦度较高、产业特点鲜明的服务业聚集区，积极推进柳州汽车城生产性服务业集聚发展示范区、梧州粤桂合作特别试验区生产性服务业发展示范区建设。建设来宾煤炭交易市场、梧州商贸物流园、广西粮糖物流园、贵港和百色煤炭物流基地等大宗商品交易项目，设立梧州综合保税区，加快建设柳州鹧鸪江物流产业集聚区、梧州毅德商贸物流城、百色"南菜北运"果蔬物流工程、崇左中国—东盟糖产品交易中心等物流重点项目建设。加快南宁、柳州、梧州等市的宽带城市建设。加快南宁等市国家电子商务示范城市建设，开展南宁市跨境电子商务试点城市建设，加快南宁、桂林、梧州等市国家信息惠民示点城市建设。充分重视和发挥电子商务助推生态经济的重要作用，提升中国（柳州）

食糖网、中国（南宁）蚕丝交易网等电子商务交易平台，建设珠江—西江流域航运公共信息服务平台，构建西江经济带大宗工业原料、矿产品、林（用）产品、煤炭等电子交易平台与供应链电子商务体系。推进旅游业优化发展，推进南宁、桂林、柳州、梧州、百色等旅游目的地和游客集散地与粤港澳的交流合作，打造特色旅游精品线路，推动南宁—梧州—广州—深圳—港澳的都市风情江河生态游、来宾—柳州—贵港（桂平）—梧州—云浮的峡谷风光和宗教文化游、桂林—贺州—梧州—云浮—肇庆—佛山—广州—港澳的岭南文化和山水生态休闲游等旅游精品线路建设。发展绿色会展服务业，加强东盟博览会、梧州国际宝石节等会节与东盟及粤港澳的合作，推动会展向规模化、国际化、专业化发展。

（五）加强规划管理和创新，发展生态型能源产业

西江经济带可利用水力资源丰沛的特点，大力发展以水电为主的绿色能源，形成以水电为主的生态型能源产业。大藤峡水利枢纽工程是广西实施"双核驱动"战略的重大基础设施项目，工程以防洪、航运、发电、水资源配置为主，结合灌溉等综合利用，对保障流域防洪安全、粮食安全、供水安全、航运安全、生态安全意义重大。水库正常蓄水位61米，防洪起调水位47.6米，总库容34.3亿立方米，防洪库容15亿立方米，电站装机容量160万千瓦时、年发电量61.3亿千瓦时。规划灌溉面积136.7万亩，并改善农村147.6万人的生活用水条件。西江经济带要立足大藤峡水利枢纽工程建成后的能源结构统筹规划流域防洪体系、流域防洪安全和流域水资源配置体系，优化能源结构，以科技创新提高水电产能和利用率，加快电力网路改造，带动沿江经济社会发展。采取低氮燃烧控制技术和烟气脱硝技术相结合的综合防治措施，完善现役燃煤电厂脱硫设施，推进电力行业大气污染物减排。落实国家烟气脱硫脱硝电价政策、可再生能源发电和垃圾焚烧发电厂实行优先上网和补贴政策，开展节能技术改造工程，推进能源多元清洁发展，实施中小企业节能工程，大力推进园区集中供热、供电、制冷等能源集中供应模式，加快推进柳州工业生产利用分布式能源站项目建设。加大能源产业结构调整力度，严格执行国家产业政策和行业准入标准，加快淘汰落后产能，提高行业准入门槛，严格控制"两高"行业新增产能，推广建设大型沼气、集中供气沼气、秸秆原料沼气及

沼气发电项目，开发利用水电、太阳能、风能、地热能、沼气发酵能源等，不断优化农村能源结构，加快推进梧州国家循环经济示范市建设，把西江经济带建成国家级生态型能源产业示范带。

参考文献

[1] 徐锦庚、马跃峰：《开创高效生态经济发展新模式》，《人民日报》2009年12月15日。

[2] 魏乾梅：《高等教育与区域经济发展的互动协调性——以广西为例》，《社会科学家》2011年第11期。

[3] 财政厅：《环境保护厅下达2014年生态广西建设引导资金项目》，广西壮族自治区环境保护厅网站，http：//www.gxepb.gov.cn/gfjf/zxzjxm/201405/t20140529_19217.html，2014年5月29日。

[4] 庞革平：《广西大藤峡水利枢纽工程全面动工》，人民网，http：//politics.people.com.cn/n/2014/1115/c1001-26032159.html，2014年11月15日。

[5] 吴丽萍、邓家壹：《西江经济带基础设施建设大会战打响》，《广西日报》2014年7月8日。

[6] 蒋雪林：《广西书记彭清华就贺江水污染向广东致歉》，新华网，http：//news.xinhuanet.com/local/2013-08/19/c_125193872.htm，2013年8月19日。

[7] 杨福平、蒙翠云：《西江经济带或成广西最大产业集聚区》，《广西工人报》2013年5月22日。

[8] 孙志平、程群：《大藤峡水利枢纽完成一期项目用地征地工作》，新华网，http：//www.gx.xinhuanet.com/newscenter/2014-10/30/c_1113050953.htm，2014年10月30日。

[9] 〔美〕赫尔曼·戴利、乔舒亚·法利：《经济科学译丛·生态经济学：原理和应用（第二版）》，中国人民大学出版社，2014。

[备注]

本文是广西人文社会科学发展研究中心资助项目《基于经济与生态协同发展的珠江—西江经济带府际合作研究》（合同编号：KF2014006）、2015年度广西高等学校科学研究项目《珠江—西江经济带产业转移与生态文明一体化建设研究》（立项编号：KY2015LX458）和广西高校人文社会科学重点研究培育基地"粤桂合作特别试验区与珠江—西江经济带产业发展研究中心"（桂教科研〔2014〕12号）的阶段性研究成果。

粤桂合作特别试验区运行机制研究

刘翠萍[*]

摘　要：　粤桂合作特别试验区是中国目前唯一跨东西部、跨省际、跨流域合作的特区，由粤桂两省（区）共建，是广东广西经济一体化发展、东西部合作发展、流域可持续发展的先行示范平台，是国家区域发展战略珠江—西江经济带的重要组成部分。由于无先例可循，粤桂合作特别试验区必须大胆创新，在行政管理、开发建设、金融改革、人事管理等重点领域和关键环节改革创新、先行先试，通过探索三级管理机制、独立运营机制、产业配套建设机制、利益合理分配机制、人才科学管理机制、多元化投融资机制，建立与国际、国内规则相适应的试验区开发建设和运营管理机制。

关键词：　粤桂合作　特别试验区　运行机制

党的十八大和十八届三中全会通过的《中共中央关于全面深化改革若干重大问题的决定》提出，继续深入实施区域发展战略，充分发挥区域优势，促进区域良性互动，培育区域经济新增长极，实现区域间优势互补、共赢发展。两广突破行政区划限制，在省际交界处建立"粤桂合作特别试验区"（以下简称试验区）。试验区建设是对东西部合作、流域经济、省际边界区域协调发展新途径的积极探索，是推进两广经济一体化发展、实现区域经济合作新突

---

[*] 刘翠萍，在职研究生，法学士，中共梧州市委党校科研室负责人，科学社会主义教研室副主任，副教授，研究方向为区域经济。

破、打造流域改革开放新高地的重要手段。

作为中国唯一跨省际合作、流域合作和东西部合作的试验田,试验区的建设具有"三大特色",即特别区位、特别政策和特别模式;"三个作用",即改革示范作用、紧密连接东西部两大板块的"铆钉"作用、两广"联姻"的"孩子"作用;"四大意义",即是十八大、十八届三中全会以来两广改革创新的重要实践、是国家全新部署区域协调发展战略的体现、是实现两省(区)在我国区域经济战略定位和发展目标的重要载体、是两省区政府改革创新通力合作的重要成果。

"一带一路"是我国将自身发展放在亚太区域合作中考察的重大战略构想。试验区位于"三圈一带"(珠三角经济圈、泛北部湾经济圈、大西南经济圈和珠江—西江经济带)的交汇点,是历史上的海陆丝绸之路交汇重要节点,作为我国唯一跨区域省际流域合作试验区,应在"一带一路"发展战略中,发挥机制创新试验田的作用。

一 试验区的基本情况

2011年12月,广西、广东两省(区)政府在北京签署《"十二五"粤桂战略合作框架协议》,提出共建合作示范区。2012年11月,两省(区)政府在海南签署《关于建设粤桂合作特别试验区的指导意见》。2013年7月,李克强总理在广西调研时指出,原则同意珠江—西江经济带上升为国家战略,试验区将作为珠江—西江经济带的核心内容和主要载体优先发展。2014年4月,两省区正式批复实施《粤桂合作特别试验区总体发展规划》。2014年7月,国务院正式批复《珠江—西江经济带发展规划》,试验区作为该规划的独立章节内容上升到国家战略重点。2014年10月13日,在第十届泛珠三角区域合作与发展论坛暨经贸洽谈会举办期间,朱小丹、陈武代表粤桂两省区政府共同签署《广东广西推进珠江—西江经济带发展规划实施联席会议制度》、《两广推进珠江—西江经济带发展规划实施共同行动计划》和《粤桂合作特别试验区建设实施方案》,正式宣告两省区推进珠江—西江经济带发展规划实施和粤桂合作特别试验区建设进入实质性阶段。试验区建设是贯彻落实党的十八大、十八届三中全会改革创新精神的重要途径,是实现国家东西部区域协调发展战略的重要体现，是国家对区域产业结构调整与优化升级高度重视的成果，是两省区政府改革创新通力合作的智慧结晶。

试验区有特别区位。试验区位于"三圈一带"的交汇点，是我国东西部、两省（区）及西江流域的叠加区域；是21世纪海上丝绸之路和面向三南（西南、中南、华南）战略支点的重要节点；是广西"双核"驱动发展战略的重要支撑；是国务院正式批复实施珠江—西江经济带发展的国家战略的重要组成部分。这一特别区位使其具有共享东西部与两广的叠加政策的强大优势和巨大发展空间。

试验区打造特别平台。在珠江—西江经济带中率先打造改革开放平台和产业集聚发展平台，作为改革创新先行先试示范，可形成中国—东盟环保技术和产业合作交流示范基地、中国—新加坡产业园、综合保税区等多个国家级产业发展平台，为电子信息、节能环保、新材料、高端装备制造、生物医药、互联网金融、现代服务等产业集聚和企业总部经济发展创造良好条件。

跨区域、跨省跨流域试验区开发建设在中国尚无先例可循，因此顶层设计必须创新探索。国家和粤桂两省区在试验区体制机制上做了原则安排，一是《珠江—西江经济带发展规划》提出试验区要"统一规划、统一布局，探索建立利益共享、责任共担的合作新机制"。二是《粤桂合作特别试验区总体发展规划》提出试验区要采用"两省（区）领导、市为主体、独立运营"的运行模式。

二 试验区建设遇到的机制障碍

（一）未能形成统一的管理和开发建设的工作机制

粤桂合作特别试验区是跨省（区）合作的实体化运作，涉及跨行政区划的两省（区）共建共管，涉及包含经济在内的各种重大事项的决策机制、试验区管理机构的设置和人员的任命以及试验区的日常运营机制，至今只形成了粤桂两省区联席会议和肇梧两市联席会议制度，统一的管委会尚未形成，未能形成统一管理和开发建设的工作机制。

（二）未能形成承接产业转移的产业配套机制

试验区当前招商引资步伐加快，产业招商、基础设施招商、金融服务业招商全面推进，但由于促进试验区发展的专门支持政策尚未完善，制约了招商引资取得更大的成效。产业协作配套功能相对较弱，产业关联度较低，尚未形成成熟且紧密的产业配套与企业合作，制造业内部、制造业与服务业之间的产业关联尚在起步阶段，未能引进相关产业配套企业，未能将试验区建设成为承接产业转移基地和制造业协作配套基地，去配套发展战略性新兴产业、生产性服务业、农产品加工业、休闲旅游业。

（三）未能形成人才科学管理机制

一是未能形成市场化人才引进机制和多元化的人才引进模式，由于软硬环境不完善，人才难以引进；二是未能形成有效的人才培养机制；三是未能形成人才激励机制，人才待遇与工作职责、绩效、实际贡献及成果转化与效益挂钩的收入分配制度远未建立，以管委会（梧州）为例，无论来自公务员还是事业编制人员，其工资只按原来的职级领取，这与他们的工作绩效和付出是不相符的，而且粤桂两地管委会工作人员的待遇也有差别；四是科学的公职人员薪酬体系尚未建立起来。

（四）未能形成多元投融资机制

一是融资模式较为单一，多为企业向银行借贷，上市融资的企业很少，通过发行企业债券融资的几乎没有；二是金融服务主要以支付清算、资金拆借和银行票据等传统业务为主，缺乏创新的金融服务形式和金融产品；三是金融市场欠完善，金融创新不足，债券、融资租赁和投资基金等新型金融工具和产品仍未充分发挥金融功效。

三 建立完善粤桂合作特别试验区的运行机制

运行机制是指影响人类社会存在与发展的内在机能及其运行方式，是人类社会各项活动的基本准则及相应制度，是决定行为的内外因素及相互关系的总称。

粤桂合作特别试验区应在行政管理、开发建设、金融改革、人事管理等重点领域和关键环节改革创新、先行先试，建立与国际、国内规则相适应的试验区开发建设和运营管理机制，包括新型管理机制、独立运营机制、产业配套建设机制、生态环境治理机制、利益合理分配机制、人才科学管理机制、投融资多元化机制。

（一）三级管理机制

突破行政壁垒，逐步建立决策、协调和执行多层次的运作架构。

（1）两省区联合工作领导小组。两省区联合成立推进珠江—西江经济带规划建设领导小组，以联席会议的形式，统筹指导和协调试验区建设发展过程中的重大事项。领导小组同时作为试验区开发建设的最高决策协调机构。

（2）两市市长联席工作会议。两市市长联席工作会议（以下简称"联席会议"）为试验区开发建设的决策机构，对试验区的开发、建设、人员派出、管理运营进行具体决策部署、安排，通过定期或不定期召开联席会议，对试验区开发建设中的具体问题进行协调、解决。

（3）试验区联合管理委员会。试验区联合管理委员会（以下简称"管委会"）为试验区开发建设的具体执行机构，主要负责落实联席会议的各项决定和试验区开发建设的具体事宜。管委会主任采用轮值制，每届任期四年，由肇庆、梧州两市轮流派出，首届由梧州市派出。两市提出的管委会主任人选需是派出市的市领导，同时挂任对方市的相应职位。管委会副主任若干名，由双方对等派出。

试验区管委会根据试验区的建设需要设立经济发展、投资促进、规划建设、环境保护、财政税收等机构。内设机构的设置应遵循精简、高效原则，可以采用大部制。内设机构人员由两市对等派出，实行统一办公。内设机构均行使梧肇两市市级对应机构的行政管理权，并接受两市对应机构的业务指导。双方派出人员在试验区的具体工作由管委会统一进行安排和管理。

目前，推进珠江—西江经济带发展规划实施联席会议和梧肇两市市长联席会议工作机制已经确定，但试验区管委会联席会议和两市统一的投资开发建设公司尚未建立。试验区（梧州）管委会已成立，建议尽快配齐管委会和粤桂投资公司班子队伍，以便推进与试验区（肇庆）管委会的对接与整合，在梧肇两市成立试验区管委会联席会议的基础上，加快成立统一的联合管委会，并适时推动成立统一的投资开发公司，实现"统一经营、统一管理并运转正常"目标。从两省区层面，加快出台《粤桂合作特别试验区管理办法》，明确试验区经济管理权限，按照"试验区事试验区办"原则，赋予试验区部分市经济、行政审批职能，优化服务环境，规范开发建设和运营管理，加强绩效考核和监督评估。

（二）独立运营机制

将属地管理权放权委托给试验区，是跨区域行政联动的"质"性突破。"整体委托管理"是解决管理体制弊端、提高行政效能最为有效的方式。粤桂两地将试验区的政治、经济、文化、社会管理等属地管理权委托给试验区管理会。突出园区管委会主体地位，省级和属地政府的规划、城建、税务、产业、环保等方面的管理职能，可交由园区管委会统一行使职权，这样便于保持试验区的相对独立性，便于调动合作双方的积极性，有利于工作的开展。

赋予试验区管理机构部分相当于市级经济管理权限，实施行政许可事项"一站式"受理及审批，实现"试验区事试验区办"。

（1）行政管理方面。一是改善试验区治理结构，优化试验区内部机构设置，推行新型管理和运行体制，建立监督机制；二是改革投资审批制度，对相应企业投资项目实行备案制与核准制；三是实行统一市场准入制度，推行负面清单管理；四是建立行政许可权力清单，负面清单范围内企业和公众按照审批事项依法申请，清单以外项目全部改为备案管理；五是加大试验区权力下放和取消审批权限，减少和放宽项目审批环节和条件，探索试验区联合审批及并联审批；六是建立试验区网上审批平台，大力推行网上审批。

（2）在项目管理方面。一是管委会设立投资促进部门，统一负责对外招商及投资工作。办理落户试验区的项目，按照政策最优、对项目方最有利的原则，确定项目公司注册地。项目的商业登记地可与项目的生产基地分开进行登记。二是项目进驻后的立项、报建及有关公共服务工作，由管委会牵头办理；涉及省级管理权限的，原则上按照"属地原则办理"。

（3）在开发建设方面。两市等比例出资共同设立试验区投资开发建设公司作为试验区开发建设的平台公司,执行管委会决策,具体负责试验区开发建设的相关事宜。一是试验区范围内的土地一级开发,包括土地收储、基础设施建设等,由管委会制定开发计划、供地计划及资金需求计划交市长联席会议审议、决定。管委会也可引入社会资本进行土地一级开发。二是试验区开发建设公司负责试验区的土地一级开发、基础设施建设及相关项目建设等,可根据需要下设投资控股公司及相关基金。开发公司按照市场化原则和现代企业制度要求运营。三是试验区的项目招商、宣传推广统一由管委会负责,相关费用开支列入试验区开发建设成本。四是管委会负责财务、审计工作的部门,对试验区开发建设的成本以及两市的具体投入进行审核。管委会另委托第三方专业审计机构,每年度对试验区的总投入进行审计,审计报告作为计算两市年度投入的依据。

(4)运营管理方面。赋予试验区投资开发建设公司一级土地收储开发职能,将部分国有资产包括土地资产注入该公司,提高试验区资本运作能力。同时,投资开发建设公司通过设立置地、园林、物业等专业子公司,为试验区建设开发以及入驻企业提供专业化服务,提升公司效益和发展空间。采用多元化市场开发模式,积极推行"园中园"建设,引进国内外知名企业在试验区开展园中园建设,探索供地园中园建设企业自行规划项目用地。另外,试验区还可采取控股、参股、相互持股、发行权益债等方式,引进战略投资者和民间资本共同开发建设,提升试验区自身造血功能,有效解决开发建设资金压力,增强试验区自身发展能力。

(5)资本运作方面。实现试验区融资的可持续发展和良性循环,把试验区投资开发建设公司打造成有资产、有现金流、有利润、有自我造血功能的经营性资本运作企业。一是代建试验区回购项目。二是开发经营性项目,增加公司赢利能力。三是积极开展经营性业务,实现多元化经营。四是适时进行股权投资。五是规范土地运作和经营管理,公司资产负债率和信用等级保持在合理水平,科学调度和合理使用融资资金,运用市场化手段降低融资成本。六是运用多种现代金融工具,发行企业债券、基金或者PPP模式等,为公司引入战略投资者以及为争取上市做好前期工作。

(三)产业配套建设机制

通过建立试验区"一区多园"运营模式,将试验区建设成为产业承接转移基地和制造业协作配套基地，配套发展战略性新兴产业、生产性服务业、农产品加工业、休闲旅游业、养生养老产业。

（1）试验区可根据自身产业布局和产业特色，与东盟各国及新加坡和中国台湾、香港、澳门等地合作共建园区，开展有针对性的多边合作开发。争取中国—东盟环保技术和产业合作交流示范基地开工建设，探索建立香港、澳门产业园，与广州中新知识城、新川创新科技园、前海深港现代服务业合作区等建立友好园区。加快国光电子信息产业园、中节能环保产业园、枫大农产品物流集散交易中心、中盟世纪创业园等专业化园区建设。

（2）试验区内承接与重点发展的项目可优先列入两省（区）国民经济和社会发展总体规划、专项规划和区域规划。试验区内符合条件的产业园区在申报纳入广东省产业转移工业园、广西壮族自治区重点产业园区后可享受相关扶持政策。优先布局珠三角产业转移项目。

（3）优化试验区特色主导产业。一是加快培育壮大试验区电子信息、节能环保、食品医药、新材料、新能源等特色主导产业，延伸产业链，打造产业集群。发展生产性服务业，推进建设两广货运集散中心、中节能运营服务中心、中兴云数据中心、比亚迪运营中心、车载物联网工程、嘉进电商物流等服务业项目，争取国家发改委批复试验区建设国家生产性服务业示范区。二是做好试验区金融工作框架的整体设计。加快知识产权质押、高新技术企业股权交易、科技保险等工作进程，建立多元化科技创新投融资体系。争取国家一行三会分别出台金融支持试验区建设的支持政策，围绕承接东部产业转移，着力构建适合试验区发展的区域金融体系和金融创新机制，发展金融产业。

（4）加快重点产业领域联动发展。充分发挥粤桂两省（区）各自资源与产业优势，积极开展产业转移与承接工作。培育商贸物流、休闲旅游等现代服务业，发展生物、新能源等新兴产业，促进产业转型升级，创造新的经济增长极，推动粤桂两省（区）产业联动发展。

（四）利益合理分配机制

（1）建立利益分享机制，两市原则上每年对试验区收益进行分配。一是对两市前期各自引进项目或投入所取得收益的分配办法为："实施方案"和"两市协议"签署前两市各自进行的项目引进及开发建设的收益，原则上按照

"谁投入，谁收益"的原则进行处理。之后按"权责统一、权利均衡"原则，将试验区宏观经济指标各按50%计入两市和两省区相应的统计指标。

二是对引进项目或企业所取得收益的分配办法为："实施方案"和"两市协议"签署前，原两市自行引进的项目或设立在试验区的企业的税收收益仍归属各市，签署后，省级税收返还部分作为试验区收益由双方进行分配。

三是对基础设施投入（道路、桥梁等）所取得收益的分配办法为："实施方案"和"两市协议"签署前双方的实际投入，由两市分别列出清单，双方共同予以核定确认投入数额，该投入数额在两市政府首次对试验区收益进行分配前先行予以返还。

（2）建立利益补偿机制。综合考虑双方原有基础设施投入和已形成的产业基础，土地规模、成本等差异，以及环境容量等因素，约定两市的先期投入核定及对先期投入的处理方式，由两市以补充协议的方式再具体进行详细约定。

（3）建立利益约束机制。约束机制应包含两个层面，一是国家层面设立法律法规，规范区域合作。目前，我国还没有与区域协作和协调相关的法律法规，国家有必要用立法手段来规范和引导区域经济合作，这也是国外市场经济国家通行的做法。二是建立具有约束力的区域合作组织并制定规则，约束成员和区域合作执行机构的行为。目前试验区尚未成立正式的统一的组织机构，对协商结果缺乏一定的约束能力，松散的、非制度性的协调机构不利于解决区域合作中出现的各种利益冲突。必须对联席会议通过的协议或规定以两省（区）人大或政府立法的形式做出明确的规定。

（五）人才科学管理机制

（1）创新人才引进机制。一是加强政府对人才引进的指导，完善岗位管理制度，积极创造有利于吸引高层次紧缺人才的条件，引进课题、项目、产业等各方面人才。二是发挥市场对人才引进的作用，密切与著名猎头公司合作，推行企业自主引才用才。三是为人才入职提供便捷通道，减少办理程序和手续，实现"特事特办""无障碍进出"。四是采取"季节型""假日型""候鸟型"等多种方式，支持高科技和创新人才到试验区创业和开展技术咨询服务。五是暂由梧州市政府按内地与境外个人所得税负差额给予试验区内境外高端人才和紧缺人才补贴，纳税人取得的上述补贴免征个人所得税，补贴经费由自治区政府统筹解决。

(2) 改革人才培养机制。采取试验区与国内知名院校、科研机构、培训机构等人才机构项目合作、协同攻关、定向培养、双向挂职的模式,为试验区引进高层次人才、管理人才和外向型人才。

(3) 完善人才激励机制。一是为高层次人才代缴有关税费、医疗保险,并实行多种收入分配制度。二是完善公职人员薪酬增长机制,并依据职责与效能实行差别化的工资分配制度。三是建立高层次人才保障机制,除试验区给予奖励性补助外还提供创业启动资金,解决其住房、配偶安置、子女入学等问题。四是完善人才任期制和动态管理,通过第三方对试验区人才进行认证,定期考核。

(4) 促进人才及科研成果资本化、市场化。一是建立产学研交易中心、成果转化中心和技术交易服务中心,为试验区提供科研成果转化和产业发展需求双向服务。二是建立推进人才资本和科研成果有偿转让制度。三是探索生产要素和收益分配的方式与途径,实施人才资本产权激励。四是支持公职专业人才创新创业。

(六) 建立多元投融资机制

(1) 试验区探索多元化融资模式。一是根据试验区实际需要成立投融资公司,并通过投融资公司拓宽试验区建设资金来源。二是支持符合试验区条件的企业通过改制上市和发行企业债券等方式直接融资,依法减免相关税费,节约企业上市成本。三是融资担保机构与试验区联合建立融资担保平台;试验区设立粤桂投资开发银行;争取《内地与港澳关于建立更紧密经贸关系的安排》(简称 CEPA) 在广东先行先试政策适用范围延伸至试验区;积极争取国家支持港澳银行机构对设立在试验区的企业或项目发放人民币贷款。四是为方便境外机构开立人民币银行结算账户,逐步将境外机构人民币基本存款账户改为备案制。在与东盟、南亚国家跨境贸易中使用人民币计价结算。五是适用上海自由贸易试验区、深圳前海等其他自由贸易试验区关于人民币回流的金融政策,允许试验区内的金融机构和企业从境外借入人民币,支持香港企业使用人民币到试验区直接投资,具体措施包括香港港企人民币境外直接投资 (FDI)、RQFII 等。六是充分发挥中央和自治区财政补助资金杠杆作用,鼓励吸引商业银行、外商投资以及各类社会资本设立试验区发展股权投资基金、产业投资基金、创业风险投资基金等各类股权投资机构；试验区企业加入区域性股权交易市场，设立符合相关政策条件、有利于促进试验区经济发展的各类交易所和财务公司；建立股权登记、知识产权评估制度，开展股权质押、知识产权质押贷款；支持利用国际金融组织贷款。

（2）探索金融合作和金融服务新模式。一是探索开发股权交易、碳交易、小额贷款担保、租赁融资、证券公司等融资新平台，为区域金融合作提供载体。二是创新金融服务，突出金融与科技的结合、金融与产业的结合，推进知识产权质押、高新技术企业挂牌交易、科技企业债券、科技保险、科技担保等工作。三是银行与政府合作共同搭建扶持中小企业发展的"助保贷"融资平台，使中小企业通过平台以更低的成本、更高的效率获得更多的贷款支持，解决中小企业因抵押物不足而造成融资难问题。

（3）完善金融市场和金融支撑体系。一是在试验区内设立银行、保险、证券、期货等金融机构的分支机构，并积极推动民营银行、金融租赁公司和消费金融公司等金融机构发展，发展互联网金融，促进新兴金融业发展，逐步完善金融市场系统。二是大力发展面向珠三角、东盟的区域性交易市场，建立健全多层次资本市场。三是开发跨境保险业务产品，开展跨境人民币结算业务承保试点，推行小额信贷保证保险，推动保险市场新发展。

跨东西部、跨省区、跨流域试验区开发建设在中国尚无先例可循，因此顶层设计必须创新探索。本课题对粤桂合作特别试验区在行政管理、开发运营、利益分享、人才管理、投融资等机制的建立、完善和创新进行了研究，力求为试验区的下一步发展提供理论指导和借鉴。

参考文献

[1] 于家琦：《国内区域合作机制的现状及创新对策》，《前沿》2009 年第 12 期。
[2] 广西壮族自治区人民政府：《中国—马来西亚钦州产业园区建设自治区改革创新先行园区总体方案》（桂政发〔2014〕55 号），广西壮族自治区人民政府网站，http://www.gxzf.gov.cn/zwgk/zfwj/zzqrmzfwj/201408/t20140827_433565.htm，2014 年 8 月 12 日。

［3］广东省人民政府、广西壮族自治区人民政府：《梧州市粤桂合作特别试验区建设改革创新先行试验区总体方案》，2012年11月29日。

［4］徐文伟：《加快建设粤桂合作特别试验区的思考》，《广西日报》2013年10月29日。

［5］王文胜：《让金融产业健康发展与实体经济发展良性互动》，《广西日报》2014年5月9日。

［6］中共广东省委广东省人民政府：《关于进一步促进粤东西北地区振兴发展的决定》（粤发〔2013〕9号），http：//xxgk.ningdu.gov.cn/bmgkxx/xwmj/gzdt/gggs/201308/t20130826_136152.htm，2013年8月26日。

［7］广东省人民政府：《关于优先扶持产业转移重点区域重点园区重点产业发展的意见》（粤府〔2011〕100号），广东省人民政府网站，http：zwgk.gd.gov.cn/006939748/201108/t20110831_274199.html，2011年8月26日。

［8］广西壮族自治区人民政府：《关于建设沿边金融综合改革试验区的实施意见》（桂政发〔2014〕3号），中国政府公开信息整合服务平台广西分站，http：//govinfo.nlc.gov.cn/gxfz/xxgk/gxs/201402/t20140208_4615512.shtml?classid=363，2014年1月8日。

［9］广西壮族自治区人民政府：《印发关于支持港澳投资企业在桂发展若干政策的通知》（桂政发〔2014〕22号），广西壮族自治区人民政府网站，http：//www.gxzf.gov.cn/zwgk/zfwj/zzqrmzfwj/201404/t20140401_429837.htm，2014年3月17日。

［10］广西壮族自治区人民政府：《关于促进广西北部湾经济区开放开发的若干政策规定的通知》（桂政发〔2008〕61号），广西壮族自治区人民政府网站，http：//www.gxzf.gov.cn/zwgk/zfwj/zzqrmzfwj/200902/t20090212_297672.htm，2008年12月29日。

建立完善珠江—西江经济带协同联动发展*

李瑞红　文建新　张鹏飞**

摘　要： 珠江—西江经济带上升为国家战略，给珠江—西江经济带经济发展带来了绝佳机会。珠江—西江经济带如何实现协同联动发展，成为当前最为关注的课题。本文从珠江—西江经济带已有的合作基础入手，分析珠江—西江经济带协同联动的基础和面临的困境，分析借鉴长江经济带协同联动的经验，找出珠江—西江协同联动的重点，为实现协同联动提供对策建议。

关键词： 珠江—西江　协同联动　粤桂合作

2014年7月，《珠江—西江经济带发展规划》获国务院批准实施。珠江—西江经济带横贯桂粤，上联滇黔，下通港澳，区位优势独特，是连接珠三角地区和我国西南中南腹地的桥梁和枢纽，是打造我国西南中南开放发展新的战略支点的重要支撑。对于新时期加快珠江—西江经济带开放开发、东西互动融合，加快粤桂经济一体化发展，打造南方经济新高地，推动区域经济深入发展具有重大意义。

---

* 本文来自广西哲学社会科学规划专项项目(14ZX08)《建立完善珠江—西江经济带协同联动发展研究》研究成果。

** 李瑞红，经济学硕士，广西财经学院创新创业学院，讲师，研究方向为区域产业发展；文建新，广西产业与技术经济研究会，研究助理，研究方向为产业发展规划；张鹏飞，广西计算机网络中心，助理经济师，研究方向为工业经济与预测分析。

一 珠江—西江经济带协同联动发展的现实基础与困境

珠江—西江经济带协同联动发展有着一定的基础，粤桂合作近年来也取得了不小的成就，但距离真正的协同联动发展还有一定的差距。

《珠江—西江经济带发展规划》将广州、佛山、肇庆、云浮和南宁、柳州、梧州、贵港、百色、来宾、崇左确定为规划实施的核心区域，2013年，上述11个城市土地面积为16.49万平方公里，年末常住人口有5228万人，地区生产总值达到33143.77亿元，占四省区地区生产总值的34.43%，全社会固定资产投入达到15354.77亿元，社会消费品零售总额达到13063.26亿元。广东省四市面积合计33911平方公里、占全省18.9%，人口合计2650万，占全省25%，GDP约占全省四成。广西南宁、柳州、梧州、贵港、百色、来宾、崇左7市，区域面积达16.5万平方公里，2012年末常住人口5191万。其中，又以南宁、柳州、梧州三大城市为核心区域，半径约200公里，面积77561平方公里，占全区32.65%，接近1/3，而GDP总值却占全区近一半，是广西核心经济圈。

（一）珠江—西江经济带协同取得主要成绩

1. 粤桂产业合作取得显著发展

截至2014年6月底，入驻粤桂合作特别试验区[①]的企业增加到60家，其中规模以上工业企业27家。1~6月，试验区实现工业总产值84.45亿元，比上年增长81.08%；实现工业增加值27.87亿元，比上年增长81%。完成投资19.74亿元，占年度计划投资的61.7%，其中完成工业项目投资10.18亿元，基础设施投资9.56亿元。目前广西已决定安排2亿元专项资金支持试验区建设，同时塘源一路、塘源污水处理厂、试验区起步区路网工程等5个项目纳入

---

① 粤桂合作特别试验区以广东肇庆市和广西梧州市交界为中轴，由双方各划出70平方公里土地，是国家区域发展珠江—西江经济带的重要组成部分。试验区按照"政策叠加、择优适用、先行先试"的原则，采用首创的两省区共同管理、合作共建、利益共享模式，进入全面开发建设阶段。

自治区西江经济带基础设施建设大会战计划,总投资17.02亿元,将在未来三年得到自治区投资补助支持。

2. 两广县域经济合作取得新的进展

2011年12月11日,广东、广西两省区在北京共同签署《"十二五"粤桂战略合作框架协议》,提出在梧州市、贺州市与肇庆市交界区域共同设立产业合作试验区。2012年7月,贺州市八步区和肇庆市怀集县签署合作协议,决定在两县区交界区域范围内共同规划建设"两广合作怀集—八步试验区",由此开启了两广合作的新篇章,迈出了两广县域合作的新步伐。2013年4月,陆川、化州双方依据《"十二五"粤桂战略合作框架协议》和《关于建设粤桂合作特别试验区的指导意见》文件精神,以及玉林、茂名市委、市政府的决策部署,共同探讨陆川、化州粤桂产业试验区建设合作途径。双方就加强园区经济合作、加强重大项目配套合作、加强现代农业合作、加强美丽城镇建设合作、加强交通物流基础设施建设合作、加强定期会商合作六个方面达成了共识,落实了措施。陆川、化州县域经济合作取得了实质性进展。

(二)珠江—西江经济带协同联动发展的困境

1. 经济发展差距大,经济时差难以形成联动机制

在珠江—西江经济带11市中,广州经济最为发达,其他城市较其差距较大。2013年,广州的地区生产总值已超过1.5万亿元,人均地区生产总值接近2万美元,而南宁不足3000亿元,仅为广州的18.2%,人均地区生产总值刚超过6000美元,仅为广州的1/3左右。广州作为国家中心城市和综合性门户城市,近年来依靠转型升级正在向高端化、服务化方向发展,其引领、辐射和带动作用不断增强。相比之下,南宁无论是综合实力还是发展层次和水平,都离经济带核心城市的要求还有较大差距。巨大的经济差异使得相关政策不能做到协调,难以形成联动机制

2. 投资环境有所改善,但政策规范、资源整合尚显不足

在投资环境上,近年来粤桂合作取得了一定的进展,配套出台了一系列政策,使软硬环境不断改善。产业布局上,随着粤桂合作特别试验区的开展,为产业布局优化奠定了一定的基础。但在产业重点的战略协调、空间开发的梯度对接等方面,还存在许多制约因素。一是政策不够规范,创业发展环境不尽如

人意。二是资源共享、整合不够，各市比较优势发挥不充分，区域特色不鲜明。三是市场信息不对称，秩序有待进一步规范。

3. 交通、通信等基础设施建设初具规模，但网络体系尚不健全

随着高铁的开通，两广之间的交通更为便捷，时间更为缩短，交通基础设施建设举出规模。但是没有形成立体交通网络，网络体系尚不健全。统筹水路、公路、铁路、航空等多种交通运输方式，构建互通两广、通达港澳、连接云贵、面向东盟，通江达海的珠江—西江综合交通运输大通道尚未建成。

4. 粤桂合作没有取得实质性进展

粤桂双方经济差距巨大，双方在各层次展开了较多的合作，如建立粤桂合作特别试验区，县域经济广泛合作等，但没有取得根本性和实质性的进步。粤桂合作中，广西处于主动地位，而广东的积极性未被充分调动，许多合作没有进入实质性的建设阶段，合作框架协议签订后，后续工作开展较慢，甚至出现停滞现象。

（三）小结

珠江—西江经济带规划范围内之间经济发展差距大，经济时差是构成协同联动的巨大瓶颈障碍，交通基础设施有待继续完善，制度壁垒亟待解决。尽管存在上述协同联动的困境，但是珠江—西江经济带协同联动仍然取得了一定的成绩，主要表现在以下几个方面：

第一，广西善于从自身出发，寻找有益于经济发展的契机。粤桂特别合作试验区，是广西在充分考虑自身的政策优势、区域优势，以自身的比较优势换取产业协同发展，搭建起有利于自身，同时也有利于广东发展的双赢模式，粤桂特别合作试验区得到广西政府的大力支持，同时也调动了广东的积极性，对于粤桂合作特别试验区的重视提升到一定程度。

第二，广西十分注重西江内部的协同联动，在珠江—西江经济带尚未上升为国家战略之前，广西已经确立双核驱动战略，其中双核分别指北部湾经济区和西江经济带，制定了西江经济带发展规划，科学地指导了西江内部城市之间产业布局，城镇发展的协同联动，为珠江—西江跨省际的联动奠定了基础。

第三，广西十分重视两广之间交通的联动。广东是发达省份，广西是欠发达省份，承接广东产业转移是广西目前追赶跨越的必然选择。为对接广东的产

业转移，广西十分注重交通的便利性，较早的提出高铁建设，缩短与广东之间的通达时间，两广高铁的开通，大大增加了便利性，使之与广东的交流更为便捷，为广东企业到桂发展提供了便利。

二　经验借鉴：以长江经济带为例

（一）长江经济带协同联动发展

1. 长江经济带发展沿革

长江经济带是我国密度最高的经济走廊之一，也是目前世界上可开发规模最大、影响范围最广的内河流域经济带。早在20世纪八九十年代，中央就有过长江经济带整体开发的构想。2013年7月，国家主席习近平在武汉考察时提出长江流域要加强合作，把长江全流域打造成黄金水道。同年9月，李克强总理要求"深入调研形成指导意见，依托长江这条横贯东西的黄金水道，带动中上游腹地发展，促进中西部地区有序承接沿海产业转移，打造中国经济新的支撑带"。10月中下旬，国家发改委组织沿江9省市和13部委共同编制了《推动长江经济带转型升级指导意见》，将长江经济带这一概念上升至具体的实践层面和操作层面。

2. 长江经济带建设取得的主要成绩

（1）长江经济带综合立体交通走廊规划出台

长江经济带纳入国家战略后积极加强自身建设，以交通设施联动建设为先导全面开创长江经济带建设。2014年9月《长江经济带综合立体交通走廊规划（2014~2020）》出台，在规划中指出，要依托长江黄金水道，统筹发展水路、铁路、公路、航空、管道等各种运输方式，加快综合交通枢纽和国际通道建设，建成衔接高效、安全便捷、绿色低碳的综合立体交通走廊，增强对长江经济带发展的战略支撑力。同时在规划中指出了通过环评这一环节，在长江经济带建设中，生态和谐被提到较高的层面上。

（2）长江经济带新型城镇化建设起步

长江经济带所辖流域集大城市、大农村、大山区、大库区于一体，城乡差异大，二元结构明显，这是沿江各省区市共同特征。如苏南、苏北一江之隔，相对差距不逊于江头与江尾。从湖南到湖北，都面临这一问题。各省区有南北差距，长江经济带有东西差距。长江经济带在推进城镇化建设中，提出解决南北、东西差距，要推动产业、财政、科技成果、劳动力"四项"转移的措施，而这"四项"转移正在长江经济带城镇化中全面推进。在城镇化建设中，长江经济带推行对口支援工作。上海对口援建重庆万州，累计援助万州教育项目就有105个，促进万州在移民中发展，在发展中移民。在城镇化建设中注重长江经济带生态安全建设，实施《全国对口支援三峡库区合作规划（2014～2020年）》，在产业布局上，列出产业负面清单，禁止布局危化类、污染水体类、破坏植被类等产业；对北生态涵养发展区和生态保护发展区实行只予不取财政政策。

（3）海关启动长江经济带区域通关一体化改革

长江经济带9省2市的12个直属海关上海、南京、杭州、宁波、合肥、南昌、武汉、长沙、重庆、成都、贵阳、昆明海关于2014年12月1日全面启动长江经济带海关区域通关一体化改革。2014年9月，"长三角"3省1市的上海、南京、杭州、宁波、合肥海关5海关率先启动了长江经济带海关第一轮区域通关一体化改革试点。5个海关通关一体化改革试点运行平稳，便利了企业进出口货物通关。在此基础上，海关总署决定12月1日启动长江经济带海关第二轮区域通关一体化改革，将改革措施推广到长江经济带的12个海关。通过区域通关一体化改革，将建立区域通关中心，打造统一的申报平台、风险防控平台、专业审单平台和现场作业平台，破除海关管理原有的区域界限，实现"12海关如同一关"通关管理效果。长沙经济带海关区域通关一体化对日后的丝绸之路经济带、大东北等区域经济建设及最终形成全国海关范围内的通关一体化具有较强的示范与借鉴意义。

（二）对珠江—西江经济带协同发展的经验启示

在长江经济带协同联动过程中，上升为国家战略，由国家层面推动是加快长江经济带发展的重要力量。长江经济带在协同联动中交通基础设施先行，制度创新随后，抓住有利时期，积极推进协同联动工作进行，经济带所涉各城市积极参与并抓住机遇，发展优势特色产业，优化产业布局，长江经济带为其他区域协同联动开启先河。

1. 协同联动根源在于产业发展

城市或城市圈的基础在于产业，如果没有产业的形成、延伸、扩散、分工、选择（选择适合本区域的优势产业链或环节）和集聚，城市只会是空心城市，仅仅算是人的集中而已。所以，经济带的协同发展，产业是关键，在产业选择过程中，生产性服务业是必要的，而制造业要尤其引起注意，即便是国际性的大都市，如东京、巴黎等，它们在发展第三产业的同时，仍将第二产业（可能是其中的某个环节，如研发或总部指挥等）作为城市发展的原动力。

2. 产业唯有分工协作才有协同发展

发展区域协同合作的经济，要求各个参与的地方主体根据自身实际嵌入合作。如长江经济带地区的半导体制造业中，上海定位在以大尺寸、高工艺芯片制造为主的高端产品制造与研发；杭州湾微电子产业带则在中低端芯片和元器件制造方面占有优势；苏南电子产业带则具有综合制造能力。这种以市场因素为招商引资导向的产业分工，避免了重复建设对各种资源的浪费，消除了由于产业雷同带来的恶性市场竞争，有利于产业的集聚与整体竞争力的生成，使长江经济带电子制造业呈现出一种有序竞争、分工协作、整体发展的格局。对珠江—西江经济带而言，各城市要依据自身优势主动融入经济带发展，找准定位。

3. 经济带协同联动须做好顶层设计制度建设

要加强对资本、技术、产业的引导与筛选。在各地城市发展过程中，政府起到了关键的引导作用，如上海，其发展模式以国有企业改革为主线，政府主导；江苏苏南发挥政府的积极作用，发展集体经济；浙江在政府服务下的民营经济发展模式，都是政府因势利导，根据各地传统和资源禀赋实际，提供的有效的激励安排。但政府要注意角色转变和政府的职能作用，要从更宽视角、更高站位统筹考虑协同发展问题，通过市长峰会、顶层设计，统筹编制规划，做好城市的协同联动设计。唯此才能破解过度竞争和重复投资的难题，使每个城市形成自己的特色产业，进而形成更合理的产业规划布局。

三 珠江—西江经济带协同联动发展的重点领域

珠江—西江经济带协同联动要把握两个跨越，一是跨省经济合作，一是跨省生态合作，重点把握产业合作和生态合作，而为保证这两方面合作的实现，在其他领域也要做到配合和谐，因此，珠江—西江经济带协同联动发展的重点领域包含以下八个方面。

（一）交通联动

珠江—西江经济带协同联动，交通联动是先决条件。交通联动要以打造互联互通大通道为重点，进一步完善基础设施建设以建设跨区域基础设施一体化为目标，加强以西江黄金水道水运为重点的基础设施建设，统筹水路、公路、铁路、航空等多种交通运输方式，构建互通两广、通达港澳、连接云贵、面向东盟，通江达海的珠江—西江综合交通运输大通道。

（二）产业联动

产业联动中体现资源的互补性，共同性，根据比较优势，提升发展优势特色产业。加强两广之间产业联系，延伸产业链，发展特色优势产业，如促进柳州汽车工业、玉林汽车工业与广东汽车工业的联动，实现错位生产，加强产业分工与配套生产能力，提升广西汽车工业在关键零部件的配套能力，同时积极提升整车生产能力。利用广州、佛山在海洋装备产业上的优势基础，促进其加快发展，同时支持贵港、梧州利用地缘优势发展内河修造船产业。积极承接珠三角等东部地区电子信息产业转移，加快发展南宁电子产品制造、柳州汽车电子、梧州掌上多媒体移动设备、肇庆电子元器件、云浮电池新材料等产业。

（三）城镇联动

珠江—西江经济带内部差异很大，上中下游发展严重不平衡，各地区工业化、城镇化和经济社会发展处于不同阶段。广州、佛山等珠三角地区已进入工业化后期阶段，而中上游地区仍处于工业化中期甚至前期阶段。各地区资源禀赋、经济社会特点和文化特色也具有较大差异。因此，建设特色多元沿江城镇体系，必须从区情出发，实现差异化战略，做好"特色多元沿江"这篇大文章。把着力点放在培育城镇产业特色和文化特色上，强化各城镇之间的分工合作，尤其要培育壮大工贸型、交通节点型和旅游型小城镇，引导小城镇向专业化、集约化、特色化方向发展。积极推动产业和城镇融合发展。产业集聚带是城镇集聚带的基础和前提,建设特色多元沿江城镇体系需要有坚实的产业支撑。

(四)生态联动

珠江—西江经济带协同联动发展中尤其要加强生态联动,不断完善省际生态保护合作机制。共同建立省际信息通报机制、联席会议机制、联合应急监测机制、协调信息发布机制、联合防控机制、联合监测跨界水体等,建立健全水资源保护、水污染防治跨省协作机制。建立省际重点生态区补偿合作机制。共同争取国家支持开展省际重点生态区生态补偿试点,争取协调珠三角地区向广西等上游地区转移水资源保护补偿费用,加大生态补偿资金投入力度,大幅提高现有补偿标准,促进珠江—西江上游地区可持续发展。建立跨省流域合作机制。进一步加强省界水质监测和入河排污口监管,完善跨省界河流水质状况信息通报和数据共享机制,加快建立跨省界河流水质预警监控与应急联动综合协调机制。建立珠江—西江流域上下游联防联治的水环境管理机制,共同应对跨界突发环境事件,协调解决跨地区、跨流域重大环境问题和污染纠纷。

(五)金融联动

促进金融业合作发展。加快建设南宁区域性金融中心和沿边金融综合改革试验区,深化与港澳、东盟的金融合作,推进区域性跨境人民币业务平台(广西)、广西区域性股权交易市场和面向东盟的大宗商品交易场所的建设,加快组建全区一级法人广西农村商业银行。推进南宁五象新区金融街项目建设,打造金融总部聚集平台。推进柳州产业金融平台建设,推动产业金融发展。加大与广东金融联动,成立西江银行,全面对接珠江—西江经济带金融服务,享受本地服务,不再收取跨境服务费。

(六)旅游联动

发挥西江经济带丰富的旅游资源优势,在加快自身发展的同时,积极开创东联新的旅游线路,新的旅游带。加快推进旅游业发展。大力推进桂林国际旅游胜地建设,加快推进巴马长寿养生国际旅游区建设,大力发展森林旅游业,打造南宁、柳州、梧州、百色旅游目的地和游客集散地。积极开拓区外区内联通旅游项目，不断延伸区内旅游项目的区外目的地，推出珠江—西江跨省精品旅游线路，将广东的都市风情与广西的生态、民族风情有效整合，打造全新旅游形式，容休闲、娱乐、民族风情、自然风光于一体，构筑起珠江—西江经济带旅游协同联动态势。

（七）人才联动

加强人才共享、共引、共育机制。建立重点产业、重点学科人才共享机制，共同申报和建设一批博士、硕士学位授权点，联合申报国家重点实验室、国家工程技术中心和国家协同创新中心。鼓励百色、梧州等进一步加强与粤港澳高校之间的合作机制建设，在科技、教育、医疗卫生等方面建立全方位的"捆绑式"合作。

（八）科教联动

以高校合作和职业教育为切入点，建立粤桂教育合作机制。加强广西大学与中山大学、桂林理工大学与华南理工大学、广西科技大学与广东工业大学、广西民族大学与广西外语外贸大学等高校之间的对口共建机制，全面深化重点学科、师资引进、信息平台、重点实验室等合作，共同申请承担国家重大科研项目，共同建立国家博士后科技工作站。鼓励和引进粤港澳优质师资、资本参与广西职业教育事业发展，共建西江职业技术教育集团。

四 珠江—西江经济带协同联动机制创新

珠江—西江经济带协同联动能否长久，关键要建立起有效的利益分享机制。通过经济带省际合作机制的创新完善，进一步促进资源跨区域畅通流动和优化配置，在实现空间格局协调联动的同时，加快转变经济带发展方式，促进经济带提质增效升级。

（一）建立完善省际合作组织领导机制

——深化行政首长协商交流和日常联系机制。建立高层互访制度，实现每年1次联席会议常态化，研究确定合作事项，协调推进重大事宜。进一步加强秘书长联席制度和日常办公制度，指导、解决合作中存在的困难和问题，研究需提交政府高层商定的合作内容。

——建立更加务实的部门衔接落实机制。加强行业主管部门对口衔接落实行政首长联席会议确定的合作事项，协调推进组织规划实施，细化分解框架合作协议，共同推进重点项目。发展改革部门要发挥重要作用，统筹协调各部门职责分工，督促具体部门按计划推进重点项目和重大事项。相关地市或合作项目方要建立常态联系机制。

——建立省际合作政策扶持与激励机制。充分考虑不同省份之间的利益需求和发展导向，做到"借势"和"联力"，研究出台相关扶持政策，对重点项目、关键领域在资金、土地、人才等方面给予大力支持，制定相关激励措施，鼓励企业、高校院所和商会、行业协会等民间组织积极参与桂粤滇黔合作，形成主体多元、协同有效的省际合作格局。

（二）探索建立跨越省际产业合作机制

——建立完善产业转移与合作发展机制。立足互补优势和特色优势，充分发挥优势产业、优势企业的主力军作用，积极推进产业转移，培育一批互补型产业，加强民营经济和小微企业等方面的合作。鼓励和扶持各类市场主体在能源、资源、交通、旅游等方面开展深入合作。加强粤桂合作，积极引进民间资本，研究和推进将组建西江银行纳入国家第二批民营银行试点。

——建立完善跨省合作区和临海产业园合作机制。加快推进粤桂合作特别试验区建设，加强梧州、肇庆规划衔接和机构对接，探索推进试验区市场化运营模式。积极推进贺州—肇庆两广县域合作试验区。鼓励和吸引滇黔两省出口企业在北部湾设立出海港口或临海产业园，积极推进云南临港产业园和贵州北部湾临海产业园，稳妥推进百色—文山等跨省经济合作园区。

（三）积极建立深化改革开放合作机制

携手开拓东南亚和南亚市场，支持企业通过对外投资、技术转让、工程承包等方式到东南亚、南亚合作开发和建立产品生产加工基地、研发中心和营销网络，相互扶持、共同推进跨境合作区的经贸合作。充分发挥中国进出口商品交易会和中国—东盟博览会、中国—南亚博览会、泛北部湾经济合作论坛、中国昆明进出口商品交易会、中国桂林国际旅游博览会、中国（广东）国际旅游交易会等平台作用，整合提升开放合作平台，贯彻落实国家周边外交战略和打造21世纪海上丝绸之路的战略部署，打造一批面向东南亚、南亚的国家级开放合作平台。

（四）探索建立共同利益诉求合作机制

进一步强化桂粤滇黔沟通协作，充分及时地向国家和相关部委就重大合作事项和共同利益诉求进行汇报，积极争取政策扶持和专项支持。桂滇黔要共同推进左右江革命老区发展上升为国家战略，共同争取国家层面加强在基础建设、民生建设、人口素质和科技教育等方面给予政策性和项目性扶持。共同争取国家开展桂滇黔重要生态区补偿试点机制建设，设立桂滇黔国家级产业扶贫示范区。以加强关键工程和断头路段建设为重点，共同向国家争取交通基础设施建设项目及资金支持。请求国务院召集国家发展改革委、交通运输部、水利部及云南、广西进行专题研究，对百色水利枢纽过船设施建设方案及资金配套、业主等给予支持。共同争取国家旅游局等大力支持，携手打造桂西北—黔西南世界级民族（侗瑶）风情旅游区和喀斯特旅游目的地，研究和推进联合申报世界文化遗产事项。

五 珠江—西江经济带协同联动发展的对策研究

（一）加快推进区域协同平台建设

珠江—西江经济带协同联动发展，要发挥平台作用，有效搭建各种平台，促使协同联动有效对接，从平台层面来说，主要包括高端人才平台、共性技术平台、公共设施平台、项目合作平台等。成立行业协会牵头的人才储备库，加快人才市场对接，共享人才信息。可通过区域人才市场对接的方式，共同发布人才市场招工信息，联合举办区域招聘会，在人事外包、人才派遣等方面予以政策优惠，构建人才资源统一配置的大市场，实现信息共享、人才公用的有效流动及区域内人才的自由流动。推动建立共性技术开发的政策引导或行业引导机制。大力构筑创新平台，要建设一批市场化运作的开放式公共技术平台，包括工程研究中心、工程实验室、企业技术中心等。要建设创业园和孵化器平台，吸引社会多元化资金参与产、学、研、园的一体化建设。

（二）建立共建经济带发展基金

积极倡导在共建经济带时机成熟的时候，成立政策性产业投资公司和产业发展基金，通过产融结合的创新模式，聚集社会资本。通过基金的专业化和市场化运作，将产业资本与金融资本有机结合，推动产业现代化进程。产业投资基金一般由政府引导，引进战略投资，拓宽融资渠道，推动试验区产业化、规模化、现代化发展。制定《珠江—西江共建经济带产业投资基金管理暂行办法》，组建专业的基金管理团队和专家委员会，定期开展决策研讨，重点选择一批具有高成长性和行业领先优势的目标投资企业，并建立帮助被投资企业增值服务的战略合作网络。通过产业投资基金，有力扶持新兴产业、特色产业的开发，加强对中小企业的扶持与培育。

（三）完善共建经济带发展的支撑、配套和服务系统

共同引进各种类型的科技中介服务机构，以满足不断增长的科技服务需要；规范中介机构的作用，切实解决科技与经济的脱节问题。推进高科技成果的产业转化。逐步建立并完善高科技园区的管理咨询服务体系，为经济带企业提供有效的风险管理、项目融资、创新管理、人力资源管理、知识产权管理及专业化、国际化经营等方面的咨询服务。建立以产品为主线的科技开发体系，建立开放式的研究开发网络，采取引进与创新相结合的方式发展高新技术产业。建立健全科技成果转换服务体系，采用高新技术改造传统产业，加速推进传统产业技术升级步伐，使珠江—西江经济带成为新兴产业集聚地。

（四）以制度创新加快推进粤桂特别合作试验区建设

粤桂特别合作试验区无先例可循，无经验可鉴，最核心的就是体制机制的构建与创新。积极借鉴国家级各类改革试验区有益经验，着力加强试验区体制机制创新，探索创新运营管理模式，推动试验区真正进入两省区领导、统一规划、独立运营、利益共享和一体化、同城化、特区化阶段。推进试验区实施行政审批制度改革先行先试的政策措施，制度创新中要有逆向思维，要积极开展

负面清单改革。争取授予试验区享受国家级经济技术开发区政策，赋予试验区一级土地开发权。强化政府引导扶持作用，逐步向市场化运作转变，建立开发建设市场化利益共享机制，吸引社会资本与主体参与试验区开发建设、招商引资和管理运作，突破建设资金瓶颈。对试验区管理层实施年薪制，具体和经营绩效挂钩。

（五）多渠道邀请上级部门选派干部挂职，借才引智

主动向中央、职能部门争取政策支持，邀请具有行业管理、产业指导、政策研究等背景的专业干部到经济带挂职，以通过干部挂职促进职能部门对经济带的了解，充分发挥挂职干部的政策优势和专业特长，解决发展过程中遇到的突出问题，借智促进快速发展。争取广东省经信委、广西壮族自治区工信委建立"互派干部、双向挂职"机制。利用地理优势努力争取中山大学、华南理工大学、暨南大学、华南农业大学等高校的优秀毕业生、相关专业领域学者到经济带工作、挂职，与国有企事业单位合作，邀请经验丰富的紧缺型专业人才到经济带挂职交流；充分整合科技创新资源，积极搭建创新创业载体，推动企业科技创新、深化校地产学研合作和人才引进培训。

参考文献

[1] 杨鹏等：《两广县域合作（八步区—怀集县）区建设研究》，2013。

[2] 肖金成：《打造珠江—西江经济带，构建区域协调联动发展新格局》，《广西日报》2014年8月18日第3版。

[3] 史长俊：《辽宁沿海经济带与沈阳经济区协同发展研究》，吉林大学博士学位论文，2012。

[4] 谢志忠、赵莹、刘海明等：《福建省区域经济协同发展的现状与趋势分析》，《福建论坛·人文社会科学版》2010年第11期。

[5] 刘松先、朱丹：《论厦漳泉港口群、临港产业群与城市群的协同发展》，《厦门理工学院学报》2012年第2期。

[6] 郝晶辉、夏显力、刘沛璇：《陕西省"三化"协同发展水平测度与分析》，《湖北农业科学》2013年第10期。

[7] 沈玉芳、刘曙华：《长三角地区产业群、城市群和港口群协同发展研究》，《经

济地理》2010年第5期。

［8］张伟丽、覃成林：《中国区域经济增长关联性与协调发展研究》，《经济地理》2010年第4期。

［9］王凌云：《发挥长江黄金水道主动脉作用，为长江经济带的建设发展提供强劲的航运支撑》，《水运管理》2014年第4期。

［10］明文彪：《创新体制机制加快融入长江经济带——浙江融入长江经济带体制机制创新若干思路》，《浙江经济》2014年第5期。

［11］范斐、孙才志：《辽宁省海洋经济与陆域经济协同发展研究》，《地域研究与开发》2011年第2期。

［12］杨鹏等：《广西西江经济带发展报告》，广西人民出版社，2011。

［13］陈金祥：《中国经济区：经济区空间演化机理及可持续发展路径研究》．北京：科学出版社，2010。

［14］沈玉芳：《产业结构升级与城镇空间模式的协同性研究》，北京科学出版社，2009。

区域发展篇

Regional Development

广州市推进珠江—西江经济带发展情况报告

陈成炉*

一 2014年广州经济社会发展概况

2014年,广州市全力以赴稳增长、促改革、调结构、惠民生、增后劲,经济社会发展取得明显成效。

一是经济运行总体平稳。地区生产总值1.67万亿元,增长8.6%。居民消费价格涨幅2.3%。城镇登记失业率2.26%。进出口总值1306亿美元,增长9.8%。广州第四次被评为福布斯中国大陆最佳商业城市第一名。

二是质量效益持续提高。源于广州地区财政预算收入4834亿元,增长9.1%;地方一般公共预算收入1241.53亿元,增长8.7%。城乡居民可支配收入增长与经济增长基本同步,差距继续缩小。

三是结构调整取得实效。三次产业比重为1.42∶33.56∶65.02。服务业

---

* 陈成炉,经济学硕士,广州市发展和改革委员会区域发展处主任科员。

比重持续提高，高技术产业、战略性新兴产业和新业态加速壮大。万元生产总值能耗下降3.62%，主要污染物排放量明显下降。

四是社会事业蓬勃发展。科技、教育、文化、卫生、体育、治安等领域取得新进步，十件民生实事全面兑现，民生发展指数在省会城市和计划单列市中排名第一位。

二 《珠江—西江经济带发展规划》实施基本情况

2014年7月，《珠江—西江经济带发展规划》获国务院批准印发实施，广州市被纳入规划范围。在粤桂两省区的共同部署下，广州市积极做好规划实施工作。

一是配合省编制规划实施方案。广州市梳理提出了中新广州知识城、国际创新城、南沙港铁路等21个项目及相关规划实施内容，在《珠江—西江经济带发展规划实施方案》中体现。

二是深化拓展广佛肇经济圈建设。近年来，广州和佛山、肇庆一起，共同推动广佛肇经济圈建设并取得了一定成绩。珠江—西江经济带规划颁布后，广佛肇经济圈及云浮市被纳入经济带范畴，结合珠江西江规划实施，2015年2月8日召开的广佛肇经济圈市长联席会议专门邀请云浮、清远市政府主要领导参加，会议决定共建广佛肇清云经济圈，推动云浮市承接广佛肇经济圈的辐射带动，并以此作为四市实施珠江—西江规划的重要抓手。

三是强化与南宁、百色、梧州等沿线广西城市合作。在泛珠省会城市合作框架下，以南广高铁通车为契机，推动与南宁市在港口、会展、旅游等领域合作。与百色签订扶贫协作协议，财政年投入扶贫资金1000多万元，引导广州企业与百色在工农业、招商引资等方面开展多层次合作，推动产业适度转移。2015年6月，广州与梧州两市签署了战略合作协议，正式启动两市的合作。

四是推动珠江—西江经济带规划重大项目建设。广州是华南和西南地区唯一的国家中心城市，也是珠江—西江经济带核心城市，提升辐射带动作用对于促进经济带发展和粤桂合作十分重要。规划颁布实施以来，广州市以列入规划的重大平台和项目为抓手，加快推进区域经济一体化。一是提升广州港的综合服务功能，加快建设广州港深水航道拓宽、南沙港区三期等工程，规划建设南沙港区四期工程、南沙江海联动码头和南沙国际邮轮码头等重大项目，2014年广州港港口货物吞吐量、集装箱吞吐量分别达到4.82亿吨和1662万标箱，分别排在全国第四位和第五位、世界的第五位和第八位。二是推进中新广州知识城等平台建设。截至2015年4月，知识城累计引进各类项目96个，投资总额约390亿元；国际创新城起步区正稳步推进。

三 下一步工作思路

作为国家级重大战略，珠江—西江经济带建设对于促进粤桂两省区合作，加快经济带沿线城市发展具有重大意义。广州市将在省的领导下，继续抓好规划实施，为经济带发展做出应有贡献。

一是贯彻落实珠江—西江经济带发展规划实施方案。广州市将以重点项目为抓手，切实做好规划实施工作。

二是结合泛珠合作及高铁经济带合作推动珠江—西江经济带建设。珠江—西江经济带是泛珠地区的重要组成部分，南广、贵广高铁贯穿其中，广州市将抓住泛珠合作即将上升为国家战略的重大机遇，依托区域内高铁及城际轨道线网，深化与经济带沿线城市合作。

三是深入推进广佛肇云合作。在广佛肇经济圈合作基础上，完善和创新广佛肇清云一体化机制，着重加强广佛肇与云浮在规划、交通、环保、产业园建设等领域的对接，梳理提出一批合作项目，务实推进广佛肇清云合作。

四是探索将南沙自贸片区经验复制推广到珠江—西江经济带。《中国（广东）自由贸易试验区总体方案》已获批，自贸区南沙片区建设正全力推动。广州市将充分发挥其政策和区位优势，研究与佛山、肇庆、云浮等沿线城市在自贸区内建立合作园区。

五是加快广州港与内地合作建设无水港。依托目前运作较为成熟的昆明无水港，将业务范围进一步扩大到广西、贵州、四川等地，并计划2015年在广西钦州港进港铁路场站附近建立货物集散中心，开通广州港钦州支线，继续拓展西南方向进出口货物运输业务。优化运输方式发展南宁内陆业务，以广梧高速、南广高铁作为重点突破口，积极拓展铁、公、水三种方式联合运输，建设粤桂等铁水联运物流通道。

六是合作推进启运港退税政策试点。争取国家有关部委支持，协调推动省内佛山、肇庆、云浮、清远、江门等港口以及广西钦州、梧州、贵港等实施以南沙保税港区为出口港的启运港退税政策试点。对适用启运港退税出口企业，制定便捷的结汇、退税手续，吸引外贸货物从南沙港区出口。

佛山市推进珠江—西江经济带发展情况报告

方 源*

在省委省政府的大力支持下，我市认真贯彻落实《珠江—西江经济带发展规划》，主动融入珠江—西江经济带建设，加强与珠江—西江沿线城市在产业、环保、旅游、文化等方面的合作，并取得良好成效，现将有关情况报告如下。

一 佛山市2014年经济社会发展总体情况

2014年，佛山市坚持稳中求进工作总基调，全面落实稳增长、促改革、调结构、惠民生、防风险各项措施，大刀阔斧全面深化改革，大力建设人民满意政府，经济社会在新常态下保持总体平稳。

（一）经济保持平稳增长

一是经济运行在合理区间。全市生产总值7603.28亿元，增长8.6%。其中：第一产业142.47亿元，增长2.6%；第二产业4687.02亿元，增长9.4%；第三产业2773.80亿元，增长7.5%。三次产业比重为1.9∶61.6∶36.5。二是固定资产投资高位增长。全市固定资产投资2612.45亿元，增长15.0%，连续两年保持15%的高速增长。三是消费市场平稳畅顺。全市社会消费品零售总额2560.58亿元，增长13.1%。四是进出口增长领跑珠三角。全市进出口总额688.2亿美元，增长7.6%，其中出口467.2亿美元，增长9.9%；进口221.0亿美元，增长3.2%，进出口、出口和进口增幅分别排珠三角9市第3名、第2名和第3名。

---

* 方源，经济学学士，佛山市发展和改革局区域经济科科员。

（二）转型升级步伐加快

一是结构调整深入推进。落实省部合作协议，领衔打造珠江西岸先进装备制造业产业带，全市规模以上先进制造业完成工业总产值6782.94亿元，增长11.9%，其中装备制造业5168.26亿元，增长15.6%，先进装备制造业正引领产业转型向纵深推进。强化工业技改投入助推传统产业转型升级，突出示范应用带动战略性新兴产业加速发展，全市完成工业技改投资278.56亿元，增长23.7%，新增新能源电动汽车617辆，建成光伏发电项目装机容量14.5万千瓦。实施全产业链招商模式，新引进北汽福田等外资龙头项目增资扩产，全市实际吸收外资26.56亿美元，增长5.35%。二是第三产业加速提质。深入实施提升服务业发展水平三年行动计划，创新推动第三产业大发展。现代服务业发展良好，金融物流、会展商贸、工业设计、文化创意、旅游休闲、科技服务等行业对经济发展贡献日益突出。三是民营企业稳健经营。创新政府帮扶机制，鼓励企业做大做强，全市有超千亿元企业2家，超百亿元企业11家。落实惠企政策措施，减轻小微企业负担，全年共计为中小微企业减免税收0.54亿元，减免行政事业性收费约4亿元。四是金融科技产业深度融合。出台《佛山市推进金融科技产业融合的实施意见》，争创全国金融科技产业融合发展试验区。组建金融投资控股公司和科技金融综合服务中心，设立科技型中小企业信贷风险补偿基金、产业金融引导基金、金融科技产业创新融合基金等。佛山民间金融街集聚发展，吸引60多家金融机构进驻。科技创新再上新台阶，获批"国家知识产权示范城市"和"国家知识产权服务业集聚发展试验区"，全市R&D占地区生产总值比重达2.6%。产学研协同推进，成立中科院产业技术研究院，累计引进中科院创新团队近90个，开展项目合作超过1100项。

（三）改革创新活力迸发

一是行政体制改革深入推进。加快政府职能转变，基本完成新一轮机构改革工作，率先编制出台政府权责清单，市、区两级部门11大类行政职权全部依据明确、网上公开。继续深化行政审批制度改革，公布新一批改革目录，上级部门下放事项的承接率达95%，本级政府改革事项落实率达99%。注重政民互动，建成佛山改革发展建言献策平台，推动网络问政、网络行政、网络监督"三网融合"。二是经济体制改革亮点纷呈。深化投资管理体制改革，率先建立企业投资管理"三单"模式。全面推行企业注册登记制度改革和联合审批改革，实现企业登记"一站申请、一窗受理、一表登记、并联审批、六证联发"，试行企业注册登记同城通办。深化工程建设项目竣工联合验收改革，验收时限从原来的最少半年左右压缩到平均8个工作日左右。加快营商环境建设，成为广东省唯一的"非特区"法治化国际化营商环境试点市。三是农村综合改革扎实推进。大力推进农村土地承包经营权确权登记颁证工作，三水区和顺德区的均安镇、容桂街道试点工作进展顺利。进一步规范农村集体经济管理，"两个平台"（即农村集体资产管理交易平台和农村财务监管平台）运行良好，全市累计进入平台交易的农村集体资产有7.7万宗，涉及合同标的总额426.09亿元。四是社会管理改革有效开展。全面开展"城乡社区建设提升年"活动。民主议事和决策机构基本实现村居全覆盖，城市建成区常住人口志愿者注册率达8.3%以上。加强社工人才队伍建设，全市持证社会工作者共3245人。深入推进医药卫生体制改革，积极构建"基层首诊、分级诊疗、双向转诊"的分级诊疗模式。全面创建教育综合改革试验区，成为全省首个推进教育现代化先进市。

（四）组团城市精彩缤纷

一是基础设施日臻完善。贵广、南广铁路佛山段建成通车，高铁经济带构想启航。广佛线二期、南海新型公共交通系统试验段加快建设，地铁二号线一期工程动工建设，三号线完成初步设计招标，佛山轨道网梦想提速。广明高速陈村至西樵段（一期工程）、肇花高速三水段建成通车，全市高速公路通车总里程达471公里，东联西进步履坚定。二是城乡面貌赏心悦目。城市升级理念深入人心，三年行动计划圆满收官。"强中心"战略深入实施，"一老三新"格局基本形成，老城更靓，新城更美。组团式城市继续提质，顺德新城、三水中心城区、高明西江新城功能逐步完善，佛山新城公共文化中心、禅城绿岛湖湿地公园、南海博物馆、顺德博物馆、高明西江新城体育中心、三水北江体育休闲公园等公共设施建成投入使用。三是城市环境整洁有序。继续完善城市管理考评制度，健全城市管理成效机制。全面推动项目落实，29个"五位一体"项目开工率100%，累计完成投资4.96亿元。开展建设工程文明施工、环境卫生等专项整治工作,加强城中村和社区的设施改造升级,促进社会化市政管理模式向城中村、城乡结合区域延伸。智能交通建设不断加快,全市整合式的"智能召车中心"初步完成,中心城区公交分担率达30.1%。

(五)环境治理成效显著

一是节能减排任务完成。扎实推进节能降耗,强化对重点用能单位的能耗监测,预计单位GDP能耗下降4.25%。深入推进大气污染防治,扩大高污染燃料限制使用区域,加快重点工业行业治污改造提升,强化机动车污染防治,预计化学需氧量、氨氮、二氧化硫、氮氧化物排放量分别下降3.63%、3.64%、6.69%、10.33%。全力推进水环境整治,开展重点河涌"一河一策"治理,已有19条河涌水质主要指标达到国家地表水V类标准。建立广佛跨界区域水污染联防整治工作机制。推动城市基础设施向农村延伸,城镇污水处理率达96.7%。二是生态建设有序推进。启动省级生态市创建工作,南海区、高明区申报省级生态区顺利通过项目预审。积极推进低碳试点工作,禅城、顺德低碳示范区建设深入推进,全市共有13家企业列入省第一批碳排放交易市场进行交易。推进国家森林城市创建工作,完成造林更新改造2.26万亩、生态景观林带建设106公里、乡村绿化美化示范村建设70个。

(六)社会民生持续改善

一是社会保障水平持续提高。就业保持稳定,全年城镇新增就业岗位82363个,完成省下达任务的102.95%,创业带动就业36473人,高校毕业生、就业困难人员就业得到保障。基本民生继续加强,企业退休职工月人均基本养老金增加到2438元,全市参加城镇职工基本养老保险310.5万人、基本医疗保险268.4万人,参加城乡居民医保205.8万人,异地务工人员随迁子女参加居民医保享受本市户籍居民同等财政补贴。底线民生保障提高,城乡低保标准提至510元/人·月。二是社会事业不断进步。教育事业取得突破,成为全省首个所有区(县)均通过国家级义务教育均衡发展评估的城市。率先建设以公益普惠性幼儿园为主体的学前教育服务网络,随迁子女入读公办学校超过24.3万人,占比超过71.5%。稳步提高基本公共卫生服务均等化水平,基本公共卫生服务经费标准达到常住人口人均35元。三是社会秩序稳定和谐。

深入开展食品安全示范市建设,建成1285家市级食品安全示范点,通过验收"阳光厨房"达到2018家。试点推行家禽"集中屠宰、冷链配送、生鲜上市",建成市级"菜篮子"基地34个。积极推进"平安佛山"创建活动,开展"六大专项"打击整治行动。

二 佛山市推进珠江—西江经济带建设的基本情况

按照《珠江—西江经济带发展总体规划》的总体要求,结合贵广(南广)高铁开通的契机,佛山市以广佛肇(广佛肇清云)经济圈建设为突破口,以谋划建设粤桂黔高铁经济带合作试验区为重点,进一步加强与珠江西江沿线城市的交流合作。

(一)以粤桂黔高铁经济带合作试验区建设为引领,推进粤桂合作

结合贵广(南广)高铁开通运营的契机,佛山市积极谋划建设粤桂黔高铁经济带合作试验区(简称"试验区")。试验区是深化泛珠区域合作和粤港澳合作试验田,是落实国家西部大开发战略和广东省振兴粤东西北战略的重要平台和载体。试验区的规划设在佛山市南海区,以佛山西站枢纽新城为核心区域,以佛山国家高新区为载体。目前,试验区建设取得了实质性进展,已成立由市长担任组长的试验区领导小组,具体负责试验区规划建设;试验区总体规划已编制完成,并报省人民政府审批。同时,佛山市谋划建设试验区的总体设想得到了高铁沿线城市的大力支持与认可,佛山将借助试验区在产业、交通、农业、科技、教育、文化、旅游进一步加强与高铁沿线城市的交流合作。

(二)以广佛都市圈建设为示范,深入推进区域经济一体化

佛山市积极推进广佛同城化建设,力争将广佛同城化建设作为珠江—西江经济带一体化先行示范区。一年来,广佛两市携手共进,着力推动交通基础设施有效对接,西二环乐平互通立交等多个交通项目建成通车;积极推动广佛两地互设金融机构,加速推进通存通兑,加快金融基础设施建设,广佛间的资金结算已从技术上基本实现同城化。重点推进广佛跨界河涌治理,佛山市已全面

启动第一批42条重点河涌的"一河一策"治理,开工率达70%以上。全力推广"超洁净排放"改造技术,《佛山市电力行业"超洁净排放"改造工作方案》于2014年4月印发,拟分三阶段完成全市9家电力行业的改造治理。加强文化体育交流,依托"魅力佛山四季情韵"艺术惠民工程,将广州大剧院上演的优秀剧目引入佛山,使广佛居民同享高雅艺术带来的文化盛宴。两市还联合举办或互相参加广州国际龙舟赛、2014年亚太地区龙舟公开赛等体育赛事活动。此外,在教育、卫生、食品药品监管及城市综合管理等领域,两市均开展了富有成效的合作,不断推动广佛全面同城,使之成为珠三角乃至泛珠地区深化区域合作的典范。

(三)以项目建设为抓手,全力推进珠江—西江经济带建设

2014年,佛山市省重点建设项目完成投资513.9亿元,为年度投资计划的115.5%,市重点建设项目完成投资236.6亿元,为年度投资计划的103.1%,南海移动物联网、华南口腔医疗器械产业中心等项目建成投产。其中,佛山市纳入推进珠江—西江经济带发展规划实施项目的17个项目进展良好,如中德工业服务区,目前纳入统计、新建和续建的重点项目合计37项,总投资额为618亿元,截至2014年12月,新建和续建的重点项目累计已完成投资约203亿元(其中2014年度累计完成投资额约47亿元,超额完成年度计划投资额28.5亿元);广东金融高新区截至2014年12月底,累计进驻企业达到216家,投资及募集资金总额约507亿元;佛山市南庄生态工程(绿岛湖)项目总投资为16亿元,到去年底完成投资额为17亿元,超额完成投资计划。

三 佛山市推进珠江—西江经济带建设设想

(一)充分发挥佛山西站交通枢纽的综合作用,推动经济社会发展

佛山西站定位为广佛都市圈乃至珠三角地区的重要铁路客站之一,建成后集合7个轨道项目(贵广铁路、南广铁路、广东西部沿海铁路广州支线、佛肇城际、广佛环线、地铁3号线、地铁8号线)、长途客运、城市常规公交和其

他交通方式为一体的综合交通枢纽（其中铁路站场规模为10台23线，站房规模为68000平方米）。作为连接大西南的重要铁路枢纽客运站，佛山在加快建设佛山西站站场的同时，大力推进西江黄金水道开发建设，加快建设连接高铁、机场、港口、重要节点的公路，推动"铁、公、航、水"无缝对接，努力构建综合交通运输网络，并与广州、广州东、广州南以及新塘、广州北客运站共同构建广州铁路枢纽客运站"四主两辅"的客运格局。佛山将以构建综合交通网络为契机，引进或培育一批与高铁相关的产业，同时利用构建综合交通网络带来人流、物流、资金流、技术流、信息流等集合，全面打造高铁经济，为佛山经济社会发展注入新的活力。

（二）充分发挥佛山产业基础雄厚的优势，辐射粤西乃至大西南

借助佛山领衔打造珠江西岸装备制造业产业带的契机和制造业雄厚的优势，加强与肇庆、云浮以及广西、贵州等上游城市的合作，科学引导佛山制造业企业向粤西及桂黔等地区梯队发展；借助一汽大众、北汽福田、中国南车的龙头带动作用，围绕产业链上下游合作共建配套，共建外包生产基地，共同推动制造业集聚发展。同时，高铁将发挥促进佛山现代服务业发展的"鲶鱼效应"。佛山将充分发挥中德工业服务区、广东金融高新区、广东工业设计城等在现代服务、工业设计、金融服务等服务业方面的聚集优势，与肇庆、云浮以及贵广（南广）高铁沿线各城市签订合作协议，积极为粤西、大西南地区的企业提供现代化的工业生产和生活服务，促进佛山的现代服务业进一步发展。

（三）充分挖掘佛山岭南文化，共同打造文化旅游联盟

佛山拥有丰富的旅游文化资源，南广、贵广高铁开通运营后，佛山将进一步挖掘文化旅游资源，与广西、贵州各城市共同挖掘和弘扬西江流域传统生态文化，推进生态文化创新、传播和载体建设；依托岭南文化、禅宗文化、壮族、苗族等少数民族文化特色，增强区域文化之间的交流融合；深化文化遗产保护合作，加强传统文化的发掘、研究与利用。同时，依托广佛肇旅游联盟的现有基础，联合西江上游城市共同打造南广、贵广高铁经济带文化旅游联盟。

（四）全力打造粤桂黔高铁经济带合作试验区

粤桂黔高铁经济带合作试验区（以下简称"试验区"）是推进落实泛珠三角区域合作和珠江—西江经济带规划，深化粤港澳合作，加快贵广、南广高铁经济带建设的重要举措，得到了胡春华书记和朱小丹省长的高度认可和大力支持。佛山将与贵广、南广高铁沿线城市协力打造试验区，为粤桂黔高铁经济带建设提供有力支撑，为全国高铁经济带建设摸索经验，率先示范。

（五）更加注重环境的联防联治，营造良好的发展环境

西江水域横跨粤桂两省区，贵州又是西江部分支流的重要区域，作为下游地区，在积极参与高铁经济带建设过程中，加强环境的联防联治是重中之重。佛山将联合肇庆、云浮等中下游地区，从整个高铁经济带的产业结构出发，共同建议三省（区）制定流域的环境功能分区和产业准入目录，明确整个流域的产业准入环保门槛，加强区域产业发展规划环境影响评价。同时，积极联合贵州、广西两省（区）的地市，加强区域生态环境联合建设和流域综合治理，建立稳定的区域生态网络，加强生态保护和环境建设，提高资源环境承载力，促进经济发展与生态保护相互协调、相互促进。

肇庆市推进珠江—西江经济带发展情况报告

陈 治*

一 2014年肇庆市经济社会发展情况

2014年，在市委、市政府的正确领导下，全市上下努力克服经济下行压力增大、增速放缓等困难，紧紧围绕加快建设珠三角连接大西南枢纽门户城市的奋斗目标，深入实施"两区引领两化"战略，积极贯彻落实稳增长、促改革、调结构、惠民生政策措施，突出抓好宏观经济运行，深化改革创新，推进基础设施建设，优化产业结构，加强区域合作，着力改善民生，经济社会保持平稳较好发展。

（一）经济保持平稳增长，综合实力不断增强

（1）经济运行处于合理区间。全市地区生产总值1845.06亿元，比上年增长10.0%，比预期目标低2个百分点，位列珠三角第2位、全省第7位。人均地区生产总值45795元，增长9.3%。第一、二、三产业增加值分别增长4.3%、14.0%和7.0%，其中规模以上工业增加值增长14.3%，位列珠三角第1位、全省第7位；三次产业结构调整为14.7∶50∶35.3，第二产业占比首次突破50%，工业增加值占地区生产总值比重比上年提高4个百分点。

（2）财政金融平稳运行。地方公共财政预算收入139.1亿元，完成年计划的100.17%，增长15.2%，位列珠三角第4位、全省第8位，其中非税收入占比38.95%；地方公共财政预算支出235.7亿元，增长20.65%。至12月末，中外资金融机构本外币贷款余额和存款余额分别为1172.51亿元、1679.26亿元，较

---

* 陈治，MPA硕士，肇庆市发展和改革局综合规划科科长。

年初分别增长11.5%、5.3%。

(3) 发展环境不断优化。出台《肇庆市加强涉企收费管理减轻企业负担实施方案》，在涉企收费、企业行政审批以及查处各种侵害企业合法权益行为等方面切实减轻了企业负担。成立了"肇庆中小微企业新三板上市培育实训基地"，羚光新材料股份有限公司已在"新三板"挂牌上市。

(二) 重点改革有序推进，机制活力明显增强

(1) 市县政府机构改革基本完成。出台了市县级政府职能转变和机构改革方案，涉改部门"三定"方案已印发实施。减编控编措施得到有效落实。市县政府进一步推进简政放权。

(2) 行政审批改革强力推进。出台了《肇庆市人民政府决定取消下放和委托的行政审批事项目录》，2014年取消、下放、委托行政审批事项38项。我市分三批共调整了271项行政审批事项，精简率达43%。制定了《肇庆市一般性行政审批事项超时默许试行办法》规范性文件，把98项一般性行政审批事项列为超时默许事项。

(3) 经济体制改革初见成效。根据《肇庆市贯彻落实中央和省委全面深化改革精神2014年15项改革题目要点》，市政府牵头组织开展的15大项45项重点改革题目全面推进，进展顺利。其中推进企业投资备案制改革等40项已经完成，正在完善报批5项。肇庆新区成为粤东西北振兴发展股权基金首批试点并获得9.3亿元股权投资基金。怀集县探索研究了合作区企业投资负面清单，共有245项内容被列入禁止或限制项目。德庆县完善现代农业经营体系试点建设，创建了"一证两中心+市场化运作"的农村金融抵押贷款试点新模式。

(4) 改革试点进展顺利。德庆县农村综合改革成为中央农办改革联系点，四会市成为全国"多规合一"试点，金利镇成为省深化和扩大经济发达镇行政管理体制改革试点并基本完成改革工作，且被省列入向国家争取的4个中小城市综合改革试点之一。

(三) 转型升级加快推进，产业结构持续优化

(1) 农业经济势头良好。粮食总产量117.36万吨，同比增加5.08万吨，增长4.5%，实现连续六年增产。广东省（高要）粤台农业合作试验区获省批

准设立；全市农民专业合作社达 2406 家，总量排在全省第三；农业龙头企业增至 178 家。全市农林牧渔业总产值达到 409.54 亿元，农林牧渔业增加值达到 272.03 亿元，比上年分别增长 4.1% 和 4.3%。农村居民收入与经济增长基本同步。实现全市耕地保有量 284.42 万亩，高标准基本农田建设竣工规模 29.60 万亩。

（2）新型工业化成效明显。全市"4+3+2"九大工业主导产业完成工业增加值 611.45 亿元，同比增长 15.2%，高于全市规模以上工业增速 0.9 个百分点，占全市规模以上工业的 65.6%。其中林产工业增长 29.4%，电子信息、精细化工等主导产业增加值增幅均超过 15%。金属加工产业成为首个年产值超千亿元的主导产业集群。全年先进制造业增加值和高新技术产品产值占规模以上工业增加值比重分别为 31.1%、27.1%；全年研究与试验发展经费支出占生产总值比重达 0.95%，全市发明专利申请量及授权量同比增长分别为 35.9% 和 25.9%，PCT 专利申请 6 件。

（3）现代服务业稳步发展。全力推进中国人寿电子商务华南区域中心、浪潮集团、中国移动华南服务中心、途家旅游休闲电子商务服务平台等多个电子商务项目落户，实现电子商务交易金额 15.9 亿元。主要景区接待游客人数 2835.54 万人次，同比增长 3.1%；旅游收入 221.17 亿元，同比增长 7.4%。完成公路水路货运量 6382 万吨、周转量 651476 万吨公里，同比分别增长 22%、22.8%；完成港口货物吞吐量突破 3000 万吨，同比增长 3%；进出口集装箱吞吐量 72.12 万 TEU，同比增长 3%。全市现代服务业增加值占服务业比重为 45%。

（四）内外需求有效拓展，发展质量不断提高

（1）投资结构不断优化。完成固定资产投资 1138.73 亿元，增长 19.0%，比计划目标高 2 个百分点，位列珠三角第 2 位、全省第 11 位。其中，工业、服务业和民间固定资产投资分别增长 16.4%、28.2%、22.3%，占比分别提高至 48.6%、48.4%、77.9%。全市 100 项重点建设项目完成投资 439.32 亿元，完成年度计划投资的 121.5%，其中 50 项省重点建设项目完成投资 263.08 亿元，为年度计划投资的 136.1%，完成率全省第一。

（2）城乡消费增长较快。通过开展消费促进月活动、万村千乡市场工程

建设和推进农超对接等工作，有效推动全市商贸流通发展。积极组织企业参加中国国际中小企业博览会、亚欧博览会和"广货网上行"等开拓市场活动。我市限额以上单位通过互联网销售实现销售额1.98亿元，同比增长76.7%。全年实现社会消费品零售总额559.90亿元，同比增长13.5%，高于年目标任务1.5个百分点，位列珠三角第1位、全省第2位。

（3）对外贸易稳定增长。出台《肇庆市支持外贸稳定增长实施方案》，充分利用广交会等国内外著名展会平台和跨境电子商务平台帮助企业开拓国际市场，指导和推动市进出口商会成立。全市外贸进出口总额78.4亿美元，同比增长11.8%，比预期目标高5.8个百分点，位列珠三角第1位、全省第8位。

（五）县域经济持续增长，城乡建设协调推进

（1）县域经济发展良好。山区县规模以上工业增加值、固定资产投资平均增速分别为14.4%、20.2%，比全市平均水平分别高0.1、1.2个百分点。肇庆高新区获评"2014年中国最佳营商环境十大园区"，四会市在2014广东县域经济综合发展力测评中位居第一，怀集县加快构建肇庆城市副中心。

（2）新型城市化建设不断推进。编制了《肇庆市"两区引领两化"发展总体规划（2014~2020）》，通过建立新型城镇化发展区、新型工业化发展区"双平台"，深化细化"规划一张图"，形成"多规融合"管控下的新型城镇化发展格局。肇庆新区科学规划体系全面建立；鼎湖区全力配合、服务和参与新区建设；四会市积极推进广佛肇教育新城建设项目和大沙产业新城城镇化示范区规划工作；高要市以"一园一城"（汽车零部件产业园、紫云新城）为带动，做好"两江"（西江、新兴江）文章；封开县加快推进两广生态新城项目建设；德庆县以县城西区开发建设拉大城市框架；广宁县不断完善以县城区为重点的"一轴两带四组团"规划体系。

（3）新农村建设成效明显。全市完成新农村公路路面硬底化建设439.7公里。高要市回龙镇创建成为广东省第一批名镇，获省授予"岭南名镇"称号。全市累计建成名村82条、示范村123条，创建进度和质量走在全省前列。新一轮扶贫"双到"顺利推进，全市累计投入帮扶"双到"资金4.55亿元，贫困户年人均纯收入提高到6198元；省扶贫办下达我市136条省重点帮扶村减贫5000人的任务全面完成。累计帮扶1936户贫困户完成住房改造，搬迁安

置 43 个"两不具备"贫困村庄、共 701 户农户。累计帮扶各村建设基础设施类和民生类项目 1636 个。德庆县成功入选 2014 年第一批 14 个省级新农村示范片，获得省级新农村示范片建设补助资金 1 亿元。

（六）生态建设扎实推进，环境改善效果明显

（1）推进生态文明建设。完成造林作业 29.64 万亩，成功举办第一届全民增绿活动月活动，种植树木 652.53 万株；建设生态景观林带 160.8 公里、11.44 万亩；完成森林碳汇工程 8.39 万亩；新增森林公园 24 个、湿地公园 2 个；绿化美化乡村 141 条；新增省级生态公益林 60.36 万亩；新创建生态文明示范村 29 条；北岭山森林公园建成开放；完成生活垃圾无害化处理场二期扩容工程并投入使用。

（2）加强环境治理。重点加强工业燃煤污染、机动车尾气污染、扬尘污染综合治理和环保综合执法，全年空气质量优良率同比上升 2.5 个百分点，PM10、PM2.5 浓度年均值逐步下降，顺利完成省下达的改善环境空气质量考核目标。完成锅炉整治 244 台，淘汰黄标车及老旧车辆 3.58 万辆，全市 63 条陶瓷企业生产线已改用天然气、206 条签订用气协议，陶瓷企业基本完成安装在线监控系统。

（3）抓好节能减排工作。大力发展循环经济，全年共完成 254 个减排项目，其中 3 个国家污染减排责任书项目全部完成；广宁县被认定为广东省循环经济示范县，区域循环经济得到有效推进。肇庆高新区、肇庆新区积极创建国家生态工业示范园区和国家低碳绿色发展示范区，打造低碳经济、节能环保产业示范区。

（七）社会建设扎实推进，人民生活不断改善

（1）保障就业市场稳定。全市城镇新增就业人员 48113 人，城镇失业人员再就业 12696 人，就业困难人员实现就业 2109 人，实现创业 3560 人，农村劳动力技能培训 42646 人，农村劳动力转移就业 49436 人，分别完成全年任务的 103.3%、105.8%、109.84%、134.3%、133.3% 和 109.9%。高校毕业生就业率达到 96.9%。全市城镇登记失业率为 2.36%，控制在省计划 3% 的目标内。

(2) 加强基本公共服务体系建设。社会救助体系不断完善，把年人均收入低于3600元的农村居民和低于5640元的城镇居民及城镇"三无人员"全部纳入低保，月人均城乡低保补差水平分别达到333元和147元以上。全年共发放临时价格补贴4139.3万元（其中市、县级资金2488.92万元），惠及低收入群众63.8万人次。扶持132家平价商店建设。全面完成城镇职工基本养老、失业、城乡基本医疗、工伤、生育保险的全年任务数。企业退休人员月基本养老金实现"十年连涨"。棚户区危房改造2376户，超额完成全年目标任务。开工保障性住房4737套（户），完成任务数4649套（户）的101.9%；基本建成（竣工）4933套（户），完成任务数4507套（户）的109.5%。加快推进全民健身场地设施建设，提前实现全市92个乡镇农民体育健身工程全覆盖。

(3) 社会事业全面发展。全市6个县（市）全部开展县级公立医院综合改革，组织实施乡镇卫生院"五个一"设备装备。新创建省卫生镇6个、省卫生村173个。实现省教育强镇100%覆盖，教育"创强"工作任务全面完成。全市新创建规范化幼儿园68所、市一级以上优质幼儿园21所；端州区通过教育现代化先进区督导验收，6个县（市、区）通过全国义务教育发展基本均衡县督导验收。肇庆科技职业学院成功升格为本科学院，更名为广东理工学院；肇庆工商职业学院更名为广东工商职业学院；肇庆学院"申硕改大"工程顺利推进；肇庆医专"升本"工程全面启动。引进各类人才3089人（本科以上学历）。我市共有养老床位15501张，比上年末增加93.5%。

二 珠江—西江经济带建设情况

（一）加强谋划，共创开放合作新高地

(1) 全面推进两广战略合作。一是深入推进肇梧战略合作。2014年4月，在肇庆市召开了第三次肇梧市长联席会议，审议并原则通过《2014年肇梧战略合作重点工作计划（送审稿）》等内容。9月，在梧州市召开了第四次肇梧市长联席会议，会议主要研究加快推进粤桂合作特别试验区建设工作，审议通过试验区首批合作项目实施计划表等重要事项。2015年4月25日，在肇庆市召开了肇梧战略合作第五次市长联席会议，研究了组建粤桂合作特别试验区联

合管委会等相关问题。《粤桂合作特别试验区总体发展规划》已获粤桂两省区政府批复，试验区被列入国家《珠江—西江经济带发展规划》，上升到国家战略层面。试验区建设完成投资2.89亿元，为年度计划投资的144.5%，"六个一"工程顺利推进，试验区建设成效显著。市委、市政府统筹安排了5000万元支持试验区建设，进一步强化了资金保障。二是加快推进肇贺战略合作。两市政府已同意签署《推进粤桂产业合作示范区建设工作备忘录》，两省区发改委共同组织举办了专家评审会对规划进行评审并一致同意通过，待规划修改完善后尽快争取两省区政府批复。

（2）积极推进广佛肇经济圈建设。成功召开广佛肇经济圈第四次市长联席会议，听取和审议广佛肇经济圈建设2013年度工作完成情况和广佛肇经济圈2013~2014年度重点工作计划，确定继续在交通、产业、环保、民生等4个重点领域推进一体化。广佛肇（怀集）经济合作区发展总体规划已取得省批复并实施，正式上升为省级发展战略。合作区建设稳步推进，园区路网及"七通一平"建设基本完成，共引进项目64个，总投资84.13亿元，以装备制造、新材料、生物科技等为主，已投产项目14个，已动工项目20个，投资额34.5亿元。

（3）不断创新与港澳合作方式和合作机制。与香港投资推广署在西班牙联合举办了"2014年香港、肇庆—西班牙经济技术合作和贸易交流会"，宣传推介我市投资环境，吸引欧洲各国客商到我市投资；联合香港裕华国产百货有限公司以政府指导、市场运作的模式在香港举办了"肇庆名优旅游文化产品节"，进一步提高了我市特色旅游文化产品在港澳地区的知名度和影响力，更有效地推动了我市特色产品走向国际市场；接待了香港贸发局华南区首席代表、澳门中小企业协进会等一批来自港澳地区的重要客商，向港澳客商宣传推介了肇庆独特的区位优势和优良的投资环境，进一步提高了肇庆在港澳的知名度和影响力。2014年，我市对港澳地区的进出口额为28.3亿美元，同比增长66.3%。我市来自港澳地区的实际吸收外资金额为10.2亿美元，同比增长18.6%。

（4）大力推进重大平台和重大项目建设。肇庆高新区被评为"中国最佳营商环境十大园区"，大旺产业园连续六年被评为省优秀园区。肇庆新区城市总体规划于5月份获省批复。肇庆（高要）汽车零部件产业园16个在建报建项目总投资近40亿元。三个省级产业园规模以上工业增加值和税收分别增长22.9%、20.6%。超额完成重点项目年度投资计划，100项市重点项目完成投资439.32亿元，其中省重点项目完成年度投资136.1%，完成率全省第一；交通重点项目完成投资165.98亿元，创历史新高。

（5）推进经济带协调发展。积极加强规划对接，配合开展了《珠江三角洲全域规划》《珠江—西江经济带发展规划》等编制工作，立足我市城镇发展现状和潜力，进一步明确发展方向，强化与佛山、云浮、梧州等周边城市在城市职能定位、重大基础设施、产业布局、生态保护等方面的对接，推动区域一体化协调发展。

（二）加强对接，推进重大基础设施建设

（1）加快推进重大基础设施建设。广佛肇城际轨道建成后，我市境内铁路营运总里程增至327公里；城市化道路改造工程项目，总投资约25.2亿元；西江（界首—肇庆段）2000吨级航道整治工程基本完成，"西江黄金水道"优势得以呈现；肇庆新港、三榕港等港口码头扩能升级改造工程基本完成；构建便捷高速的互联网基础网络体系，光纤总长度达5.67万公里，全市实现光纤覆盖95%以上。

（2）打造区域性综合交通枢纽。贵广铁路、南广铁路，二广高速公路连州至怀集段（肇庆段）、珠三角外环高速公路黄岗至花山段（肇庆段）已建成通车；广佛肇城际轨道肇庆段已进入轨道铺设，广佛肇高速公路全线施工；阅江大桥新建工程抓紧桩基施工；肇庆火车站综合体建设项目已确定建设方案，肇庆东站已开通使用；汕昆高速公路、汕湛高速公路工程报告已分别获得国家和省的批复，先行工程已启动建设。枢纽门户城市的立体交通网架逐步成型。

（3）扩大对东盟及大西南地区交流合作。我市紧紧把握《珠江—西江经济带发展规划》的实施以及南广、贵广高铁开通运营的有利契机，深化西南地区经贸交流合作，加快融入"高铁经济带"。成功举办了"珠三角—大西南？东盟经贸合作交流会"，邀请了大西南地区代表前来参会，进一步加强彼此间交流合作，共签约项目8宗，投资总额685.1亿人民币，项目主要包含城市综合体、基础设施、现代服务业、现代制造业等领域。同时积极沟通联络，邀请大西南地区的世界500强、大型境外企业、央企、商协会等到我市进行投

资环境实地考察，促进双方的沟通和交流，推动项目的落实。出台了《肇庆市创新招商引资行动计划（2014~2016年）》，与省商务厅签署了《肇庆市人民政府广东省商务厅共建珠三角连接大西南枢纽门户城市战略合作协议》，促进了我市与东盟及大西南的合作交流。市委主要领导带队赴东盟三国（新加坡、印尼和缅甸）开展系列经贸交流活动，提高了我市的知名度与影响力，增强了我市与东盟三国的合作互信，促进了投资贸易项目的落实，实现了合作发展新突破；参加了在广西南宁举办的第11届中国—东盟博览会和在泰国举办的"2014（泰国）中国品牌商品展"，为我市企业深入了解东盟各国的投资环境，更好地"走出去"搭建平台，进一步帮助我市外贸企业开拓泰国及其他东盟国家市场，优化我市出口市场结构，扩大外贸进出口规模。

三 存在问题和困难

我市推进珠江—西江经济带建设总体进展顺利，但也存在一些问题和不足，主要有：一是受用地指标、征地拆迁、项目审批、融资等因素制约，个别重大项目建设进展缓慢。二是产业集聚和核心竞争力不强，受资金、人才、技术等因素影响，产业转型升级的难度大，具有核心竞争力和较强带动能力的企业不多，先进装备制造业仍然薄弱。三是城市化整体水平偏低，产城融合互动发展力度不足，空气质量改善还不够明显，生态环境保护、节能减排任务进一步加重。四是城乡区域发展不平衡问题仍然突出，基本公共服务有待进一步加强。

四 下一步规划

（一）主要思路

坚持以科学发展观为统领，紧紧围绕中央和省在新常态下稳中求进的工作总基调，在省委、省政府的正确领导下，深入贯彻实施"两区引领两化"战略，继续强化经济运行监测，深化重点领域改革，狠抓重大项目建设，加快产业结构调整，推进区域合作和重大平台建设。

（二）发展目标

加快建设成为珠三角连接大西南枢纽门户城市和珠江—西江经济带区域性中心城市。2015年全市经济社会发展计划目标为：地区生产总值增长10.5%左右，人均生产总值增长9.5%，一般公共预算收入增长12.0%，固定资产投资增长16.0%，规模以上工业增加值增长14.0%，实际吸收外资增长4.0%，外贸进出口总额增长3.0%，社会消费品零售总额增长12.0%，居民消费价格涨幅控制在3.0%左右，居民收入增长与经济增长基本同步。

（三）重点任务

（1）保持经济运行总体平稳可控，经济增长继续保持在合理区间。一是多管齐下扩大有效投资，保持投资稳定增长。主动谋划更多更优重点项目，形成"储备一批、建设一批、投产一批"格局，争取更多重点项目被纳入国家和省的"十三五"规划。二是挖掘消费增长潜力，促进消费平稳增长。进一步完善城市商业网络和加强农产品流通网络建设，加快发展电子商务，形成O2O电子商务集聚消费效应。三是加强对外经贸投资合作，着力推动外贸稳增长。积极参与21世纪海上丝绸之路建设，积极组织企业参加境内外知名展会，大力开拓东盟等新兴市场。四是积极谋划好"十三五"规划。根据《肇庆市"十三五"规划编制工作方案》要求，严格按照时间进度高质量做好国民经济发展五年规划纲要的编制，使各项经济发展指标、在建重点工程项目、重点工作事项等能够顺利实现。

（2）全面深化体制改革。继续深化行政审批制度改革，完成市县级非行政许可审批事项清理。全面推进行政职权清理和权责清单编制工作。加快推进社会信用体系建设，拓展完善网上办事大厅建设和应用。稳步推进公务用车改革，年内全市范围完成党政机关公务用车制度改革。进一步深化医药卫生体制改革，完善县级公立医院综合改革配套政策。深化科技、社会保障、农村综合、文化及乡镇行政等体制改革。

（3）促进产业结构升级。一是谋划推动先进装备制造业发展。以我市列入珠江西岸先进装备制造产业带和肇庆高新区列为省智能制造示范基地为契机，加快先进装备制造业发展；二是全力推动技术改造。积极争取国家、省对技术改造项目的政策扶持，积极推进科技、金融、产业融合发展；三是推进能源结构调整，促进结构节能。继续推进陶瓷企业实施"煤改气"，继续推动企业使用清洁能源；四是推动新一代信息技术发展应用。加快智慧肇庆建设步伐，推动物联网、云计算、大数据等新兴信息技术在政务、工业等领域的广泛应用。

（4）促进农村经济发展。一是提升农业产业化、现代化水平。在稳定发展传统六大主导产业的基础上，进一步发展特色种植业，重点扩大特色农产品的种植面积，积极扶持发展特色园林果产业加强科技推广；二是推进新农村建设。继续加强农田水利万宗工程等农业基础设施建设，推进山区县中小河流综合治理，按时按质完成我市高标准基本农田建设任务；三是进一步深化农业农村重点领域改革。全面铺开农村土地承包经营权确权登记颁证工作，确保2016年底全市基本完成。

（5）积极推进新型城镇化。一是进一步完善城乡基础设施。加快火车站综合体、新客运总站等交通枢纽建设，力争怀阳高速肇庆段列为省重点前期预备项目；肇庆新区加快搭建城市框架，全力推动起步区路网、水网及重点配套项目建设；积极申报国家新型城镇化试点；二是进一步改善城乡生态发展环境。统筹推进宜居城乡建设和农村生活垃圾管理工作，加快四个县（市）垃圾填埋场项目建设。

（6）继续加强区域合作。依托珠江—西江经济带，争取将粤桂合作特别试验区纳入21世纪丝绸之路经济带发展规划，建立和完善肇庆高新区与国家战略层次相适应的产业功能布局，努力提升广佛肇（怀集）经济合作区、肇庆新区等重大发展平台的战略层次；积极配合做好南广高铁经济带、贵广高铁经济带发展规划的谋划工作。加快广佛肇城际轨道、广佛肇高速公路建设；全面动工建设汕昆、汕湛两条高速公路及西江、北江航道扩能工程，全面完成国、省道干线迎国检项目建设。配合争取柳肇铁路梧州至肇庆段获得国家发改委批复。

（7）扎实推进生态文明建设。抓紧编制实施《肇庆市生态文明建设规划》，全面推进生态文明建设。加大绿道网的建设及宣传推广，打造多条绿道旅游休闲线路。积极推进5A、4A级景区及工业、农业、乡村、红色、森林生态等旅游示范基地的创建；力争星湖景区升级为5A景区。加快推进"鼎湖生态休闲旅游产业园"建设。切实抓好大气污染防治、南粤水更清行动和重金属污染防治等工作。深入推进农业源减排、建筑陶瓷、锅炉等工业源污染治理和机动车尾气污染治理等，确保全面完成"十二五"污染减排任务。

（8）切实改善人民生活。加快完善社会救助体系，建立临时救助制度，继续提高低保、五保供养、孤儿基本生活费标准，加强乡镇敬老院建设。建立劳动力培训转移就业和就业专项资金使用管理信息系统。加大社保扩面工作力度，促进全员足额参保，维护职工合法权益，着力提高全市职工养老保险覆盖率。推动鼎湖区、高要区、四会市创建成为广东省推进教育现代化先进区（市）。全力推进市博物馆新馆、市文化馆新馆、包公文化园、黎雄才美术馆等重点文化设施，以及基层公共文化设施建设。启动现有拟承办2018年省运会比赛项目体育场馆的升级改造。

（四）对策措施

（1）加强沟通，积极争取。努力向省争取享受粤东西北振兴发展有关政策。继续加强与省对口部门的沟通衔接，对省直部门表示支持而目前还未落实或者进展较慢的事项要加大工作力度，力争取得省直部门的推进。

（2）强化责任，加快推进。进一步健全和完善重大项目的督办督查机制，加强协调沟通，制定协调重点项目推进时间表，细化责任分工，切实采取措施，推动项目建设。各项目责任单位要高度重视总投资额亿元以上项目的统计入库工作，推进项目早日见成效。

（3）督办跟进，确保落实。继续做好统筹协调有关工作的推进落实，加大项目督察督办力度，及时跟踪了解相关工作进展情况，及时会同有关部门协调研究解决存在困难问题。

（五）相关建议

（1）建议在《珠江—西江经济带发展规划》的指导下，逐步开展经济带区域内部城乡规划、产业布局等一体化专项规划研究，以更好地落实和深化上层次规划要求，推进经济带协调发展。

（2）建议在珠江—西江经济带、粤桂合作特别试验区划定专用区域，吸引金融机构设立金融服务专区和两省区银行、证券、保险等各类金融机构来肇庆地区设立分支机构，不断健全和丰富政策叠加区域的金融业架构体系与金融服务层次。

云浮市推进珠江—西江经济带发展情况报告

梁美琼*

2014年，云浮市狠抓实施《珠江—西江经济带发展规划》、粤东西北地区振兴发展及佛山全方位对接合作战略机遇，把握发展新常态，积极应对困难挑战，全力抓好稳增长、调结构、促改革、惠民生等各项工作，科学发展、跨越发展取得新成效。实现地区生产总值664亿元，比上年增长（下同）10.3%；人均地区生产总值27252元，增长9.6%；地方公共财政预算收入52.85亿元，增长15.5%；固定资产投资总额738.09亿元，增长29%；进出口总额17.99亿美元，增长13.7%；社会消费品零售总额228.49亿元，增长12%；全市居民人均可支配收入14061元，增长10.5%。

一 2014年工作情况

1. 工业经济提质增效

实现规模以上工业增加值260.28亿元，增长15.7%。全市规模以上企业742家，增加123家。工业企业主营业务收入、利润和税金等各项效益指标均保持良好的增长态势。汽配、生物医药、机械装备等新兴产业逐步发展。园区载体功能逐步显现，截至2014年底，全市园区共投入基础设施建设资金94.5亿元，其中2014年新增投入8.5亿元。2014年全市重点产业园区实现规模以上工业总产值和规模以上工业增加值分别为350亿元和100亿元，分别占全市比重35.5%和36%。

---

* 梁美琼，工学学士，广东省云浮市发展和改革局规划综合科科长，主要从事经济社会发展规划和宏观经济运行分析等工作。

2. 农村经济稳定向好

2014年农林牧渔总产值227.8亿元，增长3.7%。全市粮食总产量70.06万吨，增长2.3%。全年畜牧业肉类总产量31.4万吨，增长6.7%。特色优势农业加快发展，已初步形成优质稻、蔬菜、水果、茶叶、蚕桑、禽畜养殖、水产品、花卉等现代特色农业商品基地。产业规模化经营水平提升，农业产业化组织达2425个，新增452个，农业产业化经营销售收入达562.8亿元，增长8.1%。全市新增县级以上农业龙头企业21家。

3. 服务业繁荣活跃

实现社会消费品零售总额228.49亿元，增长12%。批发、零售、餐饮、住宿等行业繁荣稳定。2014年新申报限额以上商贸企业133家。宝能、恒大城、碧桂园、高铁站商贸区等商贸服务业载体顺利推进。全市旅游接待1877万人次，增长23%；实现旅游收入196.83亿元，增长24.6%。房地产业增长7%。全市各种运输方式完成货物周转量52.13亿吨公里，增长23.7%。金融机构年末存款余额826.3亿元，增长10.9%；贷款余额533.29亿元，增长13.1%。

4. 生态建设成效良好

全市空气质量保持在国家二级标准以上。西江云浮段水质保持在Ⅱ类以上。全市356个减排项目全部完成，淘汰黄标车6845辆，淘汰和治理锅炉37项，完成11家企业碳排放信息报告和核查工作，单位生产总值能耗下降3%。"十二五"前四年累计完成省下达节能任务的90.62%。单位工业增加值用水量67立方米/万元，单位生产总值二氧化碳排放量、二氧化硫、化学需氧量、氨氮、氮氧化物排放量也分别完成省考核目标。城镇生活污水集中处理率达74.36%，城市生活垃圾无害化处理率达100%。

5. 改革创新继续深化

行政审批制度改革不断深化，市公共资源交易中心正式设立，商事登记制度改革深入推进，食品药品监督管理体制、卫计、商务部门职能转变及机构改革顺利完成，网上办事大厅建设不断完善。农村综合改革成果显著，全国农村改革试验区的改革经验得到国务院肯定并在全国推广；农村普惠型金融体系建设形成郁南经验，成为粤东西北地区农村金融工作现场会的先进典型；国家农产品质量安全监管示范市创建工作扎实推进，在全省率先实现农产品质量安全监管公共服务机构100%覆盖到镇、延伸到村。

6. 城乡统筹协调发展

发展空间进一步拓宽，纳入了珠江—西江经济带发展规划，纳入了"广佛肇清云"经济圈，与佛山开展全方位对接合作。区位条件进一步改善，完成交通基础设施建设投资71.6亿元，南广铁路建成通车。城市承载功能提升，云安撤县设区，云浮新区正式挂牌成立，新区中央商务区架构雏形呈现，公共服务设施同步推进，新区集聚力进一步增强。老城区提质工作取得新进展，全市完成"三旧"改造项目62个，改造面积1415.35亩；成功创建国家卫生城市和广东省文明城市。新农村建设步伐加快，危房改造、省级新农村示范片建设、生态文明村建设等扎实推进。

7. 人民生活持续改善

就业形势稳中向好。新增城镇就业3.56万人，新增农村劳动力转移就业3.63万人。城镇登记失业率为2.46%，控制在目标内。城镇常住居民和农村常住居民人均可支配收入分别增长10%和10.9%，城乡居民收入差距继续缩小。社会保障制度覆盖面不断扩大。年末全市参加城镇职工基本养老保险、城乡居民基本养老保险和城乡基本医疗保险人数分别为41.97万人、114.48万人和273.60万人，分别增长0.2%、1.8%和2.1%。新增16个教育创强镇（街）通过省督前检查，全市省教育强镇覆盖率达88.9%。医疗卫生服务体系继续完善，县级公立医院综合改革、医疗卫生服务体系建设、重大传染病防控、平安医院建设、优生健康惠民工程得到加强。全年人口自然增长率6.67‰，低于控制目标。研究与发展经费支出占生产总值比重为0.8%，16个产品被认定为高新技术产品。全市专利申请610件，增长16.2%；专利授权437件，增长3.6%。公共文化服务体系不断健全。保障性安居工程圆满完成省下达的目标任务。

8. 实施珠江—西江经济带发展规划开局良好

一是加强组织领导。及时动员和部署《规划》实施工作，召开市委常委会、市政府常务会议，组织全市各级各部门认真学习研究《规划》，提高全市领导干部对实施《规划》重要意义的认识。将推进《规划》实施写入市委全会报告及市政府工作报告，重点加以推进。认真开展各种宣传活动，组织报纸、电视、电台等新闻媒体开展了《规划》实施采访宣传活动，在全市性的培训班上对《规划》进行宣讲，形成了良好的舆论氛围。二是《规划》重大项目有新突破。以项目为支撑和带动，推动经济带建设。南广铁路于2014年底建成通车；西江航道扩能改造启动；罗定至岑溪铁路正在理顺股权关系，力争早日重启建设；江罗高速加快推进，今年有望实现"县县通高速"目标；华润西江发电厂已通过省发改委核准，动工在即；华为云计算数据中心、云浮市精密机械装备制造及海洋装备配套项目、一力制药、飞驰氢能源整装客车、氢燃料电池模块、超滤膜生产基地等一批新兴产业项目落户云浮；积极推动珠江三角洲新干线（佛山云浮）机场规划建设，谋划构建临港经济区。三是区域合作取得新进展。与周边地区建立长效合作机制，推进合作平台建设。贯彻落实《梧州—云浮战略合作框架协议》，在医疗保险、食品药品监管、高铁旅游、工会建设、妇联合作等多个领域开展对接和合作；郁南县与梧州市龙圩区拟共建粤桂（郁南—龙圩）生态农业高新科技合作示范区，年上市肉羊10万头的羊业养殖场项目落户其中；罗定市与梧州岑溪市拟共建粤桂（罗岑）产业合作示范园区。佛山对口云浮帮扶向纵深推进，以佛山（云浮）产业转移工业园（思劳片区）作为主要载体，加快建设规划面积为53平方公里的"佛山云浮生态环保产业国际合作区"。加快融入"广佛肇清云"经济圈发展。加强与广州、佛山、肇庆、清远等市对接，开展规划、交通基础设施、产业、民生事业等方面合作，努力实现共赢发展。

2014年，云浮经济社会发展取得了显著的成绩，但还存在不少困难和问题，主要表现在：经济基础薄弱、经济总量小，发展不充分；产业结构不合理、科技创新能力不足、优质企业不多等阻碍经济转型升级的瓶颈未能突破；中心城区首位度不高、城市承载力不强、城乡发展不够平衡等问题尚未有根本改变；土地、资金、人才、环保等要素制约仍较明显。这些都需要我们在今后的工作中高度重视，采取有效措施努力加以解决。

二 下一步工作计划

2015年，云浮市的主要目标：全市地区生产总值增长12%左右，规模以上工业增加值增长20%，固定资产投资总额增长25%，地方公共财政预算收入增长16%，城乡居民人均可支配收入增长8%；节能减排约束性指标按照上级下达年度目标任务完成。

工作总体要求：坚持以邓小平理论、"三个代表"重要思想、科学发展观为指导，全面贯彻落实党的十八大和十八届三中、四中全会，中央经济工作会议，以及省委十一届四次全会精神，牢牢把握"跨越赶超、科学崛起"的主题，按照生态立市、产业兴市、特色美市、改革活市的要求，勇于担当、主动作为、奋发进取、凝聚力量，大力提升产业支撑力、城市承载力和环境竞争力，全面建设现代生态城市。

为了实现上述目标，要重点抓好以下工作：

1. 抓好交通设施建设

着力构建全方位大交通体系，不断改善区位条件。加快江罗高速、阳罗高速、汕湛高速云浮段、南广铁路交通枢纽等在建项目建设，年内完成江罗高速通新兴县等项目，实现"十二五"县县通高速的目标任务；积极做好怀阳高速、云浮罗定至茂名高速、鹤开高速的前期工作；推动云浮新区接驳现有高速公路的建设；加快推进西江航道扩能升级。与佛山市共同推动珠江三角洲新干线（佛山云浮）机场前期工作，并围绕机场项目，对城际轻轨、高速公路等对接线路进行研究分析。加快重启罗岑铁路建设。充分发挥交通基础设施促进经济发展的作用。谋划好高铁经济商圈、港口经济商圈和高速公路经济商圈。

2. 推进园区扩能增效

按照"定位清晰、主业突出、功能完善、服务优质"要求，集中力量和资源，抓好"两园五区"建设。"两园"是指省里批准的佛山（云浮）产业转移工业园和佛山顺德（新兴新成）产业转移工业园；"五区"是指佛山（云浮）产业转移工业园的都杨片区、河口至思劳片区、六都片区、双东片区和都城片区。继续完善园区基础设施和公共服务配套设施建设，重点推进佛山（云浮）产业转移工业园思劳片区启动区建设，谋划建设新能源氢燃料电源产业链对外经济合作平台和国家级信息化经济区示范平台；着力加快中意（云浮）产业园、海尔云浮（罗定）创业园、云浮郁南电池产业集群升级示范区、云浮市健康医药产业园等园区建设。

3. 加快中心城区扩容提质

突出做大做强由老城、西江新城、六都、思劳"四组团"构成的中心城区。重点推进云浮新区起步区建设，加快构建新区外通内联的快速交通体系，完善新区教育、医疗、文化、体育等公共服务设施专项规划，增强新区吸引力；重点抓好南广高铁交通枢纽、新城快线、中央商务区、北湖启动区、森林公园等重点项目建设。同时，同步推进罗定、郁南、新兴"三副"中心扩容提质，辐射带动全市域新型城镇化建设。

4. 着力做强实体经济

坚持培育新兴产业和改造提升传统产业并重，积极实施创新驱动发展战略，工业转型升级攻坚战3年行动计划，加快调整优化产业结构，构建现代产业体系。培育发展新产业，重点发展云计算及信息服务产业、生物医药产业、先进装备制造业、健康养生旅游产业和现代特色农业等"四新一特"产业，加大力度做好招商选资工作，围绕推动新产业新业态发展引进一批好项目。改造提升传统产业，围绕石材、硫化工、不锈钢等产业突出建链补链强链，实施"互联网+"行动，加快传统产业改造和技术提升，提升产业竞争力。

5. 提升营商环境竞争力

继续深化体制机制创新，进一步提升行政效能。抓好行政审批制度改革、网上办事大厅建设、"无水港"试点建设等工作，提升行政服务效能。增强市场活力。抓好商事登记制度改革、投融资机制创新、市级公共资源交易平台建设等工作，有效提高要素集聚能力和资源配置效率；深入推进农村普惠金融"八项行动"，发挥好"大金融"支持和服务"大农村"的功能作用，加快推进现代农业发展。推进法治云浮建设。重点抓好政府权责清单制度、构建阳光司法机制、全面推行"一村（社区）一法律顾问"制度等工作。

6. 抓好生态文明建设

一要扎实推进节能减排。严格落实节能减排目标责任考核，全力推进粉尘综合治理、黄标车淘汰等重点大气污染治理工程，支持污水处理、垃圾处理、工业污染治理等节能减排工程建设，确保完成污染物减排目标任务。二要做好生态环境建设。加强森林生态屏障体系、森林围城、乡村绿化美化、森林碳汇等重点生态工程建设，加快中小河流和中小水库除险加固、山洪地质灾害防治等项目实施，努力巩固生态优势。三要大力倡导低碳生活。强化全民环境保护意识，倡导绿色生活方式，加快形成资源节约、环境友好的生产、生活方式和消费模式。四要发展循环经济。加快建设云浮循环经济工业园、云浮（罗定）循环经济工业园，根据园区功能定位、资源禀赋确定循环经济发展重点，突出特色，加快形成循环经济产业链。

7. 抓好民生改善工作

坚持以人为本，统筹推进社会各项事业发展，让发展成果更好地惠及人民群众。一要强化就业和社会保障工作。健全城乡就业服务体系，加大社会保险扩面征缴力度，提高养老、医疗、失业、工伤、生育保险覆盖率。二要加快教育和文化事业发展。继续推进教育创强工作，大力实施文化惠民工程，改善文化民生。三要提升医疗卫生服务水平。加强城乡医疗和公共卫生服务体系建设，促进公共卫生服务均等化，提升人口和计划生育服务能力。四要抓好扶贫工作。加大扶贫投入，落实扶贫措施，确保扶贫开发"双到"工作目标任务顺利完成。五要深入推进"平安云浮"建设，加强社会治安打防管控体系和综合治理机制建设。六要抓好安全生产、食品药品安全监管、质量强市等工作。

8. 加强珠江—西江经济带城市合作互动

深入推进《珠江—西江经济带发展规划》实施，认真贯彻落实《两广推进珠江—西江经济带发展规划实施共同行动计划》《广东省〈珠江—西江经济带发展规划〉实施方案》，以区域合作为主线，以项目及平台建设为着力点，加强与经济带城市对接沟通，进一步细化工作措施，加快推进交通基础设施互联互通，加强产业对接融合，创新环境保护合作机制，实现区域合作共赢发展。

南宁市推进珠江—西江经济带发展情况报告

王水莲*

2014年以来，南宁市积极应对国内外复杂多变的经济形势，全面把握在经济"新常态"大背景下，积极落实中央、自治区各项决策部署，落实各种会议精神，攻坚克难，统筹协调经济、社会、改革、民生等各项工作，取得了较好的成绩，有效推进了珠江—西江经济带的协调发展。

一 2014年南宁市经济社会发展概况

（一）经济增速放缓，结构不断调整及优化

1. 经济运行平稳，增速放缓

2014年南宁市GDP为3148.3亿元，比2013年增长8.5%（按可比价格计算），经济运行相对平稳，但是增速相比上一年略有回落，回落1.8个百分点，基本与自治区持平，比全国高1.1个百分点。其中，第一产业增加值355.09亿元，增速4.3%，比上一年回落0.5个百分点；第二产业增加值1251.54亿元，增速9.9%，比上一年回落4.7个百分点；第三产业增加值1541.67亿元，增速8.2%，比上一年提高0.1个百分点。

图1显示，生产总值由2010年的1800.26亿元增至2014年的3148.3亿元，增加1348.04亿元，增幅74.88%，年均增长率达到11.83%，但是增速在逐年递

---

* 王水莲，经济学博士，南宁市社会科学院经济研究发展所所长副研究员，研究方向为区域经济、产业经济学；吴寿平，经济学硕士，南宁市社会科学院经济研究发展所助理研究员，中级经济师、研究方向为区域经济发展理论与政策。

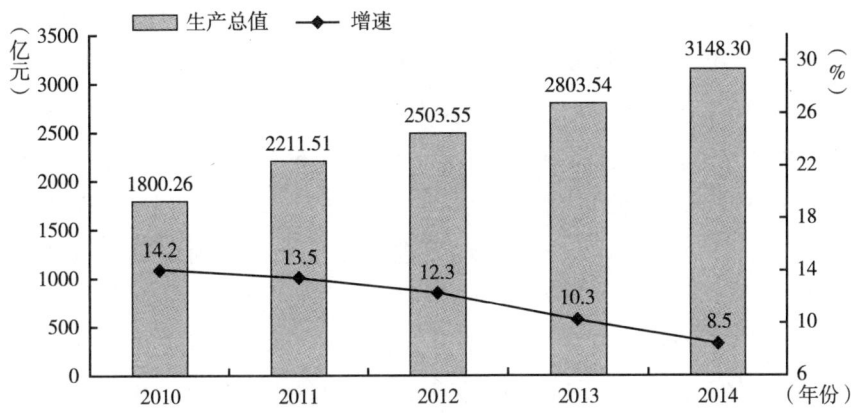

图1 2010~2014年南宁市生产总值及增长速度

注：引自2014年南宁市国民经济发展统计公报。

减，由2010年的14.2%，降至2014年的8.5%，相比减少5.7个百分点。

2. 结构不断调整和优化

一是经济结构进一步优化。三次产业的比重为11.28：39.75：48.97。与2013年比较，第一产业比重回落1.2个百分点，第二产业比重上升0.13个百分点，第三产业比重上升1.07个百分点。二是财政收入结构进一步优化。2014年南宁市财政收入为526.6亿元，增速为11.17%，相比广西壮族自治区高出3.1个百分点，完成自治区人民政府下达的收入任务526亿元的100.11%，超收0.6亿元；财政收入占全区比重为24.35%，同比上升0.67个百分点，财政首位度进一步提高。三是工业结构进一步优化。2014年全市全部工业总产值为2984.23亿元，比上一年增长11.94%，规模以上工业总产值2892.85亿元，增长12.21%，增速比上年回落8.42个百分点；完成规模以上工业增加值881.17亿元，增长10.8%。其中国有企业增长2.55%，集体企业下降18.74%，股份制企业增长12.93%，外商及港澳台投资企业增长19.86%。全年全部工业增加值923.49亿元，增长10.47%。工业对经济增长的贡献率为37.34%，拉动经济增长3.17个百分点。

（二）投资规模稳步扩大，投资增速放缓

南宁市2014年全社会固定资产投资2933.87亿元，增长18.54%，增速比2013年回落4.86个百分点。固定资产投资中,基本建设投资1299.00亿元,增长17.05%;更新改造投资853.48亿元,增长17.18%。分投资主体看,国有经济投资926.70亿元,增长16.71%,占全社会固定资产投资比重的31.59%;集体经济投资60.97亿元,增长23.56%,比重为2.08%;私营个体投资944.95亿元,增长14.88%,比重为32.21%;民间投资完成1801.27亿元,增长21.15%,实现促进南宁市全社会固定资产投资增长12.7%。

图2显示,全社会固定资产投资由2010年的1483.02亿元递增至2014年的2933.87亿元,增加了1450.85亿元,增幅高达97.83%,年均增长率为14.62%,但是增速逐年递减,由高速增长转为中速增长,增速由2010年的42.06%下降至2014年的18.54%,降幅达23.52%。

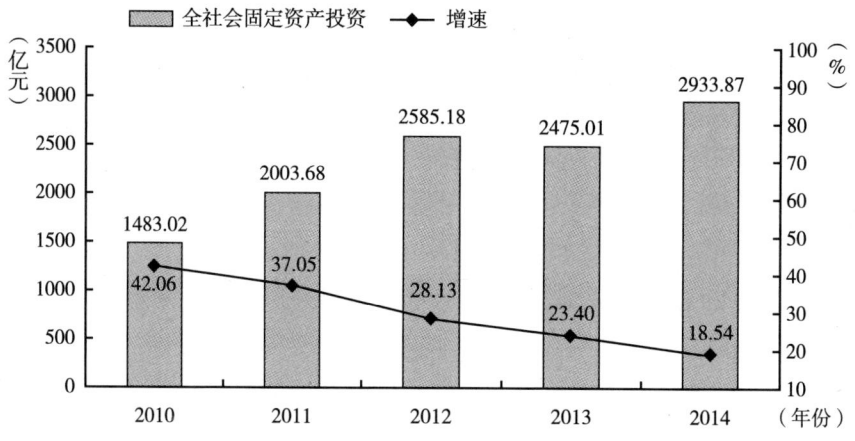

图2　2010~2014年南宁市全社会固定资产投资及增长速度

注:引自2014年南宁市国民经济发展统计公报。

在全社会固定资产投资中,第一产业投资84.52亿元,增长19.83%;第二产业投资904.40亿元,增长19.76%,其中工业投资852.05亿元,增长17.02%;第三产业投资1944.96亿元,增长17.93%。全市固定资产投资主要集中在房地产业、制造业、水利、环境和公共设施管理业、交通运输、仓储和邮政业、批发和零售业等行业(见表1)。

表1　2014年南宁市分行业全社会固定资产投资及增长速度

行业名称	投资额（亿元）	比上年增长（%）
全社会固定资产投资	2933.87	18.54
农、林、牧、渔业	84.52	19.83
采矿业	33.51	1.31
制造业	735.60	16.68
电力、燃气及水的生产和供应业	82.95	28.36
建筑业	52.34	93.64
交通运输、仓储和邮政业	292.09	3.64
信息传输、计算机服务和软件业	29.95	-16.83
批发和零售业	150.73	14.67
住宿和餐饮业	44.85	-18.92
金融业	18.41	-21.93
房地产业	789.32	31.74
租赁和商务服务业	72.90	12.63
科学研究、技术服务和地质勘查业	27.32	9.26
水利、环境和公共设施管理业	311.93	26.71
居民服务和其他服务业	15.19	-19.51
教育	84.51	27.54
卫生、社会保障和社会福利业	33.82	13.81
文化、体育和娱乐业	36.72	-9.35
公共管理和社会组织	37.20	21.23

注：引自2014年南宁市国民经济发展统计公报。

此外，南宁市房地产投资效应显著。随着大量房地产开发项目落地南宁五象新区，全市房地产投资增速明显提高。2014年，房地产投资达到551.82亿元，增速32.53%，比2013年提升17.74%。其中，商品住宅投资368.23亿元，增长21.77%；办公楼投资41.09亿元，增长139.97%；商业营业用房投资60.82亿元，增长54.52%。商品房施工面积4519.36万平方米，增长18.55%；商品房竣工面积465.43万平方米，增长42.95%；商品房销售面积802.57万平方米，增长14.23%；商品房销售额531.87亿元，增长8.77%。

保障性住房新开工17016套、基本建成20896套，棚户区改造完成12450套，投入财政资金建成拆迁安置房3283套。

（三）教育改革不断深化，教育质量稳步提升

1. 教育现代化进程加速

教育现代化是一种价值导向，更是一种动态的发展过程。近年来，南宁市以新建小区和城市新区为重点配套建设学校、幼儿园，加快实施"双百"战略，不断提升教育基础设施建设，着力推进教育改革，加快教育现代化进程，取得了重要进展。2014年南宁市高中教育毛入学率高达93%，并且九年义务教育巩固率达到了96%。此外，推动全市普通高中突破发展，积极培育普通高中现代化学校、示范性高中、特色高中。加快推动现代化职业教育发展，向富士康南宁公司推荐中职学生1341人，全市中等职业学校全日制招生21254人，完成任务数的106.3%。

2. 教育质量稳步提升

重视教育科研，打造"精彩学堂"品牌，提升育人质量，南宁市考生在全区中等职业学校技能比赛中荣获一等奖、二等奖人数及获奖总数连续4年稳居全区各市之首。2014年南宁市高考分数达600分以上的学生有1015人，其中5人的成绩进入全区总成绩10名，55人的成绩进入全区总成绩的100名，连续7年出现高考总分第一名。

（四）加快文化繁荣发展

1. 注重培育城市文化品牌

注重节会传播带动效应。成功承办第45届世界体操锦标赛、国际半程马拉松等国际性重大赛事，通过举办国际顶级赛事，吸引各国健儿、八方来客，让世界感受更好的南宁。南宁电台与北京音乐台携手合作直播"大地风歌2014"演唱会，覆盖全国听众人口5.6亿。

文化产业不断发展壮大。2014年南宁市文化产业增加值近百亿元，占全区文化产业增加值总量的1/3左右，占南宁市GDP比重约为3个百分点。文化产业示范基地（园区）建设和辐射带动作用显著，南宁市共有各级文化产业示范基地（园区）65家，其中国家级示范基地2家，自治区级示范基地27家，市级示范基地35家，自治区级示范园区1家，自治区首批特色文化产业（项目）示范县（区）5个。文化产业项目获得认可，南宁印象壮都文化创意

产业园、中国—东盟青年艺术品创作大赛项目等14个项目被文化部列为文化产业重点项目、编入《2014中国文化产业重点项目手册》，努力实现文化产业发展与城市文化品牌相互提升、相得益彰。

2. 公共文化服务日益完善

建成136个村级公共服务中心，为基础群众提供良好文体活动场所。市级重大公共文体服务设施有序建设，民族影城、广西体育中心综合训练馆、市民族艺术基地、南宁博物馆主体工程竣工；市群众艺术馆重建项目开工建设；南宁市图书馆、广西文化艺术中心、顶蛳山遗址保护设施等项目正在加快推进。

（五）就业形势稳定，社会保障体系逐步健全

1. 多项举措并进，全市就业形势稳定

多项措施合力，大力推进就业创业。统筹各类全体就业，组织开展"就业援助月""春风行动""民营企业招聘周""高校毕业生就业服务月"等系列活动，为社会提供30多万个就业岗位。同时，积极推行各种就业政策和实施"就业优先"战略，且全面推进"创建充分就业县区"活动和"绿城南宁产业工人培训三年行动计划"。2014年南宁市城镇新增就业8.58万人，城镇登记失业率2.95%，全市就业形势稳定。

2. 城乡民生保障水平进一步提升，民生保障体系逐步健全

2014年南宁市公共财政支出更多地向民生和基层倾斜，基于"保基本、兜底线、促公平"的原则，不断增强民生政策的可持续性和公平性。公共财政预算支出465.77亿元，增长11.32%，其中医疗卫生、科学技术、节能环保支出的增幅均在16%以上，在民生领域的总体投入比2013年增长了4.61%。2014年南宁市民生支出为329.86亿元，相比上一年增加支出51.12亿元，达到一般公共预算支出71.28%，相比上一年增加4.61%。一是投入79.58亿元保障为民办实事工程，资金有了充足的保障，解决了很多群众所关注的热点、难点。二是为进一步提升城乡居民低保标准和孤儿、五保户的标准，帮助19.07万，名贫困群众。三是为解决社区居民和村民的民生问题，安排社区和村级惠民资金1.1140亿元。四是不断提高教育支出，2014年教育支出为75亿元，比上一年增长7.14个百分点。五是不断提升城乡居民基本医疗保险和基本公共卫生服务补贴标准，将城乡居民医疗保险政府补助标准提高到320元/

每人每年,相比2013年280元/每人每年,增加了40元。基本公共卫生服务补助标准提高至35元/每人每年,相比2013年30元/每人每年,增加了5元。六是不断加大"三农"支出,2014年支出41.2亿元,比上一年增长8.59个百分点。同时,投入9304万元为专项扶贫资金,全面打响扶贫攻坚战,实施精准扶贫,使11.9万人实现脱贫。七是大力推进城乡居民大病保险试点,新农合参合率达99.4%。发放城乡低保、五保供养补助资金3.5亿元,受益115.5万户次、237.2万人次;城乡医疗救助支出6729.5万元、救助20万人次。八是加大棚户区改造和保障性住房建设,不断创新保障性住房建设模式。新开工保障性住房17016套,建成20896套,改造棚户区12450套,建成拆迁安置房3283套。

(六)居民收入稳步增长,居民消费价格指数涨幅回落

在整体经济发展的前提下,居民收入水平稳定增长。2014年南宁市城镇居民人均可支配收入27075元,比上年增收2258元,增长9.1%,农民人均纯收入8576元,比上年增收891元,增长11.6%,扣除物价因素影响,南宁市城乡居民收入实际增长均超过7%。

全年居民消费价格指数为101.6,比上年上涨1.6%,分类别看,八大类消费价格指数呈"四升四降"(见表2)。2014年居民消费价格指数为101.6,相比上年涨了1.6个百分点,其中食品、医疗保健和个人用品、娱乐教育文化用品及服务、居住的消费价格指数均有所增长,食品增幅最大,为4.1个百分点,其次是娱乐教育文化用品及服务,为2.5个百分点;烟酒及用品、衣着、家庭设备用品及维修服务、交通和通信均呈现下跌趋势,跌幅最大的是衣着,为2.8个百分点,其次是家庭设备用品及维修服务,跌幅为1.9个百分点。

表2 2014年南宁市居民消费价格指数

指标	2014年	比上年涨跌(%)
居民消费价格指数	101.6	1.6
食品	104.1	4.1
烟酒及用品	98.6	-1.4
衣着	97.2	-2.8

续表

指标	2014年	比上年涨跌(%)
家庭设备用品及维修服务	98.1	-1.9
医疗保健和个人用品	101.5	1.5
交通和通信	99.7	-0.3
娱乐教育文化用品及服务	102.5	2.5
居住	101.2	1.2

注：引自2014年南宁市国民经济发展统计公报。

居民消费价格指数从2011年以来持续回落（见图3）。从图中可以看出，从2011年的增幅5.7%持续回落到2014年的1.6%，居民购买力持续走低。与全区对比来看，近五年居民消费价格指数涨跌一致，但均低于全区涨跌幅度。

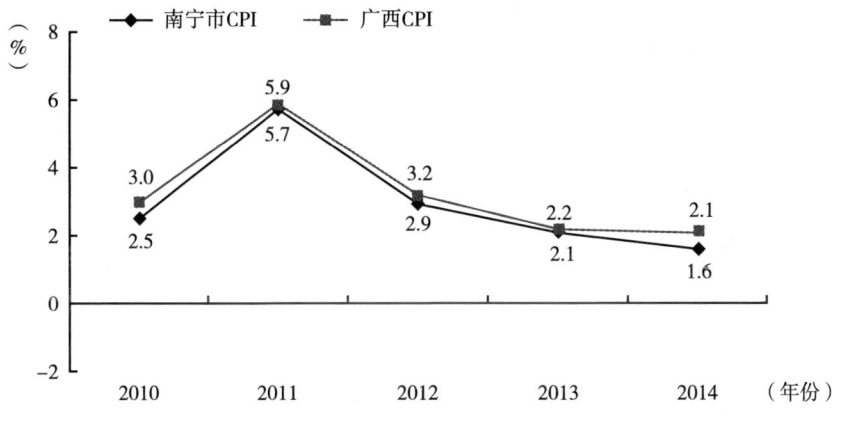

图3　2010~2014年居民消费价格涨跌幅度

注：数据来源于《广西统计年鉴》和《南宁市统计年鉴》。

二　2014年南宁市经济社会发展中存在的困难和问题

（一）经济下行压力不断加大

"十二五"以来，南宁市经济增长速度逐年回落，2013年以来回落幅度持续大于全国、全区水平，2014年部分主要指标完成不够理想，与预期目标相比，全市GDP增速、规模以上工业增加值增速以及社会消费品零售总额增速分别低2个、5.2个和2个百分点，经济存在持续下行风险。2014年全市GDP增速8.5%，比2013年低1.8个百分点，比2011~2013年年均增长率低1.5个百分点，为全市近年来首次出现的个位数增速，宏观经济形势严峻。

（二）工业生产形势不容乐观

工业增速大幅下滑，拉动经济增长能力减弱。2014年全市规模以上工业总产值增速仅12.2%，相较于2011年的34.2%、2012年的22.2%和2013年的21.2%出现了较大的下滑。工业在转型压力下增长困难，对经济增长的支撑明显减弱，2014年工业对经济增长的贡献率为38.5%，同比降低3.9个百分点。

部分县区工业发展形势严峻。2014年全市15个县（区、开发区）中有3个县区工业产值出现负增长，分别是：马山县、西乡塘区、横县。产值分别同比下降15.83%、15.34%、10.67%。各县（区、开发区）工业发展不平衡，特别是一些老工业县区如横县工业发展的大幅退步，成为影响全市工业快速发展不容忽视的制约因素。

劳动力成本优势逐渐丧失。随着全市最低工资标准上涨、社保缴费以及因交通便利和工资差异造成的劳动力对外输出增加，本市劳动力成本快速上涨，部分劳动密集型企业招工困难、用工缺口大，影响产能释放。

（三）投资拉动经济难以为继

在全市投资连续多年保持高增长，基数越来越大的情况下，部分县区投资增长后劲逐渐减弱，下行趋势明显，2014年横县固定资产投资增速仅有1.91%。大项目支撑不足，全市70%的投资额需靠中小项目去支撑，投资数据结构不合理、项目质量不高的情况尤为突出，导致投资增长后继乏力。

（四）消费品市场出现一定程度的萎缩

受刺激消费政策退出、地铁围挡施工、电子商务飞速发展及"反对铺张浪费，厉行勤俭节约"政策等因素的影响，政府、社会团体、居民消费减少，加上全区各地市商贸业、网上购物快速发展，首府对全区消费的吸纳能力在降低，即使2014年举办了世锦赛等盛大赛会，消费市场也没有实现快速增长，重点商贸企业销售仍然出现不同程度下滑，住宿餐饮、批发零售等传统产业快速增长困难较大。

（五）民生发展难题依然艰巨

城乡、区域、校际之间办学水平差距明显，公办幼儿园、普惠性幼儿园资源少，"入园难""入园贵"的现象仍存在，进城务工人员随迁子女入学问题较为突出。医改深层次矛盾逐步显现，基层卫生计生机构基础设施、服务能力仍较薄弱，新农合存在资金透支风险。失地农民就业难的问题突出，潜在的不稳定因素增加。大学毕业生所占比重不断增加，供过于求以及就业质量和就业公平问题依然存在。农村养老保险制度滞后，保障待遇较低，覆盖面不全。住房保障制度的覆盖面窄，保障性住房供应的总量不足、结构不合理，贫困人口数量规模依然庞大。

三 2015年南宁市经济社会发展形势分析与展望

国际方面：美国经济开始不断复苏，个人消费、就业都出现了好转，虽然私人投资和政府支出仍显不足，但是经济增长的内在动力正在增强。同时，欧洲债务危机度过了最困难的时期，但欧洲仍处于经济不稳定期，经济内在增长动力不足，内部复苏不均匀。此外，日本的安倍经济学效应并不显著，其刺激效应和大地震"灾后重建"效应已衰减，经济发展低迷。新兴经济体普遍面临经济下行压力和结构调整，总体仍处于增长调整期，对我国经济全球化深度发展和产业分工带来了严峻的挑战。

国内方面：实体经济方面，2015年经济下行压力进一步增大，步入经济"新常态"，受"三期叠加"的影响，经济增长放缓且继续惯性下滑。同时，面临物价上涨、需求不足的情况，企业交易成本和融资成本的上升，企业盈利能力明显下降，进而投资需求增长缓慢，2015年投资增长依旧不容乐观。此外，随着近两年居民收入增速、就业形势趋好，对经济增长起着积极的影响，2015年的消费增长仍将平稳，社会消费品零售总额实际增长将继续在10%以上,这对经济增长形成较强的支撑。总之,当前经济下行压力较大,但调整仍将是温和的。

南宁方面:在国家层面,西部大开发、中国—东盟自由贸易区升级版、沿边开放开发、21世纪海上丝绸之路等为南宁带来了良好的发展机遇。其政策、资金和土地方面的支持为南宁市发展提供了保障,也有利于南宁对外的开发合作。自治区方面,北部湾经济区开放开发、将广西打造成为中国西南中南战略支点、珠江—西江经济带等发展战略,为南宁市发展提供了难得放纵机遇,势必提速南宁市经济社会发展,实现后发优势,加快实现珠江—西江经济带区域协调发展。从南宁市的情况看,具备了较强的集聚辐射带动能力,是广西的经济、行政中心,是中国—东盟开放合作的前沿中心城市,是广西北部湾经济区的核心城市,拥有政策、资金、人才等各要素的倾斜。同时,市委、市政府领导高度重视经济、社会和生态建设,为南宁市经济和社会发展提供了良好的外部环境和内在动力。目前,南宁市主动适应经济"新常态",减速换挡,增量提质,深化改革和惠民生,预计2015年南宁市经济社会发展平稳向好。

四 对策建议

(一)以提质增效为中心,主动适应发展新常态

2014年南宁市经济增速放缓,各项经济指标均有降速,经济进入新常态,南宁要深入贯彻落实党的十八届四中全会精神,以质和量的共进、中高增速向中高端换挡发展,经济结构调整、产业转型升级为核心任务,深化改革和科技创新为推动力,主动适应经济"新常态",破解经济下行所面临的压力和风险、城市治理中难点和食品安全、维护社会和谐稳定、作风建设等问题。一是抓项目扩需求。抓住市内重大项目,推进项目建设,并做好年内的东盟博览会等。二是加快发展现代服务业。打好产业转型升级的组合拳,逐步淘汰落后产能,加快促进南宁市传统产业转型、产业结构调整和优化升级。三是坚持民生改善与社会维稳"两手抓"。扎实推进法治南宁建设,严防死守做好反恐维稳工作。四是坚持改革创新与作风建设"两手抓"。通过简政放权、行政审批制度和重点领域改革,不断加快推进各项措施落实。

（二）提高对外开放水平，拓展经济发展新空间

深化对外开放合作。积极融入中国—东盟自贸区、"一带一路"、珠江—西江经济带的建设，继续做好服务中国—东盟博览会和商务与投资峰会、泛北部湾论坛和中国500强企业高峰论坛的工作。积极推动南宁—新加坡走廊铁路、公路等交通基础设施互联互通，深化区域合作，加强与广东的合作与产业对接。

提升贸易便利化水平。加快建立健全南宁市口岸服务体系，进一步完善服务基础设施和大通关、电子口岸建设，并且推行通关模式改革，实行通关作业无纸化和关检合作"三合一"。同时，大力引进外贸综合服务企业。加快推进南宁市保税物流中心升级为综合保税区，并且快速发展保税物流。

加大产业招商引资力度。积极做好珠江流域产业转移的对接，大力实施招商引资、筑巢引凤，全面深化与东盟开发合作，引进东盟企业入驻南宁。

（三）强化创新驱动和人才建设，增强经济发展动力

夯实科技发展人才基础。实施科研院所与高校、企业共建设人才培养基地，实现人才的有机对接，有效补充高素质人才队伍。同时，大力引进稀缺人才，比如金融、电子信息、生物医药、航天航空等领域人才。以及加大引进创业创新领军人才（团队），继续实施"百名工科博士硕士入邕企"计划，开通"绿城联合引智"直通车。

完善科技创新体制机制。加快推动中国与东盟各国技术、标准、检验检测等互认与合作，实现中国—东盟技术转移，将南宁市打造成为中国与东盟技术转移的中心。加快建设国家科技成果转化服务（南宁）示范基地，争取更多的国家科技成果在南宁转化及产业化。

充分发挥企业主体作用。打造创新平台，基于南宁市高校与科研院所的优势，引导企业与高校、科研院所共建创新平台，构建政府引导、企业为主体、市场为导向、产学研相结合的技术创新体系。

（四）更加注重民生改善和社会建设，构建幸福和谐家园

民生和社会建设是一个地区经济发展的重要体现，在加快构建城市经济带、融入珠江—西江经济带建设的过程中，加快推进就业、教育、医疗卫生、

社保、住房和扶贫开发等方面的工作。一是大力发展产业，带动就业。主要加快现代装备制造业、电子信息和传统优势工业等产业，促进服务业发展，带动就业。二是加快职业教育、高等教育的发展。积极推动职业教育和高等教育的发展，构建现代职业教育体系。提高教育支出，财政性教育支出占地区生产总值的4%以上。三是加快医疗资源向基层流动，健全覆盖城乡的医疗服务体系，包括公共卫生、药品供应、医疗服务等，满足居民就医需求。四是进一步完善社会保障，拓宽养老、医保，构建体系完善的困难群体社会救助机制，为各类困难群体提供基本生活保障。五是加快推进精准扶贫工作，在精准入户识别的基础上，结合各项扶贫攻坚措施，加大农村基础设施建设，强化产业脱贫，促进农民增收脱贫。

柳州市推进珠江—西江经济带发展情况报告

王晓丽*

近年来，面临复杂多变的国内外环境，柳州市在市委、市政府的正确领导下，牢牢把握稳中求进的工作总基调，紧紧扣住"实业兴市开放强柳"战略，认真贯彻落实中央和自治区、柳州市一系列稳增长、调结构、促改革、惠民生的政策措施，加快推进珠江—西江经济带建设等各项工作，在经济下行压力进一步加大的背景下，确保全市经济社会平稳发展。

一 柳州市推进珠江—西江经济带发展情况

（一）柳州市经济社会发展概况

2014年，柳州地区生产总值2208.51亿元，比上年增长8.5%；财政收入316.55亿元，同比增长11.05%；全部工业总产值为4419.86亿元，增长10.5%；固定资产投资1765.49亿元，增长16.0%；社会消费品零售总额858.2亿元，增长13.16%；城镇居民人均可支配收入为26693元，同比增长9.6%；农民人均纯收入为8606元，同比增长12.3%。

工业经济稳中向好，转型升级战略取得初步成效，全市工业总体呈现出提质升级稳增长的发展态势。现代农业稳定发展，农业基础设施建设力度加大，农业生产基础得到夯实。城市新商圈初步构建，通过培育服务业市场主体，积极扩大消费，不断加强市场建设，服务业发展协调性明显增强。

---

* 王晓丽，学士，柳州市发展和改革委员会科员，主要研究方向为区域合作。

生态柳州建设全面展开,城市承载能力持续提升。通过大力推进行业节能减排,全面促进循环经济发展,不断培育工业经济"绿色增长极"。同时加大城市基础交通设施建设,进一步提升城市功能容量。

民心工程进展顺利,人民生活水平提高。坚持以人为本,始终把保障和改善民生作为政府工作的重中之重,积极发展各项社会事业,完善公共服务体系,着力解决与群众最直接、最关心、最现实的利益问题,人民生活持续改善,社会大局保持稳定。

(二)推进珠江—西江经济带建设情况

1. 总体推进情况

国务院正式批复《珠江—西江经济带发展规划》,特别是自治区印发《珠江—西江经济带发展规划广西实施意见》后,我市各级部门都在积极推进各项任务的落实。根据自治区关于西江经济带基础设施建设大会战实施方案的工作部署,制定了《关于加快推进柳州市西江经济带基础设施建设大会战项目建设的意见》,大会战各项工作和项目建设正有条不紊开展。在自治区关于西江经济带基础设施建设大会战实施方案中,涉及柳州市的第一期项目共52项,总投资达1954.6亿元。

2. 具体任务进展情况

(1) 重大基础设施项目建设进展情况

各类重大基础设施建设项目推进较好。港口建设方面,柳州港阳和作业区一期工程的5个1000吨级货物泊位和2个工作船泊位已经竣工并投入运营;柳州港鹧鸪江作业区1~4#泊位工程完成1#、4#泊位建设;柳州港官塘作业区一期工程专项报告编制和批复工作顺利完成;柳州港鹿寨港区江口作业区一期工程开始进行初步设计。铁路建设方面,有2个运营项目已经开通,在建项目有2个,近期已规划的建设项目4个。随着湘桂高铁衡阳至柳州段、柳南客运专线正式开通运营,柳州步入高铁时代。湘桂线衡阳至柳州段提速扩能改造工程、柳州至南宁客运专线已于2013年12月28日、12月30日开通运营;贵阳至广州铁路已经基本建成,2014年底开通运营;湘桂铁路柳州至南宁段电气化改造工程于2013年开工建设,计划2015年建成投产;柳肇铁路先期建设柳州到梧州铁路,接南广高铁连接广州,2014年9月新建柳州至梧州铁路(柳肇铁路柳梧段）获国家发展和改革委员会批准立项建设，力争今年内开工建设；黔桂铁路增建二线工程项目建议书已上报国家发改委，等待审查批复，正在编制项目可行性研究报告；湘桂铁路衡阳至柳州电气化改造、焦柳铁路怀化至柳州电气化改造正在编制项目预可行性研究报告。公路建设方面，柳州—南宁高速公路改扩建工程项目可行性研究报告已经完成上报国家发改委，处于待批阶段；综合交通枢纽建设方面，柳州西鹅货运中心站项目目前项目一期——柳州东站还建项目可行性研究报告已上报自治区发改委，并通过评审，等待批复；柳州市河东综合交通枢纽中心项目正在进行施工，目前已经主体封顶。洋溪、落久水利枢纽工程，洋溪水利枢纽工程广西、贵州两省区政府已签署同意项目建设原则协议书，项目建议书已经重新调整完毕，正向水利部报批；落久水利枢纽工程项目立项已获批，正在开展可研阶段各专题报告的编制和审查，进库道路正在建设。

（2）产业发展情况

工业经济加快转型。2014年，规模以上工业产值迈上4000亿台阶。汽车年产量突破200万辆，占全国汽车总产量的比重达到9%，增幅高于全国平均增幅9个百分点，汽车产值突破2000亿元，对全市工业经济增长贡献率超过70%。重点扶持的战略性新兴产业发展较快，战略性新兴产业规模以上工业产值突破300亿元，占全市比重达到8%。东风柳汽第一辆A级"高品质越级家轿"——景逸S50下线，高附加值汽车新产品已经成为驱动柳州汽车工业发展的引擎，也成为拉动柳州工业经济增长的生力军。柳钢钢材产量连续2年达1200万吨。柳工大吨位装载机保持市场占有率第一的地位，压路机、叉车、推土机、起重机、平地机等产品均保持了行业前五位的市场地位。

现代服务业不断升级。物流项目建设进一步加快，区域物流中心逐渐形成，一批服务业项目顺利推进，上通五柳州河西基地工业物流园、鹧鸪江钢铁深加工及物流产业园二期已启动前期工作；宁铁柳州汽车工业物流园投入运营，广西长乐物流园有序推进，柳东双英国际物流产业园（一期）7栋标准仓储用房封顶，柳州港官塘作业区一期工程开工建设。我市首个电子商务示范园区桂中海迅柳北物流基地已经挂牌成立，已有25家电子商务企业入驻园区。同时，启动建设柳州市科技型中小企业服务中心、着力提升研发设计、检验检测等专业服务质量，改善柳州产业发展环境。

现代农业稳定发展。六大产业呈现"三增两稳一降"的特点，水果、桑蚕、蔬菜增长，粮食、茶叶稳定，退蔗种果、退蔗种桑的面积不断增加，农业结构深入调整。启动建设农产品质量安全工程、现代农业示范工程、新型农业经营主体培育工程、农产品加工流通工程、农业品牌工程、清洁田园工程"六大工程"，现代农业发展体系初步建立。全市共有农业产业化重点龙头企业73家（其中国家级1家、自治区级7家）。

（3）开放合作积极承接东部产业转移情况

柳州作为西部的工业重镇，广西最大的工业基地，立足珠江—西江，面向粤港澳台，大力推进战略性新兴产业、现代服务业、文化旅游等方面的合作发展，主动承接东部产业转移，提升我市服务西南中南地区开放发展的能力和水平。

积极引进战略性新兴产业。依托我市资源优势和产业基础，着力引进一批产业特色鲜明、投资规模大、科技含量高、产业带动力强的项目，2014年，我市签约了中电集团电子信息产业园，青年汽车集团电动客车制造、上海斯可洛压缩机公司压缩机制造、广州程翔机械有限公司高端橡胶塑料机械制造等项目，形成了具有较强竞争力的战略性新兴产业集群，加速推进我市战略性新兴产业发展。

加强现代服务业合作。为积极推进重点商贸服务业与粤港澳台的合作，我们坚持内贸流通，全力促进外贸出口。2014年，柳州出口香港129.9万美元，出口澳门98.4万美元，出口台湾615.2万美元，确保了全市服务业及内外贸工作稳定发展。

拓展旅游合作。通过与广东主流媒体合作进一步将柳州优美的自然风貌、极具特色的民族文化风情展示给广东人民，利用明星代言柳州旅游的效应，以推介会的形式充分展示柳州丰富而美丽的旅游资源，吸引广东游客来柳旅游。2014年8月和9月先后两次联合《南方都市报》、新浪广西以及上汽通用五菱联合推出的大型自驾游活动，重点征集广东省自驾游客。

加强现代农业合作交流。通过国家、自治区和本市举办的各种洽谈会、交易会，开展多元化合作，提高我市现代农业发展。在今年的中国农业产业化龙头企业协会广西投资合作洽谈会上，我市就促成深圳市农产品股份有限公司投资30亿元的柳州市海吉星农产品物流产业园等9个项目签约。

（4）建设生态屏障情况

进一步加大节能减排工作力度。制定了全市2014年工业行业淘汰落后产能目标、大气污染防治2014年度实施计划，实行严格的目标责任制管理。出台《柳州市重点能耗工业企业2014年节能目标及节能工作实施意见》。

加快循环经济发展。加大循环经济发展力度，扩大循环经济工作覆盖面，组织实施氯碱化工行业循环经济推进行动。同时，有计划有步骤地推进鹿寨县经济开发区循环化改造示范试点、国家资源综合利用"双百工程"示范基地等循环经济重点工程建设。

加强生态环境保护。我市通过加强水环境监控，划定乡镇集中式饮用水水源地保护区，强化水污染防治设施监管等举措，柳江饮用水保护河段继续保持三类以上水质标准。持续推进"美丽柳州？清洁乡村"活动。"绿满八桂"工程进展顺利。

二 柳州市推进珠江—西江经济带建设面临的困难和问题

西江经济带基础设施大会战实施以来，我市加大协调力度，狠抓项目前期工作，促进项目开工建设，取得一定成效。但项目的推进方面仍存在一定困难：

（1）征地拆迁方面，由于部分项目用地采取整村推进方式征收土地，征地面积大、涉及群众多，需协调的问题多，目前还无法交付项目用地。

（2）资金筹措方面，由于市县财政建设资金紧张，以及国发〔2014〕43号文的施行，在很大程度上影响了项目资金的筹措和推进。

三 实施珠江—西江经济带发展规划下一步工作思路

（一）主要思路

全面贯彻落实党的十八届三中、四中全会精神，坚持以科学发展观为指导，深入落实自治区"双核"驱动战略，以生态环境保护为前提，强化体制创新，坚持基础设施先行、绿色发展、开放引领和民生优先，加快产业集聚发展，深化与东盟、泛珠三角地区、中南西南地区在重点领域务实合作，促进沿江经济腾飞发展，努力把柳州打造成为西江经济带龙头城市。

（二）发展目标

围绕《珠江—西江经济带发展规划》明确的发展目标，逐步实现"三阶段"目标：

2014~2017年：按照自治区"全面实施广西西江经济带基础设施大会战"的要求，加快柳州市基础设施建设。2017年，实现完善的综合交通运输体系，产业进一步集聚和优化升级，新型城镇化、生态文明、开放合作、人民生活水平进一步提高。

2018~2020年：全面推进柳州市"四化"同步发展。2020年，区域一体化水平显著提升，综合实力得到有效增强，凸显柳州核心驱动作用。

展望2030年：推动柳州市经济持续健康发展，在把珠江—西江经济带建设成为我国西南中南开放发展支撑带、我国东西部合作发展示范区和共建海上丝绸之路桥头堡起到重要的区域核心支撑作用。

（三）重点任务和工作举措

通过有效实施珠江—西江经济带发展规划，增强柳州经济实力，构建柳州发展"洼地"和"高地"，形成集聚和辐射效应，建成西江经济带龙头城市。

1. 发展现代产业，增强城市核心竞争力

夯实壮大工业经济。立足柳州却跳出柳州，把工业作为发展的基础，大力提升创新能力，推进"两化"融合，着力发展汽车、装备制造、电子信息、化工、有色金属等优势产业，培育发展战略性新兴产业，加快承接机械、汽车及零部件和相关产业，促进工业产业升级转型，重点建设柳州汽车城、河西机械产业园区、柳州北斗信息产业园，发展有色金属新材料，发展新能源汽车产业等。打造区域性先进制造业中心，继续保持柳州工业在广西的领跑地位。

着力加快现代服务业发展。柳州已形成汽车、机械、冶金等为支柱的产业格局，相关产业配套服务和其他服务业要进一步加强，要强化柳州市服务业集聚功能，重点推进现代物流业、金融业、信息服务、旅游业、会展业等重要领域的发展,打造柳州汽车城生产性服务业集聚发展示范区,发挥现代服务业的辐射带动作用,推动整个现代服务业较快发展。

加快推进农业现代化。以工业化理念谋划农业,产业化战略提升农业,品牌化方式经营农业,大力推动高效农业规模化。

2. 打造综合交通体系,提升区域性交通枢纽地位

全面推进综合交通项目建设,以港口建设为重点,统筹推进铁路、公路、水运、航空和公交建设。积极建设柳州港官塘作业区、柳州至肇庆铁路(柳州至梧州段)、柳州至梧州高速公路、落久、洋溪水利枢纽等项目建设,加快柳州国内区域性综合交通枢纽建设,实施柳州机场扩建。

3. 打造千里绿色走廊,建设生态安全屏障

在生态建设和环境保护方面,加大对自然保护区、风景名胜区和生态公益林建设的投入力度,强化元宝山国家级自然保护区,龙潭、元宝山、红茶沟等国家森林公园和鹿寨香桥岩溶国家地质公园的保护与管理。发展绿色循环低碳经济,以"汽车拆解"为抓手,推进城市矿产资源项目建设。创新生态环保合作机制,做好重大项目建设生态环境评估工作,创建国家循环经济示范城市,把经济带建设成为千里绿色生态走廊。

4. 发展特色城镇,建设多元沿江城镇体系

坚持走新型城镇化发展道路,充分发挥我市作为国家新型城镇化试点城市的效应,优化城市空间结构和管理格局。积极推进美丽宜居乡镇、生态乡镇、绿色乡镇和特色名镇建设,依托产业基础、交通要道、特色旅游资源,培育一批工贸型、交通节点型、旅游型小城镇。积极发展县域经济,引导小城镇向专业化、集约化、特色化方向发展,壮大县城和小城镇经济实力。推动城市和小城镇协调发展、产业和城镇融合发展,形成功能完善、集约高效、绿色低碳、亲水宜居的沿江城镇体系。

5. 加强公务服务设施建设,推进公共服务均等化

以改善民生和加强社会事业为出发点,加强教育文化、科技创新、医疗卫生、食品药品安全、社会保障事业、社会治理等领域一体化建设,使广大人民得到更公平的改革发展成果。加快发展现代职业教育,完善投入机制,着力改善职业院校基本办学条件,加强重点中等职业学校、技工院校和职业培训机构建设,发展特色高等职业教育,重点推进柳州国际职教港建设。积极保护历史文化遗产和非物质文化遗产,实施柳州白莲洞等历史文化遗产保护工程。推动柳州国家高新技术产业开发区及企业间的科技合作发展技术市场,健全技术转移机制,加快技术成果的转移转化。

6. 加强对外开放合作,不断增强经济发展活力

坚持"开放强柳",积极融入区域开放合作,使柳州成为吸纳聚集资源的洼地、创新创业发展的福地,辐射带动周边经济发展的高地。立足珠江—西江,衔接北部湾,面向港澳和东盟,推进先进制造业、战略性新兴产业和现代服务业合作发展,特别是利用柳东新区的产业发展和园区建设,大力推进建立粤桂产业合作试验区基地建设。

梧州市推进珠江—西江经济带发展情况报告

刘玉磊*

一 梧州市2014年经济社会发展概况

2014年，面对错综复杂的外部经济形势，梧州市坚决贯彻落实党的十八大、十八届三中、四中全会精神，全面落实国家和自治区的各项决策部署，紧紧抓住珠江—西江经济带建设上升为国家战略、自治区实施"双核驱动"战略等重大机遇，牢牢把握稳中求进的工作总基调，统筹做好稳增长、促改革、调结构、惠民生各项工作，实现了经济社会发展总体平稳、稳中提质、稳中有进的良好态势。

2014年，梧州市地区生产总值1065亿元，同比增长6.2%；其中第一产业增加值120亿元，增长4.2%；第二产业增加值646亿元，增长7.0%；第三产业增加值299亿元，增长5.0%。全社会固定资产投资876亿元，增长9.4%。财政收入122亿元，增长3.6%。社会消费品零售总额328亿元，增长12.3%。城乡居民收入增长高于经济增长速度，城镇居民人均可支配收入24272元，增长7.7%；农民人均纯收入8342元，增长11.6%。全市金融信贷运行平稳，金融机构贷款余额620.3亿元，比年初增加80.83亿元；存款余额853.3亿元，比年初增加95.25亿元。

二 推进珠江-西江经济带建设情况

根据国务院《珠江-西江经济带发展规划》（国函〔2014〕87号），梧州

---

* 刘玉磊，工学博士，梧州市发展和改革委工业科科长。

要加快建设沿江区域性综合交通枢纽，旅游目的地和游客集散地，珠江—西江经济带区域性中心城市，沿江煤炭储运配送设施，粤桂合作特别试验区。同时明确支持梧州发展内河修造船产业，加快发展梧州掌上多媒体移动设备，促进梧州林产化工等产业结构调整，大力支持梧州生物制药发展；支持梧州发展新能源汽车产业。

梧州市是桂东粤西门户城市，紧靠珠三角，毗邻北部湾，集广西水流85%以上汇流成西江，是西江亿吨"黄金水道"核心区段，是大西南经济圈、泛珠三角经济圈、泛北部湾经济圈和西江经济带的交汇节点。作为全国28个主要港口城市之一，梧州拥有国家一类开放口岸，3000吨级船舶可直达粤港澳。2009年国务院将梧州定位为国内区域性综合交通运输枢纽，10条高速公路、5条铁路、1条西江黄金水道、1个航空港和1条"西气东输"天然气管道将在境内交汇。南广高铁建成通车，梧州融入广州1小时经济圈和南宁2小时经济圈。已经取得国家级承接产业转移示范区、国家加工贸易梯度转移重点承接地、国家城市矿产示范基地、国家再生资源回收体系试点城市、国家级可再生能源建筑应用示范城市、国家餐厨垃圾无害化处理试点城市、中国优秀旅游城市、国家森林城市、世界人工宝石之都、中国最具开发潜力十佳城市、中国最具魅力节庆城市、信息惠民国家试点城市。梧州市建设珠江—西江经济带重要节点城市已初显成效。

（一）着力抓政策措施落地，推进经济带全面协调发展

国家《珠江—西江经济带规划》印发后，梧州市也相继出台了《珠江—西江经济带发展规划梧州实施意见》、梧州市关于落实《2014年泛珠三角区域合作行政首长联席会议纪要和泛珠三角区域深化合作共同宣言（2015~2025）任务分工》任务分工方案、梧州市关于落实两广推进《珠江—西江经济带发展规划》实施共同行动计划任务分工方案。目前我市进入自治区申请纳入国家"十三五"规划"三重"盘子的项目（政策、事项）共48个，其中由梧州市牵头负责推进的6个，自治区统筹推进的42个。制定出台了梧州推动新型城镇化工作实施方案和分工方案，成功入选国家新能源示范城市，扎实推进工业用地市场化配置工作试点。

（二）着力抓基础设施建设，构建综合交通运输网络体系

围绕西江黄金水道和西江经济带建设，梧州市以西江航运干线、高速公路网、铁路枢纽、梧州机场航空港及西气东输二线为骨架，构建水路、公路、铁路、空港和管道运输五位一体的大能力综合交通新格局加速完善，基本构建起了连接东西、贯通南北，"水、陆、空"纵横交错、四通八达的交通大动脉基础框架，积极融入与珠三角地区"一小时经济圈"，初步实现了从广西交通的"末梢"到综合交通运输"枢纽"的跨越。

重点推进航道整治、枢纽船闸和港口码头建设。按照自治区党委、政府打造西江亿吨黄金水道、统筹广西区域发展的战略部署，大力推进西江航道整治、枢纽船闸、港口码头及综合配套交通基础设施建设，西江内河港航集疏运能力得到不断提升，基本实现港口码头与产业、工业、商贸物流园区之间相互支撑、共同发展的目标。从2008年以来持续保持水运项目投资高峰，累计投入建设资金63.5亿元，先后开工建设赤水圩、李家庄（三期）、紫金村、中储粮、大利口等码头作业区。已基本形成坝上以赤水圩作业区为主、坝下以李家庄作业区、紫金村作业区为主的中心港区。全市已建成生产性泊位79个，其中：3000吨级泊位6个，2000吨级泊位9个，1000吨级泊位18个。2014年，全市港口货物吞吐量达到3142万吨，同比增长4%，较2008年（西江黄金水道之前）的680万吨增长362%，占广西内河港口货物吞吐量的28%；港口集装箱吞吐量达到43.86万标准箱，较2008年14.2万标准箱增长208%，同比增长11.89%，占广西内河港口集装箱吞吐量的71%，广西内河港口集装箱吞吐量第一大港地位继续巩固。梧州港正朝着"三千吨级泊位、百万个集装箱、五千万吨吞吐量"的方向快速发展。

加快推进高速公路、铁路、航空建设。梧州市"一环七射三连线"路网体系已基本成形，目前高速公路里程达275公里。"一环"即目前在建绕城线（环城高速）。"七射"中已建成的有北向包茂线桂梧高速公路至湖南永州、长沙；梧贵高速公路至南宁、百色；广梧高速公路南线（苍郁高速）至肇庆、广州。在建的有梧柳高速公路经柳州至贵阳；岑梧高速公路，经岑水高速公路至广东茂名、湛江；广梧高速公路北线（环城高速省际通道——广佛肇高速），连接入珠三角外环高速。已启动前期工作的信都至梧州高速公路，连接

湖南和广东北部等地区。"三连线"中已建成岑兴高速公路—岑罗高速公路。荔浦—铁山港高速公路、贺州至巴马高速公路，已启动前期工作，计划2016年动工。"丰字型"铁路网络架构已初具规模。洛湛铁路通车，南广铁路全线贯通，赤水铁路专用线全线开工建设，计划年底完成主体工程建设。目前，梧州市铁路通车里程242公里（洛湛铁路153公里、南广高铁99公里），可便捷连通南宁、玉林、贵港、广州、云浮、肇庆等周边地市，与高速公路相辅相成。桂东南航空枢纽网络构架已起步。西江机场立足于打造桂东南民用客运支线机场、广西桂东南航空货运及快件集散骨干机场的定位。目前项目立项已获得国务院、中央军委批复，项目预可研报国家发改委待批，计划于2017年建成投入使用。建成后将联合桂林、柳州、南宁、广州、深圳等机场，均衡服务于区域周边地区。

（三）着力抓产业发展，实现区域产业特色化和集群化

加快西江经济带梧州特色农业示范区建设。2010年，梧州市委托中国农业科学院农业经济与发展研究所编制了《西江经济带梧州特色农业示范区发展规划》，提出以农业增效、农民增收、农村发展为目标，以培育和提升优势特色产业体系为核心，以发展特色农业、品牌农业、科技农业、生态农业、外向型农业为主导，着力推进西江经济带梧州特色农业示范区建设。2014年全市农业总产值104.06亿元，同比增长3.1%；农民人均纯收入达到8342元，同比增长11.6%。目前，梧州市已形成六堡茶、砂糖橘、中药材、西江鱼、三黄鸡等区域特色农业产业。

以雁行阵势布局发展区域特色产业集群。按照"雁行阵势布局，突出重点，梯次推进"的产业发展思路和"产业园区化、园区城镇化"的园区建设思路，构建起了再生资源、再生不锈钢制品、电子信息3个千亿元产业，陶瓷、机械制造、林产林化3个两百亿元产业，食品、医药、钛白制品等百亿元产业布局。从2008年起，每年重点打造一个产业园区，区域产业逐步向"五园八区"聚集，梧州市沿西江两岸的产业集聚化发展格局基本形成。2014年，梧州市规模以上工业企业388家，产值超亿元企业256家，1亿~10亿元企业220家，10亿~50亿元企业30家，50亿~100亿元企业4家，100亿元以上企业2家，产值最高的企业达到132亿元。全市产业园区规划面积达到

18580.7公顷，实现工业总产值1638亿元，占全市工业总产值的85%。大力培育战略性新兴产业，建成中节能环保产业园、高性能钕铁硼永磁材料等项目，支持微软创新中心、阿里巴巴·梧州产业带、中兴IT基地等建设。加大工业技术改造投入，实施290个技改项目，提升发展医药食品、陶瓷建材、林产林化、机械造船等传统优势产业。

（四）着力发展商贸物流和旅游，提升城市服务功能

加快商贸物流规划建设。配合产业发展抓好生产性物流，重点建设赤水港综合服务物流园区、红岭商贸物流园区2大综合物流园区，中恒国际医药商贸物流城、建材商贸物流城4大商贸物流城，以及汽车、钢材、机电等30多个商贸物流专业市场和一批商业中心。红岭物流园、毅德商贸物流城正在加紧建设，沃尔玛、国美电器、梅西广场、旺城广场等大型商场陆续开业。加快发展金融服务业，桂林银行、北部湾银行、柳州银行、招商证券已进驻梧州。

全面建设旅游目的地和游客集散地。重点加快10个距市区一小时车程和2个两小时车程的旅游景区景点建设，完善基础设施。突出"休闲度假、保健养生"主题，精心设计精品旅游线路，与广州、肇庆、云浮等城市的旅行社签订发展旅游业框架协议，开展区域旅游合作，新兴高铁旅游快速发展。旅游基础设施不断完善，旅游服务功能提升，特色旅游名县、名镇创建工作有序推进。现有四星级饭店1家，三星级饭店15家，五星级乡村旅游区1个、四星级乡村旅游区4个，四星级农家乐6家、三星级以下农家乐20家，广西农业旅游示范点8个，荣获"首届广西旅游必购商品"称号品牌3个，长坪乡平垌瑶寨获首批"中国少数民族特色村寨"称号，归义镇、南渡镇吉太三江口村、象棋镇道家村获得"广西特色名镇名村"称号。园博园游客中心建设项目顺利建成并投入使用，高铁南站游客集散中心建设项目、旅游应急指挥监控系统建设项目正在加紧推进。梧州市作为旅游目的地和游客集散地的功能作用日益凸显。

（五）着力抓生态城市建设，夯实城市发展基础

生态文明建设成效显著。充分发挥山水优势，做好生态文章，在全区率先成功创建国家森林城市的基础上，2014年初又成功创建国家园林城市，目前正在积极争创国家花园城市。2014年，计划利用三年时间全面实施城市建设三年提升工程，通过安排154个城市建设项目，总投资461亿元，加大城市建设和管理力度，完善城市规划，加快推进旧城改造，拓展城市新区，开展城市街道、公园绿化美化改造，完善市政和公共服务基础设施，加强市容环境综合整治。

节能降耗工作成绩突出。万元地区生产总值能耗下降2.4%，规模上工业万元工业增加值能耗下降9.6%，自治区下达的目标任务顺利实现。列入自治区2014年年度减排计划的119个项目实施顺利。生态村镇创建有成效，获自治区区级生态乡镇2个，市级生态乡村19个。森林覆盖率达75.8%，环境空气质量优良率达99.7%，江河水质达标率100%。国家可再生能源建筑应用示范城市建设工作进展顺利，完成189万平方米可再生能源建筑建设，15个公共服务建筑工程实现开工。全面启动"百村增绿"行动，将10个"百村增绿"活动点打造成村屯绿化综合示范点。全市共落实一般村屯4580个，落实绿化用地村屯4580个，已绿化竣工2772个，共种植树苗20.28万株，全部完成目标任务。完成植树造林面积23.2万亩，占计划的110.5%。

全力推进苍海新区建设。苍海新区总规划面积200平方公里，人口100万，新区由苍海核心区、再生资源产业园区、社学工业新城、临港工业区、陶瓷产业园区组成。其中，核心区36平方公里，由10000多亩的湖面、2000多亩的湿地、6个公园、一个环城水系和现代生态新城等组成。目前已实现了"湖成形、园成景、路成行、展示中心成精品"。成功承办第六届广西园林园艺博览会，把"创园"与打造宜居环境、惠民利民、塑造城市精神相结合，提高了城市品位。

红岭新区建设日新月异。红岭新区拓展面积为13平方公里，可吸纳人口18万人，依托玫瑰湖天然水面，打造以自然生态、山水园林为特色，形成以商贸为主，集居住、旅游休闲、文化娱乐、仓储物流及科技文教为一体的现代化新城。红岭新区的配套设施正在进一步完善中。

坚持走低碳城市发展之路。积极开展"国家城市矿产"示范基地、可再生能源建筑示范城市和循环经济示范城市建设，逐步构建起覆盖各领域的循环经济体系，在加快城镇发展的同时，保住了"山清水秀生态美"的金字招牌。

（六）着力抓流域共建，区域合作取得新成效

西江黄金水道和西江经济带建设涉及粤桂两省区以及沿江多个城市，我们按照"开放、合作、协调、高效、生态"的要求，本着资源共享，合作互利的理念，积极开展流域共建，谋求合作共赢。自2008年起，梧州市邀请西江流域沿岸城市已成功举办了七届西江经济发展论坛，分别以"振兴西江黄金水道，促进沿江经济发展"、"发展循环经济，建设生态西江"、"发展现代物流，振兴西江经济"、"加强区域旅游合作，打造西江旅游黄金带"、"打造魅力西江——携手共建西江生态城镇群"、"珠江—西江经济带建设——粤桂合作，区域共赢"、"携手共建珠江—西江经济带"为主题，达成协同发展的共识。

建设粤桂合作特别试验区。2014年10月13日，两省（区）政府主要领导共同签署《粤桂合作特别试验区建设实施方案》，明确了两省（区）决策协调机构，并出台一系列扶持政策，试验区成为两广共创开放合作的新高地；同年10月14日，两省（区）在大园桥举行试验区联合启动仪式，梧肇两市市长签署《粤桂合作特别试验区开发建设两市政府合作协议》，标志着试验区正式启动，进入全面开发建设阶段。试验区入区企业已达68家，其中规模以上企业27家，广西微软创新中心、国光西部产业基地、中节能环保产业园、中兴梧州智慧广西云数据中心及IT产业基地、安富利电子产业园、法兰电子标签和屏幕保护膜材料生产、嘉进电子商务物流、比亚迪运营中心及纯电动客车生产基地等重大项目和国际知名企业落户试验区。试验区"一主两拓（主体区、社学拓展区和平风拓展区）多组团"的空间布局和起步区"三区三基地"、先行区"三园一城"（食品医药产业园、松脂生态产业园、万秀茶花生态园和粤桂新城）的发展格局初步形成，发展势头如火如荼，已经列为广西重点生态工业园区，正在推进中国—东盟环保技术与产业合作交流示范基地建设。

建设桂东承接产业转移示范区。桂东承接产业转移示范区于2010年10月得到国家正式批复，2012年8月国家发改委副主任杜鹰为示范区揭牌，是西部地区第一个国家级承接产业转移示范区。承接产业转移成绩斐然，2011~2015年上半年，梧州市共新引进招商项目1721个，总投资2850.8亿元。梧州桂东承接产业转移示范区已基本建成区域合作发展的先行区、产业科学发展的试验区、西江经济带协调发展先导区。

构建区域新型战略合作关系。一是推进梧玉贵一体化。梧玉贵区域处于珠江—西江经济带核心枢纽区段，推动梧玉贵一体化发展，有利于加快桂东承接产业转移示范区和桂东南城镇群建设。2014年4月，《梧玉贵一体化发展规划》已经由自治区人民政府同意，自治区发改委印发实施。二是梧州和广州战略合作。2015年6月11日，梧州市与广州市签署《广州市—梧州市战略合作框架协议》，成为广西首个与广州建立战略合作关系的地级市。与中山大学附属第二医院探索建立区域性市院合作模式。三是梧州和肇庆战略合作。2011年12月，梧州市与肇庆市签署《梧州—肇庆战略合作框架协议》。2012年9月，召开梧肇战略合作第一次市长联席会，提出合作事项24项。2013年4月份，召开了梧肇战略合作第二次市长联席会，合作事项增加到27项。2014年4月、9月和2015年4月先后召开梧肇战略合作第三、四、五次市长联席会议，合作事项达到了38项，实现了与肇庆的多领域、全方位合作。四是梧州和云浮战略合作。2013年11月，梧州市与云浮市签署《梧州—云浮战略合作框架协议》。2014年10月，市委以梧委〔2014〕119号文正式印发成立梧州市梧云战略合作领导小组。2015年4月，召开梧云战略合作第一次市长联席会议，商议落实《梧州—云浮战略合作框架协议》有关事宜。五是梧州和佛山战略合作。为进一步加大向东开放的力度，加快建成西江黄金水道上向东开放的龙头城市，梧州市不断加大向东开放的力度，2014年4月，与佛山共同签署《梧州—佛山战略合作框架协议》，不断推进广佛肇梧一体化。

三 珠江—西江经济带建设中遇到的问题

（一）随着国家土地政策的调整，项目征地拆迁难度不断加大

交通项目特别是公路、铁路项目属于线型工程，涉及县（市、区）多，征地拆迁涉及的乡镇和人口众多，征拆数量大，协调难度大。梧州市在建仅梧柳、环城两高速公路项目征地约14000亩，拆迁房屋43000平方米。重大交通项目的进展往往直接受制于征地拆迁的进度和工作效果。另外，一些特别重大和拆迁房屋多的项目需要集中安置和回建，回建地的征用又会造成二次或三次征地，加大了工作难度。

（二）交通项目建设资金融资日益困难

在国家宏观政策并不宽松、资金面十分紧张的大背景下，交通项目由于投资规模较大，多元化的投资主体尚未形成，利用市场手段吸引社会力量投资交通基础设施的办法不多，政府用于交通基础设施的财力有限，交通投资企业负债过重，加大了融资的难度，影响对交通基本建设的进一步投入。

（三）交通建设地方配套资金筹措压力大

梧州地处山岭重丘区，按照当前物价水平，新建一级公路造价约3500万～4000万元/公里，二级公路造价约1500万～2000万元/公里。除国省道是由省（自治区）公路主管部门作为建管养主体外，其余的市域路网项目是以市、县地方政府作为建设主体，目前仅能争取定额补助，按照有关政策新建一级公路补助300万元/公里（获国家交通运输部批准的既有国道改造项目最高可补助800万元/公里），新建二级公路补助200万元/公里，只能解决约10%的项目投资，地方筹资压力相当大。

（四）项目前期工作影响工作进度

交通项目前期工作一般由项目立项、可研（同步进行包括规划选址、环评、防洪、水保、地灾、压矿、安评、用地预审等十几项专项报告）、两阶段设计等诸多环节构成，工作量大，耗时长、所需费用多。项目审批规格高，部分项目还需国家层面审批，影响了项目实质性动工时间。铁路、机场、高速公路、路网项目等前期工作审批时间长，从项目建议书到施工图设计批复往往不少于2年。

（五）固定资产投资增速有所回落

一是我国钢材、再生资源行业等面临全国性产能过剩，直接影响到梧州市再生资源、不锈钢产业企业的效益，影响了一些项目的建设和投产。二是长洲水利枢纽三四线船闸、南广高铁等重大项目相继完工，而西江机场等一批新建重大项目尚未完全启动，造成大项目支撑不足。三是由于区划调整，部分项目进展缓慢，甚至落实不了用地、资金等开工条件。

（六）第三产业结构尚待进一步优化

虽然梧州市大力发展第三产业，发展有了进一步提高，且我市第三产业增加值占比为32.2%，但仍低于全国（49.5%）和广西（38.9%）同类指标。一是现代服务业发展较慢。目前还主要是劳动密集型的传统服务业，金融服务、现代物流、商务会展等现代服务业发展不快，对经济的带动作用还有待加强。二是缺少三产龙头企业。民营企业资金投向分散，难以形成群体产业，集聚辐射能力不强，三产龙头企业较少，限上企业不足。

四 下一步主要对策措施

（一）全力抓好"十三五"规划编制，共谋经济带持久发展

一是科学、客观评价"十二五"规划纲要确定的发展目标、重点任务、政策措施等执行情况，提高规划评估结果的客观性、公正性、专业性，深入总结分析规划执行成效、存在问题及其原因，为"十三五"规划编制工作奠定基础。二是创新发展理念、转变规划思路、强化空间布局、准确把握总体定位，精心编制完成国民经济和社会发展"十三五"规划纲要和重点行业、重点领域专项规划。加强与自治区发改委等部门衔接，争取梧州市更多的内容纳入国家和自治区的"十三五"规划盘子；加强各县（市、区）规划协调指导，积极推进市县规划改革创新，使"十三五"规划更加适应时代要求，更加符合发展规律，更加反映人民意愿。

（二）深化区域合作，实现经济带开放发展

全力推进珠江—西江经济带发展，主动融入国家"一带一路"建设，加快完善基础设施，重点推进西江航道整治、枢纽船闸和港口码头建设，促进高速公路、铁路、航空建设，实现重要通道的互联互通，合力打造立体综合交通运输网路，确立梧州国内区域性综合交通枢纽地位。着力推进产业发展，促进经济带区域产业互补发展。进一步加大向东开放力度，主动接受先进生产力辐射带动，深化与广佛肇云的合作。一是完善区域合作机制，健全梧肇战略合作

协调机制,把战略合作事项落实到具体项目,推动合作取得实质性突破。二是大力推进粤桂合作特别试验区建设,加快确定运行体制机制和优惠政策,同步推进先行区和起步区,争取CEPA先行先试政策延伸到试验区,深入研究设立产业基金、发展基金、创业引导基金、基础设施基金等,促进各类基金向试验区汇聚;加快试验区股权交易中心建设和探索"园中园"开发模式。三是加强与珠三角的产业对接,持续加大"东向"招商引资力度,加速东部产业向梧州转移,打造桂东承接产业转移示范区升级版。四是推进梧州综合保税区的申报工作,进一步提高梧州市开放发展水平。

(三)抓好重大项目和投融资工作,提升经济带发展后劲

一是摸底全市的投资、资金、土地刚性需求,谋划投融资工作,破解土地不足瓶颈,做好年度目标任务分解工作,及时将主要指标落实至各县(市、区)园区。二是编制完成"三年一工程"活动项目计划、西江经济带基础设施大会战项目计划以及2014~2016年开竣工项目计划,并组织实施。三是加强与自治区发改委的衔接,争取更多的项目列入自治区统筹推进的计划盘子。四是狠抓项目前期工作,指导各县(市、区)做好项目包装,夯实项目前期工作基础,加快项目储备。指导做好2015年中央投资项目的储备和前期资料完善工作。五是密切关注外国政府及国际金融机构贷款的投向,做好申报外贷项目收集和储备,着力推进市公安局、蒙山职教中心、市人民医院等利用国外政府贷款项目。争取国家发改委尽快批复同意梧州市发行小微企业扶持债券10亿元方案。督促亚行贷款项目实施,重点推进红岭路网剩余3条道路和地灾预警系统项目二期建设。六是积极开展政府和社会资本的合作(PPP模式),抓紧建立PPP项目库,鼓励和吸引社会资本以合资、独资、特许经营等方式参与项目建设。

(四)加快调整三次产业结构,服务经济带建设协调发展

一是加大政策扶持力度,积极培育限上企业。尽快出台《新常态下促进三产发展的实施意见》的具体操作细则,兑现政策红利,鼓励商贸企业积极创造条件申报限上企业。二是实施"大港口、大通道、大物流"发展战略,加快建设西江流域商贸物流集聚区,服务和辐射西江沿线城市及周

边区域。大力推进市商贸物流园区、毅德商贸物流城、中恒国际医药商贸物流园等重点物流园区建设，促进生产性物流业加快发展。三是加快培育消费增长点。促进养老健康消费，壮大信息消费，提升旅游休闲消费，推动绿色消费，稳定住房消费，扩大教育文化体育消费。四是把加快服务业尤其是现代服务业发展放在更加突出位置，使之成为梧州市经济发展新的增长点。利用好自治区服务业专项资金，积极申报自治区项服务业重点项目。五是大力发展生态休闲旅游，优化旅游线路，积极推广生态养生保健旅游，支持蒙山申报国家生态功能区，大力推进岭南养生新城项目，着力打造一批高端养生度假、文化娱乐体验、乡村观光休闲、山地康体运动项目。六是大力发展跨境电商。引导扶持"西江—珠江经济带（梧州）跨境电子商务产业园"入驻我市，建设梧州跨境电商通关服务平台、综合服务平台、复合监管仓系统平台等。

（五）统筹推进全市节能减排工作，推动经济带绿色发展

一是强化节能减排目标责任评价考核。严格执行节能减排评价考核办法，对各县（市、区）节能减排目标完成情况和措施落实情况进行现场评价考核。二是加强节能减排形势分析和综合协调。加强节能降耗形势分析，及时形成全市节能降耗监测预警报告，为市政府提供科学决策依据。定期召开全市节能减排工作会议，分析节能减排形势，研究解决工作的困难和问题。三是严格执行固定资产投资项目节能评估和审查制度，确保新上项目能效水平符合要求，加快产业结构优化升级。探索建立能源消费总量预测预警机制，从源头上把好节能关。四是加快国家循环经济示范城市建设。研究制定循环经济示范城市实施方案的工作分解方案，将目标任务分解落实到各县（市、区）、相关部门和企业。

（六）加快新型城镇化建设，提升经济带城市建设水平

一是积极推进"城市建设三年提升工程"，提高城市管理水平和城市形象，扩大创建国家园林城市的成效，促使城市三年大变样。重点抓好苍海、红岭等新区建设，实施旧城改造工程，稳步推进保障性安居工程，重点抓好棚户区（危旧房）改造和城中村改造。二是统筹推进县城和小城镇建设。实施大

县城战略，扩大岑溪市、蒙山县建成区面积，启动新县城基础设施建设；配合推进藤县撤县设市工作。三是研究提出推进新型城镇化的措施政策。坚持以人为核心的理念，推进公共教育、就业服务、社会保障、医疗卫生、保障性住房等基本公共服务均等化。四是开展智慧城市建设工作，保护文化遗产、传承历史、地域文化，建设历史文化名城。

贵港市推进珠江—西江经济带发展情况报告

宋树乐*

2014年7月，国务院以《关于珠江—西江经济带发展规划的批复》（国函〔2014〕87号）正式批准实施《珠江—西江经济带发展规划》，标志着珠江—西江经济带建设正式上升为国家战略，成为继北部湾经济区规划后，广西又一个上升到国家层面的规划，有利于实现广西北部湾经济区与西江经济带"双核驱动"的发展态势，对于西江流域各市具有极其重大的意义。

一 2014年贵港市经济社会发展概况

2014年贵港市紧紧抓住珠江—西江经济带发展规划上升为国家战略及自治区实施"双核驱动"发展战略的历史机遇，围绕建设西江流域核心港口城市的目标，以促进港口、城市、园区互动发展为主线，大力实施"三年目标任务行动计划"，以港口、城建、园区、农业、民生五个方面工作为重点，开创了全市科学发展、和谐发展、跨越发展的新局面。2014年全市实现地区生产总值805.4亿元，增长5.2%；规模以上总产值796.81亿元，增长8.1%；规模以上工业增加值246.2亿元，增长5.4%；财政收入66.11亿元，增长15.1%；全社会固定资产投资611.41亿元，增长23.2%；社会消费品零售总额359.56亿元，增长11.8%；外贸进出口总额3.06亿美元，增长38.3%；城镇居民人均可支配收入23262元，增长8.9%；农民人均纯收入9131元，增长11.5%。经济发展质量进一步提升，产业结构不断优化。三次产业结构由上年

---

* 宋树乐，经济学学士，贵港市发改委综合科科长，中级经济师，研究方向为宏观经济分析及经济社会发展中长期规划。

的 21.6∶40.9∶37.5 调整为 20∶40.4∶39.6，一产下降了 1.6 个百分点，三产上升了 2.1 个百分点。财政收入质量继续提升，税收收入占财政总收入的 85.2%，非税收入占一般公共预算收入的 26.9%。工业经济持续发展。全市新增规模以上工业企业 29 家，总数达 404 家；新增年产值超亿元企业 12 家，总数达 182 家。节能工作成效明显，万元 GDP 能耗同比下降 7.2%，规模以上万元工业增加值能耗同比下降 7.2%。农业稳步发展。农林牧渔业总产值 278.7 亿元，增长 3.1%；粮食产量 154.8 万吨，实现"十连增"；特色经济作物种植面积 319.7 万亩，新增 6.4 万亩；新增市级以上农业龙头企业 30 家，总数达 107 家；新增农民专业合作社 232 家，总数达 1392 家。服务业加快发展。美家居国际博览城、西江华轩物流中心等一批商贸项目和金田起义博物馆、西山泉旅游文化综合区等重大旅游项目开工建设。旅游业健康发展，接待游客人数增长 15.5%，旅游总收入增长 25%。港口货物吞吐量 5242 万吨，增长 7%，其中集装箱 12.3 万标箱，增长 9.6%。金融服务经济发展能力进一步增强。全年辖区金融机构各项存款余额 905.75 亿元，比年初增长 10.8%；各项贷款余额 546.92 亿元，比年初增长 13.9%。保险、邮政、电信等其他服务业实现较大发展。项目建设扎实推进，全市规模以上主要建设项目 716 个，全年累计完成投资 328 亿元，其中实现开工项目 243 个，实现竣工项目 170 个。列入自治区层面统筹推进重大项目 35 个，总投资 266 亿元，全年累计完成投资 39.2 亿元，完成年度计划投资的 101.1%。其中，市文化艺术中心、西山泉国际养生旅游一期等 6 个项目实现开工，鸿耀新型建材、生活垃圾焚烧发电厂（一期）等 4 个项目实现竣工。统筹城乡发展，加快城市建设，加强农村基础设施建设，城乡面貌变化显著，2014 年我市城镇率达 47.3%。加大民生保障支出，深入推进教育、医疗等重点领域改革，积极创新社会治理，强化食品药品、安全生产、质量监管和突发事件应急处置，社会事业全面进步。

二 推进西江经济带建设的基本情况

1. 完善沿江产业布局

在大力推进沿江建材、冶金、电力、船舶修造、生物科技、食品等优势产业的同时，进一步明确了贵港市主导产业为仓储物流、现代制造、食品加工、循环经济、休闲养生等五大产业,并优化和完善贵港江南工业园、覃塘产业园、贵港国家生态工业(制糖)示范园、桂平市长安工业集中区、平南工业园区五大园区的规划。目前,五大园区总规面积148.9平方公里,主园区控规面积63.4平方公里,已初步形成了15个各具特色的功能区。坚持港产城互动发展战略,按照突出特色、差异发展,建设园中园的思路,规划建设粤桂(贵港)热电循环经济产业园、钢材加工贸易物流园、有色金属新材料园、东盟(贵港)家具城等特色园区,引导优势产业向园区集聚。研究出台了《贵港市人民政府关于进一步加快工业园区发展的决定》、《贵港市人民政府办公室关于印发贵港市工业园区项目入园管理暂行办法的通知》、《贵港市人民政府办公室关于进一步加强工业园区项目准入管理工作的通知》等系列政策措施,积极引导优质项目向园区集聚,培育和壮大优势产业。推进了贵糖百亿产业园、铜材深加工集中区和贵港钢铁生产物流园规划建设,园区经济进一步发展壮大,带动了冶金、建材、食品、生物化工、造纸与木竹材加工等10大产业集聚发展,形成产业链条,极大地促进了园区经济的发展。2014年全市五个工业园区规模以上工业总产值447.54亿元,增长15.8%,占全市规模以上工业总产值的56.2%,园区载体作用凸显。

2. 加快港口码头建设

港口是推动贵港发展的关键和优势所在,贵港作为西江航运"龙头"具有现实基础,且存在巨大的发展潜力和空间。我们大力推进港口规划建设,完成《贵港港总体规划》确定的107公里岸线的建设规划,研究出台了岸线管理相关办法,确保岸线资源科学有序开发。集中力量加快港口基础设施建设,南宁至贵港二级航道、贵港专用码头等一批项目建成投入使用,水运基础设施条件得到进一步改善,以港口为核心的综合交通体系进一步优化,水路运输价格优势凸显。目前,我市货物每吨公里运价水路是铁路的1/3、公路的1/7。争取到15个项目列入自治区西江经济带基础设施建设大会战项目范畴,项目总投资377.1亿元,项目个数及投资总额均位列全区第一,2014年获得自治区财政专项扶持资金1.35亿元。目前,大藤峡水利枢纽、贵港航运枢纽二线船闸、桂平棉宠作业区一期、武林港二期等8个项目已开工,2014年累计完成投资14.26亿元,其余项目正抓紧推进前期工作。同时,依据《珠江—西江经济带发展规划》以及我市优势和潜力,大力发展港口物流业,委托北京中物联物流规划研究院编制了《贵港市现代物流业发展规划》，对全市现代物流进行统一规划和统筹指导，加快建设"工业园区—物流园区—物流中心—配送中心"为模式的区域性物流枢纽城市。2014年底已经由专家进行第一次审核，目前正在进行修改完善。充分发挥贵港港水运信息服务中心、贵港珠江船舶交易所等物流平台的辐射带动作用，加快推进西南煤炭交易中心建设。通过强力推进西江经济带建设，使其成为推动贵港科学发展、赶超跨越的强力引擎。贵港至珠江口的通航等级由Ⅲ级变成Ⅱ级，贵港顺江而下2000吨级船舶通江达海，溯江而上Ⅲ级航道直通南宁；贵港港由以前的小、散、乱的港口，发展成目前拥有码头泊位161个，2014年贵港港货物吞吐量突破5000万吨，达到5242万吨，占全区内河货物吞吐总量的48.1%；水路货运量完成1.09亿吨，占广西区内河水路货运量的61%；水路货物周转量完成348.9亿吨公里，占广西区内河水路货物周转量的53.8%。

3. 提高铁、公、水集疏运条件

完成了《贵港市公路水路交通运输发展》、《贵港市公路、铁路、水路交通运输方式节点换乘陆路交通规划》《西江经济带综合运输体系规划》等交通专项规划，努力促进形成铁公水零距离换乘、无缝衔接的综合交通运输体系。在铁路方面，构建"工"字形铁路网络，分别是黎湛铁路、南广高铁、柳州至肇庆铁路，力争实现县县通货运铁路、铁路与水路货运无缝对接的目标。其中，南广高铁竣工通车，贵港、桂平、平南均设有高铁车站。公路方面，全力推进桂平石龙至来宾、梧州至贵港、梧州至柳州、贵港至合浦等高速公路（贵港段）建设，加快荔浦至玉林高速公路（贵港段）118公里、贵港至隆安高速公路（贵港段）60公里的项目前期工作，这些高速公路全面建成后，我市高速公路总里程将达到470公里，形成"三横二纵"高速公路路网格局，全市五个县市区主城区均可在30分钟内进入高速公路。2014年底桂平石龙至来宾高速公路竣工通车，梧贵高速公路（贵港段）具备通车能力，荔浦至玉林高速公路签订五方合作共建协议。同时，优化港口与园区对接、港口与公路对接、港口与铁路对接，目前沿江五个产业园区与港口之间都与二级公路贯通。

4. 强化区域开放合作

一是积极拓展开放合作空间。坚持"走出去、请进来"的发展理念，充分利用黄金水道的优势，通过中国—东盟博览会、桂台合作经贸文化合作论坛、广交会等交流合作平台，不断加强在招商引资上的项目力度，积极引导建材、冶金、电力、船舶修造、羽绒、糖纸、生物化工、食品等优势产业向园区聚集发展。在第十一届中国—东盟博览会上，我市分别签约项目14个，合同投资总额120.47亿元。主动对接了苏宁电器集团、雨润集团、金彭车业（集团）等一批重大企业，并达成了一批合作意向，如深圳市食品工业协会计划在贵港市港北区建设300亩绿色谷物加工基地项目、深圳市安琪公司计划在贵港市投资建设3000亩现代特色莲子产业开发项目、深圳波顿香料公司计划在贵港市投资建设10000亩香料香精原材料种植项目，苏宁集团意向在贵港投资苏宁生活广场项目、苏宁睿城项目、现代物流项目等。

二是认真落实珠江—西江经济带发展规划。重点推进两广经济合作，通过与广东省国资委合作共建粤桂（贵港）热电联产循环经济产业园，计划构建华电、贵糖等行业产业集成、耦合、资源共享及静脉工程的循环经济发展模式，力争到2020年实现产值200亿元。在2014年10月第十届泛珠三角区域合作与发展论坛暨经贸洽谈会和粤桂联席会议上，我市与广东省广业资产经营有限公司签署合作建设粤桂（贵港）热电循环经济产业园协议，项目的规划建设工作得到两广高层的关注与支持，2014年12月30日项目正式开工建设。谋划玉贵两市共建东津现代物流园项目，2014年9月开展了建设东津现代物流园项目的前期工作研究，并积极争取将西江综合保税区作为我市争取列入国家、自治区"十三五"规划的重大项目。

三是积极推进梧玉贵区域一体化发展。认真组织实施《梧玉贵区域一体化发展规划》，以打造珠江—西江经济带、承接产业转移示范区为主线，全面提升区域整体竞争力和区域地位，力争成为西部地区一体化发展、桂粤港澳深度合作、承接东部产业转移的创新示范区和珠江—西江经济带的战略新高地。同时在此基础上，加速玉贵一体化进程，2014年12月我市与玉林市签订了《玉贵区域一体化发展战略合作框架协议》，在推进西江经济带开发，加快交通基础设施对接，全面深化产业合作，加强生态环保、公共事业合作等方面达成一致协议，力争形成发展合力，打造西江经济带区域合作经济增长极。

5. 主动承接产业转移

立足现有产业基础，有针对性地围绕产业特色招商，突出把建材、农林产品加工、仓储物流等优势产业作为招商的重点。目前，建材业、物流仓储业、农林产品加工业、船舶修造等机械制造业等产业不断发展壮大，初步形成了集聚效应。同时，针对东部产业转移主要是劳动密集型以及"短平快"型项目的特点，通过市场运作，积极引导民间资本投入建设标准厂房，推动土地集约利用，为中小型加工企业入园提供便利条件。2014 年我市新上市外境内合作项目 233 个，合同投资额 244.46 亿元，新上项目实际利用市外资金 151.71 亿元；其中，新引进东部产业转移项目 185 个，占新引进市外合作项目的 78.7%，合同投资 180.87 亿元，到位资金 112.72 亿元，占新引进项目实际利用市外资金的 74.3%，成功引进了广东国鑫汽车有限公司投资 25 亿元的广西贵通新能源汽车项目、广东广业集团首期投资 50 亿元的粤桂（贵港）循环经济产业园等。

6. 加快西江综合保税区申报建设工作

积极推进西江综合保税区项目建设，努力把贵港打造成为面向港澳台和珠三角地区的西江航运中心、物流中心、国家级承接产业转移示范基地和加工贸易基地。目前，贵港西江综合保税区的申报、建设、招商工作正在按计划同步展开，国务院已将设立广西贵港西江综合保税区的请示批转海关总署办理，目前正由海关总署加贸司承办；投入十亿元进行前期保税区基础设施建设，其中连接广昆高速公路的主要道路已建成，目前有意向或有需求入园的企业 200 多家。同时，推进保税仓建设，已获南宁海关批准设立 4 个保税仓库，其中 2 个已投入运营，已有小型通用航空飞机、10 万吨铁矿石等货物进仓保税。

三 存在的困难和问题

1. 缺乏政策层面支持

珠江—西江经济带已上升为国家战略，成为继北部湾经济区规划后，广西又一个上升到国家层面的规划，有利于实现广西北部湾经济区与西江经济带"双核驱动"的发展态势，但是目前西江经济带既缺乏一个类似"北部湾办"的领导机构和工作机构，统筹全区力量促进沿江开放开发；也尚未获得自治区出台类似于支持北部湾经济区发展的可操作性的产业、财税、金融、土地、外贸、优化投资环境等一揽子优惠政策和发展措施，难以有效推进整个西江经济带各地市的统筹协调发展。

2. 产业转型升级压力大

尽管近年来贵港的经济增长每年都上了一个新台阶，2014年贵港市GDP已达到805.4亿元，但工业基础差、底子薄，经济结构单一，发展方式粗放的情况还没有根本转变。目前我市规模以上工业企业有85%以上为资源型企业，2014年，全市高耗能行业规模以上工业增加值占全市规模以上工业增加值的比重达到41%，但仅拉动规模以上工业增长0.3个百分点，产业转型升级情势严峻。

3. 工业支撑作用不强

2014年我市全部工业增加值占地区生产总值的比重为33.6%，工业对经济增长贡献率为40.4%，拉动经济增长2.1个百分点；完成工业投资257.53亿元，分别占全市固定资产投资、第二产业投资总额的47.1%、90.6%。一直以来，我市牢牢坚持"工业强市"不动摇，进一步加大工业投资力度，重点推进园区建设，但工业投资效率偏低、生产质量不高，难以支撑地区生产总值平稳较快增长的矛盾仍然比较突出。一是工业主要依靠存量企业拉动。2014年全市规模以上工业增加值增长5.4%，同比回落7个百分点；全市规模以上工业企业404家，仅比去年同期增加29家，且新增企业规模小，仅拉动全市规模以上工业增加值增长0.3个百分点；全市停产的规模以上工业企业有29家，拉低规模以上工业增加值3.3个百分点。二是园区投入产出强度较低。目前，全市工业园区投产企业的平均产出、税收强度仅为118.49万元/亩、2.52万元/亩，距离我市工业园区项目入园管理办法中规定的，投产后产出强度不低于187万元/亩，税收不低于5万元/亩的要求还有不小差距。

4. 现代服务业总量小、发展水平低

2014年，全市以服务业为主的第三产业增加值占GDP比重39.6%，占比略高于全区1.8个百分点，但低于全国平均水平8.6个百分点。同时，缺乏规划指导，主导产业未形成发展特色。此外，现代物流业和旅游业两大主导产业发展还存在多重问题制约，现代服务业经济发展孵化器作用还未凸显。

四 下一步发展思路

广西壮族自治区彭清华书记曾经指出，贵港，贵在有港，福在西江。贵港

地处西南、华南经济圈的交汇区和北部湾、泛珠三角经济圈的叠加区，西江黄金水道贯通全境，具有承东启西、通江达海的优势，是联结西南与粤港澳便捷的水陆联运枢纽，也是珠江—西江经济带的核心港口。以贵港为原点，以高铁为对接点，可以打造西江经济带1小时经济圈。贵港最大的优势在西江、最大的潜力在西江，最现实的赶超跨越机遇也来自西江。

下一步，我们将紧紧围绕与全区全国同步实现全面建成小康社会的目标，全面落实珠江—西江经济带发展规划和自治区"双核驱动"战略，按照西江流域航运枢纽、产业高地、宜商宜居城市的发展定位，牢牢把握工业兴市、工业强市的发展主基调，以港聚产、以产兴城、以城育港，深入实施港产城互动融合发展，努力把贵港建设成为西江流域辐射面广、带动力强、经济发达、生态良好的现代化核心港口城市。着重抓好以下几个方面的工作：

1. 突出产业这个发展重点

按照"调优一产，做强二产，搞活三产"的发展思路，积极组织实施"西江经济带项目建设三年攻坚计划"，着力推动产业转型升级与做大做强，打造特色产业，增强区域竞争力，提升产业发展水平。

一是强化工业的主导地位。实施重点产业规划，做强建材、冶金、食品、生物化工、造纸与木材加工、纺织服装与皮革等传统优势产业，培育壮大内河修造船产业。着力推进粤桂（贵港）热电循环经济产业园、钢材加工贸易物流园、有色金属新材料产业园、东盟（贵港）家具城等重点园中园的建设，推动园区产业向集约化、专业化和高端化发展。加快重点产业优化升级，积极发展精深加工，促进产业链横向拓展和纵向延伸。以桂东承接产业转移示范区为载体，积极培育战略性新兴产业，引进培育新能源汽车、新材料、节能环保、电子信息、生物制药等战略性新兴产业龙头企业。推进园区平台建设，进一步调整优化工业空间布局和园区功能配置，大力推进产城融合一体化、产业集聚园区化、园区建设生态化、土地利用集约化、功能配置协同化，以产业发展推动区域经济腾跃和城镇化进程。整合产业园区，形成主次分明、差异发展、功能配套完善的沿江工业空间布局，防止重复建设、同质化竞争，走特色发展之路，把沿江产业园区打造成为广西西江经济带新兴工业长廊。

二是提升农业产业化水平。积极引入大型农业企业或食品工业协会等组织，发展与南宁、广州、深圳等城市生活相配套的特色农业与食品加工业，把贵港打造成为珠三角地区的"后菜园"和面向粤港澳地区的绿色农产品配送基地。积极推进土地确权颁证和流转工作，培育壮大农业产业化龙头企业、农民专业合作社、家庭农场等新型农业经营主体，抓好现代农业示范区建设。坚持以工业的理念、商贸的思路谋划农业，把产业链、价值链等现代产业组织方式引入农业，促进三次产业融合发展。以粮油、肉类、特色食品、中药材和食糖等加工业为重点，大力发展农产品精深加工，发展标准化生产，延伸产业链，提高附加值，推动农业产业化加快发展。加强农产品交易平台建设，建设大型农产品交易市场，引导扶持更多特色农产品在网上交易，拓宽农产品销售渠道。

三是培育壮大服务业。按照国家二级物流园区布局城市的要求，加快推进专业市场与物流园区建设，支持物流业做大做强。在主要产业园、港口作业区和铁路站场附近，布局现代物流园。统一规划建设高水平的专业市场体系，重点规划建设煤炭、家居建材、钢材、机电、羽绒皮革服装、农产品、林产品等一批专业市场，加快形成煤炭、水泥、食糖、陶瓷、畜禽、粮食、林产品等大宗商品物流配送交易中心，推进形成联通西南中南、对接粤港澳、面向东盟的现代物流体系。大力推进旅游业发展，依托西江历史人文风光，打造宗教历史文化、生态滨江湿地两大品牌，开发宗教文化、生态休闲、绿色健康三大主题旅游产品，围绕大藤峡风光和西江沿线，开发港口旅游新产品。密切与高铁沿线旅游强市合作，建立旅游战略联盟，精心策划特色旅游精品线路。加快建成区域性旅游集散中心，提升旅游服务接待水平。着力建设特色旅游名县名镇名村，推进农业生态旅游，打造一批全国知名旅游景点，提高贵港旅游知名度，努力将贵港建设成为西江流域休闲生态旅游第一目的地。

2. 构筑现代综合交通运输体系

以打造西江流域航运枢纽为目标，统筹推进港口、航道、综合交通与临港物流基地建设。加快推进已规划及新建公路项目，打通港口作业区与产业园区路网。积极争取国家铁路过境贵港，加快建设产业园区连通港口作业区的进园进港铁路专用线。坚持港口适度超前发展的原则，加强来宾至桂平二级航道、贵港至梧州一级航道、贵港航运枢纽二线船闸和大藤峡枢纽船闸等港口基础设施建设。统筹开发岸线资源，鼓励发展公用码头，有序建设专用码头，适度建设旅游码头。稳步推进城市公共交通和公路客运站场建设。规划建设环城高速公路，谋划建设连接南宁、玉林等邻近市的城际轨道交通。加强航运支持保障系统建设，积极发展物联网，推进仓储物流产业智慧化转型。加强与西江流域上下游特别是珠三角地区主要港口的战略合作，设立广西（贵港）西江航运交易所，充分利用现代信息技术与数据分析技术，构建西江流域航运信息与电子交易服务平台。着力推进西江综合保税区建设，加快口岸监管场所及联检信息化建设，建立完善电子口岸，推进口岸"大通关"建设，推动通关模式创新，实现通关便利化。建设港航一体、管理高效、业务精良的服务队伍，促进航运要素聚集，培育高端航运服务产业，全面增强港口服务能力与影响力。

3. 加快推进宜居城市建设

按照推进新型城镇化建设的要求，以加强城市规划、改进城市管理、完善基础设施、建设文明城市为抓手，做大城市规模，美化城市环境，提升城市品质，不断优化政商环境，努力将贵港市中心城区建设成为西江流域最具特色的宜商宜居城市，增强对人才的吸引力，对产业的涵养力。全力解决城镇规划滞后于城镇建设、配套建设落后于社会需求、城市功能不够完善与特色不够鲜明等难题，推动形成科学合理的城镇化布局，实现三区两县市协同发展，做好三区两县市和沿江乡镇的统一规划。提升城镇建设水平，围绕创建国家园林城市、国家森林城市的目标，充分利用现有自然山水生态条件，注重历史文化特色传承，强化城市空间特色塑造和建筑风格引导，加强建筑尺度、色彩、天际轮廓线、绿化景观管控，形成富有浓郁地域文化特色的城市品质。加快北山、南湖和北环生态农业景观廊道的开发建设，加大市区内河流的综合治理，研究和实施江河湖库连通工程，为城区水景观提供生态水源保障。做好湿地、城市水源地水体及植被保护工作，稳定天然林面积，打造西江生态安全屏障。推进沿江特色乡镇建设，对沿江具有特色资源和区位优势的乡镇，通过规划引导、市场运作，完善基础设施和公共服务设施，将其培育成为商贸物流、资源加工、文化旅游、交通节点等专业特色镇，发展成为辐射沿江港口的生产生活服务中心。

4. 着力提高招商引资水平

着力加大我市主导产业上下游高附加值产品项目的招商力度，强化县域招商，采取部门招商、小分队招商、驻点招商和委托招商等措施，瞄准国内外500强、行业100强、央企、大企业集团、战略投资者，引进更多科技含量高、对就业和税收贡献大能够带动整个产业发展的龙头型、基地型战略投资项目。利用粤桂（贵港）热电循环经济产业园、贵港港龙明珠环保皮革工业城等一批特色园中园，加大园区招商、产业招商力度，引导相关配套企业跟进，以形成完整的产业链和产品链，带动产业层次和综合实力快速提升。鼓励全市现有企业积极引进战略投资者进行资产重组、提质增效，做大做强做优。优化配套环境，继续推进园区基础设施建设，强化项目用地保障，着力突破征地、拆迁难题。优化政策环境，主动为项目提供必要政策配套，确保企业能够引得进、留得住、做得强，为经济注入更多动力和活力。

百色市推进珠江—西江经济带发展情况报告

韦恩志 蓝浩溥*

一 2014年百色市经济社会发展概况

2014年百色市主动适应经济发展新常态，开拓进取，奋力攻坚，统筹抓好稳增长、促改革、调结构、惠民生各项工作，牢牢把握稳中求进工作总基调和改革创新、扩大开放工作主线，坚持"扶贫开发优先、交通发展优先、产业发展优先、城镇化优先"四个优先发展战略，全力实施改革发展、工业发展、城镇化发展和扶贫开发四大攻坚战，采取了一系列利当前、惠长远的举措，全市经济社会发展呈现出稳中有进、稳中提质和稳中向好的新变化，全市经济社会发展取得了重大成绩。

经济运行稳中有进。全市生产总值917.9亿元，增长8.4%，增速排在全区第5位，其中一产增长4.2%，二产增长9.9%，三产增长7.8%。财政收入完成108.7亿元，增长1%。固定资产投资完成895.2亿元，增长11.6%。规模以上工业增加值完成386.3亿元，增长9.4%。社会消费品零售总额201亿元，增长12.6%。居民消费价格指数上涨2.3%，控制在5%的目标内。城镇新增就业2.1万人，城镇登记失业率控制在4%的目标内。外贸进出口总额7.3亿美元，增长21.8%。

人民生活持续改善。公共财政用于民生领域支出212.8亿元，增长14.2%，占公共财政预算支出81.5%。城镇居民人均可支配收入23282元，增长8.5%，农民人均现金收入6145元，增长13.6%，全区增幅第一。

---

* 韦恩志，百色市政府发展研究中心主任，研究方向为农村与区域发展；蓝浩溥，管理学硕士，百色市人民政府发展研究中心农村经济研究科副科长。

结构调整稳步推进，发展质量稳中向好。新增年销售收入超亿元企业13家、规模以上企业30家、微型企业670家。民生领域投资增长25%，高于固定资产投资增速13.4个百分点。房产经营服务投资和商务服务投资分别增长1.78倍和5.59倍。公共财政预算支出增幅比预算收入高4.3个百分点，非税收入占比下降1.3个百分点。八大高耗能行业增加值比重下降2.3个百分点。万元GDP能耗下降6%，提前1年完成"十二五"目标任务。全市环境空气质量和主要河流水质总体保持良好，城区空气质量优良天数达349天，饮用水源地水质达标率100%。森林覆盖率达67.12%，植树造林面积连续4年排全区第1位，荣获"广西森林城市"称号。"美丽百色·清洁乡村"工程明显改善乡村环境和面貌。

互联互通取得突破，全市9个县（区）通达高速公路，通达率75%，高于全区2个百分点。城镇化率达41.5%，提高2个百分点。

二 2014年珠江—西江经济带建设主要情况

深入贯彻落实《珠江—西江经济带发展规划广西实施意见》，编制了《珠江—西江经济带发展规划百色行动方案》，明确近中远期三个阶段工作目标以及主要任务和工作重点，分解工作任务、落实部门责任，确保在"十三五"末期与全国全区同步实现全面建成小康社会目标。2014年珠江—西江经济带建设的主要情况有：

（一）围绕建成大西南连接珠江—西江经济带、北部湾经济区和东南亚的综合交通枢纽目标，强化区域互联互通，增强地方物流发展的支撑能力

铁路方面，云桂高铁百色段加快推进，南昆铁路增建二线工程正在加快建设，黄桶至百色铁路前期工作积极推进。南昆货运中心由贵州兴义搬迁到百色。高速公路方面，百色至靖西、靖西至那坡高速建成通车直接推动靖西县2015年一季度旅游业总收入增收84%。水运方面，积极推进右江航道提级改造，加快百色水利枢纽过船设施建设，百色港大旺、田阳、田东、平果等作业区建设扎实推进，鱼梁航运枢纽一期工程已建成投入使用，"右江千吨级黄金水道"建设初见成效。机场方面，增设百色—上海航线，百色巴马机场迁建

选址完成前期工作。口岸方面，建成靖西龙邦口岸和那坡平孟口岸 2 个国家一类口岸、1 个二类口岸和 6 个边贸点。

（二）围绕建成大西南地区重要现代物流中心目标，强化服务贵州、云南的桂西商贸物流集配送中心建设

百色市拥有"衔东联西"的天然地缘优势，是西南地区进入珠三角地区、东盟市场的重要通道和物流节点，是连接珠三角服务大西南物流中心的最优选择。以田阳为中心的农产品产地集配项目和以靖西为中心的边贸物流基地建设取得新进展，壮乡河谷、古鼎香等农产品综合批发市场冷链仓储项目开工建设。百色市汽车交易市场、工程机械市场、汽车配件及货车市场、二手车交易市场、南大小商品批发专业市场、建材仓储物流中心、百煤物流配送中心等专业市场开工建设。

（三）围绕经济结构优化升级目标，加快做强产业集群

1. 加快以铝为主的产业优化升级。2014 年，百色铝工业总产值首次突破 600 亿元大关。铝材加工达到了 177.6 万吨，增长 33.5%。实现从越南年进口铝土矿 60 万吨，从市外购进 120 万吨铝锭进行铝加工的跨越，迈出了利用进口铝土矿和利用外地铝锭的铝产业发展的新模式。

2. 加快打造生态高效农业。2014 年，"南菜北运"基地、现代特色农业（核心）示范区、"双高"糖料蔗基地、规模化畜禽牧渔特色养殖基地建设扎实推进，全市肉鸡出栏和水产品产量增幅均排全区第 1 位。"百万亩芒果产业"工程、"田七回家"工程大力推进，全市芒果和田七种植面积分别达到 66 万亩和 1.9 万亩。2014 年，成功举办第七届中国—东盟（百色）现代农业展示交易会，中国—东盟农产品交易中心获商务部批复建设，新认定市级农业产业化重点龙头企业 18 家，新增农民专业合作社 454 家，家庭农场 90 个。"百色芒果""百色番茄"获国家农业部农产品地理标志保护登记认证，"乐业雅长铁皮石斛"成为国家地理标志保护产品，"百林鸡"商标通过国家工商总局注册。《百色水库灌区规划》通过国家水利部专家评审。病险水库除险加固、中小河流治理、农田水利等工程建设全面提速。

3. 服务业加速发展。2014 年，百色第三产业比重由 2013 年的 27.6% 提升到 29.3%，提升了 1.7 个百分点。旅游业发展迅速，全市接待游客数量、旅游

综合收入同比分别增长18.9%和27.9%。凌云县、乐业县、田阳县、右江区纳入自治区规划的巴马长寿养生国际旅游区，百色起义纪念园、乐业天坑群、靖西大峡谷景区创5A工程、特色旅游名县创建工作扎实推进。百色园博园盛大开园，田阳田州古城开街迎客，靖西国际绣球城开工建设，靖西龙潭湿地公园、田东市民湿地公园建成投入使用，132家星级旅游餐厅、农家乐、购物店、特色水果采摘点、特色小吃店挂牌。

现代物流业、金融服务业、电子商务等新业态发展态势良好。百色—北京绿色果蔬专列平稳运营，公路客运周转量增长14.8%，货物周转量增长10.6%。交通银行、柳州银行在百色设立分行，新设立4家小贷公司，14家企业入选自治区上市后备企业资源库。

（四）围绕建设产城融合、生态宜居的新型城镇目标，加快城镇基础设施建设

2014年，成功创建"国家卫生城市"；城市建成区面积扩大到146平方公里，城镇人口达162万，城镇化率41.5%，城建领域完成投资290亿元，增长37.4%。百东新区建设、右江—田阳一体化进程加快。平果县和靖西县撤县设市顺利推进。右江河谷城镇带建设步伐加快。荣获全区第九届城市市容环境综合整治"南珠杯"竞赛特等奖。靖西县、德保县、田东县、乐业县荣获"广西园林城市"称号，全市共有10个县获此殊荣，创建"广西园林城市"数量领先全区。

（五）围绕提高贫困地区发展活力目标，加强扶贫开发工作

2014年，全年减贫16.5万人，精准扶贫建档立卡102.4万贫困人口，贫困村农民人均纯收入达4300元。实施危房改造2.75万户。综合治理岩溶面积411.7平方公里，其中治理石漠化201.2平方公里。扶贫移民生态工程安置3700户1.6万人。田阳、田东、平果、德保、靖西和右江区等县（区）农民工返乡创业园，入园企业达167家，提供岗位3.25万个，9000多名返乡农民工实现自主创业。

（六）围绕生态文明建设目标，加快建设生态安全屏障区

2014年，万元GDP能耗同比下降6%，GDP二氧化碳排放目标同比下降

13.4%，规上工业万元增加值能耗同比下降4%。百色生态型铝产业基地和田东石化园区列入全区循环经济发展规划，15家企业开展循环经济试点。高标准农田建设和"旱改水"工程实现新增耕地1400公顷。田东、凌云、乐业入选全国生态文明示范工程试点县。

（七）围绕深化改革创新体制机制新优势，加强开放合作

2014年，百色市提出《百色市全面深化改革三年行动方案》，目的是使一些具有百色特色的改革事项取得重大成果，形成体制机制新优势，构建有利于人才、资金、技术等生产要素自由流动的政策服务体系，营造有利于投资创业的政策环境，重点推进了七大项33小项重点改革事项。

百色市与云南文山州共建产业园区取得实质性进展，参与推进并出台"南北钦防玉崇百"七市区域一体化发展规划。打通香港、深圳、上海等地项目和资金进入百色的新渠道，引进央企参与百矿集团煤电铝一体化等重大项目建设。沿边开发开放试验区管委会正式成立，边境经济合作区申报工作启动，龙邦口岸升格国际性口岸以及平孟国家一类口岸开放工作加快推进。中国—东盟农产品自由贸易示范园区建设启动。

（八）围绕西江经济带工作目标，稳步推进基础设施大会战建设项目

自治区启动西江经济带基础设施大会战以来，百色市共有26个项目列入西江经济带基础设施大会战，百色市作为责任单位的建设项目有6个，百色市作为项目业主的建设项目有10个，百色市作为配合单位的建设项目有7个，项目业主为落户百色市的区直相关公司项目有3个。6个百色市作为责任单位的建设项目总投资26.4亿元，目前已有4个项目开工建设，累计完成投资7.6亿元。

三 存在的困难与问题

（一）资源型工业发展问题突出

一是工业产业对资源依存度高，开发程度低、技术含量和贡献率低。2014

年底,百色市氧化铝约 800 万吨,电解铝产量 38 万吨,铝型材最后统计 174 万吨,只有 10% 左右的氧化铝能够就地深加工,90% 的氧化铝以原料的形式外销。二是工业发展对能源电力依赖度高,电力自我保障低、产业内部扩张能力低。电价较高,电解铝利润率低,产量增长缓慢,制约铝加工规模的扩大。三是工业发展面临资源和环境因素的挑战,工业结构中占地多、耗水多、能耗高、"三废"排放量大,"两高一资"的产业占的比重较高。四是核心竞争力低,发展后劲不足。支柱产业中核心企业的规模优势、创新能力较弱;工业园区规模较小、产业档次低、产品雷同,对政府优惠政策的依赖性较强、管理水平不高。

(二)服务业发展与资源和区位先天优势条件不匹配

2014 年百色第三产业增加值 269.2 亿元,仅占全区的 4.5%。旅游业发展滞后,2014 年住宿和餐饮业增加值仅 15.4 亿元,增长 5.7%,滞后于经济发展速度。物流业发展滞后,2014 年货物运输总量仅占全区的 3.5% 左右。

(三)新型城镇化建设发展任务包袱重

2014 年,百色城镇化率 41.5%,比全区低 5.5 个百分点;GDP 总量、人均 GDP、对外联系强度、城镇人口比重等指标衡量的综合竞争力在桂西竞争并不具备明显优势。融资难造成百色基础设施建设资金严重不足,难以支撑城镇化发展要求。

(四)生态屏障建设势单力薄

《珠江—西江经济带发展规划》把百色定位为生态屏障。国家、自治区主体功能区划把我市凌云、乐业、德保、靖西、那坡、西林定位为重点生态功能区,以保护和修复生态环境、提供生态产品为首要任务;田东、田林、隆林三县定位为农产品主产区,是重要的商品粮生产基地和保障农产品供给安全的重要区域。目前,百色拟探索建立完整的生态文明制度体系。但是,环境保护和发展的责任是共同承担的,而且相互影响的,必须要两广联动,在省区之间建立合作机制,才能达到共同治理,加快提升的效果和目的。

（五）投资后劲不足

一是投资结构不合理。储备项目结构欠优，以冶金、石化、有色金属、建材等资源开发及机械等传统产业项目为主，精深加工和战略型新型产业偏少，不利于我市长期经济增长。交通、市政房地产、传统工业三个行业占全市固定资产投资比例较大，近三年来以上三个行业合计固定资产投资能占全市比重达80%以上。二是重大项目对投资支撑力度不足。2015年固定资产投资面临1010亿元的工作目标，但是从重大项目支撑来看，非常薄弱。重大项目占全年投资从2010年的约70%降至今年的约35%。三是受国家限制BT模式建设政策的影响，政府主导的公共基础设施项目融资渠道受到直接影响；加上市场利率较高，社会融资成本上升，信贷持续紧张，造成项目筹融资困难。四是用地不足不全，据了解，2015年自治区切块百色市新增土地指标月为200公顷，仅为2014年的1/3，这将会导致新开工和入园建设项目用地缺口比较大。

四 珠江—西江经济带建设百色的主要思路、发展目标、重点任务

（一）《珠江—西江经济带发展规划》对百色市的发展定位

《珠江—西江经济带发展规划》对百色市的发展提出了重要思路，并界定了其发展布局，明确了其重要定位。一是空间布局定位，百色市属南宁—崇左—百色等四组团，定位为：引导产业和人口集聚，形成各有特色、优势互补、分工协作的区域发展板块。二是区域功能定位，百色市属南宁、崇左、百色开放门户区，定位为：发挥南宁面向东盟、通江达海、内陆开放型经济战略高地的作用，以及崇左、百色连接东盟和资源富集优势，加强海陆统筹、江海联动，扩大沿边开放，转变优势资源开发模式，促进与北部湾经济区开放发展互动，提升开放型经济发展水平。

百色的发展定位主要体现在以下六个方面：

一是开放合作门户区：经济带核心是开放合作，珠江—西江经济带发展规划中明确了南宁、崇左、百色是开放门户区。

二是生态安全屏障区：西江是珠江水系的重要源头，百色市处于源头地区，承担"建设岸绿水清的千里生态廊道"的首要责任，是生态安全屏障的重要区域。

三是区域综合交通枢纽：百色有地理上的互联区位优势，航空、铁路、高速公路、水运等交通便捷，宜建成大西南连接珠江—西江经济带、北部湾经济区和东南亚的区域综合交通枢纽。

四是产业转型示范区：百色市是生态型铝产业示范基地，承担铝产业转型升级，可持续发展的产业转型示范作用。

五是扶贫开发示范区：百色市是广西贫困面最大的市，扶贫开发是首要优先任务，扶贫成效具有示范作用。百色市须大力实施精准扶贫，打好扶贫开发攻坚战，建设扶贫开发示范区，不断增强百色发展活力。

六是沿江特色城镇轴：南宁至百色的右江河谷城镇带是沿江特色城镇建设的重要一轴。

（二）2015年珠江—西江经济带建设工作重点任务和目标

（1）交通基础设施建设方面。2015年，加快推动南昆铁路二线百色段建设，做好黄桶至百色铁路前期工作，确保云桂高铁南宁至百色段年内建成通车。加快建设平果至马山、崇左至靖西高速公路，加快推进河池至百色、靖西至龙邦高速公路，力争开工建设百色至乐业高速公路，加快田林至西林高速公路前期工作。预计到"十三五"末，随着《国家公路网规划（2013~2030年）》确定的银川—百色高速（G69），汕头—昆明高速（G78），与滇黔地区及区内毗邻的河池、崇左等地市实现高速路网贯通，百色市将实现县县通高速，高速路总里程达800公里以上，推动经济社会发展进入高速路网时代。水运方面，力争年底实现千吨级船舶通过右江河从百色直航南宁、广州及港澳地区。2015年，将计划继续拓展航班航线，继续推进百色巴马机场迁建和乐业通用机场建设。

（2）现代物流中心建设方面。2015年，力争新增8个专业市场投入运营，5个专业市场开工建设，龙邦国际商贸物流中心建成投入使用，建成阿里巴巴·百色产业带、淘宝·百色特产馆等电商平台。百色西南地区货运枢纽逐步形成，区域综合交通优势逐步显现。

（3）产业发展方面。2015年在铝产业方面，一是力争百色区域电网一期工程年内竣工投产，这对百色铝产业链的延伸和产品向高端制造业发展具有历史性意义。二是继续推进5个煤电铝一体化项目共计140万吨电解铝产能，解决百色铝深加工铝水不足问题，同时引进一批高、精、尖的铝深加工项目。三是重点推动4A沸石、聚合氯化铝、高温氧化铝、高纯氢氧化铝、陶粒石油支撑剂等建设耗矿少、耗能低、排放小、产值高的非冶金化学铝项目建设。

2015年打造生态高效农业方面，加强"南菜北运"基地建设，蔬菜种植面积稳定在180万亩、产量360万吨；推进"双高"糖料蔗示范基地建设，甘蔗面积稳定在120万亩、产量480万吨；大力发展名特优农产品规模，茶叶面积稳定在37万亩、产量5.3万吨，新扩种桑园3万亩，鲜茧产量突破25万担，计划水果新种35万亩以上，芒果新种24万亩，水果总产量突破100万吨；做优做强林下经济，林下养鸡达到1亿羽；大力发展中草药产业，深入实施"田七回家"工程，新增林下中草药面积5万亩；加快特色优势农业标准化建设，成立"广西芒果研究院"和"广西田七研究院"；加快现代特色农业（核心）示范区创建，每个县（区）建成一个以上示范区；大力推进百东新区现代林业产业示范园区等林业产业园区建设，力争3年内每个县（区）各建成一个上规模的林产加工产业园区。

2015年在服务业方面，大力发展文体旅游经济，促进商贸物流金融业发展。办好"百色旅游年"系列活动，大力开发长寿养生国际旅游市场。加快推进百色起义纪念园、乐业天坑群、靖西大峡谷景区创5A级景区工作取得突破。加快建设平果布镜湖、田阳那满乡村旅游、百色福禄河、凌云浩坤湖、平果芦仙湖国家湿地公园试点项目。大力开发小城故事·新概念美食、凌云浪伏小镇等旅游房地产市场。加快建设百色亿丰、国际商贸博览城等一批商贸物流中心，确保中国—东盟农产品交易中心一期竣工投入使用。推进百色一号专列配套项目和"南菜北运"项目建设。加快发展现代金融业，筹建百色农商行，推进产权交易中心建设等。

（4）新型城镇化建设方面。2015年，加快推进以人为核心的新型城镇化。加快百东新区建设，提升中心城区综合承载能力，加快县域城镇化步伐，力争中心城区常住人口达到55万以上，全市新增20个人口超5000的重点镇，城镇化率提高2.5个百分点，推动10万人进城。加快推进右江—田阳同城化进程,深入实施大县城战略,加快县域新区建设,拓宽县城发展空间。实施平果县、靖西县产城互动发展行动计划试点工作。加快右江河谷城镇带建设,推进"百镇示范工程"和村镇建设工作,推进重点镇建设。靖西县加快推进湖润城乡统筹综合实验区、龙邦边境经济口岸区、安德历史文化名镇建设;凌云县继续打造"全国山水园林宜居县城"和"生态休闲村镇";乐业县着力创建"国家园林县城"、"国家卫生县城";西林县全力打造句町特色民族文化小城镇。

(5)扶贫开发工作方面。2015年,完善精准扶贫工作机制,加强对口扶贫协作,完善和落实扶贫绩效考评机制,力争全年减贫17万人。全面完成506个贫困村"整村推进"扶贫开发任务,确保95%以上农户有稳定增收项目,确保所有贫困村实现医疗、卫生、养老、低保等社会保障制度全覆盖。深入推进全国扶贫开发综合改革试点。加快实施金融扶贫"百千万工程"。实施好"十百千"产业化扶贫示范工程,发展壮大一批重点特色产业。大力实施教育扶贫,深入实施国家教育扶贫工程和"雨露计划",大力实施农村义务教育学生营养改善计划等农村贫困生资助项目。大力推进扶贫生态移民工程,确保年内扶贫生态移民搬迁1.7万人。

(6)生态屏障建设方面。2015年,围绕建设"生态安全屏障区",着力在环境整治、生态保护、循环经济、植树造林等方面下功夫。一是推动创建国家森林城市、国家生态文明示范市工作。二是深入推进"美丽百色·清洁乡村"活动、绿化造林、退耕还林、石漠化治理、生态公益林保护等长效机制。三是推进"美丽右江"一期工程,尽快实现好市委、市政府提出"做美扮靓右江"的目标。四是推进铝、糖等循环经济产业基地建设,严格审批和淘汰转型高污染项目。五是建立河流水污染联防联治机制,探索排污权有偿使用和交易、水权交易等机制。

(7)改革开放区域合作方面。一是深化经济体制改革。重点加快完善铝产业链建设机制,配套推进电网联合重组、百色专用区域电网、直供电等改革。争取中越跨境园区在项目审批、用地计划、跨省供电等方面先行先试。推进投融资体制改革与创新,学习借鉴先进地区采用PPP(公共私营合作制度)、ABS(资产支持证券化)等融资模式来吸引社会投资,探索利用境外资金开展城市建设的创新融资模式。二是稳步推进农村改革。探索建设市、县两级农村产权交易平台。力争完成68个乡镇农村土地承包经营权确权登记。三是加快沿边开发开放。启动《百色沿边开发开放总体规划》编制，扎实推进中国龙邦—越南茶岭跨境经济合作区前期工作。加快建设百色市建设沿边金融综合改革试验区，推动跨境人民币业务创新和跨境金融机构合作。推动岳圩中越产业园、平孟商贸物流园、湖润新兴边民互市区新平台建设项目实施。加快中国—东盟农产品自由贸易示范园区、百色边境经济合作区建设，推进龙邦口岸升格为国际口岸，实现平孟国家一类口岸正式开放。进一步扩大与越南高平省在国际道路客货运输、边境旅游等方面的合作成果。四是大力推进区域合作。制定落实左右江革命老区振兴规划的三年行动计划，加强与周边地区对接，开展煤炭、电力、交通、旅游等合作，推动区域互联互通。推进"南北钦防玉崇百"一体化进程。深化与粤港澳合作，推进两广项目合作和生态环境保护互动。

五　对策建议

（一）加快建设开放门户区

（1）建设好开放门户。百色与越南相邻，有360.5公里的边境线，有两个一类口岸，一个二类口岸。一要加快通道建设，打通重庆－贵阳－百色－龙邦－高平－河内，以及昆明－富宁－那坡－靖西－崇左－钦州两条快速通道。二要加强口岸基础设施建设，完善出入境管理体制，提高通关能力。三要加快百色边境经济合作区。

（2）要用好门户。百色位于门户上，起到连接内外的作用，既要自己大胆地走出去，也要为内陆地区走出去做好服务。一要加快推进沿边经济区、龙邦－茶岭跨省经济合作区、中国－东盟农产品贸易区等对外合作园区建设。二要加快《左右江革命老区振兴规划》落实，加快建设百色－文山、百色－黔西南等跨省经济合作园区。三要支持市内有实力的企业走出去，与东盟国家进行投资、贸易、咨询等多方位合作。拓展交通运输、旅游等已有的合作项目。

（3）要树立门户形象。加强边境基础设施建设，加快沿边城镇带建设，落实好国家兴边富民政策，让边民富裕起来。

（二）创建百色国家重点开发开放试验区

创建国家重点开发开放试验区，可以实现通过国家特殊政策的支持，推动全市经济社会发展。建议以靖西为边境中心城市，以那坡、德保和右江河谷县为辅助城市创建沿边开发开放试验区。该区定位为：中国西南地区连接东盟新的国际陆路大通道和重要枢纽；面向东盟开放的沿边区域中心城市；境内外合作发展的特色产业基地；"老、少、边、穷"地区全面建设小康社会的示范区。其主要任务为加快交通、水利、能源、信息网络等基础设施建设；重点抓好商贸物流、生态铝、生态锰、旅游业、特色农业和农产品加工等产业发展；建设承接产业转移示范区、边境（跨境）经济合作区、边民互市贸易区等国际国内合作平台。

（三）构建区域综合交通枢纽中心

广西正在建设西南中南地区开放发展新的战略支点，广西战略支点建设必然要构建、打通与周边省份的立体交通网络。百色市作为云南、贵州南向出海的重要战略通道，要以此为契机，发挥自身的区位互联优势，发挥其枢纽作用，构建区域综合交通枢纽中心。百色虽然认识到自己位置的枢纽作用，但是还没有真正发挥枢纽作用。现在，广西的区域发展战略已经很清晰，也努力沟通与周边省份的合作，百色基于与云南、贵州的天然接壤位置，要充分依托广西省级政府的战略构想，依靠自治区人民政府的支持，打通与周边省份的交通状况，提高交通便利性。加快打通西林入云南广南、那坡到云南富宁、龙邦到靖西的高速通道，进一步，早日打通百色通江达海的西江黄金水道。

（四）依托交通要道，加强与北部湾港口的合作，构建物流集散地

建设大型物流集散设施，为物流企业提供便利化运作，提供各种便利、优惠政策，吸引云南、贵州的物流业务落户百色，以百色为中心构建货物进入云南、贵州和云南、贵州货物出海的黄金中转通道。这就要主动融入广西省级政府构建云南、贵州、四川出海大通道的建设构想，加强与珠三角地区重要港口的合作，同时，深化与广西区内北部湾港口出海便捷通道合作，与广西北部湾

国际港务集团有限公司加强业务合作，为物流通关装运提供便利化等。加强百色沿江港口的煤炭等大宗货物运配送设施建设。

（五）深化区域合作，推动区域经济快速发展

（1）加强与广东地区开放合作。现在梧州已建设粤桂合作特别试验区，在产业转移方面，政策实施方面都有各种便利性，也积累了一定的经验。百色市可以借鉴粤桂合作特别试验区的改革经验，改革创新，在与广东地区优良合作的基础上，继续发挥百色在珠江—西江经济带上的作用，更好承接东部地区产业转移，构建具有区域辐射作用的东西部产业合作典范区。

（2）加强与云南、贵州开放合作。百色市已与贵州黔西南州、云南文山州建立区域合作的共识，并在推动各方面的深化合作。百色与文山跨境合作园区已启动建设，加强争取上级部门加大对百色与文山跨境合作园区资金扶持，加强自治区对该合作园区的财政政策、税收政策、投融资政策、产业政策、土地政策以及机制建设等若干政策的支持。该园区作为云桂水电合作的重要抓手，规划在"十三五"期间建成电解铝产能60万吨，铝深加工20万吨，产值超200亿元的园区，加快建成意义重大。

（3）加强区域间政府公共服务合作。在区域合作格局中，政府间合作发挥着重要作用，特别是《珠江—西江经济带发展规划》提出公共服务一体化的目标，这就需要政府间在公共服务方面加强合作，早日实现在教育、医疗、社会保障、社会治理、环境治理等方面的合作与协同。

（4）成立区域合作办公室。《珠江—西江经济带发展规划》《左右江革命老区振兴规划》已重叠于百色，两大重要国家规划与布局均涉及区域间经济合作，区域间的合作项目与事务将会大幅度提高，各部门各自思考与工作的局面，不利于区域的统筹思考与规划实施，特别是招商引资这块不利于全局统筹，引导产业发展。鉴于左右江革命老区振兴规划百色建设管理办公室已成立，考虑到两大规划的重要性及百色发展的长远性，行政职能部门的稳定性，可以考虑改组扩大左右江革命老区振兴规划百色建设管理办公室，成立区域合作办公室，赋予其更大职能范围，统筹两大规划的实施与落实，统筹协调区域合作事宜，协调各部门为区域发展工作，思考区域发展大局，将是比较有利加强政府工作，更好办事。

（六）加快优化百色工业产业结构，建设面向东盟、西南地区腹地的次工业、信息中心

广西北部湾城市群已发展起来，在南宁—百色—崇左的发展组团规划下，南宁已定位为区域工业、信息中心，百色要定位好自己的工业发展作用，构建核心工业体系。铝产业无疑是百色得天独厚的工业基础，传统铝产业的发展，受制于电解铝的规模，深加工进展缓慢，须拓宽思路，多有发展。2014年面临严峻的经济形势，铝材加工增速迅猛，铝锭大量外运进来，铝土矿也实现越南进口，说明铝材加工有了比较深厚的基础，需要谋划、深化构建铝加工产业链，发展铝产业深加工，吸引高端铝产业项目落户，使周边的电解铝转运至百色，如充分利用云南等周边省份资源。发展百色铝产业，需要注意解决的几个问题。

（1）电力瓶颈问题。百色市铝工业发展对电力的依赖度比较高，电力是制约铝工业发展的重要瓶颈。百色区域电网一期工程今年提前建成，并同时启动二期工程建设。多渠道、多形式筹集资金加快百色区域电网建设，同时，争取上级扶持资金，加大对百色区域电网支持力度。推进"西电东送"项目建设，充分利用云南充沛的电力资源，早步实现"云电入桂"工程，为铝产业提供优质电力资源。加快直供电改革，推进银海铝业等用电大户的直供电试点。

（2）加强技术研发。近几年，百色市氧化铝产量占全国的18%左右，铝产业作为自治区级千亿元产业打造，但是产品低端、缺乏核心竞争力的短板严重制约铝产业走上更高端舞台。继续积极联合相关高校、研究机构、企业创办技术研究基地，开发铝产业应用新技术。积极争取在百色成立一家自治区级的铝业技术研究院，加强技术研发，提升铝产业水平。

（3）做大做强百色园区经济。百色园区经济发展水平还处于发展的初级阶段，需要联合、引进先进地区园区建设的经验，加强园区在管理、资金、人员等方面的合作，实行园区托管等试点改革，推动园区经济发展。争取上级部门继续给予百色工业园区、新山铝产业园区、平果工业园区、田东石化园区等自治区A类园区发展扶持资金。

（七）加快构建百色新型城镇化发展新格局

根据《百色市城镇化发展规划》，围绕"两轴一带三组团"的城市空间结

构，力争 2015 年全市城镇化率达到 45%，2020 年达到 55%，把百色建设成为桂西特大城市。

大力支持靖西、平果撤县设市。平果县、靖西县均符合申报县级市的条件，尤其平果县的经济实力较强，靖西县人口较多、地处边境开放开发前沿阵地，撤县设市有利于以上两县经济、民生、贸易、旅游、市政基础设施、城镇、公共服务等各项条件得到较快改善，促进县域经济发展。

加快右江河谷城镇带建设。《珠江—西江经济带规划》对推进新型城镇化提出，重点围绕西江沿岸，打造功能完善、集约高效、绿色低碳、亲水宜居的流域城镇体系。宜以规划为蓝本，加强右江河谷的城镇带规划建设，打造宜居生态富裕城镇。

加快百东新区建设。为加快实现右江—田阳一体化，拓宽城市发展腾挪转移空间，2013 年 8 月，市委、市政府决定成立百东新区管委会。新区从无到有，目前，已经在市政基础设施、公共服务、房地产（含保障性住房）、商贸物流、旅游、工业等领域策划包装重大项目 87 项总投资 238 亿元，2014 年开工 23 项，完成投资 17 亿元。目前，百东新区按照"三年打基础，五年成框架，十年现雏形"的总体思路，各项建设正在有序推进。争取自治区将百东新区作为重点新区统筹推进。

积极争取自治区对百色市城市路网工程、城市供水设施、城市第二水源和应急水源工程、生活污水处理设施、城镇信息基础设施等城市基础设施项目建设给予倾斜和照顾。

（八）加大环境保护合作力度

（1）共同保护好珠江—西江流域生态环境。一是继续实施巩固珠防林建设项目，加大资金投入力度。积极争取广东加大对珠防林项目的资金和技术扶持力度，加强水源地保护。二是不断完善珠江流域主要河道及高排放企业的环境监测体系。三是探索碳排放交易合作。广东省为国家碳排放交易试点，在碳排放交易的经验、技术方面有巨大优势，加强区域间碳交易合作，对实现广西和百色"十二五"节能减排任务将起到积极的促进作用，为企业转型升级和带动新兴产业的发展迎来新的机遇。

（2）支持珠江—西江上游生态屏障建设，加大珠江源头城市生态补偿力度。百色属珠江源头城市，受国家主体功能区政策制约，影响地方的财政收入，不利于加大对生态环境建设的投入。积极争取更多的县份列入国家生态补偿试点区,加大中央和自治区财政生态补偿转移支付力度,健全生态补偿机制,提高补偿标准。加强协调珠江—西江经济带流域各城市,共同承担生态屏障建设投入资金,积极探索具体的生态补偿机制,促进珠江源头城市可持续发展。加大对退耕还林、水土保持、天然林资源保护、珠江防护林体系建设、石漠化治理、生态环境保护与修复、野生动植物保护及自然保护区建设等重点生态工程的建设力度。

①加大百色市珠防林工程建设力度。协调珠江下游城市每年安排一定的资金扶助百色市进行珠防林工程建设。每年安排3000万元在百色市巩固实施珠防林工程建设10万亩,其中人工造林5万亩,每亩一次性补助500元;封山育林5万亩,每亩一次性补助100元。

②提高生态公益林补助标准。百色市现在的生态公益林国家每年每亩补助10元,补助资金太少,没有体现林地和林木的生态效益和经济效益的价值,老百姓对生态公益林保护积极性不高。建议加大对百色市生态公益林补助标准,由珠江下游城市每年补助20元/亩,使生态公益林补助标准达到每年30元/亩,以后随着物价的上涨逐渐加大补助标准。

③抓好万峰湖综合保护开发项目。万峰湖地处天生桥一级水电站库区,目前湖区水环境污染严重,严重制约珠江—西江经济带水环境质量的提升。广西壮族自治区、云南省、贵州省人民政府,共同向国家水利部申报开展《滇、黔、桂三省(区)万峰湖流域水资源保护规划》,支持万峰湖综合开发项目建设,合理布局一、二、三产业,推进万峰湖区可持续发展,为建设珠江—西江经济带成为"绿色经济带"夯实基础。

(九)加大百色西江经济带大会战项目支持力度

全区西江经济带大会战项目共166项,总投资6306亿元。但责任单位为百色市的项目仅有6个,项目总投资仅为26亿元。在全区所占比重很小,积极争取自治区综合考虑百色市的实际情况,增补部分项目列入西江经济带大会战。

(十)先行先试推进改革

(1)推进开放门户区先行先试。珠江—西江经济带规划把南宁、崇左、百色定位为开放门户区,作为开放区建设,就要解放思想,大胆改革,建设好开发区。党的十八大特别是十八届三中全会以来，逐步加快重点领域改革和先行先试，特别是上海自贸区建设摸索的经验为改革提供了重要的参考。百色的沿边金融改革试验区，也要学习上海自贸区等其他自贸区改革经验，推进综合配套改革，努力在行政管理机制上加强探索试行负面清单管理、加强金融创新尝试，利用好国家最新区域发展战略红利，在互联互通、口岸开放、边境贸易、人员往来、通关便利化等方面迈出实质性步伐，尽快释放改革红利。

（2）推进政府公共服务改革先试。区域发展合作下，地方的软环境建设更加重要，更具吸引力。这一方面要进一步加强政府效率的提升，另一方面要简化、减少行政审批，建立负面清单，进行备案制改革等，加强各种行政管理改革的先行先试，为各项建设创造良好的政府公共服务。

来宾市推进珠江—西江经济带发展情况报告

肖仁华*

2014年,珠江—西江经济带发展上升为国家战略,对广西各地发展影响深远。对来宾而言,作为珠江—西江经济带广西沿江7市之一,是新机遇,也是新挑战。我市坚持"水路和陆路、码头建设和园区建设、工业发展和商贸物流发展、经济发展和生态保护"四个"相结合"的原则,走调整型、追赶型、特色型和绿色型的可持续发展之路,不断推进柳州、来宾、河池市区域一体化,以点带面逐步融入珠江—西江经济带建设,取得了初步成效。

一 2014年来宾市经济社会发展概况

2014年,国内、区内经济进入了以中高速增长为标志的"新常态"。在此经济大背景下,我市坚持"稳中求进"工作总基调,贯彻落实自治区和我市稳增长"38条",促进经济平稳健康运行。主要预期指标增长稳中趋缓,部分经济指标未完成预期目标,但大多数社会指标完成年度任务,出现积极的趋势性新变化,约束性指标完成自治区下达计划任务。初步统计,全市地区生产总值完成551.24亿元,增长6.1%;固定资产投资431.18亿元,增长5.1%;财政收入58.11亿元,增长3.5%;社会消费品零售总额134.17亿元,增长11%;城镇居民人均可支配收入25401元,增长7.8%;农民人均纯收入7751元,增长9.4%。

---

* 肖仁华,经济学博士,来宾市发展和改革委员会副调研员,研究方向为新制度经济学、金融市场与投资。

（一）经济增长进入"新常态"

2014年，全市地区生产总值完成551.24亿元，同比增长6.1%，增速分别低于全国、全区1.3和2.4个百分点，低于我市预期目标3.9个百分点，与全国、全区一道进入了以中高速增长为标志的"新常态"。在新常态下，物价水平平稳，全市居民消费价格指数涨幅为1.5%，居民生活稳定；就业形势向好，全市城镇实现就业人数1.85万人，城镇登记失业率3.46%，低于年度控制目标0.64个百分点；居民收入较快增长，高于经济增长速度，其中农民人均纯收入增长9.4%，高于城镇居民人均可支配收入增速（7.8%）1.6个百分点，城乡居民收入差距进一步缩小。

（二）主要需求缓中趋稳

（1）投资增速换挡。2014年全市全社会固定资产投资完成482.83亿元，同比增长6.5%。在投资低迷中，全市统筹推进的267个亿元以上重大项目完成投资222.8亿元，开工率达到89.2%，竣工率达到113.5%。几个关系全局的重大项目较快推进，其中来宾北站建成投入使用，标志我市正式迈入高铁时代；桂中治旱乐滩水库引水灌区一期工程完成年度投资5.04亿元、工程量已完成80%左右，二期工程可研阶段前期工作基本完成，待国家发改委批复即可开工；桂平至来宾高速公路建成初步通车，我市县县通高速进程加快；广西来宾（义乌）国际小商品贸易城建设项目完成投资4.2亿元，进度不断加快；大唐桂冠合山电厂第二台67万千瓦机组扩建工程获核准。（2）消费平稳较快增长。全市社会消费品零售总额完成134.17亿元，增长11%，拉动经济增长的动力增强，其中各项促销活动直接拉动消费1.2亿元，新增限额以上企业27家。

（三）产业结构升级优化

（1）现代农业加快发展。新增一批龙头企业和大型现代特色农业核心示范区，建成甘蔗"双高"示范基地2.04万亩。（2）"铝电结合"政策稳步实施。自治区批复了银海铝业直供电方案，使来宾银海铝业重新焕发生机，全面盘活银海铝材、双利铝业、三英铝业等下游企业。（3）"热电联产"效应提升。河南园西区"热电联产"供热规模达到200吨/小时，使蔗渣浆造纸和蔗糖精深加工产业形成集群优势，特色用热集中区建设效应初显。（4）新兴产业现雏形。凤凰园申亿汽配5月份试产，汇隆模具等4个汽配项目建设稳步推进，顺五汽配、重庆齿轮机械等项目正抓紧落户，凤凰园汽配产业现雏形。迁江园盛汉皇朝陶瓷项目第一条生产线实现投产，陶瓷产业取得新进展。（5）服务业较快发展。全市第三产业增加值189.59亿元，增长9.3%，占全市经济总量比重34.4%，同比提高0.8个百分点。沃尔玛、南宁百货等一批大型商贸企业进驻我市，形成了新老城区商圈并驾齐驱的局面；全市旅游总收入75.9亿元，增长37%。

（四）社会事业不断进步

国家公共文化服务体系示范区进一步巩固提升，在全区率先成功创建全国全民健身示范城市。教育事业加快发展，丽景国际双语幼儿园、桂林航院来宾校区实现招生办学，柳州师专转型升格工作加快推进。卫生事业蓬勃发展，市人民医院晋升"三级综合医院"，市中医院晋升"三级甲等中医院"，市精神病院实现竣工投入使用，兴宾区人民医院建设加快推进，市妇幼保健院（迁建）、儿童医院实现开工建设。保障事业不断进步，保障性安居工程总开工11393套（户），扶贫攻坚战实现了5.27万人脱贫。

（五）绿色发展再上新台阶

（1）差别考核政策持续发挥作用。金秀县以森林覆盖率84.2%、旅游业总收入增长46.5%的良好业绩实现地区生产总值增长9.3%的生态红利；忻城县生态扶贫易地搬迁成为全市亮点，薰衣草庄园成功开园；合山市产业转型工作加快推进。（2）生态环境质量变优。全市完成植树造林27.93万亩，森林覆盖率达51.26%，全年空气环境质量良好以上天数达95%，地表水和饮用水源地达标率均为100%。（3）节能减排成效明显。全市万元GDP能耗同比下降1.84%，减排完成自治区下达任务。

（六）重要改革成效显著

（1）高效推进农村土地制度改革。象州县作为全区两个农村土地承包经营权全国整县推进试点县之一，新增农村土地流转10.99万亩，累计流转

41.36万亩。（2）在全区率先推进行政审批制度改革。取消、下放和调整行政审批事项178项，其中工商登记制度改革实施"先照后证"，使全市个体企业登记增长近70%，激发了市场活力。（3）深化公共资源交易体制改革。市本级节约资金1.06亿元，为此，我市在自治区人民政府第二次廉政工作会议上做了典型发言。（4）对十大投融资平台公司进行重组。重组后的平台公司为城投、工投、金投三大集团公司，资源得到优化配置。（5）稳步推进公车制度改革。成立了我市公车改革领导小组，开展了全市公务用车摸底调查，为制定改革方案奠定了基础。（6）对综合执法和市政、卫生和计生、文化新闻和广电等部门整合，新农合支付方式改革等也得到了较好推进。

二 2014年来宾市推进西江经济带建设：措施及成效

国务院批复《珠江—西江经济带发展规划》后，特别是2014年10月31日自治区召开实施"双核驱动"战略工作会议以来，我市加快推进西江经济带建设，取得了初步成效。

（一）重新谋划重大发展思路和规划，筹备来宾市西江经济带建设各项工作

一是配合做好国家、自治区等相关实地调研。积极配合自治区政府陈武主席、政协副主席张秀隆、刘志勇等领导率队到我市开展"广西实施双核驱动发展战略""加快西江经济带水运通道建设""珠江—西江经济带城市群建设"等重大课题进行实地考察调研。结合自治区领导的指示精神，经过多次调研积累了丰硕成果，基本勾勒了来宾市西江经济带建设的基本思路。

二是组织开展《来宾市打造成为"双核驱动"战略重要节点城市》课题研究。此课题由两个子课题组成，即《来宾市打造成为西江经济带重要节点城市研究》和《来宾市打造成为柳南经济走廊重要节点城市研究》。两个子课题均已结题。

三是委托编制《来宾市西江经济带发展规划（2015~2020）》。由于发展条件发生重大变化，大藤峡水利枢纽工程竣工后将大大提高我市航道的通航等

级，来宾港优势更加凸显。尤其在武宣县和象州县石龙工业区河段，船舶通航能力将从1000吨级提高到3000吨级。我市已着手对"十二五"期间编制的《来宾市西江经济带规划》《来宾港总体规划》等重要规划重新修编，委托中国国际工程咨询公司编制《来宾市西江经济带发展规划（2015~2020）》，预计在2015年6月底编制完成。《来宾市西江经济带发展规划（2015~2020）》将作为来宾市今后较长一段时期发展的指导性规划。

四是筹备来宾市西江经济带建设推进大会。我市于2015年3月下旬召开来宾市西江经济带建设推进大会，研究落实来宾市西江经济带总体实施方案和重大政策。

（二）以重大项目建设为抓手，推动珠江—西江经济带规划落地生根

一是加强项目储备。在2013年基础上修订完成了《来宾市珠江—西江经济带建设发展规划重大项目（2014~2020年）》，计划推进重大项目370个，总投资4534.9亿元，其中：近期（2014~2017年）开工项目191个，总投资1925.6亿元；"十三五"后三年（2018~2020年）开工项目149个，总投资2041.36亿元；远期（2021~2030年）规划项目30个，总投资567.98亿元。对关系长远的基础性、公益性重大项目，由政府部门进行统筹规划和建设。同时，积极组织申报自治区西江经济带基础设施大会战项目，我市共有11个（不含跨区域项目）项目入选，总投资69亿元，包括来宾港象州港区猛山作业区一期工程、象州港区猛山作业区二期工程、象州港区钓鱼公作业区二期工程、兴宾港区莆田作业区一期工程、来宾市河南工业园河西污水处理项目等。此外，在自治区汇报工作中，多次请求自治区在滚动扩充西江经济带基础设施大会战项目库中增列我市项目并安排前期工作经费。

二是重点推进列入自治区西江经济带基础设施大会战和"双核驱动"战略重大项目库的102个项目建设。列入全区西江经济带基础设施建设大会战实施方案的11个重大项目有5个开工建设，分别为：象州港区猛山作业区一期工程、来宾市河南工业园莆田路二期工程、凤凰工业园区路网工程、来宾市河南工业园河西污水处理厂、象州县工业园区石龙片区污水处理厂及配套污水管网项目。自治区《实施"双核驱动"战略重大项目建设工作方案》中来宾市

91个重大项目，重点推进近期实施的20个重大项目，有9个开工建设，包括中金岭南矿业公司三期铅锌采选扩建项目、来宾年产3万台万向折腰拖拉机项目、来宾市新建殡仪馆等，其余11个重大项目正在加快推进前期工作。同时，统筹做好中远期重大项目前期工作。

为推进这102个项目建设，主要做了三方面工作：一是加强与项目业主的沟通联系，主动协助项目业主完成项目前期工作，推动项目尽快开工建设。定期召集各有关部门召开项目协调会，帮助项目业主解决项目推进过程中遇到的难题，保障项目建设顺利进行；二是加强与自治区有关部门的衔接，积极申请专项资金，我市获2014年西江经济带基础设施大会战自治区财政专项资金2500万元（桂发改重大〔2014〕874号）；三是开展专项督查和联合督查。对项目建设推进不力的地方和部门，下达督办函限期整改，对整改不力的进行通报批评，有效推进项目良性建设。

（三）加强组织保障，为我市西江经济带建设保驾护航

我市成立来宾市西江经济带建设工作领导小组，主动融入国家"一带一路"和自治区"双核驱动"战略。抓紧编制《来宾市西江经济带建设实施意见（2015~2020）》（以下简称《意见》），《意见》将西江经济带建设各项工作分解落实到具体单位，每项工作都有对应责任主体。在建设西江经济带问题上，市本级和各县（市、区）是一个整体，在港口建设、产业布局等方面，统一规划、统筹推进，各职能部门加强协调沟通，各负其责，各尽所能，积极参与，形成合力，西江经济带建设列入各级各部门年度目标考核的重要内容。

三　存在的主要问题

（一）来宾市沿江经济基础薄弱，没有先发优势

我市沿江经济起步较晚，在西江流域的开发中处于相对落后地位，参与区域分工层次低、规模小；经济发展基础相对较弱，承接国际及东部地区产业转移的配套能力不足，仅靠自身积累难以实现沿江经济带跨越式发展。

（二）柳来河一体化缺乏协调抓手

柳来河一体化各市仍未形成工作合力，推动柳来河一体化并以点带面融入珠江—西江经济带的整体大发展意识不够强，需要从国家或者自治区层面统筹协调推进。

（三）征地工作难度大，影响项目开工

部分项目因土地征用、房屋拆迁、坟墓迁移不到位或不及时，直接影响到项目开工和项目建设进度。

（四）内河港口项目前期工作多，审批难

内河港口项目要完成项目工程批复需要完成 9~11 个专项，而且每个专项都由不同的部门审批，耗时长，难度大。

四 来宾市西江经济带建设下一步工作安排

（一）总体要求

坚持以邓小平理论、"三个代表"重要思想、科学发展观为指导，深入贯彻落实习近平总书记系列重要讲话精神，全面贯彻落实党的十八大和十八届三中、四中全会和全区实施"双核驱动"战略工作会议精神，坚持"调整型、追赶型、特色型、绿色型"的发展思路，按照"水路和陆路、码头建设和园区建设、工业发展和商贸物流发展、经济发展和生态保护"四个"相结合"原则，紧紧抓住"珠江—西江经济带"上升为国家战略的历史机遇，把转型升级、跨越发展作为基本要求，坚持基础设施先行，打造综合交通大通道、港口物流大通道，加快从资源型产业向现代制造业和现代服务业转型，着力推进新型城镇化，建设珠江—西江生态走廊，提高公共服务水平，构筑开放合作新高地，建设产业转移示范区，打造南宁—柳州发展轴上新的经济增长极，在资源型工业城市转型发展、推进新型城镇化和生态文明方面起到示范作用。

（二）发展目标

1. 基础设施建设目标

港口设施完善：建成10个以上港口码头项目，2017年港口吞吐能力达到1000万吨，到2020年，港口吞吐能力突破3000万吨。

主要航道打通：整治航道360公里，实现来宾港兴宾港区通2000吨船舶，红水河上游航运常态化。

以中心城区为核心打通沿江通道：2015年建成象州至石龙二级公路（高速连线）、迁江清水河大桥、来宾至福隆一级公路并通车，开工建设象州石龙至来宾二级公路，争取尽快开工柳来工业大道来宾至凤凰段。2017年前开工建设柳武物流大道（209国道改扩）、来合工业大道（来宾至合山一级公路）。2019年前开工建设来宾至象州一级公路、来宾至武宣一级公路。

以中心城区为核心形成区域高速路网：建成来马高速、柳武高速、柳梧高速、贺州至来宾高速、柳州（鹿寨）至南宁改扩工程，开工建设柳州经合山至南宁高速，争取开工建设来宾至巴马高速。实现市城区至所辖县（市区）县城1小时通达，至广西区14个地级市城区3个小时内通达，建成区域性综合交通枢纽和运输中心。

沿江物流体系基本完善：建成来宾市宾港物流集聚区、桂中小商品集聚区，开工建设莆田物流园、象州石龙物流园、武宣二塘物流园。

进港铁路陆续建成：开工建设宾港铁路专用线、莆田铁路专用线、凤凰工业园铁路专用线、迁江工业园铁路专用线，争取开工建设象州石龙工业园、武宣工业园铁路专用线。

水电、治污设施配套：建成各港口、工业园、开发新区的供水设施、供电设施和治排污设施。

2. 产业转型升级目标

到2020年，全市生产总值达到1000亿元，人均地区生产总值超过4.2万元，比2012年翻一番多。全市工业总产值突破1200亿元，三次产业结构调整为15∶47∶38，形成若干有竞争力的产业集群，先进制造业和现代服务业形成一定规模。全市工业园区实现产值800亿元以上，占全市工业总产值比重超过65%，新兴产业占比达到35%以上。

3. 新型城镇化建设目标

以"探索建立农业转移人口市民化成本分担机制"为重点推进新型城镇化试点工作，实现到 2020 年来宾市城镇化率达到 55%，主城区人口达到 50 万人以上，全市转移农村人口 26 万人。来宾—凤凰城市群框架基本形成。走出一条以人为本、四化同步、城乡一体、生态宜居、和谐发展的新型城镇化道路。

4. 生态文明建设目标

到 2020 年，主要生态环保指标达到国家和自治区要求，全面完成节能减排目标任务，森林覆盖率力争达到 56%，城乡环境质量明显改善，初步建成区域生态安全格局。到 2030 年，生态环境质量进一步提升，建成西江来宾段绿色走廊。

5. 公共服务体系建设目标

到 2020 年，基本公共服务均等化总体实现，全民受教育程度和创新人才培养水平明显提高，就业更加充分，收入分配差距缩小，贫困人口大幅减少，社会保障全民覆盖。城乡发展一体化新格局基本形成，社会主义新农村建设取得重大进展。

6. 开放合作目标

到 2020 年，基本建成桂中合作产业园区，开放型经济水平大幅提高，开放合作机制健全完善，区域经济快速发展。到 2030 年，开放型经济水平进一步提升，建成接受产业转移和辐射的重点区域和承载地区。

（三）主要任务和工作重点

我市将按照"水路和陆路、码头建设和园区建设、工业发展和商贸物流发展、经济发展和生态保护"四个"相结合"原则，主动融入自治区开放格局，发挥区位优势、港口优势和资源优势，坚持规划先行、基础设施先行、项目建设先行，强化政策保障，打造综合交通大通道、港口物流大通道，加快从资源型产业向现代制造业和现代服务业转型，着力推进新型城镇化，建设珠江—西江生态走廊，提高公共服务水平，构筑开放合作新高地，建设产业转移示范区，重点将来宾市打造成为资源型城市转型升级的示范基地、港产城融合的样板区、区域性商贸物流中心、生态宜居水城，打造珠江—西江经济带和南柳经济走廊上新的经济增长极，努力建设成为交通便捷、设施完善、产业协调、城乡繁荣、生态优良、社会和谐的广西新兴现代化工业城市和广西"双核"驱动重要节点城市。

1. 统筹当前和长远，抓紧完善《来宾市西江经济带发展规划》和《来宾市西江经济带建设实施意见》

全面落实《珠江—西江经济带发展规划》、《珠江—西江经济带发展规划广西实施意见》、《国务院关于进一步促进广西经济社会发展的若干意见》和《来宾市主体功能区空间规划》等上位规划。结合大藤峡水利枢纽建设规划，进一步完善提升总规、控规，以及综合配套、港区建设、产业发展等方面的分规，以大规划建设大港区、大园区、大物流。大藤峡水利枢纽工程施工期为9年，统筹好"十三五"规划和大藤峡水利枢纽建成前后的项目建设规划。

2. 以基础设施建设为先导，着力打造综合交通运输大通道

一是加快打造西江黄金水道。加快航道整治，重点建设红水河桥巩—石龙三江口二级航道和柳州—石龙三江口二级航道，通航2000吨级船舶；石龙三江口—桂平二级航道，通航3000吨级船舶；加快龙滩翻坝工程和岩滩升船机改造。拓展港口功能，重点建设来宾港兴宾港区宾港作业区和莆田作业区、象州港区钓鱼公作业区和猛山作业区、武宣港区二塘樟村作业区等。发展现代物流，积极开展贵州煤炭下水港中转运输，发展陆水联运、水水联运以及铁水联运，提升港口通过能力。适时开展大藤峡水利枢纽旅游专用码头前期工作。加强集疏运体系建设，打造畅通、高效、平安、绿色的黄金水道。

二是加强综合交通枢纽建设。按照衔接高效、安全便捷、绿色低碳的要求，推动水路、公路、铁路、通用航空高效衔接及货物运输向现代物流转变。尽快完善来宾北站，重点推进对黔桂线路扩能改造。加快推进柳州至梧州铁路（来宾段）建设，构建来宾东西向铁路运输通道。新开工建设湘桂铁路柳州至南宁段电气化改造和湘桂铁路来宾至合山支线来宾城区段搬迁工程。加快建设工业园区和港口铁路专用线。积极推进柳来南交通一体化，加快推进柳州—来宾—南宁城际轨道交通建设。积极推进来宾"两横四纵一环"高速公路网建设。加快建成来宾主城区通用机场和金秀通用机场，同时规划通用航空产业基地，加大招商力度、大力发展通用航空产业。

三是加快水利基础设施建设。加快建成桂中治旱乐滩水库引水灌区一期工程，尽快开工建设二期工程和下六甲灌区节水改造工程。

四是完善市政基础设施。完善城市给水管网。加快各县（市、区）城市供水工程和排水防涝工程建设，特别是要加强凤凰、迁江等新建排水防涝设施的建设。中心城区能有效应对的暴雨不低于30年一遇，县域中心不低于20年一遇。完善新区污水垃圾设施。力争到2020年城市生活垃圾无害化处理率100%、城乡垃圾一体化处理的村镇超过70%。

3. 以重大项目为抓手，推动我市西江经济带发展规划落地生根

规划落地关键靠项目。我市共梳理推进西江经济带建设发展规划重大项目370个，总投资4534.9亿元，涵盖了交通、能源、水利、产业、民生、市政、生态环保、公共服务等领域，各县（市、区）各部门正下大力气推进。此外，抓紧实施列入西江经济带基础设施建设大会战的河南工业园莆田路二期工程、凤凰工业园区路网工程等11个重大项目建设，推进我市列入"双核驱动"战略的91个重大项目建设，特别是近期要实施的桥巩水电站至桂平航道整治工程、迁江工业园铁路支线等20个项目。

近两年来，我市项目建设遇到瓶颈，需要强化要素保障。城市发展到今天的规模，让全市人民提前享受现代城市文明，但同时也积累了一些历史性的问题亟待解决，最突出的就是财政和土地问题。我们将抓紧研究设立西江经济带发展专项资金，用于支付西江流域重大基础设施、重大公益性项目和生态环境的建设。积极争取国家和自治区加大对来宾的财政转移支付力度。推广使用政府与社会资本合作的PPP模式，向社会资本开发基础设施和公共服务项目，拓宽建设融资渠道，形成多元化、可持续的资金投入机制。优先保障西江经济带重大项目的土地供应，在项目审批上，实行"绿色通道"快速审批。

4. 以探索建立农业转移人口市民化成本分担机制为重点，推进新型城镇化综合试点城市建设

一是优化城镇总体空间布局。以港产城融合发展为主线，推进原有以工矿企业为核心的城市布局向滨江、亲水、宜居城市布局演进，加速推进人口和产业空间集聚，构建"来宾中心组团城镇群"和"泛石龙半岛城镇群"，在来宾市内形成"市域中心—城市新区（园区）—县（市）域中心—重点镇—一般镇"的五级城镇体系。来宾中心组团城镇群涵盖中心城区、河南工业园、金龟岛组团、来华投资区及兴宾区的红河工业园和良江物流基地，是对接柳州和

南宁的前沿地区；泛石龙半岛城镇群包括象州县城、石龙镇及武宣北部区域和县城，是推动国家新型城镇化试点的主要区域。做强来宾都市区，提升县域中心城区服务功能，分类引导小城镇特色发展。

二是推进人口城镇化进程。以就业带动农业人口转移，统筹推进户籍制度改革，扩大教育、文化、医疗卫生、社会保障、住房保障等城镇基本公共服务覆盖范围，逐步实现基本公共服务均等化。探索建立由政府、企业、个人共同参与的农业转移人口市民化的成本分担机制。

三是推进智慧城市建设。推动产城融合互动发展、城乡一体化发展，促进信息技术与城市经济社会深度融合，全面提高全市智能化水平。

5. 以特色优势产品输出为目标，构建特色鲜明的工业产业体系

继续实施工业"四大会战"，认真落实我市《关于加快新型工业化实现跨越发展的决定》。一是建设"三通道一走廊五基地"。"三通道"，是指通往来宾沿江港口的柳来工业大道、来合工业大道、柳武物流大道。"一走廊"，是指沿江工业走廊，包括红水河、柳江、黔江来宾市境内河段。"五基地"，是指先进制造业基地、现代服务业基地、生态文明试点基地、西江上游物流基地、新型城镇化综合试点城市国家级产业转移示范基地。二是打造西江经济带特色优势产业产品输出节点城市。加快做强做大做优电力、冶炼、制糖、铝业、茧丝绸、碳酸钙、建材等优势产业。推动传统优势产业向中高端迈进，大力推进转型升级、技术进步、管理创新、产业合作和布局优化，延长产业链，大力发展循环经济，提升产业整体质量。增强战略性新兴产业支撑作用，加快规模化、集群化步伐，研发新产品、开拓新市场、打造新品牌。三是加快发展高新产业。重点依托来宾高新技术产业开发区、合山市产业转型工业园和石龙半岛经济区，加快建立以生物医药、新材料、节能环保为重点的来宾市高新技术产业体系。打造重大科技创新平台，加快建设来宾市糖料蔗研发中心。四是完善园区基础设施。着力解决供水、污水处理、路网、进出道路等问题，市本级在统筹四大园区建设的同时，集中力量优先建设条件相对成熟的河南工业园和来宾高新技术产业开发区。进一步发挥好标准厂房的作用，建设小微企业创业基地。

6. 以商贸物流和旅游业为龙头，加快发展现代服务业

一是构建西江上游物流走廊。加快实施《关于加快广西物流业发展的实施意见》，重点发展内河港口物流，工业品和特色产业物流，农产品物流，加强物流信息平台建设，建立与区域经济发展相适应的现代物流体系，打造珠江—西江经济带物流节点城市以及区域性物流中心。

二是大力建设生产性服务业集聚区。依托我市优势产业，合理规划具有一定规模、聚焦度较高、产业特点鲜明的服务业聚集区，积极引导热电联产、商贸物流、小商品、健康养生、科技服务、旅游休闲等服务业集聚发展，主动做好广西现代服务业集聚区认证工作。

三是打造沿江休闲旅游产业带。主动融入大柳州和大桂林旅游体系，建立完善"大瑶山生态民俗旅游带"和"红水河壮乡风光旅游带"，着力培育与相关产业互惠互利的融合型旅游产业体系，着力打造桂中水城、生态瑶都、壮乡故宫、象州温泉、武宣庄园、合山奇石等特色鲜明的旅游品牌，抓好金秀、忻城"广西特色旅游名县"创建，建设一批旅游名镇名村。推进创建高等级景区，加强旅游公路、旅游饭店、景区项目的建设。

7. 以建设优质农产品生产基地为载体，积极发展现代农业

一是大力建设特色优势农产品生产基地。建设甘蔗"双高"糖料蔗基地、蚕桑生产基地、优质水果生产基地、常年无公害蔬菜生产基地和生态养殖基地，等等。

二是积极发展精致农业。推动来宾市农业精品化、品牌化。建设千亩精品花卉、万亩精品水果、万亩精品瓜菜、万亩生态稻田和千万方尺精品食用菌等"五大精品农业示范区"。推动每个县（市、区）建设20个以上的精品农业示范点。

三是发展休闲农业。立足各县（市、区）的自然条件，重点发展特色农业展示、生态农庄、观光农业、体验农业、休闲渔业、水上运动、生态文化旅游、森林人家等多形式的现代休闲观光农业。

8. 以建设绿色生态走廊为目的，打造生态文明实验区

一是构建生态安全格局。坚持差别考核政策，实施"绿色GDP"考核，强化我市蓝天净水的优势。实行最严格的生态保护、损害赔偿、责任追究制度，划定并严守生态保护红线，加强岸线保护与利用，积极推动在我市建立国家级生态补偿机制实验区。构建水资源交易补偿机制，争取国家在金秀开展水权交易试点，设立补偿基金，加大转移支付力度。联合沿江城市探索建立流域生态激励和约束机制，建立健全环境保护联防联控机制，强化环境监测监管，

共同推进跨区域重大生态环保工程建设,维护区域生态安全。

二是加强环境保护。加强以大瑶山为重点的水源林生态环境保护,深入开展石漠化综合治理,加强水土保持、矿区环境治理,保护好西江珍稀鱼类,建设八仙天池—百崖槽风景名胜区、大瑶山地质公园、合山国家矿山公园。加大饮用水源保护和备用水源建设力度。扎实开展"美丽广西"活动,建设生态文明新农村。

三是全力争创"国家森林城市"。加快城市郊野公园、森林公园、湿地公园建设,重点打造城市周边主要通道绿色林带,不断提高城市绿化覆盖率。深入实施"绿满八桂"造林绿化工程,稳步提高全市森林覆盖率。

四是发展生态经济。重点通过加强工业企业技术改造和清洁生产,完善污水处理设施,扎实做好节能减排工作。做大做强六大循环经济产业,构建工业、农业、服务业三大循环经济体系,建设新能源、综合能源示范城市。推进循环经济技术创新。加强矿产资源综合开发。大力发展生态工业、生态农业、生态旅游业,实现生态资源优势向经济优势转化。

9. 以区位和资源禀赋为杠杆,积蓄和释放开放合作新势能

培育开放合作新优势,加强与西江经济带沿江城市产业分工合作,建立更加高效的开放合作体制机制。一是完善招商环境。招商引资重在落地,我们要着力解决园区基础设施不完善、项目用地紧缺、审批时间过长等瓶颈问题,创造招商环境新优势,提升招商实效。继续把产业招商作为重点,动态完善招商项目库。健全工作机制,坚持科学招商、精准招商。二是积极承接沿江发达城市产业转移。立足我市在资源、产业、区位等方面的优势,主动对接沿江城市优势产业和正在转移的产业,积极以水引资、以传统产业链高端引资、以战略性产业建设引资、以服务业集聚区引资、以承接珠江—西江分工合作引资,建设承接产业转移示范区。在重点加强工业经济合作的同时,加强与沿江城市在农业、旅游业等方面的合作。三是主动融入"南柳经济走廊"。把主动承接南宁、柳州产业辐射作为长期的发展战略,充分利用好"同城效应",积极融入南柳"1小时经济圈"。全面对接交通,完善水陆铁等交通网络联系,促进城市间人流、物流、资金流、信息流的自由流动。全面对接产业,主动承接柳州汽车(机械)配件等先进制造业的辐射,探索建立柳来合作产业园;利用南宁区域性国际大都市的优势,重点加强现代服务业合作。

崇左市推进珠江—西江经济带发展情况报告

廖熙凤*

2014年7月28日，国家发展改革委正式印发《珠江—西江经济带发展规划》，标志着珠江—西江经济带发展正式上升为国家战略工作。崇左市作为珠江—西江经济带重要一员，充分发挥面向东盟的区位优势，积极推进南崇经济带建设，加快规划建设广西凭祥重点开发开放试验区、中越凭祥—同登跨境经济合作区和广西沿边金融综合改革试验区等平台建设，以重大基础设施建设为切入点，把崇左打造成为珠江—西江经济带面向东盟开放合作的新高地、提升广西沿边开放水平的桥头堡。

一 崇左市2014年经济社会发展概况

（一）经济增长总体平稳。初步核算，全年生产总值649.72亿元，比上年增长8.3%，增速排广西第8位，保持在合理增长区间。财政收入73.16亿元，比上年略有增长，总量保持广西第9位；财政质量进一步优化。新常态下，我市经济运行总体平稳、稳中有进、稳中向好、稳中提质。

（二）三次产业协调发展。农业生产稳步增长，规模以上工业增加值226.33亿元，增长11.5%，增速高于广西全区水平，三产占GDP比重提高2.6个百分点。三次产业结构呈现积极变化，由上年的25.6∶42.4∶32.0优化调整为22.7∶42.7∶34.6。

（三）投资拉动持续有力。固定资产投资达到548.64亿元，增长21.7%，

---

* 廖熙凤，管理学学士，崇左市发展改革委规划经体科干部。

增速高于广西全区 5 个百分点，位居广西第一。重大项目拉动投资增长明显，全市在建 5000 万元以上重大项目 404 个，全年完成投资 258 亿元，占投资总额 47%。

（四）对外贸易增势强劲。外贸进出口持续快速增长，全年完成 146.94 亿美元，增长 43%，增速分别高于全国、广西全区平均水平 39.6 个百分点和 19.5 个百分点。进出口总额和出口总额继续稳居全区首位，占广西全区比重达 1/3 和 1/2 以上；边境小额贸易进出口总额跃居全国首位，成为全国边境贸易第一大市。

（五）民生改善切实加强。全年民生支出占一般公共预算支出比重提高到 75.4%，同比提高 3.3 个百分点。人民生活水平不断提高，城镇居民人均可支配收入 23184 元，增长 8.9%，农民人均纯收入 7707 元，增长 8.9%，均高于 GDP 增速。物价总体平稳，全年 CPI 累计上涨 2.4%，低于广西壮族自治区下达的调控目标。城乡消费市场持续活跃，社会消费品零售总额 108.44 亿元，增长 12.5%。

二 崇左市推进珠江—西江经济带建设情况

崇左市围绕珠江—西江经济带发展规划的要求，积极推进相关规划的落实，全力推进南崇经济带发展建设，形成了以糖、锰、建材等为主的资源型产业，积极培育发展红木加工、新能源、新材料等产业，其中糖、锰、建材、红木等产业，产业结构得到进一步优化。

（一）南崇经济带"三年成势"目标基本实现

一是经济带中心城市辐射能力显著增强。依托通道，加强产城互促，不断推进工业化城镇化，城市功能不断完善，逐渐成为南崇经济带的重要中心城市，城区辐射带动能力进一步增强；扶绥、凭祥城区规模进一步扩大，集聚能力进一步提高。南崇对外经济带上升为国家发展战略，钦州—崇左高速公路建成通车以及崇左—靖西高速公路即将建成通车，通边达海通道进一步完善。口岸基础设施建设不断完善，南崇经济带逐渐实现了口岸、园区、城镇协同发展，成为对外贸易、保税物流、出口加工、边关旅游等面向东盟的重要陆路通道。二是园区承载能力不断增强。南崇经济带园区布局各类工业园区9个，其中获得国家和自治区确认的有7个，各个园区框架已全面拉开，基础设施及配套功能不断完善，崇左工业大道实现竣工通车，城市工业区中铝稀土项目排水管道、青年产业园污水处理厂、凭祥边境经济合作区横向次干道绿化亮化工程等一批项目竣工投入使用；城市工业区重一路、北纬二路，青年产业园金龙路、第二供水管网，凭祥边境经济合作区横向次干道西段延长线、横向主干道绿化亮化工程等一批项目开工建设，园区承载能力不断增强。三是一批产业项目落户园区。夏果种植公司澳洲坚果加工、龙赞林业循环经济产业园等项目落户城市工业区，西诺公司钢结构厂、一指科技公司无线远程监控设备厂、鸿塑科技公司PVC管材厂等项目落户青年产业园，28家红木企业抱团进驻凭祥边境经济合作区；中铝稀土分离生产线（一期）、广西唐盾人防防护设备厂、广西鑫地矿山设备厂等一批项目建成投入试运行。同时，广西糖果休闲食品产业园、广西南国铜业循环经济高新科技园等项目建设进度加快。初步统计，2014年南崇经济带园区工业总产值完成420亿元，占全市规模以上工业总产值的72%，已成为我市经济发展的聚集区。

（二）加力开放合作，开放型经济水平不断提升

充分发挥北部湾经济区、珠江—西江经济带和左右江革命老区"三区叠加"的政策优势，大力实施"双核驱动、三区统筹"战略，全方位扩大开放合作。积极搭建开放合作新平台，加快南宁—崇左—凭祥对外开放经济带建设。凭祥重点开发开放试验区、中越凭祥—同登跨境经济合作区、龙州边境经济合作区申报和建设有新进展，凭祥综合保税区保税业务值居全国同类边境保税区首位。友城工作再有新成效，与美国弗农山市、墨西哥特拉维利尔潘市、法国萨姆瓦纳市签署国际友好城市关系意向书。宁明爱店口岸获批升格为国家一类口岸。推行凭祥口岸关检合作"三个一"通关模式改革，申报项目从169项优化为92项，企业办理查验等候时间减少50%以上。外贸企业迅猛发展，全市7家企业进入广西外贸出口额前10强。成功举办中国—东盟家居业知名企业崇左行活动和第四届陆路东盟国际商务文化节。全年完成区外招商引资到位资金285.58亿元，其中全口径实际利用外资1.62亿美元。

（三）加快新型城镇化建设，城乡面貌明显改观

2014年，全市城镇化率达36.5%。中心城市建设步伐加快，"一江一园一改一桥两校三中心八路"项目进展顺利，左江崇左城区河段防洪综合治理工程前期工作积极开展；园博园基础设施项目建设有序推进；棚户区改造工程获得国开行贷款72.27亿元；崇左大桥启动建设；市体育中心、城市规划建设展示馆、水口湖整治工程等项目加快建设。城区道路、供水管网、城镇污水生活垃圾处理设施等日趋完善，荣获"广西园林城市"称号。城镇建设扎实推进，完成310个村镇规划编制，保障性住房新开工9679套、基本建成4085套，小城镇建设"书记工程"、名镇名村建设、城乡风貌改造、农村危旧房改造共完成投资9.98亿元。深入开展"美丽广西·清洁乡村"活动，扎实推进生态乡村建设，农村环境综合整治取得实效，城乡人居环境日益改善。

（四）大力发展文化旅游，崇左知名度日益提升

大力实施"发现山水崇左·圆梦别样桂林"旅游发展战略，深入推进旅游"25671"工程，大德天景区升级改造、龙谷湾旅游休闲度假区等项目加快建设。左江花山岩画文化景观申报世界文化遗产工作取得重大突破，被确定为2016年中国唯一申报项目。德天瀑布被确定为广西2015年创5A重点景区，凭祥红木文博城被评为4A级景区。大新县、凭祥市积极开展广西特色旅游名县创建工作，宁明县、龙州县列入广西特色旅游名县创建备选县。"中国白头叶猴之乡"、"三月三"民俗活动等文化旅游品牌全面打响。全年接待游客和旅游收入分别增长15%和22.3%。深入推进生态建设，全面完成主要污染物减排任务，环境质量总体保持良好。荣获"国家珍贵树种培育示范市"和"中国木棉之乡"称号，龙州左江河段和大新黑水河两处湿地被列为国家级湿地公园，森林覆盖率预计提高到54.6%。

（五）统筹发展社会事业，社会大局和谐稳定

投入资金43.26亿元，全面完成10项为民办实事工程。优先发展教育事业，实施教育"双百工程"，落实6.89亿元建设563个教育项目，城南小学、市机关保育院于9月初开学；九年义务教育巩固率和高中阶段教育毛入

学率分别提高到82%、77%。实施精准扶贫,减少贫困人口6万人。实施农村人饮工程,解决11万农村人口饮水不安全问题。扎实推进科技创新,每万人口发明专利拥有量增长125%。繁荣发展文化事业,壮族霜降节列入国家级非物质文化遗产名录,108个村级公共服务中心全面建成。加快发展卫生事业,开展新农合大病保险试点,新农合参合率99.51%,位居全区第二;市第二人民医院揭牌运营,市儿童医院、市妇幼保健院开工建设。稳妥、有效实施单独两孩政策,全面落实诚信计生,人口自然增长率控制在6.25‰。稳定和扩大就业,城镇新增就业1.8万人,城镇登记失业率2.4%,低于自治区控制数1.8个百分点。社会保障水平进一步提高,城乡居民基本养老保险参保率97%、待遇发放率100%;城乡低保"应保尽保",发放保障金4.5亿元。深入开展民族团结进步创建活动,2个集体和4名个人荣获第六届全国民族团结进步模范称号。国防教育和后备力量建设深入开展,双拥共建工作取得新成绩。食品药品安全监管能力明显提升。安全生产、应急管理、社区矫正、矛盾纠纷排查调处等工作进一步加强。连续11年实现全国"两会"等敏感节点和重大活动期间"零上访、零非访"工作目标,平安建设工作获全区目标管理一等奖,社会公众安全感和社会稳定动态七项工作总分排名继续位居全区前列。

三 崇左市在推进珠江—西江经济带建设中存在的困难和问题

(一)崇左经济基础薄弱,推进珠江—西江经济带建设的任务十分艰巨

主要经济总量偏小,发展基础不牢,底子薄,产业结构不尽合理,发展方式有待转变,发展经济的任务重,压力大;城镇化水平不够高,中心城市配套设施不完善、公共服务设施建设相对滞后,辐射带动力不够强,人气、商气不旺,建设任务还比较重;保障和改善民生压力大,我市所辖县(市、区)均是国家或自治区级贫困县,可支配财力不足,特别是市本级财政收入少,农村贫困面还比较大,社会事业欠账较多,基本公共服务保障能力不

足，公共财政保障水平与人民群众的期待差距较大，民生改善工作仍需加大力度。

（二）调结构转变发展方式难度大

我市工业基础薄弱，工业产业结构单一，第二产业中资源型、粗加工型工业占主导地位。锰、水泥等重要支柱产业属于高耗能、高排放产业，资源综合利用程度低，深加工水平低，面临国家加大抑制过剩产能的局面，节能减排、资源环境约束压力大。发展高新技术产业、新兴产业的科技力量、人才队伍不足。我市的农业产业化程度低，缺乏龙头企业带动，远离中心城市，交通条件差，本地农产品流通成本高，农业产业化发展缓慢，产业开发难以形成规模，转变发展方式的难度很大。

（三）重大项目前期工作推进难度大，影响项目正常开工建设

项目受政策等因素影响，前期手续办理进展缓慢，工作推进存在较大困难，严重地影响了这些项目的按期开工和实质投入。如西江黄金水道航道上闸坝多，碍航严重，左江（崇左以上）港口项目建设无法启动，项目土地指标难落实，项目推进困难加大；因国家控制投资规模及原铁道部机构改革等因素，我市的南凭高铁项目难以确定开工建设日期；交通重大项目审批难，审批前置条件多、环节复杂，线位资源紧缺、业主与地方政府利益不同，协调利益的难度比较大，项目前期工作推进较为缓慢，直接影响了各项目在促进经济发展中发挥作用。

（四）扶贫攻坚、改善民生的难度仍然很大

崇左市由于历史、自然和社会的原因，经济社会发展存在诸多制约因素和实际困难，特别是饱受战争创伤，经济建设起步要比内地晚了十几年，生态环境恶劣，水、电、路、通信等基础设施仍薄弱，交通不便，信息闭塞，增收渠道狭窄，造成贫困人口量多，减贫任务重，但崇左经济总量相对较小，市、县级财力有限，群众还很困难，难以筹措足够的地方配套资金和群众自筹资金，生产生活条件差，增收难、吃水难、行路难、看病难、致富难的"五难"问题，这些都极大制约了崇左经济社会发展。

四 下一步主要对策措施

（一）加大开放合作，打造提升沿边开放水平的"桥头堡"

依托区位优势，以面向东盟为重点，深化区域合作，构建开放合作大平台，夯实基础，全力打造"沿边开放高地"。一是充分利用各种优惠政策。吃透中央精神，利用国务院《关于加快沿边地区开发开放的若干意见》明确提出研究设立广西凭祥沿边开发开放试验区、着力推进南宁—崇左—凭祥经济带建设的机遇，结合自身实际，发挥区位优势，充分利用国内外两种资源两个市场，推动沿边开放开发。二是搭建开放平台。坚持打好"东盟牌"，用好中国—东盟博览会这个平台；在沿边打造若干"增长极"、"增长点"，大力推进广西凭祥沿边开发开放试验区和中越凭祥—同登跨境经济合作区的申报和规划建设，构建产业园区和各种跨境合作区、保税区、开发开放试验区、示范区，加快优势产业集聚，构建以新兴产业、合作产业、特色产业为支撑的产业体系。三是构建沿边开放合作新机制。在改革创新、机制上先行先试，探索沿边开发开放的新路子，形成引领示范，带动沿边开放整体迈向新水平。在"深化"上做文章，继续用好改革开放这个"红利"，加快构筑新机制，特别是创新对外机制、金融与投融资管理机制、产业发展机制、土地管理机制、生态环境机制、人才开发机制，从而推进与东盟的互联互通。

（二）实施创新驱动战略，加快产业结构转型升级

一是推动传统优势产业改造升级。围绕糖、锰两大支柱特色产业，加大技术改造及产业链延伸。重点推进崇左东亚循环经济、宁明东亚生物质发电、新振中低碳锰、中信大锰锂离子动力电池等一批项目建设，引进发展与锂离子动力电池相配套的新能源汽车整车生产线等相关产业。推进崇左锰企业用电纳入百色区域电网；推进中信大锰等符合条件企业纳入自治区第一批直购电试点范围，解决锰企业用电成本高瓶颈问题。二是重点培育发展新兴产业。坚持资源转化产业和市场导向相结合，积极培育发展新兴产业，实现产业多元化发展。重点推进南国铜业铜冶炼、崇左铝土矿开发项目、中铝广西金石公司年产

2000吨稀土金属、南网能源扶绥农业光伏发电站、天等牛头岭风电场、龙赞东盟国际林业循环经济产业园、扶绥夏果公司澳洲坚果等项目建设。三是推进重点产业园区建设。加大园区基础设施建设力度，争取将中国—东盟青年产业园、南宁空港扶绥经济区列入自治区重点扶持园区和北部湾经济区重点园区，全力推进中泰（崇左）产业园上升为中泰两国合作产业园。加快培育特色产业园区，培育发展以坚果、水果、水产品、糖果等为重点的特色产业，重点推进广西东盟特色食品产业园、广西糖果休闲食品产业园等特色产业园建设。

（三）大力打造以"糖矿红绿"四大产业为重点的现代产业体系，增强经济发展后劲

围绕"产业转型升级、工业跨越发展"的目标，以"糖矿红绿"四大产业为重点，加快形成有较强竞争力的现代产业体系：一是着力提升糖锰传统支柱产业。糖业重点推进崇左东亚糖业循环综合利用、中粮屯河崇左甘蔗制糖循环经济二期（木糖醇、阿拉伯糖）等项目，建设崇左糖业循环经济示范基地；锰业重点推进中信大锰崇左公司锰深加工二期（锰酸锂、四氧化三锰、储能电池项目）、新振锰业年产6万吨电解金属锰和20万吨中低碳锰铁等项目，延长锰加工产业链。二是大力发展有色金属加工业。重点建设南国铜业15万吨铜冶炼、中铝广西有色稀土公司江苏国盛稀土分离生产线异地升级改造、广西投资集团崇左低品位铝土矿综合利用开发等项目，争取"十二五"末，以铜、铝、稀土为主的有色金属加工业成为崇左市新的支柱产业。三是发挥沿边优势培育特色加工贸易产业。继续依托口岸物流业的发展，重点发展以坚果、海产品、水果等为主的东盟进口食品加工产业，打造中国—东盟进口特色食品加工基地；发展以家具工艺品为主的边境红木加工业，打造中国重要的红木加工贸易基地；发展以机电、五金等为主的出口加工制造业，打造面向东盟的机电五金出口加工贸易基地。

（四）以重大基础设施为支撑，不断夯实产业发展基础

第一，公路方面。推动凭祥至河内高速公路、友谊关货运专用通道等跨境交通项目建设，争取水口至驮隆中越界河公路二桥开工建设。加快建设崇左至靖西高速公路，争取开工建设崇左至水口高速公路，推进隆安至硕龙高速公路

前期工作。加快建设德保至天等、驮卢至大新等二级公路，力争开工建设南宁大塘至扶绥渠黎、大新桃城至龙州金龙等二级公路。提升改造农村公路，所有未通硬化路的建制村要在年内全部开工建设，实现95%以上建制村通沥青（水泥）路。第二，铁路方面。加快湘桂铁路南宁至凭祥段扩能改造项目前期工作，争取2016年开工建设，使崇左早日进入高铁时代，及早优化布局高铁沿线产业，打造高铁经济带。力争防城港经崇左至百色铁路项目列入国家"十三五"规划。第三，水运水利方面。加快建设左江Ⅲ级航道工程，开工建设崇左港濑湍、新环作业区，力争建成将军岭作业区一期。继续推进驮英水库及灌区项目前期工作，力争年内开工建设。加快推进黑水河灌区项目前期工作。抓好中小河流治理、病险水库除险加固、中央财政小型农田水利重点县等工程建设。第四，机场建设方面。启动大新德天等通用机场项目前期工作，推动项目早日开工建设。第五，能源方面。加快崇左电厂项目前期工作，力争年内开工建设。加快发展锰电结合，鼓励锰企业建设动力车间。积极争取将崇左锰业用电纳入百色区域电网，争取中信大锰、海螺水泥等企业纳入自治区第一批直购电试点范围。

（五）强化新型城镇化建设，促进城乡统筹发展

推进以人为核心的城镇化，构建新型城镇体系，提升城市服务功能，充分发挥对周边城乡的辐射和带动作用。一是充分发挥中心城市带动作用。积极推进城市棚户区、商务服务区、城市服务区、文化旅游区、物流园区的"五大功能区"建设，加快推进城区基础设施项目建设，进一步完善中心城市功能，提高辐射带动作用。二是推进南崇城镇带建设。依托南崇经济带，推进产业发展规划与城市总体规划、土地利用总体规划相衔接，重点培育崇左城市工业区作为产城互动发展建设亮点，带动全市加快产业园区化、园区城镇化、产城一体化建设步伐，培育形成南崇城镇带。大力实施大县城战略，启动实施扶绥、大新及凭祥试点工作。三是培育沿边城镇带。充分发挥我市凭祥、宁明、龙州、大新等边境县（市）的沿边区位优势，完善口岸城镇的交通、边贸、跨境旅游等综合功能，培育面向东盟开放合作的沿边城镇带。四是同步推进社会化体系建设。加快推进城乡户籍制度改革，最大限度地集聚人口；着力完善城市教育、医疗卫生、文化基础设施配套，加快推进崇左市城南小学、崇左市机

关第一幼儿园、崇左市人民医院内科综合楼、全科医生临床培养基地项目以及保障性安居工程、廉租住房项目、棚户区改造等项目建设。

（六）强化扶贫攻坚，让发展成果惠及百姓

大力实施民生工程建设，推进公共教育、公共卫生、生活保障等基本公共服务在城乡间、区域间和群体间的全覆盖、均等化。加快推进产业扶贫、旅游扶贫、教育扶贫、金融扶贫和基础扶贫促进增收，特别是坚持产业扶贫为主攻方向，把"糖、矿、红、绿"四大产业作为扶贫重点来继续抓好，大力推进甘蔗产业、矿业生产、红木生产、绿色文化旅游和教育扶贫，抓好贫困村整村推进扶贫开发攻坚大会战、兴边富民行动大会战"两大会战"和农村危房改造、村屯道路建设、农村饮水安全、教育扶贫"四大攻坚战"，促进农民增收、农村发展。

附　录
Appendix

附录一　珠江—西江经济带大事记

2014年12月26日，梧州市人民政府印发《珠江—西江经济带发展规划梧州实施方案的通知》（梧政办发〔2014〕199号），加快推进梧州—西江经济带建设各项工作。

2014年11月1日，第七届西江经济发展论坛高峰论坛在梧州市举行。本届西江经济发展论坛对《珠江—西江经济带发展规划》上升为国家战略，加强珠江、西江流域各沿江主要城市的联系与交流，促进区域合作，加快珠江—西江经济带发展。

2014年10月27日，自治区人民政府下发《关于印发珠江—西江经济带发展规划广西实施意见的通知》（桂政发〔2014〕65号），正式印发《珠江—西江经济带发展规划广西实施意见》，标志经济带建设将步入新的阶段。

2014年10月13日，广东广西就《珠江—西江经济带发展规划》实施联席会议第一次在广州召开。自治区主席陈武与广东省省长朱小丹正式签署《广东广西推进珠江—西江经济带发展规划实施联席会议制度》《两广推进珠江—西江经济带发展规划实施共同行动计划》《粤桂合作特别试验区建设实施方案》，标志着两广推进珠江—西江经济带建设取得了进一步深化。

2014年9月19日，肇梧战略合作第四次市长联席会议在梧州市召开。会

附录一 珠江—西江经济带大事记

议就如何加快推进粤桂合作特别试验区建设工作进行探讨研究,审议通过试验区第一批合作项目实施计划表、泛珠大会试验区投资推介会和联合启动仪式方案等重要事项,并对下一阶段有关工作进行部署。

2014年7月16日,国务院发布《关于珠江—西江经济带发展规划的批复》,原则同意珠江—西江经济带发展规划,意味着珠江—西江经济带发展正式上升为国家战略。

2014年4月17日,肇梧战略合作第三次市长联席会议在肇庆市召开。会议就两市合作的具体事宜进行了深入磋商,审议并原则通过《2014年肇梧战略合作重点工作计划(送审稿)》《肇庆市、梧州市环境联防工作方案(讨论稿)》,推动两市战略合作迈向更高水平。

2014年4月,《梧玉贵一体化发展规划》经自治区人民政府同意,由自治区发改委印发实施。

2014年4月,梧州与佛山共同签署《梧州—佛山战略合作框架协议》,不断推进广佛肇梧一体化。

2014年3月,广西与贵州两省区共同签署了《广西壮族自治区人民政府、贵州省人民政府关于进一步深化合作的会议纪要》,贵州积极参与北部湾港口建设,研究谋划贵州临海产业园和无水港建设。

2013年12月12日,中国社会科学院学部委员、著名经济学家汪同三带领中国社会科学院调研组赴粤桂合作特别试验区对试验区的体制机制与政策研究开展调研工作,并与梧肇两市相关部门召开座谈会。

2013年11月,梧州市与云浮市签署《梧州—云浮战略合作框架协议》,协议约定,两市将共同打造西江经济带,加快基础设施对接,全面深化产业合作,加强科技创新、环境保护、旅游、社会事务等合作,并建立起合作机制、联席会议制度,成立专责小组,具体协商和落实各项合作事宜。

2013年10月29日,国家发展改革委地区司范恒山司长率国土资源部、商务部等6部委组成的《珠江—西江经济带发展规划》国家部委联合调研组到试验区进行调研,自治区党委常委、副主席林念修陪同,调研组支持把试验区定位为区域合作发展的示范区和珠江—西江经济带的先行区并纳入规划。

2013年10月10日,自治区主席陈武深入粤桂合作特别试验区调研考察,要求试验区紧紧抓住珠江—西江经济带上升为国家战略的重大机遇,加大开放开发的力度，自治区将进一步加大对试验区建设的支持，把试验区建设成为我国东西部区域合作、广东广西经济一体化的先行区及珠江—西江经济带新的增长极。

2013年9月，国家开发银行广西分行与梧州市政府在京签订了《推进梧州珠江—西江经济带建设合作备忘录》，明确了双方新型城镇化合作的重点领域和模式，较好的促进了经济带的建设和发展。

2013年8月27日，全国政协"加快推进珠江—西江经济带建设"重点提案督办调研座谈会在南宁召开。

2013年8月24日，全国政协副主席马飚率全国政协重点督办提案调研组到粤桂合作特别试验区调研，要求梧州市抢抓机遇，进一步深化与广东的合作，通过积极探索试验区建设，创新跨省区区域合作发展新模式，形成新的发展优势，推进珠江—西江经济带发展。

2013年8月18日，广西壮族自治区党委书记彭清华在两广合作交流会期间与广东省主要领导会谈，将试验区作为4大深化两广合作的重大事项之一，建议两省区尽快批复试验区总体发展规划，进一步加快粤桂合作特别试验区建设进度。

2013年7月18日，广东省省长朱小丹在肇庆市调研时候明确表示粤桂合作特别试验区肯定要搞，要与广西认真策划，优势互补，将试验区打造成面向大西南、北部湾和东盟自由贸易区的枢纽型节点。

2013年7月10日，李克强总理在广西调研时表示，同意把珠江—西江经济带建设上升为国家战略。由此，粤桂合作特别试验区将成为珠江—西江经济带建设的核心内容和重要载体。

2013年6月28日，中共中央政治局委员、广东省委书记胡春华赴肇庆市封开县调研，认为粤桂合作特别试验区是一个非常好的尝试，无论从总体思路、发展实际还是邻省关系的角度，都要积极去推进。

2013年6月17日，《粤桂合作特别试验区总体发展规划（2012~2030）》通过广东广西发展改革委组织的专家评审。

2013年5月20日，广西壮族自治区主席陈武和广东省省长朱小丹在广州签署《关于深化两广合作的会谈纪要》，明确共同争取国家同意设立粤桂合作特别试验区，务实推动试验区各项建设有序开展，共同支持转移产业和投资项目优先落户试验区。

附录一 珠江—西江经济带大事记

2013年5月14日,广东、广西两省区发改委主任分别率代表团赴梧州市实地调研粤桂合作特别试验区建设发展情况,组织召开推进试验区建设座谈会。

2013年4月27日,召开了梧肇战略合作第二次市长联席会,合作事项增加到27项。

2013年2月21日,广西壮族自治区党委书记彭清华在梧州调研时指出,粤桂合作特别试验区建设是一个创举,要求加快落实指导意见,自治区全力支持试验区建设。

2013年1月8日,《粤桂合作特别试验区建设发展总体规划(2012~2030)》研究报告通过广东广西发展改革委组织的评审。

2012年11月29日,全国政协副主席、时任广西壮族自治区主席马飚与广东省省长朱小丹在海南举办的第八届泛珠大会上共同签署《关于建设粤桂合作特别试验区的指导意见》,试验区建设正式上升到两省区战略层面。

2012年11月4日,粤桂合作特别试验区发展总体规划专家研讨会在北京举行,国务院研究室、国务院发展研究中心、中国社会科学院等权威单位学者专家一致认为试验区建设发展意义重大,是对区域合作发展模式创新的重要贡献。

2012年9月24日,召开梧肇战略合作第一次市长联席会,提出合作事项24项。

2012年8月19日,国务委员、公安部部长、时任广西壮族自治区党委书记郭声琨在梧州市与国家发展改革委杜鹰副主任会谈时,请求支持粤桂合作特别试验区建设,并在梧州市工作座谈会上再次强调加快推进试验区建设。

2012年6月,中央政治局委员、国务院副总理、时任广东省委书记汪洋到肇庆调研时指出,粤桂合作特别试验区建设要立足长远,突出特色,高水平进行规划。

2012年4月22日,中共中央政治局委员、国务院副总理、时任广东省委书记汪洋在广州会见广西壮族自治区主席马飚,双方明确加快推进粤桂合作特别试验区前期工作,加快推进两广经济一体化发展。

2011年12月,梧州市与肇庆市签署《梧州—肇庆战略合作框架协议》。

2011年2月11日,广西梧州市和广东肇庆市提出在两省区交界区域共同建设粤桂合作特别试验区构想。

附录二 珠江—西江经济带经济社会发展数据

《珠江—西江经济带发展规划》将广州、佛山、肇庆、云浮和南宁、柳州、梧州、贵港、百色、来宾、崇左确定为规划实施的核心区域，2014年，上述11个城市土地面积为16.49万平方公里，年末常住人口有5271.52万人，地区生产总值达到36165.08亿元。

表1 珠江—西江经济带经济社会发展数据表

指标	单位	地区	2013年	2014年
土地面积	万平方公里	广州	0.74	
		南宁	2.21	
		佛山	0.38	
		肇庆	1.5	
		云浮	0.78	
		柳州	1.87	
		梧州	1.26	
		贵港	1.06	
		百色	3.62	
		来宾	1.34	
		崇左	1.73	
年末常住人口	万人	广州	1292.68	1308.05
		南宁	724.43	691.38
		佛山	729.57	735.06
		肇庆	402.21	403.58
		云浮	241.65	244.46
		柳州	372.35	388.65
		梧州	336.21	297.55
		贵港	538.16	425.56
		百色	411.66	356.88

续表

指标	单位	地区	2013年	2014年
年末常住人口	万人	来宾	263.76	216.37
		崇左	246.52	203.98
地区生产总值	亿元	广州	15420.14	16706.87
		南宁	2803.54	3148.30
		佛山	7010.17	7603.28
		肇庆	1660.07	1845.06
		云浮	602.3	664.00
		柳州	2010.05	2208.51
		梧州	991.71	1064.80
		贵港	742.01	805.40
		百色	803.58	917.90
		来宾	515.57	551.24
		崇左	584.63	649.72
工业增加值	亿元	广州	4754.85	5075.41
		南宁	820.6	923.49
		佛山	3652.82	4561.13
		肇庆	813.45	1007.98
		云浮	231.88	304.66
		柳州	1166.65	1191.11
		梧州	605.03	595.3
		贵港	253.11	270.65
		百色	373.87	417.9
		来宾	169.21	179.87
		崇左	210.62	232.64
人均生产总值	元	广州	120515.98	127724
		南宁	38994	43303
		佛山	96534.88	103438
		肇庆	41479	45795
		云浮	24924.48	27252
		柳州	52342	56821
		梧州	33710	35786
		贵港	17650	19004
		百色	22762	25806
		来宾	24069	25477
		崇左	28886	31944

续表

指标	单位	地区	2013年	2014年
三次产业结构	%	广州	1.48∶33.90∶64.62	1.42∶33.56∶65.02
		南宁	12.5∶39.6∶47.9	11.28∶39.75∶48.97
		佛山	2.0∶61.9∶36.1	1.9∶61.6∶36.5
		肇庆	15.8∶47.7∶36.5	14.8∶50.0∶35.2
		云浮	22.5∶43.1∶34.4	21.8∶44.5∶33.7
		柳州	7.9∶63.4∶28.7	7.1∶59.4∶33.5
		梧州	11.6∶66.0∶22.4	11.2∶60.7∶28.1
		贵港	21.7∶40.9∶37.4	20.0∶40.4∶39.6
		百色	18.5∶53.8∶27.7	17.3∶53.4∶29.3
		来宾	26.1∶42.6∶31.3	24.2∶41.4∶34.4
		崇左	25.6∶42.5∶31.9	22.7∶42.7∶34.6
公共财政收入	亿元	广州	1141.79	1241.53
		南宁	256.25	274.85
		佛山	438.21	500.73
		肇庆	120.77	139.10
		云浮	45.76	52.85
		柳州	125.12	133.16
		梧州	85.74	90.50
		贵港	31.22	36.45
		百色	65.70	70.91
		来宾	36.37	37.95
		崇左	47.49	48.40
全社会固定资产投资总额	亿元	广州	4454.55	4889.5
		南宁	2432.69	2933.87
		佛山	2383.65	2612.45
		肇庆	1007.78	1138.73
		云浮	623.38	738.09
		柳州	1522.12	1810.94
		梧州	803.4	926.4
		贵港	463.44	611.4
		百色	802.5	895.2
		来宾	410.42	431.18
		崇左	450.84	548.64
社会消费品零售总额	亿元	广州	6882.85	7697.85
		南宁	1450.84	1616.9

附录二 珠江—西江经济带经济社会发展数据

续表

指标	单位	地区	2013年	2014年
社会消费品零售总额	亿元	佛山	2264.1	2560.58
		肇庆	493.12	559.9
		云浮	204.02	228.49
		柳州	758.42	858.2
		梧州	292.34	328.3
		贵港	321.72	359.56
		百色	178.6	201
		来宾	120.87	134.17
		崇左	96.38	108.44
城镇居民可支配收入	元	广州	42049	42955
		南宁	24817	27075
		佛山	38038	36555
		肇庆	23929	21726
		云浮	20440	18679
		柳州	24355	26693
		梧州	22537	24272
		贵港	21361	23262
		百色	21458	23282
		来宾	23563	25401
		崇左	21289	23184
农民人均纯收入	元	广州	18887	17663
		南宁	7685	8576
		佛山	17503	20094
		肇庆	11661	12642
		云浮	10283	11067
		柳州	7663	8606
		梧州	7475	8342
		贵港	8189	9131
		百色	5409	6145
		来宾	7085	7751
		崇左	7077	7707
港口货物吞吐量	万吨	广州	47266.86	50036.30
		南宁	1292.00	1149.94
		佛山	4963.06	5907.01
		肇庆	2941.00	3071.00

续表

指标	单位	地区	2013年	2014年
港口货物吞吐量	万吨	云浮	1635.00	1909.20
		柳州	238.70	252.31
		梧州	3015.00	3141.53
		贵港	4900.56	5242.25
		百色	—	—
		来宾	1157.00	1049.97
		崇左	—	—

图书在版编目(CIP)数据

珠江—西江经济带发展报告.2015/宁常郁,袁珈玲主编.—北京：社会科学文献出版社,2015.12
 ISBN 978-7-5097-8378-8

Ⅰ.①珠… Ⅱ.①宁… ②袁… Ⅲ.①区域经济发展-研究报告-广东省-2015 ②区域经济发展-研究报告-广西-2015 Ⅳ.①F127.6

中国版本图书馆CIP数据核字(2015)第276227号

珠江—西江经济带发展报告（2015）

主　　编／宁常郁　袁珈玲
副 主 编／杨　鹏　吴　坚

出 版 人／谢寿光
项目统筹／恽　薇　蔡莎莎
责任编辑／陈凤玲　刘宇轩

出　　版／社会科学文献出版社·经济与管理出版分社（010）59367226
　　　　　地址：北京市北三环中路甲29号院华龙大厦　邮编：100029
　　　　　网址：www.ssap.com.cn
发　　行／市场营销中心（010）59367081　59367090
　　　　　读者服务中心（010）59367028
印　　装／北京季蜂印刷有限公司
规　　格／开　本：787mm×1092mm　1/16
　　　　　印　张：23.5　字　数：393千字
版　　次／2015年12月第1版　2015年12月第1次印刷
书　　号／ISBN 978-7-5097-8378-8
定　　价／98.00元

本书如有破损、缺页、装订错误，请与本社读者服务中心联系更换

▲ 版权所有 翻印必究